말하기 평가
Assessing Speaking

언어교육 03

Assessing Speaking
Assessing Speaking
Assessing Speaking

말하기 평가
Assessing Speaking

싸뤼 루오마(Sari Luoma) 지음
김지홍 뒤침

글로벌콘텐츠

저를 뒷받침해 주시고 신념을 심어 주신
부모님께 바칩니다.

뒤친이 머릿글

    뒤친이는 1988년 경상대학교 국어교육과에 전임강사로 발령을 받고 지금까지 26년 동안 '국어교육'이란 분야를 배우면서 가르치고 있다. 물론 응용 학문이라는 광막한 분야를 항해하기 위하여, 애초 국어학이라는 나침반에 기대어 차츰차츰 공부의 폭을 넓혀 왔다. 그렇지만 아직까지도 학생들 앞에 자신 있게 서기에는 너무나 모자람을 자주 느낀다. 감동 있는 강의란 대체 인연이 없는 것일까?

    아마 국어교육 분야에서 황무지처럼 황폐한 영역이 평가 및 연구방법론 쪽일 것이다. 뒤친이는 이 분야들에서 거점이 되는 문헌들을 부지런히 찾아 학생들과 함께 읽고 있다. 평가 쪽은 미국의 바크먼Bachman 교수와 영국의 올더슨Alderson 교수가 편집 책임자로서 케임브리지 대학 출판부에서 펴내고 있는 총서들을 학생들과 함께 읽기 위하여 몇 권 번역을 하였다. 이 총서의 '말하기 평가, 듣기 평가, 읽기 평가'들이다. 이 총서들에서 인용하고 있는 중요한 문헌들을 차근히 찾아 읽게 된다면, 세계 어디를 가든지 언어교육의 평가에 대해서는 어떤 전문가들하고도 핵심 논제들을 서슴없이 토론할 수 있을 것임을 믿어 의심치 않는다.

    뒤친이의 경험으로, 번역이란 정직하게 뒤친 사람의 지식수준을 반영해 준다. 우연히 한국연구재단의 명저번역으로 언어 산출 연구의 정상인 화란 심리학자 르펠트Levelt와 언어 이해의 권위자인 미국

콜로라도 대학 심리학자 킨취Kintsch의 책을 마무리하였고, 도서출판 경진 양정섭 사장의 도움으로 언어 사용의 연구에 관한 미국 스텐퍼드 대학 심리학자 클락Clark의 책을 마무리한 적이 있다. 최근에는 담화 쪽에 집중하고 있다. 그러는 동안에 학술 번역 그 자체가 다른 참고서적을 보지 않더라도 자족적으로 관련 지식들이 함께 들어 있어야 한다는 믿음이 자리 잡았다. 뒤친이가 맡은 평가 총서 세 권도 역시 부족한 지식수준을 벌거벗은 채 그대로 드러낸다. 특히 '역주'들이 그러하다. 부끄럽지만 이것이 본문 191쪽의 원서가 이제 두 곱절 이상으로 늘어난 까닭의 하나이다.

언어교육 평가는 심리 측정학의 하위 갈래이다. 19세기까지만 해도 심리학이 사이비 과학으로 멸시받았었다. 그러다가 인간의 심리 또는 정신 활동이 몇 가지 주요 '구성물'로 나뉘고, 각 구성물마다 숫자로 환원하여 '측정'이 가능함을 설득력 있게 밝히면서, 겨우 물리학으로 대표되는 탄탄과학hard-science에 준하여 물컹과학soft-science(생명체 특성을 다룸)의 반열로 올라섰다. 1970년대에는 '심리-물리학psychophysics'이라는 용어도 유행한 적이 있다. 평가는 교육학의 하위 갈래가 아니라, '심리학'의 하위 갈래이다. 따라서 언어교육 평가 또한 직접 심리 측정 및 고급 통계학에 대한 기법들로부터 핵심 사항들을 배워야 한다.

그런데 뒤친이의 경험으로는 이 일이 결코 쉽지 않다. 그 분야의 전공자들이 쉽게 뜻이 통하는 우리말을 쓰는 것이 아니라, 영어에 꿰어 맞춰 옮긴 얼치기 용어들을 남발하는 것도 그 장애의 하나이다. '뒤칠 번翻'이라는 옛 선인들의 새김은, 밑바닥에 깔려 있는 의도를 먼저 파악하고 나서 번역이 이뤄져야 함을 뜻한다. 한 곳에서 다른 곳으로 이사하듯이 '옮겨' 놓아서는 낭패가 난다. 가령, t-test를 통계학회 차원에서 't-검정'이라고 옮겨 봐야 제 뜻을 선뜻 알아낼 수 없기는 마찬가지이다(348쪽의 역주 7 참고). 반드시 정규분포를 이루도록 무작위로 뽑힌 작은 표본에 대한 검사를 중심으로 쉬운 용어를 찾아내어야 한다. 현재 뒤친이는 '소표본 검사'로 쓰고 있다. 요즘 들어, 마지막 보루인 국어교육 전공자들조차 낱말의 소중함을 깨우쳐 올바르고 쉬운 용어들을 찾아내려고 하는 노력을 포기해 버리고, 이내 노예처럼 아무렇게나 엉터리 용어(왜곡된 한자 조어들)를 맹종하는 경우가 있어 자못 우려스럽다. 그런 일은 외래어나 외국어를 남발하는 것과 진배없다. 한밤의 등불 같이 영롱한 김수업(2006), 『말꽃 타령』(지식산업사)과 김수업(2012), 『배달말 가르치기』(휴머니스트)를 알뜰히 살펴보기 바란다.

다행스럽게 이 총서에 난해한 대목들은 들어 있지 않고, 평이하게 현장의 일반 교사들이 읽고 쉽게 이해할 수 있도록 집필되어 있다. 그렇다고 하여 깊이가 없는 것이 아니다. 말하기 평가에서 반드시 다뤄져야 할 이론적 전제와 평가 시행의 절차와 평가에 대한 반성 등이 쉬운 개념으로 온전히 다 녹아들어 있다. 각 장에 있는 '요약'들은 핵심 뼈대를 간략히 서술해 주는데, 혁명적 발상보다는 현장의 평가에 쉽게 곧 적용될 수 있도록 온건하게 서술되어 있다. 이는 굳이 따로 뒤친이가 '해제'를 써야 할 필요를 느끼지 않도록 해 주었다. 따라서 이 책의 졸가리를 우선 붙들려면, 독자들이 각 장의 요약을 먼저 읽어 보도록 강력히 권고하는 바이다.

마지막으로 바크먼·파머의 모형을 따라 언어평가의 보편적 성격을 구현해 주는 케임브리지 대학 출판부의 평가 총서들이, 높은 수준으로 쉽게 번역되고 많이들 읽히어, 비단 국어교육뿐 아니라 외국어 교육 수준까지도 크게 끌어올려 놓았으면 하는 바람을 적어둔다.

2013년 한가위를 앞두고 진주에서
금강 후인이 적다

편집자 서문

　외국어로 말하는 능력은 외국어를 사용할 수 있는 바가 뜻하는 가장 핵심부에 위치해 있다. 우리의 인성과 자아 심상과 세계에 대한 우리의 지식과 우리 생각을 추론하고 표현하는 능력이, 모두 외국어로 수행하는 입말에 반영된다. 비록 언어를 읽는 능력이, 종종 많은 학습자들에게 좁혀진 목표가 되겠지만, 사실상 교실수업에서 외국어를 가르치면서 학습자 및 교사들이 해당 목표언어를 사용하는 일이 포함되지 않는 경우는 아주 드물다. 친구에게, 방문객에게, 그리고 심지어 낯선 사람에게까지도, 그들의 언어나 참여자 두 사람이 모두 이해할 수 있는 언어로 말할 수 있는 상태는, 분명히 아주 많은 학습자들에게 목표가 된다. 그럼에도 불구하고, 외국어로 말하는 일은 아주 힘들고, 말하기 능력이 향상되는 데 오랜 시간이 걸린다. 외국어로 말을 하기 위하여 학습자들은 그 언어의 소리체계를 숙달해야 하고, 적합한 낱말에 거의 순간적으로 접속해야 하며, 최소한의 주저거림만으로 뜻이 통하도록 낱말들을 이어 놓을 수 있어야 한다. 뿐만 아니라, 또한 학습자들에게 말해지고 있는 내용을 이해시켜야 하고, 우호적인 관계를 유지하기 위하여, 또는 의사소통의 목표를 달성하기 위하여, 적합하게 응답할 수 있어야 한다.

　말하기는 실시간으로 이뤄진다. 이는 해당 외국어로 계획하고 처리하며 산출하는 학습자들에게 크게 부담을 안겨 준다. 이런 이유로 말미암아, 입말의 구조는 글말의 구조와 아주 다르다. 글말에서는 사용자들이 산출할 내용을 계획하고 편집하며 고쳐 나갈 시간을 충분히 갖는다. 그럼에도 불구하고, 교사들은 종종 협소하게 문법상으로 정확한 발화의 향상에만 초점을 모으기 일쑤이다. 이는 의사소통을 하고 이해가 이뤄지기를 바라는 학습자들의 희망과 갈등을 빚을 소지가 많다.

　말하기는 또한 (순식간에 여러 일들이 동시에 작동되므로) 확실하게 접속하기에는 가장 어려운 언어기술이다. 가령, 면접시험에서 한 개인의 말하기 능력은, 흔히 면접관인 대화상대와 응시생 사이에서 얼굴을 마주보는 상호작용 동안에 실시간으로 판정이 이뤄진다. 평가자는 면접을 하는 동안에, 응시생이 말을 해 나감에 따라, 말해지고 있는 내용을 놓고 일정 범위의 측면들에 대해 즉석에서 판단을 내려야 한다. 이는 평가가 시간상 임의시점에서 대화 상대방이 주의를 기울이는 말하기의 어떤 특정한 특징들(가령 발음·정확성·유창성)에만 달려 있을 뿐만 아니라, 또한 많은 수의 다른 요인에도 달려 있음을 의미한다. 가령

　　언어 수준·성별·대화 상대방인 면접관의 지위·응시생과의 친숙성·
　　면접관과 응시생의 개별 성격

등이다. 뿐만 아니라, 상호작용의 본질과, 응시생에게 제시된 과제(시험 문제)의 종류와, 던져진 질문내용과, 끄집어 낸 화제들과, 외국어로 말하는 능력을 보여 주기 위하여 제공된 기회들이 모두 응시생의 수행에 영향을 미친다.

　수행에 영향을 주는 이런 모든 요인들 이외에도, 수행을 평가하

기 위해 이용된 채점 기준이, 모든 영역을 싸안는 '총괄평가'로부터 시작하여, 영역별로 자세히 나눈 (영역별) '분석평가'에 이르기까지 엄청나게 변동될 수 있다. 평가자는 면접시험에서의 대화 상대방이 될 수도 있고, 다른 사람이 될 수도 있다. 이들 채점 기준이 평가자에 의해 해석되는 방식들도, 응시생이 궁극적으로 받게 되는 점수에 영향을 끼치도록 복잡하게 얽혀 있다.

물론 일부 이들 문제를 극복하거나, 적어도 실수하지 않도록 주의하는 방식들도 있다. 말하기를 이끌어내는 데 이용된 과제(시험문제)들을 신중히 구성해 놓거나, 발화사태의 녹음이나 녹화 기록을 통하여 평가자와 면접시험의 대화 상대방(평가자와 대화 진행자가 다른 사람일 경우)을 모두 신중히 훈련하거나, 평가자들에게 자신의 판단을 검토하고 고쳐 놓을 시간을 허용해 주는 것이다. 따라서 말하기 평가는 불가능한 것이 아니다. 단지 어려울 뿐이다.

이 책의 가장 큰 장점은, 저자 싸뤼 루오마Sari Luoma가 명확성을 지니고서 말하기 평가의 문제점들을 논의한다는 점이다. 그녀는 말하기 본질에 대한 자신의 넓고 깊은 이해에 비추어 이를 실행한다. 조사연구 및 이론의 널따란 토대를 끌어내면서, 그녀는 제2 언어나 외국어에서 말하기 과정에 포함된 내용을 놓고, 아주 많은 문헌을 쉽게 읽을 수 있도록 개관의 모습으로 종합해 놓았다. 그녀의 밑바닥으로 내려가는 접근법은, 외국어로 말하는 학생들의 능력을 평가하고 싶은 언어교사들에게뿐만 아니라, 또한 말하기와 언어평가의 조사연구자들에게도 호소력을 지닐 것이다.

이 총서에 있는 다른 책들에서처럼 이 책에서도 무엇이 검사되고 평가되는지를 놓고서 그 본질에 대한 이해를 늘여 놓기 위하여 응용언어학 이론과 조사연구가 이용된다. 게다가, 말하기를 평가하는 가장 적합한 방식들을 놓고서, 우리에게 말해 줄 수 있는 것을 위하여 그리고 언어사용의 이런 중심적 측면에 대한 본질을 놓고 통찰력을 제공해 주기 위하여, 언어평가 또는 언어검사에 대한 조사연구가 검토된다. 이 책은 비록 조사연구와 이론에 바탕을 두고 있지만, 아주 실용적이며, 말하기 능력의 평가를 계발할 필요가 있는 사람들을 목표로 하여 집필되었다. 따라서 독자들의 사고 목록을 넓혀 줄 통찰력과 조언을 제공해 주고, 관련된 논제들에 대한 이해를 더 크게 확장시켜 주며, 복잡하게 얽힌 문제들에 대한 실용적인 해결책으로 이끌어 간다.

싸뤼 루오마는 일정 범위의 서로 다른 맥락들에서 광범위한 평가(검사) 계발 경험을 쌓았는데, 특히 말하기 평가에서 평가 계발 및 평가의 유효성 확증에 대한 조사연구 경험을 쌓아 왔다. 그녀는 일정 범위의 학생과 실천가들에게 검사 및 평가를 가르쳐 왔다. 이 경험은 이 책자의 내용과 문체에 모두 분명하게 채워져 있다. 우리는 독자들이 이 책으로부터 배우며 즐거움을 느낄 것임을 확신한다.

J. 차알스 올더슨 J. Charles Alderson

라일 F. 바크먼 Lyle F. Bachman

감사의 글

저자는 이 책을 끝마칠 수 있도록 도움을 아끼지 않으신 이 총서 편집자 차알스 올더슨 님과 라일 바크먼 님께 감사드린다. 이 분들은 여러 번 오르락내리락 굴곡이 심했던 긴 기간의 집필 과정 동안에 압력 및 지원에 균형점을 성공적으로 맞춰 놓아 주셨다. 특히 수정 단계 동안에 이 책의 내용과 구조에 대하여 저자가 받은 통찰력 있는 논평들로 말미암아 책자의 품격이 두드러지게 향상되었다.

저자는 여러 단계에서 초고를 읽어 주고 소중한 조언을 해 준 친구와 동료들에게도 감사드린다. 2차 최종원고를 놓고서 애니 브라운Annie Brown이 자주 해 준 솔직한 논평들이 여러 장들을 재구성하는 데 도움이 되었다. 빌 아일포엇Bill Eilfort, 미카 홉먼Mika Hoffman, 애뤼 후터Ari Huhta도 또한 시간을 내어 조원과 후원을 해 주었다. 더욱이 저자는 두 집단의 이집트 영어교사들로부터 도움되는 논평을 받은 데 대해 사의를 표하고 싶다. 개인별로 이름을 적기에는 너무 많다. 2002년도 늦여름과 초가을에 캘리포니아 대학교 쌘터크루즈 분교UCSC에 개설된 언어평가 고급강좌를 수강한 분들이다. 우리는 강의 자료로 이 원고의 초고를 이용하였다. 그분들의 논평과 불평으로 저자는 집필 문체를 바꾸었고, 더 많은 사례들을 소개해 놓게 되었다. 두 개의 강좌를 가르치는 교수진에 참여하도록 초대해 준 쿤 터어너Jean Turner에게 감사드린다.

저자는 또한 타모 아뷔네이넌Tarmo Ahvenainen, 제너 폭스Janna Fox, 안젤러 해쓸그뤼언Angela Hasselgren, 파울러 니티니미-멘Paula Niittyniemi-Mehn에게 고마운 말씀을 드려야 한다. 자신들의 말하기 실천내용을 저자와 토론해 주고, 자신들의 명세내역과 과제를 이 책에서 사례들로 이용할 수 있도록 허락해 준 교사 및 동료들이다.

마지막으로 이 책을 출판할 수 있는 모습이 되도록 도와준 케임브리지 대학 출판사 편집자 미키 보닌Mickey Bonin과 앨리슨 샤압Alison Sharpe에게도 고마운 뜻을 전한다.

저자와 출판사에서는 이 책에서 확인된 저작권 자료의 이용을 허락해 준 저자·출판사·그 외의 다른 사람들에게도 사의를 표한다.

싸뤼 루오마Sari Luoma

목차

일러두기

영어로 쓰인 사람 이름의 표기 방식

이 책에 있는 외국의 인명과 지명 표기는 '한글 맞춤법'을 따르지 않는다. 맞춤법에서는 대체로 중국어와 일본어는 '표면 음성형'으로 적고, 로마자 표기는 '기저 음소형'으로 적도록 규정하였다. 그렇지만 번역자는 이런 '이중 기준'이 모순이라고 느낀다. 한자 발음을 제외하고서는, 외국어 표기를 일관되게 모두 '표면 음성형'으로 적는 것이 옳다고 본다.

외국어 인명의 표기에서 한글 맞춤법이 고려하지 못한 중요한 속성이 있다. 우리말은 '음절 박자syllable-timed' 언어이다. 그러나 영어는 갈래가 전혀 다른 '강세 박자stress-timed' 언어에 속한다. 즉, 영어에서 강세가 주어지지 않는 소리는, 표면 음성형이 철자의 소리와는 아주 많이 달라져 버린다. 이런 핵심적인 차이를 전혀 고려하지 못한 채, 대체로 철자 대응에 의존하여 발음을 정해 놓았다. 그 결과 원래 발음에서 달라져 버리고, 두 가지 다른 발음으로 인하여 서로 다른 사람을 가리키는 듯이 오해받기 일쑤이다. 번역자는 이런 일이 줄어들기를 희망하며, 영미권 이름들에 대하여 '표면 음성형' 표기를 원칙으로 삼았다(철자를 읽는 방식이 아님). 영미권에서는 이미 다수의 발음 사전이 출간되어 있다. 번역자는 영미권 인명의 표면 음성형을 찾기 위하여 네 종류의 영어 발음사전을 참고하였다.

① Abate(1999), 『*The Oxford Desk Dictionary of People and Places*』, Oxford University Press

② Wells(2000), 『*Longman Pronunciation Dictionary*』, Longman Publishers

③ Upton et al.(2001), 『*Oxford Dictionary of Pronunciation*』, Oxford University Press

④ Roach et al.(2006), 『*Cambridge English Pronouncing Dictionary*』, Cambridge University Press

모든 로마자 이름이 이들 사전에 다 들어 있는 것은 아니다. 그럴 경우에는 두 가지 방법을 썼다. 하나는 각국의 이름에 대한 발음을 들을 수 있는 누리집을 이용하는 것이다. 특히, 발음을 직접 들을 수 있는 forvo에서 도움을 받거나(http://www.forvo.com), http://www.howjsay.com 또는 http://www.merriam-webster.com이나, 구글 검색을 통해서 동영상 파일들을 보고 들으면서 정하였다. 다른 하나는 경상대학교 영어교육과에 있는 런던 출신의 마리 기오또M. J. Guilloteaux 교수에게서 RP(용인된 발음)를 듣고 표기해 두었다.

영어권 화자들은 자신의 이름에 대한 로마자 표기에 대하여 오직 하나의 발음만을 지녀야 한다고 고집을 세우지 않는 특성이 있다. 영어 철자 자체가 로마로부터 수입된 것이고, 다른 민족들에 의해서 같은 철자라 하더라도 발음이 달리 나옴을 인정하기 때문이다. 한 가지 예로, John이란 이름은 나라별로 여러 가지 발음을 지닌다. 쫜, 쟝, 후안, 요한, 이봔(러시아 발음) 등이다. 뿐만 아니라, 급격히 영미권으로 다른 민족들이 옮겨가 살면서, 자신의 이름을 자신의 생각대로 철자를 적어 놓았기 때문에, CNN 방송국 아나운서가 특정한 이름을 발음하지 못하여 쩔쩔 매었던 우스운 경우까지도 생겨난다. 그렇다고 하여, 이는 영어 철자 이름을 아무렇게나 발음해도 된다는 뜻이 아니다. 번역자는 가급적 영미권 화자들이 발음하는 표면 음성형을 따라 주는 것이 1차적이라고 본다. 따라서 이 책에서 번역자가 표기한 한글 표면 음성형만이 유일한 발음임을 뜻하는 것이 아니라, 가능한 발음 가운데 유력 후보임을 나타낼 뿐임을 독자들이 이해하여 주기 바란다. 이 책의 저자는 핀란드 분으로서 forvo를 검색하면, [싸뤼 루오마]라는 핀란드 발음을 직접 들을 수 있다.

저작권 알림

- G. Brown, A.H. Anderson, R. Shillcock, and G. Yule(1984), 『말하기 교육: 산출 및 평가를 위한 전략(*Teaching Talk: Strategies for production and assessment*)』(Cambridge University Press)에 있는 발화 인용.
- R. Carter and M. McCarthy(1997), 『입말영어 탐구(*Exploring Spoken English*)』(Cambridge University Press)에 있는 발화 인용.
- 헬싱키에 있는 국립 교육위원회(National Board of Education), 『핀란드 언어 국가인증: 국가인증 눈금(*Finnish National Foreign Language Certificate: National certificate scale*)』.
- 저작권 소유자인 미국 교육평가원(Educational Testing Service)의 허락으로 『*TSE ® and SPEAK® Score User Guide*』(2001)로부터 뽑아온 자료를 수록하였음. 그렇지만 검사질문과 다른 검사실시 정보는 전적으로 케임브리지 대학 출판부에서 제공하였음. 미국 교육평가원에 의해 출간된 이 책자에 대한 어떤 승인도 추정될 수 없음.
- 제4장의 〈표 4-5〉는 『유럽 공통 얼개(*Common European Framework*)』(28~29쪽)에 있는 〈표 3〉 '공통 참고수준: 입말사용의 질적 측면'임; G. Schneider and B. North(2000), 『*Fremdsprchen können: was heisst das?*』, 145쪽에 있음; J.C. Alderson and B. North(1991), 『1990년대의 언어 검사(*Language Testing in 1990s*)』, London 소재 Macmillan 출판사/ 영국 문화원(British Council) 167~178쪽에 실린 B. North(1991), 「지속적인 평가등급의 표준화(Standardisation of Continuous Assessment Grades)」로부터 가져온 추가 발전내용, 저작권은 유럽 위원회(Council of Europe).
- 제4장의 〈표 4-6〉은 『유럽 공통 얼개(*Common European Framework*)』(79쪽) '목표지향 협동과제', 저작권은 유럽 위원회(Council of Europe)
- E. Grove and A. Brown(2001), 『멜버른 언어검사 논총(*Melbourne Papers in Language Testing*)』.

- C. Weir(1993), 『언어검사의 이해와 계발(*Understanding and Developing Language Tests*)』, 저작권은 Pearson Education Limited.
- Hasselgren(2004), 『노르웨이 어린이들의 입말영어 검사(*Testing the Spoken English of Young Norwegians*)』(Cambridge University Press)에서 가져온 유창성 눈금, 저작권은 UCLES.
- 제4장의 〈표 4-8〉 M. Pienemann(1998), 『언어처리와 제2 언어발달: 처리 가능성 이론(*Language Processing and Second Language Development: Processability Theory*)』(John Benjamins Publishing Co).
- J.B. Heaton(1991, 4th ed), 『영어검사지 만들기(*Writing English Language Tests*)』(Longman), 저작권은 Pearson Education Limited.
- 노르웨이에 있는 Nasjonalt Laeremiddelsenter(1997), 『과제 사례들(*Examples of Tasks*)』.
- 짝끼리 과제를 위한 상호작용 개관과 짝지운 면접에서 두 명의 응시생을 위한 과제 카드, University of Cambridge Local Examinations Syndicate ESOL.
- 핀란드 Virtain Yläaste, Paula Niittyniemi-Mehn에 의한 검사자료.
- 녹음에 근거한 검사에서 응시생 검사지, '모둠과제 활동 용지로써 사회에서의 폭력 Violence in Society as a group project work sheet' 및 읽기연습, 저작권은 캐나다 학업영어 평가(CAEL), 2000.
- 핀란드 Kymenlaskso Polytechnic에 있는 Tarmo Ahvenainen이 집필한 검사절차.
- Jyväskylä의 University of Jyväskylä 응용언어 연구소(Center for Applied Language Studies)에 있는 M-Riitta Luukha가 집필한 영어 표본검사(Sample Test in English).
- 음성통과 실습 검사, 저작권은 Ordinate Corporation.

제1장 말하기 평가와 책의 구성

말하기[1] 기술은 언어교육에서 교육과정의 중요한 일부이다. 이

---

1) (역주) speaking(말하기, 말하는)에서 동명사 접사 '-ing'는 우리말에서 '-음'(결과/상태 접미사)과 '-기'(행동/과정 접미사)에 해당한다. 뿐만 아니라 뒤의 행동/과정을 나타낼 경우에는 현재 동작이 진행되고 있다는 뜻도 가리키게 된다('-하고 있는'). 이 경우에는 과거 분사를 나타내는 접사 '-ed'(사건이 완료되어 어떤 상태로 된)와 대립된다. speaking skills를 '말하는 기술'이라고 번역할 수도 있다. '말하기 기술'은 '명사+명사'의 구성이므로 초점이 '말하기'에 놓여 있다. 그렇지만 '말하는 기술'은 '수식어+명사'이므로 초점이 '기술'에 놓이게 된다. 여기서는 일관되게 '말하기 기술'로 번역해 둔다. 우리나라 국어과 교육과정에서는 역사적으로 '기술' 천시 현상 때문에 말하기 '능력'이란 용어를 쓴다. 영어에서 skill은 선천적으로 타고나는 것이 아니라 후천적으로 배워 터득한 힘을 말한다. 즉, skill to practice(연습하여 얻어지는 기술)을 뜻하므로, 언어 학습이 연습에 연습을 거듭해야 함을 속뜻으로 담고 있다.

언어교육의 역사에서 말하기 교육에 대한 등급화 및 평가에 대한 첫 시도는 앤더슨·브라운·쉴콕·율(Anderson, Brown, Shillcock, and Yule, 1984), 『말하기 교육: 산출 전략과 평가(*Teaching Talk: Strategies for Production and Assessment*)』(Cambridge University Press)이다(글로벌콘텐츠에서 출간할 예정임). 스코틀란드 중학교 2학년 학생들을 대상으로 하여 모국어인 영어를 이용하여 정보 전달용 말하기를 조사 연구한 결과이다. 당시 학생들의 담화 일부는 건스바커·기본(Gernsbacher and Givón, 1995) 엮음, 『자발적 산출 텍스트에 있는 의미 연결성(*Coherence in Spontaneous Text*)』(John Benjamins)에 들어 있는 앤더슨 「대화에서 의미 연결성을 타개해 나가기(Negotiating coherence in dialogue)」를 읽어 보기 바란다. 이 결과는 그대로 외국어로서의 영어 말하기에도 적용되어 브라운·율(1983), 『입말 교육: 영어 대화 분석에 근거한 접근법(*Teaching the Spoken Language: An Approach Based on the Analysis of Conversational English*)』(Cambridge University Press)로도 출간된 바 있다(연구의 순서는 모국어로서의 영어 다음에 외국어로서의 영어인데, 출간은 후자부터 이뤄졌음). 또한 이 연구는 현재 의사소통 중심 언어교육 또는 과제 중심 언어교육에서 과제를 등급화해 주는 원리를 논의하는 데에도 핵심적인

점 또한 중요한 평가의 대상으로 만들어 놓는다. 그렇지만 말하기를 평가하는 일은 도전적인 것이다. 왜냐하면, 누군가가 말을 얼마나 잘하는지에 대하여 우리가 지닌 인상에 영향을 주는 요인이 아주 많이 있기 때문이고, 평가 목적을 위한 검사 점수가 정확하고 확실하며 적합하기를 기대하기 때문이다. 이는 굉장한 요구사항a tall order(큰 주문내용)으로, 서로 다른 맥락에서 교사와 검사/평가[2] 주체는 일정 범위의 서로 다른 절차들을 통하여 이 모든 것을 성취

기여를 하였다.

2) (역주) 흔히 들을 수 있는 검사와 평가와 시험은 서로 적용 범위가 겹치므로 섞어 쓰는 일이 잦다. 우리말에서 이 용어들을 굳이 구분한다면, 검사가 일반적인 영역에 두루 적용되는 반면, 평가는 주로 교실수업이나 회사의 업무와 같이 특정한 환경에서 일어난 학습이나 작업결과를 대상으로 하여 적용된다.

시험이란 말은 일상용어로 쓰이기도 하고, 학교수업에서 일정기간이 지난 후 치르는 평가를 가리키는 말이다. 시험을 경험자(시험 경험주체) 중심으로도 서술되어 '시험 보다, 시험 치르다'는 이음말도 흔히 쓰이고, 실시 주체가 중심이 되어 '시험하다'는 말도 자연스럽다.

반면에, 검사와 평가는 주로 실시주체가 중심이 되어 '검사하다, 평가하다'라는 말을 쓴다. 그렇나 '*검사 보다, *평가 보다'라는 표현은 어색하고, 피동적 관점에서 오히려 '검사 받다/당하다, 평가 받다/당하다'라는 말을 쓴다. 후자는 영어에서 get-passive(피해 피동)으로 부른다.

이런 검사나 평가의 결과를 종합하여 어떤 결정을 내리는 일과 연관되는 경우에는 '검사/조사+결정'이란 뜻으로 '사정(査定)'이란 말을 쓰고, '평가+결정'이란 뜻으로 '평정(評定)'이란 말을 쓴다. 영어에서도 assessment(전반적인 평가자료 수집)와 evaluation(최종단계에서 결정을 짓는 종합평가)을 자주 쓰는데, 영어에서 이에 대한 관용적 용법은 28쪽의 역주 5)를 보기 바란다.

언어교육 현장에서 평가는 다방면으로 이뤄진다. 교사와 학생에 대한 평가뿐만 아니라, 교육과정과 교재에 대한 평가, 그리고 학습내용에 대한 평가들이 있다. 이 점에 대한 논의는 뢰이-디킨즈·줘매인(Rea-Dickins and Germaine, 1992; 김지홍 뒤침, 2003), 『평가: 옥스포드 언어교육 지침서』(범문사)를 읽어 보기 바란다. 좀 더 자세한 논의는 바크먼·파머(Bachman and Palmer, 2010), 『실용적인 언어 평가(Language Assessment in Practice)』(Oxford University Press)를 보기 바란다. 실용적(in practice)이란 말은 이론적(in theory)와 대립된다. 영어 교육 평가를 중심으로 씌어진 신상근(2010), 『외국어 평가의 이론과 실제』(한국문화사)도 참고하기 바란다. 외국인들의 한국어 능력을 측정하기 위해, 강승혜 외 4인(2006), 『한국어 평가론』(태학사)도 나와 있다. 그렇지만 모국어로서 국어 교육을 평가하기 위해서는 응당 담화 영역에 초점과 가중치가 모아져야 한다(영국에서는 모국어 교육을 '담화 교육'이라고 부른다). 이런 점에 착안하려면 페어클럽(Fairclough) 교수가 쓴 비판적 담화 분석의 책자들을 읽어 보아야 한다(김지홍 뒤침, 2011, 『언어와 권력』, 도서출판 경진; 김지홍 뒤침, 2012, 『담화 분석 방법』, 도서출판 경진).

해 내려고 노력해 왔다. 아래에서 말하기 검사에 대한 어떤 각본을
살펴보기로 한다.

<각본 1>

> 검사실에 두 명의 응시생과 두 명의 시험관이 있다. 응시생들이 모두 자신의
> 앞에 네 장의 그림이 있고, 서로 함께 어떤 이야기를 꾸며 나가고 있다. 그들의
> 이야기가 끝날 무렵에, 시험관 한 명이 몇 가지 질문을 던진다. 그 뒤 그 면접
> 시험을 끝낸다. 응시생들에게 작별인사를 하고, 녹음을 멈춘다.
> 응시생들이 떠난 뒤에, 시험관들은 신속히 어떤 형식에 대하여 채점을 한다.
> 그리고 나서 각각의 수행내용에서 가장 나은 특징과 가장 약점인 특징들에 대
> 해서 간략히 의논을 한다. 한 명의 응시생은 강한 악센트를 지녔지만 수다스러
> 웠고, 자못 광범위한 낱말들을 구사하였다. 다른 응시생은 수다스럽지 않았지
> 만 아주 정확하였다. 그런데 그들이 둘 모두 동일한 점수를 받았다.

이는 한 묶음의 의사소통 언어검사[3] 입말 부분이다. 대부분 외국
어를 학교에서 배우는데, 이는 자신의 취미로 별도의 외국어 수업
을 듣는 학생들에 의해 이뤄진 것이다. 수료(이수) 자격증은 성취
수준에 대한 일반적인 증명을 제공해 준다. 어떤 학교에서도 자격
증이 이런 한 묶음의 검사를 요구하지 않겠지만, 자격증 소지자는
여러 대학교나 전문대학에서 필수과목으로 초급 수준의 언어 강
의를 면제받는다. 이는 일부 청소년들 사이에서 왜 이런 외국어
검사가 일반적인지를 설명해 준다.

---

3) (역주) 원문 test battery(검사 묶음)는 '검사집'으로도 번역된다(이순묵·이봉건 뒤침,
1995,『설문·시험·검사의 제작 및 사용을 위한 표준』, 학지사, 179쪽). 남억우 외 엮
음(1990),『최신 교육학 대사전』(교육과학사, 50쪽 이하)에서는 그냥 외래어 '배터리'
로 쓰고 있으나, 독자들에게 뭘 가리키는지 연상할 수 없어서 전혀 도움이 되지 않는
다. 어떤 목적을 위해 여러 개의 하위 검사들을 연결해 이용하는 일이며, 외래어 남발
은 피해야 마땅하다. 만일 '검사집'이란 말이 어색하다면, '일련의 검사', '한 묶음의
검사'로 쓸 수도 있을 것이다.

<각본 2>

언어 실습실이 동시에 말을 하는 12명의 학생이 내는 말소리로 시끌벅적하다. 그들 중 몇 사람이 말하기를 멈추었다. 곧, 나머지 학생들도 따라서 그렇게 한다. 침묵의 시간 동안, 모든 학생들이 자신의 검사지를 보면서 헤드폰에서 나오는 목소리를 듣고 있다. 일부는 자신의 검사지 한켠에다 메모를 한다. 다른 사람들은 곧장 앞면을 수시하고 집중한다. 그러고 나서, 학생들이 다시 말하기 시작한다. 그들의 목소리가 올라가기도 하고 내려가기도 한다. 몇 사람은 손짓을 이용하기도 한다.

다시 학생들이 말하는 차례가 끝나게 되고, 또 다른 영역의 과제 풀기가 헤드폰을 이용하여 시작된다. 검사 감독관은 실습실 앞쪽에서 과제 풀기 진행과정을 따른다. 그 과제가 끝나자 학생들이 실습실을 떠난다. 감독관이 시험지들을 수합한다. 개인별 실습 칸막이들로부터 중앙제어기로 학습자들의 수행내용들을 보내기 시작한다.

각본 2에서 기대대로 검사영역들이 잘 진행될 수 있도록 하기 위해서는, 계획·준비·훈련의 단계들이 요구된다. 첫 출발점은 검사/시험 목적에 대한 정의였다. 이 뒤에 시험출제 주체는 검사하고 싶은 바를 명시해 주었고, 문항들을[4] 만들어 내었으며, 문항을 점검하기 위한 평가 기준도 마련하였다. 일정 범위의 문항/과제들이 적혀지고 기록되었다. 검사용 녹음테이프도 유의사항과 문항, 그리고 답변을 위한 '잠시 멈춤' 시간과 함께 만들어졌다. 그러고 나서, 그 문항/과제들이 제대로 작동하는지, 응답시간이 알맞은지를 점검하기 위하여, 그 검사가 시험 삼아 실시되었다.

채점 절차가 또한 점검되었다. 검사(시험)를 실시하는 체제가 이미 완결되었으므로, 일반사람들에게도 이 검사(시험)가 실시되었

---

4) (역주) 원문 task는 우리말에서 맥락에 따라 다르게 번역된다. 수업을 하는 상황에서는 '과제'로 번역되고, 시험을 보는 상황에서는 '문제 항목' 또는 '문항'으로 번역된다 (가령, 시험문제 출제를 흔히 영어로는 task development로 부름). 일반적인 업무를 언급하는 상황에서는 '과업'이나 '업무'로 번역된다. 최근 자주 듣는 task force team, 줄여서 TF 팀은 '특정 업무 전담부서'를 가리킨다. 이 책에서는 주로 두 가지로 번역될 수 있다. 수업을 진행하기 위한 수업 과제와 시험을 마련하기 위한 시험 문항이다.

다. 특히 취업 이민의 경우, 전문영역의 직업인들에게 특정 나라에서 자신의 전문직을 수행하기 위한 자격증을 따기 위하여 이 검사(시험)의 점수가 이용될 수 있다.

<각본 3>

> 네 명의 학생이 가상의 제지공장 사무실에 앉아 있다. 그들 중 두 명은 직원으로 행동하고, 나머지 두 명은 구매 고객이다. 직원 중 한 명이 공장의 역사와 현재 생산내용에 대하여 설명을 한다. 교사가 불쑥 들어와 몇 분 간 그들의 상호작용을 관찰한다. 그러고 나서, 진행을 중단시킴이 없이 조용히 나간다. 공장을 찾은 고객들이 몇 가지 질문을 한다. 이 질문에 직원 역할을 하는 화자가 좀 더 부연 설명을 해 준다. 끝날 무렵에 네 명의 학생이 모두 일어나, 공장의 생산과정을 살펴보기 위하여 학교 실습장으로 걸어간다.
> 다른 직원의 임무를 맡은 학생은 제지 기계가 어떻게 작동하는지를 설명해 준다. 작업장에는 소음이 아주 많다. 따라서 누구든지 거의 외치듯이 큰 소리로 말해야 한다. 견학 방문이 끝날 무렵에 직원은 고객들에게 질문이 더 없는지 물어본다. 더 질문이 없으므로 두 명의 직원은 구매 고객들에게 작별인사를 한다.
> 그러고 나서, 학생들이 자기평가와 급우평가의 서식을 채워 놓는다. 다음 주의 수업에서는 그 모의 내용과 급우평가와 자기평가를 놓고서 서로 반성하며 토론을 하게 된다.

이런 평가 활동은 전문대학 학생들에게 영어로 '공장 안내' 발표기술을 배울 수 있도록 도와준다. 그 과제(=말하기 실습 시험)는 작업장에서 겪게 될 가능한 과업들 가운데 하나에 대하여 아주 구체적이고 현실적인 모의내용에 해당한다. 평가는 교실에 있는 다른 학습 활동들의 통합된 일부이다. 교실에서 바람직한 공장 견학의 성격을 놓고 함께 토론하면서 거기에 대한 준비를 시작한다. 학생들은 공장 견학을 준비하고 안내를 실행하기 위하여 또 다른 몇 시간의 수업을 이용한다는 점에서 그러하다. 모둠별 활동은 수업시간을 효율적으로 이용하고, 학생들에게 *스스*로 채점해 보도록 하며, 추가적으로 바람직한 공장 견학의 내용을 만드는 일에 대한 학생성찰을 급우들이 뒷받침해 주게 된다.

발표를 준비하는 짝끼리 활동은, 작업 현장에 있는 동료들로부터 나올 수 있는 지원을 모의해 준다. 준비단계 동안에 교사의 주요 역할은 그 활동을 구조화해 주고 학생들의 작업을 뒷받침해 주는 것이다. 전반적인 평가 자료assessment event를5) 수집하는 동안에,

---

5) (역주) 비슷한 용어로 두 가지가 함께 쓰이고 있다. 모두 일상적으로 쓰이는 것을 학술용어로 받아들인 것이므로, 엄격히 구분되지 않는다는 점을 미리 염두에 두어야 할 것이다. 번역자가 참고한 문헌들에서 참고가 될 만한 것들을 적어 두기로 한다. R.I. Arends(2007, 7th ed.: 제6장, 211쪽), 『가르치기 위한 학습(Learning to Teach)』 (McGraw-Hill)에 보면 두 용어를 구분하여 설명한다.

① assessment(평가자원 수집과정)는 수업상의 결정을 내리기 위하여 학생과 교실 수업에 대하여 정보를 모으는 과정이다(학습 점검과정). 이는 격식적·비격식적 정보를 모두 포함하며, 지속적인 과정이다.
(assessment is the process of collecting information about students and classrooms for the purpose of making instructional decisions)
② evaluation(최종적인 평가 결과)은 특정한 접근이나 어떤 학생의 수행작업에 대한 가치를 판단하거나 결정 내리는 일이다.
(evaluation is the process of making judgements or deciding on the worth of a particular approach or of a student's work)

최근에 평가가 형성평가와 총괄평가로 나누는 일이 일반화되면서, 특히 형성평가가 과정이나 진행에 초점을 모은다는 점에서 이것들이 서로 겹칠 소지가 있다. 번역자가 나름대로 이들 사이에 차이를 더 드러내어 서술해 본다면, assessment(평가자료 수집)는 학생의 수행 과정을 대상으로 행해지는 데 비해, formative evaluation(형성평가)은 학생이 산출한 최종 결과물을 놓고 이뤄진다. 개략적으로 assessment는 과정 쪽에 그리고 수행 수준 쪽에 무게가 주어진다. 반면에 evaluation은 결과 쪽에 그리고 최종 성취 쪽에 무게가 주어진다.

누넌(Nunan, 1992), 『언어 학습에서의 연구방법(Research Methods in Language Learning)』 (Cambridge University Press)의 제9장에서도 비슷하게 지적한다. 비록 'evaluation(평가)'이 넓은 의미로 쓰여 assessment를 포함할 수 있지만, 'assessment(과정 평가)'는 특히 과정과 절차를 가리키는 데 쓰이므로, 서로 구분해 주는 것이 더 낫다고 지적한다. 즉, 상의어로 evaluation이 있고, 그 아래 다시 하의어로 evaluation과 assessment가 있는 것이다. 마치 '청소년'이란 상의어 아래 다시 '소년'과 '소녀'가 있는 모습이다.

이 책의 번역에서는 assessment를 (전반적인) '평가자료 수집'으로, evaluation은 (최종 단계에서) '평가'로 구분하여 번역해 둔다. 그렇지만 이 구분이 늘 기계적으로 적용되는 것이 아님에 유의할 필요가 있다. 가령 이들 낱말이 다른 낱말과 서로 이어져 하나의 구처럼 쓰이는 경우가 많다. 그런 관용적 표현은 이런 정의와 잘 맞지 않는다. 가령, 이 책의 제목 'assessing speaking'도 말하기 평가로, 'course evaluation'도 강의평가로 번역된다. 이 책은 격식을 갖춘 공식적인 말하기 검사들까지도 포함하므로, 수업 시간에 자주 실시하는 쪽지 시험의 평가뿐만 아니라, 마지막 단계의 결과로 최종

교사는 모둠들 사이를 돌아다니면서 몇 분 동안 짝끼리 활동을 평가한다. 전반적인 평가자료를 다 모은 뒤에는 학습자들의 수행을 평가한다. 각 짝끼리 활동과 함께 수집된 전반적인 평가자료를 장차 채점에 이용하기 위하여, 학습자들의 급우평가와 자기평가에 대하여 메모를 해 둔다.

<각본 4>

면접관과 성인 응시생이 서로 응시생의 직업에 대하여 이야기를 나누고 있다. 면접관이 응시생에게 현재의 과제들을 그녀의 이전 직업과 비교해 보도록 요청한다. 그러고 나서 미래에 무슨 일을 하고 싶은지에 대하여 이야기한다. 그리고 만일 그녀가 외국으로 나가면 어떤 직업을 가질 것인지를 묻는다. 이는 분명히 성인 응시생이 영어로 자신의 직업에 대하여 말하는 첫 번째 경험이 아니다. 그녀는 전문 영역의 낱말들에 대하여 아주 양호한 능력을 지니고 있다. 그녀의 말하기 속도가 아주 빠른 것은 아니지만, 이 속도는 또한 그녀가 모국어를 말하는 속도일 수 있다. 면접관의 질문이 어떤 것이든 대답하는 데에 문제가 없었다.
대략 15분이 지난 뒤에 면접관이 토론을 마무리하고, 응시생에게 작별인사를 한다. 면접관은 면접을 진행하는 동안에 수행내용에 대한 초기 평가를 하였다. 지금은 마지막 평가를 하고서 평가 서식을 채워 넣는다. 그러고 나서 커피를 한 잔 마신 뒤에 다음 응시생을 면접시험 교실로 들어오게 한다.

각본 4에 있는 검사는 성인을 대상으로 한 한 묶음의 능통성(유창성) 검사 일부이다. 능통성 검사는 특정한 수업내용과는 관련되지

평가도 포함하고 있으므로, 중의적으로 쓰고 있음을 알 수 있다.
　한편 교육학 쪽에서는 이들을 각각 '사정(査定)'(조사/검사하여 결정함)과 '평가'로 번역한다(변창진 외, 1996,『교육 평가』, 학지사, 17쪽). 그러나 '사정'은 '입시 사정'을 연상시키며, 평가정보 수집과정을 가리키지도 않으므로 따르지 않는다. 183쪽의 역주 22)에서 언급된『문항 반응 이론의 이론과 실제』에서처럼 '평정(評定)'(평가하여 결정함)으로 번역할 수도 있다. 그렇지만 과정이나 절차를 가리키기 위해서, '과정/절차 평정'이란 복합어 형태로 써야 할 듯하다.
　한편, 신상근(2010),『외국어 평가의 이론과 실제』(한국문화사, 46쪽 이하)에서도 measurement(측정), test(시험), assessment(총평), evaluation(평가)을 구별해 놓았다. measurement (측정)는 언어능력을 숫자로 표현하는 것, test(시험)는 언어능력의 한 단면을 측정하는 도구, assessment(총평)은 다양한 방법을 동원한 종합적 판단, evaluation(평가)은 판단이나 결정을 내리기 위한 정보수집으로 풀이하였다.

않는다. 오히려 언어능력에 대한 독자적 정의에 근거하여 마련된다. 이런 특정한 검사는 스스로를 위해서이든지, 아니면 자신의 고용주를 위해서 언어능력에 대한 자격증을 따려는 성인들을 대상으로 하여 실시되도록 의도되었다. 따라서 자신의 전문직과 자신의 미래에 대하여 말하도록 하는 것은, 응시생들을 위하여 유관한 과제이다. 성인 응시생이 갖는 자격증은 말하는 능력에 대한 별개의 점수를 알려 준다.

말하기 검사를 위한 얼개format로서 개별면담의 표면적 단순성은, 상호작용 밑바닥에 깔려 있는 설계·계획·훈련의 복합적인 내용을 숨겨 버린다. 이는 특히 그 면담이 능통성 검사의 일부인 경우에 그러하지만, 또한 교사에 의해 실시된 면접시험과 같이 참가자들이 서로 잘 알고 있는 환경에서도 그러하다. 이는 모든 시험들처럼 면접시험이 모든 참여자들에게 공정해야 하고, 그들의 기술을 보여 주는 동등한 기회를 제공해 줘야 하기 때문이다. 검사가 개별적으로 주어지기 때문에, 면접관은 모든 응시생들에게 동일한 방식으로 면접을 실시함을 확실히 보장해 주기 위하여, 어떤 종류의 개요outline를 따를 필요가 있다. 만일 일부 그 검사가 서로 다른 면접관에 의해서 실시된다면, 공정한 평가를 위해 그런 개요는 더욱 중요해진다. 더욱이 수행을 평가하는 데 이용된 기준은, 그 기준에 따라 모든 수행이 공정하게 채점될 수 있음을 보장해 주기 위하여, 반드시 면접시험 개요와 함께 계획되어야 한다. 이는 부분적으로 대화 상대방의 면접기술에 달려 있다. 대규모 검사기관에서는 면접관 훈련 및 점검이 검사활동의 본질적 부분이 된다. '각본 4'의 검사에서 면접관들은 2부로 된 연찬회에서 훈련을 받은 뒤에, 자신의 직무를 인정받기 전에 여러 차례의 실습을 거치고 나서 면접시험을 실시한다.

1.1. 말하기 평가의 순환주기

앞의 사례에서 보여주듯이, 말하기 평가는 많은 단계를 지닌 과정이다. 각 단계마다 사람들은 다음 단계를 위하여 뭔가 산출하려고 행위하고 상호작용한다. 시험출제 주체가 말하기 평가에서 핵심 구성원이겠지만,

> 응시생·대화 상대방(면접관)·채점자·평가점수 이용자(신입사원 선발관 등)

들도 또한 모두 이 활동에서 일부 어떤 역할을 맡고 있다. 이 책에서는 말하기 평가의 순환주기에 있는 단계들에 대하여 다루고, 그 단계들이 제대로 작동하도록 해 주는 방법들에 대하여 다룬다. 이는 말하기 평가 실천을 반성하고, 그 실천을 더욱 향상하는 데에 관심이 있는 교사 및 조사 연구자들을 위한 것임을 뜻한다.

말하기 평가활동의 순환에 대한 간략한 그림이 32쪽 〈그림 1-1〉에 제시되어 있다. 이 활동은 누군가 말하기를 평가할 필요가 있다고 깨달았을 경우에, 이 그림의 꼭대기에서부터 시작한다. 이는 계획과 계발 단계로 이끌어 간다. 여기서는 더 짧은 과정이나 더 긴 과정으로 계발주체(시험 출제사)들이 평가될 필요성이 무엇인지 정확히 정의해 놓는다. 그러고 나서 이런 의도를 구현하는 문항·채점기준·실시절차들을 계발하고, 시험 삼아 실시해 보며 수정한다. 그들은 또한 평가 순환에서 일어나는 모든 것을 점검하도록 도와주는 품질보증 절차도 마련한다. 그러고 나서 평가가 비로소 이용될 수 있다.

이 순환주기는 말하기 평가를 '실시하기' 위해 필요한 두 가지

<그림 1-1> 말하기 평가 활동 순환주기[6]

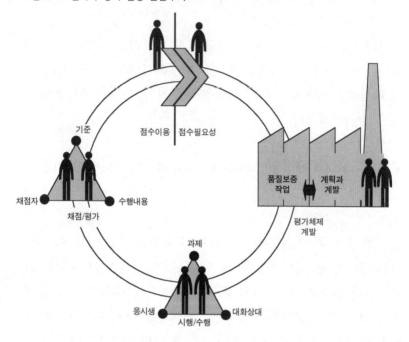

상호작용 과정으로 지속된다. 첫 번째는 시험 수행과정이다. 여기
서 참여자들이 자신의 말하기 기술에 대한 표본을 보여 주기 위하
여 서로 간에 그리고/또는[7] 시험관과 상호작용을 한다. 이는 종

---

6) (역주) 교육은 점진적 향상 내지 개선을 전제로 하여 이뤄지는 활동이다. 따라서 무
조건 순환된다고 말하는 것은 자기모순이 된다. 위에서 내려다보면 한 번 순환될 때
마다, 용수철처럼 옆의 모습으로 한 단계씩 더 높아진다고 말해야 옳을 것이다. 용수
철을 위에서 내려다보면 단지 원을 그리고 있을 뿐이다. 그렇지만 옆에서 쳐다보면
한 바퀴 순환할 때마다 등급이 조금 더 위로 올라가 있게 된다. 비록 저자가 순환주
기라고 표현해 놓았지만, 학습자의 능력은 한 바퀴 돌 때마다 옆에서 보는 용수철마
냥 등급이 조금씩 높아진다고 이해해야 온당할 것이다.

7) (역주) 'and/or'(그리고/또는)이란 표기는 '포괄적 이접/선접'을 나타내는 약속이다. or
에는 두 가지 뜻이 있다. 하나는 '영이가 여자이거나(or) 남자이다'에서처럼 어느 하
나만 선택해야 되는 경우이다(select one but not both). 이를 '배타적 이접/선접'이라
고 부른다. 다른 하나는 '사과나(or) 배가 과일이다'에서처럼 둘 모두 선택될 수 있는
경우이다. 이를 '포괄적 이접/선접'이라고 부른다. 라틴어에서는 배타적 이접/선접과

종 녹음 또는 녹화 테이프 속에 녹음/녹화된다. 두 번째는 채점/평가과정이다. 여기서 채점자들이 채점기준을 시험 수행에 적용한다. 이는 점수를 산출하며, 시험계발(출제)이 처음 시작되었을 때에 확인된 필요성을 충족시켜 주어야 한다. 저자는 '점수score'라는 용어를 넓은 뜻으로 쓰며, 숫자로 나온 점수나 입말 되점검, 또는 양자를 모두 가리킨다. 그 순환주기의 끝 무렵에 만일 여전히 그 필요성이 존재하고, 새로운 집단의 응시생들이 평가받기 위해 기다리고 있다면, 그 순환주기가 다시 시작될 수 있다. 만일 이전의 실시 과정으로부터 나온 정보가 수정의 필요성을 가리킨다면, 수정이 실시되어야 한다. 그러나 그렇지 않다면 다음 단계로 새로운 시험실시 과정이 시행된다.

〈그림 1-1〉은 간략히 제시되어 있다. 두 가지 점에서 그러하다. 이 그림이 여러 활동 단계를 보여 주지만, 한편 각 단계로부터 다음 단계를 향해 선택된 산출물을 보여 주지 않거나, 또는 그 순환주기에 있는 품질보증 작업의 범위를 보여 주지 않는다. 이것들을 놓고 다뤄 나가기 전에, 그 단계들을 놓고 이용된 모습들에 대하여 뭔가를 말해 놓고자 한다. 그 순환주기의 꼭대기에는 '점수 필요성'과 '점수 이용'이 비둘기 꼬리모양의 화살표 '≫'로 표시되어 있

포괄적 이접/선접이 각각 다른 낱말 aut와 vel로 쓰인다(Quine, 1976 revised ed., 『수리논리학(*Mathematical Logic*)』(Harvard University Press, p. 12). 영어는 이런 낱말상의 구별이 없다. 따라서 or를 배타적 이접/선접으로 간주하고, 다시 포괄적 이접/선접을 나타내기 위하여 and/or라는 표기를 만들어서 쓴다.

disjunction을 흔히 철학 쪽에서는 이접 또는 선접으로 번역한다. 이접(離接)이란 접속항들 중에서 하나가 분리되어 떨어져 나온다는 뜻을 담고 있다. 선접(選接)은 접속항들 중에서 하나를 선택한다는 뜻을 담고 있다. 그런데 대한수학회(1994), 『수학 용어집』(청문각)에서는 '논리합'이라고 부른다. 이에 맞서는 짝인 conjunction(연접)을 흔히 '연접'으로 부르기 때문에, 번역자는 개인적으로 서로 잘 구별될 수 있도록 '이접'을 쓴다. 그렇지만 이접(離接)이란 말뜻을 일반독자들이 잘 새기지 못할 소지가 있다. 수학에서는 연접을 논리곱이라고 부른다. 논리합이나 논리곱은 아마 산술에서 쓰이는 합과 곱을 토대로 하여 만들어진 듯하다.

<그림 1-2> 말하기 평가에 들어 있는 여러 단계·활동·산출물

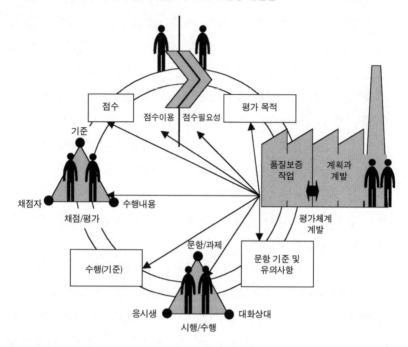

다. 이는 말하기 평가 순환주기의 시작과 끝이 서로 들어맞아야 할 필요성을 의미한다. 두 번째 단계는 공장 그림으로 제시되어 있다. 이는 시험 출제자의 작업장이다. 그들은 그 활동들을 안내하는 데에 필요한 평가를 계발하고 문서(문항·기준·유의사항)를 산출한다. 어느 공장에서이든지 간에 품질보증은 출제[8] 작업의 중요한 측면이다. 이는 출제되는 검사/시험 실천testing practices이 애초의 목적을 위해 충분히 양호해지도록 보장해 준다. 그 순환주기를 따

---

8) (역주) 영어 낱말 develop는 우리말에서 상황에 따라 달리 번역되어야 한다. 먼저 국 토를 '개발'하는 경우가 있고, 정신을 '계발'해 주는 경우도 있으며, 인성이 '발달'하는 경우도 있고, 토론을 '전개'하는 경우도 있으며, 사업을 '진전'시키거나 '발전'시키는 경우도 있고, 사진을 '현상'하는 경우도 있다. 여기서는 시험을 '출제'하는 경우이다.

라 움직여 나가면, 시행과정과 채점과정들이 삼각형으로 제시되어 있다. 그것들이 각자 세 방향 상호작용이기 때문이다. 그 그림에 있는 인간 모습은 그 단계들에서 어느 것도 기계적이지 않음을 상기시켜 준다. 즉, 모두 사람들의 행동에 근거하는 것이다. 점수 필요성과 점수 이용은, 말하기 평가단계를 사람·과정·산출물 사이에 있는 상호작용의 순환주기 속으로 묶어 놓는다.

〈그림 1-2〉에는 '문서·기록·점수' 등 네모 글상자 속에 가장 중요한 산출물을 지닌 동일한 활동 순환주기들을 보여 주며, 품질보증 작업의 범위가 그려져 있다. 이 그림의 꼭대기로부터 시작한다면, 말하기 점수가 필요함을 깨닫고 나서 씌어져야 할 첫 번째 문서는, 평가의 목적을 명료하게 해 놓는 것이다. 이는 이 순환주기에 있는 나머지 모든 활동들로 이끌어 간다. 계속 진행해 나가면, 계획단계의 주요 산출물은 문항·평가 기준을 비롯하여, 평가를 직접 실천하기 위하여 참여자·시행 관계자·대화 상대방·평가자들에 대한 유의사항이다. 다음 단계에서 그 시험의 시행이 응시생들의 수행을 산출하며, 이를 토대로 하여 점수를 매기는 채점이 이뤄진다.

〈그림 1-2〉에서 명백히 볼 수 있듯이, 품질보증 작업은 두루 전반적인 평가 순환주기에 걸쳐 확장된다. 시험 출제자들이 작업할 필요가 있는 주요한 품질은, 구성물 타당도와 신뢰도이다. '구성물 construct'은9) 우리가 평가하려고 하는 대상을 위해 이용하는 기술적

---

9) (역주) 20세기 초반까지만 해도 심리학에서 가장 핵심적이었던 문제는 물리학에서와 같이 과연 심리/정신 현상도 정확한 잣대에 의해 계량될 수 있는가에 대한 것이었다. 이전까지 정신현상이 수치로 표현될 수 있다는 주장은 공허하거나 헛소리처럼 취급되었기 때문이다. 그렇지만 엄격히 통계기법을 바탕으로 하여, 계량하려는 대상을 'construct (정신 구성물)' 또는 'trait(특질/성격)'로 부르고, 그 대상의 계량뿐만 아니라 예측까지 할 수 있음을 입증하려는 노력들이 이어졌다. 스티븐스(S.S. Stevens, 1975), 『정신 물리학: 그 지각적 신경학적 사회학적 관점들에 대한 개관(Psycho-physics: Introduction to its Perceptual, Neural, and Social Prospects)』(Transaction Books) 등이 그러하다. construct를 일본에서는 '구인'(아마 구성 인자의 뜻인 듯함)이란 번역 용어를 만들었지만, 우리말에

인 용어이다. 말하기 평가에서 그 구성물은 그 시험에서 평가되는 특정한 종류의 말하기를 가리킨다. 구성물 타당도construct validity에 대한 작업은 올바른 대상이 평가되고 있음을 보증해 주는 일이다. 품질보증 작업은 말하기 평가 순환주기에 있는 모든 단계들에 대

서는 감옥에 구금되는 낱말과 발음이 같고, 결코 마뜩한 번역 용어도 아니다. 한자를 새길 수 없는 다른 분야(심리학, 교육학, 영어학 따위)의 전공자들은 고사하고서라도, 심지어 국어/한국어 교육을 전공하는 이들 중에서도 이런 용어를 맹종하는 이들이 있어 안타깝고 걱정이 크다. 일반 평가 분야에서 허무한 용어의 남발/사용이 비단 이것에만 국한되는 게 아니라 큰 문제이다.

construct(구성물)는 관찰할 수 있는 인간의 행위를 일으키는 '머릿속 정신의 실체'를 가리키기 위해 잠정적으로 쓰고 있는 용어이다. 언젠가 아득히 먼 미래시점에서 정신작용·뇌세포·세포들 사이의 물질대사 관련성이 잘 밝혀진다면, 그런 내용의 용어로 바꿔어야 할 것이다.

construct(구성물)는 직관적으로 인문학에서 인간정신을 복합능력으로 파악해 온 전통을 받아들인다. 직관적으로 인간정신을 진선미(眞善美)나 지덕체(智德體)라는 3원체계의 구성물로 파악하는 희랍의 전통은 칸트에게서 순수이성·실천이성·판단력이라는 고급스런 용어로 재정의된다(물론 칸트에게서 신체활동을 가리키는 용어는 누락되어 있음). 현대심리학에서도 물리학이나 화학 같은 '탄탄과학(hard-science)'을 모방하여 '물컹과학(soft-science)'의 반열에 오르려고 노력하면서, 정신작용을 여러 능력의 복합체로 파악하고, 각 능력마다 일정한 수치를 부여하여 계량하고자 하였다. 흔히 비네 지능검사로 알려진 내용도, 지능을 여러 가지 능력의 복합체로 파악하려는 흐름을 그대로 반영해 준다.

언어교육에서도 마찬가지이다. 언어교육의 평가는 언어와 언어사용에 대한 능력을 고려해야 한다. 이때 이 두 영역은 대등한 것이 아니라, 주종관계에 있다. 언어가 하인이고 언어사용이 주인이다. 언어교육의 평가는 수행평가라고 불리는데, 언어사용 능력을 평가하는 일이다. 바크먼·파머(Bachman and Palmer, 1996: 68)에서는 언어사용에 대한 구성물을 크게 '조직화(organizational) 지식'과 '화용(pragmatic) 지식'으로 나누고, 하위에다 각각 '문법지식, 텍스트 짜얽기 지식'과 '기능지식, 사회언어학적 지식'으로 제시한 바 있다.

이와 같이 단순해 보이는 하나의 행위의 이면에 이를 일으키는 복합적인 정신내용의 구성물 실체들이 있다는 것을 드러내기 위하여, 언어평가에서는 심리학에서 말하는 'construct(구성물)'의 개념을 그대로 물려받고 있다. 따라서 평가주체들은 반드시 명시적으로 언어사용에 대한 구성물 내용을 정의 내려야 하고, 그 구성물 내용을 좀 더 자세하게 풀어 주어야 한다. 구성물에 따른 자세한 풀이를 흔히 specification(명시내역, 명세내역, 명시내용)이라고 부른다. 다시 심리학에서는 구성물이 과학적으로 올바르게 짜여 있음을 보증해 주기 위하여, 주요한 평가 잣대를 내세웠는데, 크게 타당도(validity)와 신뢰도(reliability)라고 불린다. 흔히, 부담이 높은 시험을 출제할 때에는, 반드시 출제자들 사이에 구성물과 명세내역에 합의가 이뤄져야 하고, 명세내역마다 필요한 가중치를 부여하면서 몇 개의 문항을 어떻게 물을지 서로 합의를 이끌어 내어야 한다. 이런 일이 제대로 이뤄져야 타당도와 신뢰도가 높아지고, 궁극적으로 공정하게 난이도 조절에 성공할 수 있는 것이다.

한 과정과 결과를 두루 포괄한다. 그것들은 출제자(시험계발 주체)들이 평가하려고 의도한 말하기 기술의 정의에 빗대어 평가된다. 신뢰도reliability는 그 시험이 일관되고 의존할 만한 결과를 내어 주도록 확실히 해 두는 일이다. 저자는 제8장에서 이런 논제를 더 자세히 다룰 것이다.

1.2 이 책의 짜임새

제1장은 말하기 평가의 세계에 대하여 간략한 개관을 제공해 준다. 다음 4개의 장에서는 말하기 평가의 계발을 도와줄 수 있는 기존의 조사연구를 살펴본다. 제2장에서는 말하기 기술의 본질에 대한 응용언어학 관점들을 요약해 놓고, 올바른 구성물로 말하기를 평가하는 데 대한 함의를 살펴본다. 제3장에서는 문항설계를 논의하고, 문항과 관련된 조사연구 및 실천을 다룬다. 제4장에서는 말하기 평가 눈금(채점기준, 평가척도, 저울눈금)에 대한 주제를 다룬다. 사례들에 비추어 평가 잣대와 관련된 개념들을 소개하고, 눈금 계발법을 논의한다. 제5장에서는 서로 다른 말하기 평가를 위하여, 말하기의 구성물에 대한 정의를 안내해 줄 수 있는 개념상의 얼개로서 이론적 모형들의 이용을 논의한다.

그런 다음에, 제6장에서부터 제8장까지는 말하기 시험출제를 지원해 주기 위하여 실용적인 사례와 조언을 제공해 준다. 제7장에서는 서로 다른 종류의 말하기 과제(시험문항)들을 예시해 주고, 그것들의 계발을 논의하는 데 집중한다. 제8장에서는 말하기 평가에 대한 신뢰도와 타당도를 보장해 주기 위한 절차에 초점을 모은다. 이 책자의 주요한 주제들이 논의 과정에서 거듭 다뤄진다. 제8

장은 말하기 평가에서 미래 방향을 전망하면서 매듭을 짓는다.

　제1장에서 저자는 말하기를 평가하는 활동을 소개하였다. 말하기에 대한 서로 다른 평가절차가 아주 차이가 나 보일 수 있다. 그것들이 한 명의 응시생과 한 명의 시험관을 포함할 수도 있고, 아니면 두 명 이상의 응시생과 두 명 이상의 시험관을 포함할 수도 있다. 채점도 시험을 실시하는 동안에 실행될 수도 있고, 녹음이나 기록에 근거하여 사후에 실행될 수도 있다. 그 결과 나온 점수들도 광범위한 목적을 위하여 이용될 수 있다. 이런 차이점에도 불구하고, 서로 다른 말하기 평가의 계발과 이용은 아주 비슷한 경로를 따르며, 어떤 활동 순환주기로 모형화될 수 있다. 그 활동들은 그 평가의 목적과 평가될 필요가 있는 말하기의 종류 또는 말하기 검사 구성물을 정의하고 있는 시험 출제자들과 함께 시작된다. 이를 실행하기 위하여, 다른 기술과 같이 '말하기'가 무엇인지에 대하여 이해할 필요가 있다. 이는 제2장의 주제이다.

제2장 **말하기의 본질**

제2장에서는 응용 언어학에서 말하기가 논의되는 방식을 제시할 것이다. 저자는 입말의 언어학적 기술을 논의할 것인데, 사교적인 상호작용으로서의 말하기 및 상황 중심적 활동으로서의 말하기이다.[1] 이들 관점은 모두 말하기를 사람들이 경험하는 일상생활의 통합부분으로 간주한다. 그 관점들은 다 함께 시험 출제자들에게 언어를 말할 수 있는 것이 무엇을 의미하는지를 놓고서 명백한 이해를 형성하는 데 도움을 주며, 이런 이해를 문항의 설계와 채점 기준으로 옮기는 데 도움을 준다. 시험에 대한 이들 구체적 특징들이 말하기의 특별한 성격 쪽으로 연동되면 연동될수록, 그 결과가 그 특징들이 나타내는 것으로 주장되는바, 즉 언어를 말하는 능력을 가리키게 될 것임이 더욱 확실해진다.

---

1) (역주) 로먼 야콥슨의 6가지 언어기능이 중첩되고 복잡하여 언어교육에 적용하기 힘들다는 점을 깨닫고, 브라운·율(Brown and Yule, 1983)『담화 분석』(케임브리지대학 출판부)에서는 크게 정보 진달용(transactional) 의사소통과 사교적 상호작용(interactional) 의사소통으로 나눈 바 있다. 본문의 지적은 이 구분을 따르고 있다. 71쪽 이하를 보기 바라며, 72쪽의 역주 33)도 참고하기 바란다.

2.1. 입말을 기술하기

입말에 대하여 무엇이 특별한 것일까? 입말 상호작용에서는 어떤 종류의 언어가 이용되는 것일까? 이것이 입말 평가의 설계를 위하여 무엇을 함의하는 것일까?

(1) 말소리

사람들이 누군가 말하는 것을 듣는 경우에, 거의 자동적으로 그 화자가 소리를 내는 바에 주의를 기울인다. 들어 놓은 바에 근거하여, 사람들은 그 화자의

> 인성·태도·고향·토박이 화자인지 여부

에 대하여 어떤 잠정적이고 무의식적인 판단을 내린다. 의식적으로든 무의식적으로든, 화자로서 사람들은 남들에게 자신의 인상을 심어 주기 위하여 자신의 말을 이용한다. 속도와 멈추기, 음높이에서의 변화, 성량과 어조를 이용함으로써, 또한 자신이 말해 주고 있는 바를 뒷받침하고 확장시켜 주는, 자신의 이야기를 위한 짜임새texture를 만들어 낸다. 사람들의 말소리는 유의미하다. 바로 이 점이 왜 말하기 평가를 위하여 말소리가 중요한지에 대한 이유가 된다.

그렇지만 말소리는 언어 평가에서 성가신 논제이다. 무엇보다도 사람들이 '토박이/비토박이' 화자 지위를 발음에 근거하여 판단하는 경향이 있기 때문이다. 이는 이내 학습자 발음이 판정되어야 하는 기준(표준)이 '토박이 화자의 말소리'라는 생각으로 이끌

어 간다. 그러나 이런 기준이 정당한 것일까? 만일 그렇지 않다면, 대안이 되는 기준이 어떻게 정의될 수 있는 것일까?

외국어 발음을 위한 토박이 화자 표준은 두 가지 주요한 근거에서 의문시된다(Brown and Yule, 1983: 26~27; Morley, 1991: 498~501을 보기 바람). 첫째, 오늘날의 지구촌 시대에서 어떤 단일한 표준이2) 한 언어의 토박이 화자에 대한 표준으로 충분할 것인지를 결정하기가 어렵다. 특히, 세계적으로 널리 이용되는 언어(≒영어)에 대해서는 그러하다. 모든 언어가 서로 다른 지역적 변이체varieties들을 지닌다. 물론 또한 종종 지역적 표준도 지닌다. 그 표준은 서로 다른 지역에서 서로 다른 목적을 위해 서로 다른 방식으로 가치가 매겨진다. 이 점이 평가를 위한 특정한 표준을 선택하는 일을 어렵게 만들며, 학습자들에게 오직 한 가지 표준에만 가까워지도록 노력하는 일을 요구할 수 없게 만들어 놓는다.

둘째, 학습자 언어에 대한 조사연구가 진행됨에 따라 다음 사실이 분명해졌다. 비록 방대한 숫자의 언어 학습자들이 온전히 이해 가능하고 효과적인 방식으로 발음하는 것을 배우지만, 아주 소수의 학습자만이 모든 측면에서 토박이에 가까운 표준을 성취할 수 있다.3)

---

2) (역주) 표준화 작업은 인류 문명사에서 대체로 산업혁명이 일어난 뒤, 기계가 대량으로 만들어낸 물건을 팔기 위해서 동기가 마련된다. 이른바 부르조아로 불리는 자본가 계층이 대두하면서 언어도 또한 표준을 정해 놓게 되었던 것이다. 페어클럽(2001; 김지홍 뒤침, 2011, 123쪽 이하), 『언어와 권력』(도서출판 경진)의 §.3-2-1 '표준어'를 읽어보기 바란다. 표준어가 다시 국가를 배경으로 하여 '국어'로 등장한 것은 근대 국가개념의 출현에 따른 것이다.

특히 우리나라에서는 일제의 압박으로 인해 폭력적인 억압 및 지배와 관련되어 있다. 일제 때 일본어로서의 '국어' 출현에 대해서는 일본 동지사 대학의 고영진 교수가 한국 독자들을 위하여 여러 권의 번역본을 출간해 주어서 크게 도움이 된다. 고영진·임경화 뒤침(2006), 『국어라는 사상: 근대 일본의 언어의식』(소명출판)과 이연숙 외 뒤침(2005), 『언어 제국주의란 무엇인가』(돌베개)와 고영진 외 엮음(2012), 『식민지 시기 전후의 언어 문제』(소명출판)와 고영진·임경화 뒤침(2013), 『식민지 조선의 언어 지배 구조: 조선어 규범화 문제를 중심으로』(소명출판)를 읽어보기 바란다.

3) (역주) 자발적 언어습득은 흔히 두 단계의 결정적 시기를 거친다. 첫 번째 결정적 단

만일 토박이 같은 말소리가 기준으로 되면, 대부분의 언어 학습자가
심지어 정상적인 의사소통 상황에서 충분히 기능을 잘 발휘하는
것과는 무관하게 '실패'로 낙인찍힐 것이다. 이해 가능성에 근거하며,
아마 토박이 화자의 표준에 의해 인도되겠지만, 실제적인 학습자
성취에 비추어 정의된 '의사소통의 효율성communicative effectiveness'은4)
학습자 발음에 대한 더 나은 표준이다(=의사소통 효율성이 주가 되고,
원어민 모습의 발음은 부차적이 됨: 번역자).

더욱이 많은 학습자가 왜 한 언어의 토박이 화자들을 상대로 하
여 실수하게 되는 것을 원치 않는지에 대한 사회적이며 심리학적
인 이유가 여러 가지 있다(가령 Leather and James, 1996; Pennington
and Richards, 1986을 보기 바람). 특징적인 악센트가 학습자의 정체성
identity(정체감)의 일부가 될 수 있다. 학습자들은 특히 급우들 앞에
서 잘난 척하며 말하려고 하지 않을 것이다.5) 그들은 비토박이 화
자임에도 불구하고, 목표언어를 그렇게 잘 학습한 능력에 대해서

계는 초등학교 입학시절 전후로 나타나는데, 학습자에게 노출된 언어들을 모국어처
럼 완벽히 습득하게 된다. 여기서는 목표언어의 말소리나 억양의 차이도 구분할 수
없을 정도로 거의 모국어 수준이 된다. 두 번째 결정적 단계는 사춘기 시절 전후로
나타난다. 이때에는 목표언어의 통사와 의미 처리는 완벽하지만, 말소리와 억양은 모
국어의 영향을 계속 받게 된다. 이른바 '외국인 발음' 습성이 목표언어에 남아 있게
되는 것이다. 이를 고려한다면, 우리나라 중등학교에서 영어를 가르치는 데에 과도하
게 발음에 초점을 두는 일(흔히 유아에게 초점 맞춘 'phonics[퐈닉스]'로 불리는 내용)
보다는, 오히려 낱말 선택이나 문장 처리, 그리고 담화의 전개에다 초점을 맞추어 가
르치는 것이 옳을 뿐만 아니라, 실천적이며 실용적인 것임을 알 수 있다.

4) (역주) effectiveness(효과를 낳는 속성)를 효과를 낳을 수 있는 과정으로 보아 '효율성'
   으로 번역하였다. 효과를 노리고 진행하는 과정은 efficient(효율적) 또는 efficiency(효
   율성)으로 부르고, 그 결과 도달된 상태를 effect(효과)나 result(결과)로 부르며, 그런
   결과에 도달하는 속성을 effective(효과적) resultative(결과적)이라고 부른다. 여기서
   effectiveness는 이들을 모두 포괄하는 상의어로 쓰였지만, 외국어 발음을 제대로 하여
   효율을 높이는 측면을 고려하여 '효율성'으로 번역해 둔다.

5) (역주) 미시사회학에서 흔히 이를 부정적 체면(negative face)이라고 부른다. 잘 나서지
   않는 것은 여러 가지 이유가 있겠지만, 그 중 하나가 자신의 체면이 깎일까 하는 두려움이
   그 언저리에 있는 것이다. 이는 학습자들 사이에서 낙인 찍히는 일로 이어진다.

인정받고 싶어 할 것이다. 그리고/또는 자신이 비토박이라는 점을 전달할 수단을 원할 수도 있다. 따라서 문화적인 실수나 결례를 하더라도, 화자의 배경으로 말미암아 청자들이 의심하지 않고 그 화자를 받아들이게 된다.

발음이나 또는 좀 더 광범위하게 말소리는, 개인별 말소리·음높이·성량·말하는 속도·멈추기·강세·억양과 같이 발화[6) 흐름의 많은 특징들을 가리킬 수 있다. 중요한 질문은 이들이 모두 한 가지 채점 기준 아래 포괄될 수 있는지 여부이다. 더욱이 그 초점이 발음의 정확성에 놓여야 하는가, 또는 화자의 목소리 사용에 대한 표현성에 놓여야 하는가, 아니면 둘 모두에 놓여야 하는가?

이 질문의 답은 점수들이 이용되는 목적에 달려 있고, 그 목적을 위한 말소리의 중요성에 달려 있다. 만일 발음 이외에 다른 채점기준들이 많이 있다면, 정확성 및 효율성을 '발음의 자연스러움'과 같은 기준 속으로 집어넣은 일이 유일한 선택사항이 될 것이다. 만일 초보학습자들의 경우에 말소리가 평가에서 주요한 초점이라면, 좀 더 자세한 되점검을 위하여 말소리의 여러 측면을 평가하는 일이 별도의 자료를 제공해 준다.

발음 정확성에 대한 초점 모으는 일은 매력적이다. 왜냐하면 어떤 기준에 따라 판정될 수 있기 때문이며, 앞의 논의가 사실이고, 비록 그 기준이 정의하기가 쉽지 않다고 해도 그 기준으로부터 벗어난 심각한 편차들이 충분히 쉽게 주목받기 때문이다. 정확성이

---

6) (역주) speech는 말·말소리·말하기·연설·발화·언어 등 맥락에 따라서 여러 낱말로 번역될 수 있다. 비록 한 문장 속에 들어 있지만, speech를 앞에서는 말소리(sound of speech)로 뒤에서는 발화 흐름(speech stream)으로 번역해 둔다. 또한 48쪽에 있는 한 문장 속에서도 맥락에 맞추기 위하여 하나는 연설(speech)로, 다른 하나는 발화(speech)로 번역하였다. 일상언어 철학의 한 갈래로 speech act는 흔히 '언어행위'나 '화용행위'로 번역된다.

이해 가능성과 관련되기 때문에, 종종 정확성은 발음기준의 한 가지 측면이다. 그렇지만 이해 가능성은 정확성보다 훨씬 더 중요한 측면이다. 흔히 정확성은 속도·억양·강세·가락을 담고 있다. 그 이야기의 전반적인 이해 가능성을 위하여 이것들이 모두 개별 말소리의 정확성보다 더 중요한 것이 될 수 있다.[7]

만일 평가에서 강조점이 담화 속에서 의미를 만들어 내는 능력에 맞춰져 있다면, 시험 출제자들은 '상호작용 효율성interactional efficiency'을 평가하고 싶어 할 수 있다. 이는 중요한 구절을 강조하거나, 어떤 특정한 방식으로 (가령 반어적으로) 그 낱말들이 해석되어야 하는지를 시사하기 위하여, 응시생이 강세와 억양을 이용하는 일을 포괄할 것이다. 한편, 다른 맥락에서는 그 이야기의 일반적인 짜임새·말 속도와 멈추기에 대한 화자의 이용 방법·음높이에서의 변이·어조와 성량에 의해서 가리켜지는 '표현성expressiveness(감정 실은 표현법)'에 시험 출제자들이 초점을 모으려고 할 수 있다.

---

7) (역주) 흔히 기호학에서 언어를 형식과 내용의 비-자연적 결합 또는 상징적 결합이라고 부른다. 형식은 소략하게 말소리와 낱말과 낱말들을 결합시키는 규칙으로 나뉜다. 내용은 소리의 음상과 낱말의 의미와 낱말이 결합되어 나온 문장의 의미를 가리킨다. 만일 어떤 외국어가 학습해야 할 목표언어라면, 먼저 형식을 익혀야 한다고 생각할 것이다. 그렇다면 낱말과 규칙을 평가해야 한다. 이런 평가에서는 '정확성'이라는 기준으로 채점을 할 수 있다.
그렇지만 학습 목표가 하나의 문장만이 아니라, 문장들이 이어진 담화 또는 텍스트라면, 그 조직원리와 내용과 주제도 파악해야 한다. 이 단계에서는 이해 가능성이 중요하게 되고, 또한 남이 이해할 수 있도록 일련의 문장들을 제대로 엮어 주는 담화원리들을 평가에서 측정해야 한다. 이는 앞의 기준과는 달리 '능통성/유창성'의 기준을 내세워 채점이 이뤄진다.
외국어 학습에서는 먼저 형식들을 익히면서 차츰 내용들을 익혀 나가야 한다. 외국어 초보학습자에게서는 이런 구분이 필요하겠지만, 중급 이후의 학습자들에게서는 모국어 학습자들과 비슷하게 '능통성'이나 '유창성'의 기준을 적용할 수 있도록 내용에 대해 초점을 모아야 한다. 이 내용에 대한 것을 흔히 담화 교육 또는 텍스트 교육이라고 부른다. 만일 모국어 교육에 종사한다면 처음에서부터 학습자들이 모국어 형식을 낮은 수준에서 다 알고 있기 때문에 내용에 초점을 모아 가르치고 평가가 이뤄져야 한다. 다시 말하여 담화 또는 텍스트에 대한 능통성/유창성 기준에 의해서 평가 기준이 마련되어야 하는 것이다.

이는 특히 창의적 이야기 말하기나 어떤 종류의 역할 놀이와 같은 과제들과 관련될 수 있다. 여기서는 시험 수행에서 표현의 생생함이 중심요소가 된다. 따라서 평가기준을 마련하는 데에서, 그 시험 출제자들은 그들이 필요한 말소리에 대한 정보의 유형을 고려할 필요가 있는 것이다. 또한 학습자들의 시험문제가 이들 특징을 채점하기 위하여 충분한 자료를 제공해 주고, 학습자들의 필요성에 기여하는 기준들을 마련해 놓도록 확실히 해 두어야 한다.

(2) 입말 문법

종종 제1 언어와 제2 언어 학습자들의 향상은, 모두 그들이 정확히 산출할 수 있는 문법형식들에 따라서 추적된다. 이 점에 대하여 자세한 논의를 보려면 라어슨-프뤼먼·롱(Larsen-Freeman and Long, 1991: 38~41)을 참고하기 바란다. 일반적으로 학습자들은 소수의 구조를 아는 상태로부터 더욱더 많은 구조들을 아는 상태로, 간단한 구조를 쓰는 상태로부터 좀 더 복잡한 구조를 쓰는 상태로, 오류를 많이 만들어 내는 상태로부터8) 전혀 오류를 만들어 내지 않는 상태로 진행하는 듯하다. 학습자 문법은 능통성proficiency(유창성 fluency과 거의 동일하게 쓰임) 판정에 편리하다. 왜냐하면 말하기와 글쓰기에서 쉽게 탐지되기 때문이며, 대부분의 언어에 대하여 온

---

8) (역주) 특히 미국 애리조나 대학에 있는 케니쓰 구드맨(Kenneth S. Goodman)을 중심으로 주창된 총체언어(Whole Language) 교육에서는 읽기 활동을 중심으로 하여 '단서착각 분석(Miscue Analysis)'을 연구해 왔다. 모국어 학습자들이 논술류의 덩잇글을 제멋대로 읽는 데에서부터 시작하여, 글쓴이의 원래 의도를 제대로 찾아나가는 과정을 다루게 되는 것이다. 예타 구드맨·왓슨·버억(Y. Goodman, D. Watson, and C. Burke, 1987), 『읽기 단서착각 일람(*Reading Miscue Inventory*)』(Richard C. Owen Publishers)을 보기 바란다. 외국어 학습에서도 비슷한 개념을 '중간언어(interlanguage)'라고 부르는데, 모국어 문법에 의해서 목표언어의 문법이 영향을 받는 범위의 언어 산출물을 말한다. 192쪽의 역주 29)를 보기 바란다.

전히 밝혀진 문법이 잘 알려져 있고, 또한 수행 기준으로 이용할 수 있기 때문이다. 그렇지만 말하기 평가에서 평가되는 문법은 특별히 발화의 문법과 관련되어야 한다.

① 글말 문장, 입말 생각 단위

입말과 글말의 주요한 차이점은[9] 화자들이 흔히 문장으로 말하지 않는다는 점이다. 오히려 발화는 생각단위idea unit로[10] 이뤄진다고 간주될 수 있다. 이는 접속사 and(그리고)나 but(그러나) 또는 관계대명사 that(~이라고, ~라는 것)으로 이어진 짤막한 구와 절들이거나, 아니면 전혀 접속사로 연결되지 않고 아마 사이사이에 짤막

---

9) (역주) 입말과 글말의 차이를 다룬 책자들이 많은데, 국제 학술회의 결과물들과 개인 저서가 있다. 먼저 국제 학술회의의 결과물로, 올슨·토런스·힐디야드(Olsen·Torrance·and Hildyard, 1985) 엮음, 『읽고 쓰는 힘·언어·학습: 읽기와 쓰기의 본질과 결과(*Literacy, Language, and Learning: The Nature and Consequences of Reading and Writing*)』 (Cambridge University Press)와 호로뷔츠·쌔무얼즈(Horowitz and Samuels, 1987) 엮음, 『입말과 글말의 이해(*Comprehending Oral and Written Language*)』(Academic Press)가 있다. 특히 후자에 있는 논문들에서 지금도 많은 도움을 받을 수 있다.

　다음으로, 개별 학자들의 저서가 있다. 핼러데이(Halliday, 1985), 『입말과 글말(*Spoken and Written Language*)』(Oxford University Press), 바이버(Biber, 1988), 『입말과 글말에 걸친 변이(*Variation across Speech and Writing*)』(Cambridge University Press), 머카씨(McCarthy, 1998; 김지홍 뒤침, 2010), 『입말, 그리고 담화 중심의 언어교육』(도서출판 경진). 인류 문명사에서 글말의 지위가 어떻게 변천해 왔는지를 보려면 옹(Ong, 1982; 이기우·임명진 뒤침, 1995), 『구술문화와 문자문화』(문예출판사)과 맥루한(McLuhan, 1962; 임상원 뒤침, 2001), 『구텐베르크 은하계』(커뮤니케이션 북스)를 보기 바란다.

10) (역주) '생각단위'라고 말할 때 중요한 전제가 세 가지 있다. 첫째, 우리의 생각이 한꺼번에 큰 모습을 지니는 것이 아니라, 반드시 개개의 단위들을 서로 합쳐 놓아야 한다. 둘째, 인간의 의식과정은 한 번에 오직 한 가지 생각단위에만 초점을 모을 수 있다. 셋째, 각 생각의 단위는 실세계에 있는 낱개의 사건과 대응한다. 이 개념에 대해서는 오래 전에서부터 여러 분야의 사람들이 다루어 왔기 때문에 용어가 아주 다양하며, 적어도 25개가 넘는다(김지홍 뒤침, 2005, 『말하기: 그 의도에서 조음까지』, 나남, 59쪽). 철학에서는 이를 원자 명제(atomic proposition)이라고 불렀다. 언어교육, 특히 글쓰기 교육에서는 최소 종결가능 단위(T-unit; Hunt, 1965)로 불렀다. 담화에서는 억양단위(intonation unit; Chafe, 1994)라고 불렀다. 현대학문의 비조인 프레게(Frege, 1848~1925)는 생각단위를 동사와 명사(그의 용어로는 함수와 논항)가 결합된 모습으로 보았다.

한 멈춤을 지닌, 단순히 서로 옆에다 나열되어 말해진 것들이다. 생각단위에 대한 이들 연결 열에 대한 문법은, 기다란 문장으로 되고, 내포절과 종속절을 지닌 글말의 문법보다 더 간단하다. 이는 화자가 실시간으로 청자 쪽에서 이해할 필요가 있는 생각들을, 그 것들이 말해짐에 따라 소통하려고 하기 때문이다. 이는 화자와 청 자의 '작업기억'에11) 대한 매개변인들 속에서 작업하는 것임을 뜻

---

11) (역주) 기억에 대해서는 앳킨슨·쉬프륀(Atkinson and Shiffrin, 1968)에서 인간의 '다중 기억 이론'이 제안된 이후에, 현재 여러 종류의 기억들이 머릿속에 들어 있다고 가정 되고 있다. 가령, 감각기억, 단기기억, 장기기억, 영구기억 따위이다. 여기서 외부의 자극물을 장기기억으로 저장해 주기 위해서 매개 역할을 하는 단기기억이 배들리 (Baddeley, 1986), 『작업기억(*Working Memory*)』(Oxford University Press)에 의해 '작업 기억'으로 불린 뒤, 작업기억에만도 엄청나게 많은 연구가 이뤄져 있다. 르두(2002; 강봉균 뒤침, 2005), 『시냅스와 자아: 신경세포의 연결방식이 어떻게 자아를 결정하 는가』(도서출판 소소)에 보면 작업기억은 전전두엽(pre-frontal lobe) 세 군데에 자리 잡고 있다. 복측 전전두엽과 내측 전전두엽과 외측 전전두엽이다. 특히 외측 전전두 엽에 있는 작업기억은 영장류에게서만 관찰되며, 인간에게서는 사춘기가 넘어서야 완벽히 발달된다고 한다.

그런데 작업기억에서 무슨 일을 하는 것일까? 흄(D. Hume, 1711~1776) 이후 전통 적으로 우리 머릿속에서 작동되는 재료는 감각인상과 추상적 요소로 이뤄진다고 논 의되어 왔다. 이런 전통을 이어받아 배들리는 매우 검박하게 주로 감각인상에 대한 처리와 언어에 대한 처리를 떠맡을 수 있도록 시각·공간 그림판과 음운처리 순환회 로라는 두 영역을 배당하고, 이 두 부서를 관장하기 위한 중앙처리기를 상정하였다.

여기서 반론과 확장이 두 가지 측면으로 뒤이어졌다. 첫째, 중앙처리기 가정을 부정 하는 연구들이 많은데, 주로 두뇌의 단원체(modularity)를 주장하는 포더(Fodor) 같은 심리철학자와 다양한 뇌신경계가 군집을 이뤄 다른 신경계 군집과 기능적인 회로를 형성하여 상호 재유입의 상호작용을 주장하는 에들먼(Edelman) 같은 뇌신경 과학자 들이다.

둘째, 다음 역주 12)에서 보듯이 작업기억은 용량이 제한되어 있다. 따라서 이를 단 기 작업기억으로 부르고, 에뤽슨·킨취(Eicsson and Kintsch, 2008)에서는 새롭게 긴 덩 잇글의 처리를 가능하게 만드는 보조 기억으로 장기(long-term) 작업기억을 주장하기 도 한다. 장기 작업기억이란 장기기억 속에 미리 관심 영역에 대한 여러 가지 사태들 을 놓고서 '인출구조'들을 저장해 둔다는 생각이다.

현재 작업기억에 대한 가장 포괄적인 논의는 배들리(2007), 『작업기억, 사고, 행위 (*Working Memory, Thought, and Action*)』(Oxford University Press)이다. 우리의 자아 가 어디에 자리를 잡고 있는지에 대해서는 아직 아무도 설득력 있는 논의를 내놓지 못하였다. 크뤽(Crick)은 제2의 뇌인 변연계 속 전장(claustrum)에 자아가 들어 있다고 보기도 했지만(Kandel, 2006; 전대호 뒤침, 2009, 『기억을 찾아서』, 랜덤하우스, 421 쪽), 어떤 이는 성급하게 작업기억 그 자체에 자아의 뿌리가 있다고 보기도 한다. 이 는 '자아'의 성격을 어떻게 볼 것인지와도 관련된 복잡한 문제이다. 써얼(Searle, 2004;

한다.12) 그러므로 생각단위는 흔히 대략 2초 동안 또는 대략 7개의 낱말 길이로13) 되어 있거나 더 짧다(Chafe, 1985). 그 단위는 흔히 일관된 '억양 윤곽'을 지니고 말해진다. 종종 이 단위는 앞뒤 양쪽으로 멈춤 또는 주저거림 표지들에 의해 경계가 표시된다. 많은 생각단위들이 동사구·명사구·전치사구를 지닌 절 모습을 띤다. 그러나 일부는 동사를 갖고 있지 않다. 때로 생각단위가 한 사람의 화자에 의해 시작되지만, 다른 사람에 의해서 종결되기도 한다.

② 계획된 발화와 계획되지 않은 발화에서의 문법

물론 복잡한 문법 특징과 높은 정도의 글말 영향력이 일반적일 뿐만 아니라, 또한 기대되고 가치가 높이 매겨지는 상황들도 있다. 이런 사례는 연설·강의·학회발표를 포함하며, 자신의 기관이나

정승현 뒤침, 2007), 『마인드』(까치)를 읽어 보기 바란다.

12) (역주) 배들리(1986)에서 상정된 작업기억은 이해를 모의하기 위한 것이었다. 따라서 명시적으로 개더코울·배들리(Gathercole and Baddeley, 1993), 『작업기억과 언어(*Working Memory and Language*)』(Psychology Press, 99쪽)에서는 작업기억과 언어산출 사이에 직접적인 연관이 없다(As a consequence, there is relatively little direct evidence concerning the relationship between working memory and language production)고 언급하였다. 만일 이 주장을 받아들이면, 오직 청자의 이해과정에서만 작업기억이 관여한다고 말할 수 있겠다. 그렇지만 김지홍(2011), 「르펠트 언어 산출 모형에서 몇 가지 문제」, 한국언어학회 『언어』 제36권 4호(887~901쪽)에서는 언어를 산출하는 과정도 단순하지 않고 동시에 몇 가지 층위들이 가동되면서 조정되고 매개되어야 하기 때문에, 반드시 작업기억과 유사한 부서가 필요하다고 논의하였다.

13) (역주) 7이라는 숫자는, 심리학자 밀러(Miller, 1956), "The magical number seven, plus or minus two: Some limits of our capacity for processing information", 『*Psychological Review*』 #63(pp. 81~97)에서 기본적으로 평균 '7±2' 덩이의 숫자를 기억한다고 지적하면서부터 비롯되었다. 언어 처리도 1/4초 정도의 짧은 시간 동안 작동하는 단기 작업기억 (Short Term Working Memory)에서 비슷한 숫자의 낱말이 처리된다고 가정되었다. 그렇지만 문장을 처리하는 경우에는 장기기억을 일부 빌려 작업기억으로 이용한다. 이를 장기 작업기억(Long Term Working Memory)라고 부른다. 킨취(Kintsch, 1998; 김지홍·문선모 뒤침, 2010), 『이해: 인지 패러다임』 1~2(나남)에서는 대략 5개~7개 정도의 명제를 동시에 처리한다고 본다. 췌이프(Chafe, 1994) 책은 김병원·성기철 뒤침(2006), 『담화와 의식과 시간: 언어 의식론』(한국문화사)으로 번역되어 있다.

전문직을 나타내는 전문가 토론을 포함한다. 이들 상황에서는 계획된 발화가 포함된다(Ochs, 1979). 거기에서 화자는 자신의 발표내용을 준비하고 아마 미리 예행연습을 해 볼 것이다. 또는 이전에 여러 차례 말해 본 적이 있었을 법한, 깊이 생각해 둔 논점이나 의견들을 말할 것이다.

대조적으로 계획되지 않은 발화는 종종 다른 화자에 대한 반응의 형태로 갑자기 일시적으로 말해진다. 일반적으로 짧막한 생각단위와 '불완전한 문장'이 되는 것은, 계획되지 않은 발화에서이다. 심지어 계획된 발화에서조차 생각단위들은 흔히 글쓰기에서보다 더 짧다. 왜냐하면 화자들은 자신의 이야기가 청자에게 실시간으로 이해되어야 함을 알고 있기 때문이다.

계획된 발화와 계획되지 않은 발화에 대한 개념은, 발화의 문법에 영향을 주는 또 다른 요인과 밀접히 관련되어 있다. 즉, 발화상황에 대한 격식성formality(격식 갖춤) 수준이다. 상대적으로, 계획된 발화를 포함하는 상황은 격식적으로 되는 경향이 있다. 반면에, 계획되지 않은 발화 상황은 격식적인 데에서부터 비격식적인 데까지 광범위하게 걸칠 수 있다. 격식적 상황에서는 더 복잡한 문법을 지닌 좀 더 글말다운 언어를 요구한다. 반면에 비격식적 상황에서는 짧막한 구의 연결을 지니고, 화자들 사이에 짧막한 발언기회를 지닌 더욱 입말다운 언어를 요구한다.

말하기 평가를 위하여, 사실상 입말다운 언어와 글말다운 언어 사이에 있는 차이점들을 하나의 연속체로 살펴보는 것은 유용하다. 일정 길이를 지닌 한 직선의 끝점에 아주 입말다운 언어가 있고, 다른 한 끝점에 아주 글말스런[14] 언어가 있는 것이다(Tannen,

---

14) (역주) literate(문학적, 유식한, 글말스런)은 written(글말)과 같은 뜻을 지녔으며, 어휘

1982). 문법 이외에도, 입말 발화와 글말스런 발화는 무엇보다도 발음과 어휘선택에서 차이가 난다. 계획하기 시간과 화자 역할의 종류와 문항에 포함된 역할 관련성과 같은 대상을 다양하게 변화를 줌으로써, 시험 출제자들은 '입말-글말 연속체' 위에서 다양한 지점에서 시험문제를 마련할 수 있다.

③ 두 가지 사례

말하기에서 문법의 본질을 예시해 주기 위하여 전사된 이야기 두 가지 사례를 살펴보기로 한다. 처음 인용은 브롸운 외(1984)에서 가져왔다. 젊은 영국 대학원생이 미국 어느 호텔에서 객실 서비스로 스낵을 주문하였을 때 일어난 일을 서술하고 있다. 두 번째 낱말 'er(어)'는 주저거리는 군소리이며, 'eh'나 'uh'로도 쓰일 수 있다. 단일한 덧셈 표시(+)는 짧막한 멈춤을 나타내며, 두 개의 덧셈 표시(++)는 더 긴 멈춤을 나타낸다.15) 그 화자는 어떤 연구 자료를

사슬을 이용하는 수사법이므로, '글말스런'으로 번역해 둔다. 영어의 수사학에서는 동일한 낱말을 그대로 반복해서 쓰는 일을 꺼린다. 그 대신 비슷한 낱말들을 바꿔가며 써 나가는 일을 선호한다. 이런 수사학적 특징은 옛날 한문의 전개방식과 정확히 일치한다. 이를 어휘사슬(a lexical chain) 형성이라고 부르며(『자치통감 강목』에서는 이를 '문, 상피이[文相避耳, 글에서 같은 낱말 반복을 서로 피해 다른 글자를 쓸 따름이다]라고 말함)', 글말로 된 담화에 통일성을 부여하고 하나의 주제로 묶어 주는 중요한 역할을 한다. 자세한 내용은 호이(Hoey, 1991), 『덩잇글에 있는 어휘 사슬 형성 유형(*Patterns of Lexis in Text*)』(Oxford University Press)을 참고하기 바란다.

그런데 우리말의 전개방식은 이와는 다르다. 만일 우리말 전개 방식대로 쓰면, 일관되게 하나의 용어를 그대로 써서 '글말'이라고만 적어야 할 것이다. 조금 뒤에 보면, 입말(spoken)의 경우도 영어의 수사법에 따라 동일하게 oracy(입말 능력)라는 낱말을 서로 뒤섞어 쓰고 있다. 이 또한 어휘사슬을 이루는 모습인 것이다.

15) (역주) 클락(Clark, 1996; 김지홍 뒤침, 2009), 『언어 사용 밑바닥에 깔린 원리』(도서출판 경진, 414쪽 이하)에서는 이를 '1초의 한계'라고 부른다. 북미 영어에서는 전형적으로 공백이 1초 이내라고 관념되는 경우에는 eh, uh 등이 쓰이지만, 1초 이상이 넘는 경우에는 um, ehm 등을 쓴다. 1초가 넘는 경우에는 화자가 해당 낱말이나 표현 따위를 빨리 인출해 내지 못하고 있음을 알려 준다. 따라서 계속 발언권을 유지한다

제공해 주기 위하여, 어느 조사연구자와 면담을 하고 있었다. 달리 말하여, 그들 사이는 상대적으로 낯선 이방인 관계이며, 따라서 말하기 상황도 사뭇 격식적인 것이다.

---

and + er + I was pretty exhausted and I phoned up room service and said that I wanted a sandwich ++ nothing's ever straightforward in America (laugh)- *'what kind of sandwich'* + + I said 'well' er + hummed and hawed + and he said *'well + there's a list in your drawer'* + *'in your chest of drawers'* ++ so I had a look at it and gawd there was everything (laugh) you know + and I saw roast beef + so I phoned back and said I would have a roast beef sandwich (laugh) + and a glass of milk + so an hour later ++ nothing happened you see + so I phoned him up again and yes + they were coming + and in walked this guy with a tray + an enormous tray and a steel covered + plate + dinner plate you see + so I lifted that up + and I've never seen anything like it ++ there <u>was</u> three slices of bread lying on this plate + and there <u>was</u> I counted eight slices of roast beef + hot roast beef + with gravy and three scoops of mashed potato round the outside + an enormous glass of milk and a glass of water (Brown et al., 1984: 17)

그리고 + 어 + 제가 아주 녹초가 됐죠 그리고 전화로 룸서비스를 불러서 샌드위치 하나 원한다고 말했죠 ++ 미국에선 간단히 되는 게 아무것도 없어요 (웃음) -'어떤 종류의 샌드위치를 원하십니까' ++ 제가 말하기를 '글쎄' 어 + 우물쭈물거렸는데요 + 그가 말하길 '그런데요 + 서랍에 식단표가 있습니다' + '서랍 수납함에요' ++ 그래서 제가 그걸 들여다봤죠 어머머 웬걸 모든 게 다 있더라고요 (웃음) 잘 아시다시피 + 그리고 소고기구이를 보았지요 + 그래서 다시 전화를 걸고서 소고기구이 샌드위치를 먹겠다고 말했거든요 (웃음) + 그리고 우유 한 잔 하고 말예요 + 그래서 한 시간 지났는데요 + 아무 연락도 없었어요 아시겠지만 + 그래서 제가 다시 전화를 걸었죠 그리고 예 + 그들이 오고 있는데요 + 그리고 걸어 들어와서 그 종업원이 쟁반 들고 말예요 + 아주 큰 쟁반과 쇠로 된 뚜껑을 덮고서 + 접시 + 저녁 만찬 접시 말예요 아시겠지만 + 그래서 제가 그 뚜껑을 들어올렸거든요 + 그리고 그거 같은 걸 어떤 것도 전혀 본 적이 없거

면, 듣는 사람인 상대방에게 적절한 표현을 찾는 일을 도와달라고 요청하는 신호가 될 수도 있다.

든요 ++ 거기에 빵 세 조각이 접시 위에 놓여 있더라고요 + 그리고 거기 제가 세어 보니까 소고기구이 여덟 조각이더라고요 + 뜨거운 소고기구이 + 육즙을 바르고요 그리고 그 곁에다 빙 둘러 세 주걱의 으깬 감자하고 말예요 + 엄청 큰 잔에 우유 한 잔 하고 물 한 잔 하고요 (브롸운 외, 1984: 17)

브롸운 외(1984)에서는 이 인용문이 자신감 있게 긴 발언기회를 구조화해 놓는 아주 유능한 이야기꾼의 말이라고 지적하였다. 비록 그렇다고 하더라도, 언어덩이들은 대부분 절 크기로 되어 있다. 그것들은 서로 접속사 'and'로 연결되어 있거나, 접속사 없이 서로서로 뒤이어진다. 어휘는 사뭇 간단하다. 짤막한 구와 멈춤과 반복과 수정이 있다. 그 발화에서 화자는 두 차례나 수 일치를 따르지 않았다.16) 시험을 치르는 비토박이 화자의 경우라면, 그런 수행에 대해서 감점표시가 적힐 수 있다. 비슷하게 구절의 짤막함과 '고급' 어휘의 결여도 채점에 영향을 줄 수 있다. 그럼에도 불구하고, 이는 토박이 화자가 이야기를 해 주는 아주 자연스런 표본이다.

두 번째 사례는 계획되지 않은 비격식적 대화에서 나온 것이다. 세 명의 영국 여학생(S1~S3)들이 세 들어 살고 있는 어느 집의 부엌에서 잡담을 하고 있다.

1 [S1] Does anyone want a chocolate or anything?
2 [S2] Oh yeah yes please
3 [S3] Yes please
4 [S2] (laughs)
5 [S3] (laughs)
6 [S1] You can have either a Mars Bar, Kit-Kat or erm cherry Bakewell
7 [S3] Oh erm it's a toss-up between ([S2] laughs) the cherry

---

16) (역주) 번역자가 인용문에 밑줄을 그어 놓았다(there was → there were). 또한 원문의 이탤릭체는 번역자가 호텔 종업원의 얘기를 구별해 놓기 위하여 표시해 놓았다.

```
 8      Bakewell and the Mars Bar isn't it?
 9 [S1] Well shall I bring some in then cos you might want another one
10      cos I don't want them all, I'm gonna be
11 [S3] Miss paranoid about weight aren't you?
12 [S1] Yes but you know
13 [S3] You're not fat Mand
14 [S1] I will be if I'm not careful
15 [S2] Oh God
 ⋯     (Carter and McCarthy, 1997: 85)
```

```
 1 [학1] 누구든지 초콜릿이나 아니면 뭔가 먹고 싶어
 2 [학2] 오 예 응 제발 그러자
 3 [학3] 응 제발
 4 [학2] (웃음)
 5 [학3] (웃음)
 6 [학1] 너희들이 마즈 바나 킷-캣이나 음 버찌 베이클을 먹을 수 있어
 7 [학3] 그래 음 동전 던지기 해 보자([학2] 웃음) 버찌 베이클과
 8      마즈 바를 놓고서 말야 안 그래?
 9 [학1] 근데 내가 다른 선택을 넣을 수 있을까 왜냐면 너희가 딴 걸 먹고
        싶을 수 있으니까
10      왜냐면 내가 그것들을 모두 먹고 싶진 않기 때문이거든, 내가 하려는
        건 말야
11 [학3] 몸무게 편집증 아가씨네, 그렇지 않니?
12 [학1] 그래 하지만 잘 아다시피
13 [학3] 넌 뚱뚱이가 아냐 맨드야
14 [학1] 조심하지 않으면 난 그렇게 될 거야
15 [학2] 아이구 맙소사
 ⋯     (카터·머카씨, 1997: 85)
```

이는 전형적인 일상대화이다. 대부분의 발언기회가 하나의 짤막한 의미단위로 되어 있고, 화자들이 신속히 뒤바뀐다. 자신의 긴 발언기회에서 학생 1은 제9행과 제10행에서 이유 접속사 cos(왜냐면)를 쓰고, 마지막 지점에서 간단히 말을 이어놓고 있다. 그것 이외에 이 담화에서 일관성이 주제 연결에 의해 만들어진다. 제11행

에서 학생 3은 주어와 동사 you are(넌 …이다)를 생략하여 자신의 발언기회를 짧게 해 놓지만, 여전히 그녀가 뜻하는 바가 충분히 이해될 수 있다. you know(아시다시피, 잘 알고 계시듯이)와 it's… isn't it(…그렇지 안 그래)와 같은 구절의 이용은, 특징적으로 그 발언 들을 입말답게 그리고 비격식적으로 만들어 준다.

④ 생각단위의 내적 구조

대부분 입말 생각단위는 문법적으로 말하여 '절'이라고 할 수 있다. 그러나 생각단위가 구조화되는 방식은 종종 표준글말의 절 과는 약간 차이가 난다. 분명히 입말다운 언어사용에 속한 두 가지 구조는 주제 내세우기topicalisation 및 꽁지 달기tails이다.

주제 내세우기 또는 주제로써 맨 앞에 제시하기는, 다음 예에서 보듯이, 비격식적 발화에서 절의 첫 요소에다 정보상으로 특별한 강조점을 둔다.

Joe, his name is (Quirk and Greenbaum, 1976)
(조우는 그의 이름이다)

주제 내세우기는 글말의 표준어순을 파괴한다. 그렇지만 말하기 에서 어순은 어떤 의미로도 '파괴된' 것 같지 않다. 왜냐하면 파괴 목적이 주제를 강조하려는 것이기 때문이다. 이는 비격식적으로 말하기에서 아주 흔한 특징이다. 머카씨·카터(McCarthy and Carter, 1995: 211)에서는, 그 설명으로 어순파괴가 중요한 대인적 상호작 용의 의미를 지님을 시사하였다. 따라서 거기에서 제시된 다음 예 문에서 첫 요소는

That house in the corner, is that where you live?

(구석지에 있는 저 집, 그게 네가 살고 있는 곳이지?)

아마 그 집이나 이웃에 대해서 논의를 하려고 도입하는 요소일 것이다. 또는 그 화자가 그 집을 바라보면서 머릿속에 떠오른 어떤 요소이다.

다음으로 꽁지 달기는, 절의 마지막에 나오는 명사구이다. 어떤 점에서 꽁지 달기는 주제 내세우기와 정반대인 거울영상이 된다. 즉, 꽁지 달기가 그 절에서 더 앞에 나온 대명사를 반복한다는 점에서 그러하다. 꽁지 달기를 이용하면서, 화자는 그 절의 시작부분에 베풀어 놓은 논평(평가)을 강조할 수 있고, 다음 예에서처럼 여전히 그들이 말하고 있는 내용에 대하여 분명히 해 놓을 수 있다.

It's very nice, that road through Skipton to the Dales (McCarthy and Carter, 1995)

(그게 참 멋지거든, 북 요크셔의 스킵튼에서 데일즈 쪽으로 죽 이어진 도로 말이야)

그 절의 시작부분에서 화자가 표현한 촌평은, 다음과 같이 종종 평가가 된다.

he's quite a comic, that fellow, you know

(걔 아주 웃겨, 저 녀석 말이야, 너도 알다시피)

그러나 다음에서 보듯이 언제나 그러는 것은 아니다(사실 경향을 가리킴).

'cos otherwise they tend to go cold, don' they, pasta

(그렇지 않다면 식어가는 경향이 있기 때문이야, 그렇지 않아, 파스타 요리 말이야)

꽁지 달기는 그 절의 시작부분에서 이뤄진 논점을 다시 강조해 준다. 그리고 동시에 그 이야기에서 비격식적인 어조를 만들어 낸다.

주제 내세우기와 꽁지 달기는 둘 모두 분명한 유형을 따른다. 이는 이야기를 위한 '규칙'으로 형성될 수 있다. 그 유형들이 특징적으로 입말답지만, 전통적으로 언어수업에서도 가르쳐지지 않았고, 문법에서도 언급되지 않았다. 이것들은 입말 담화에서 자연스러움과 대인 상호간의 관여에 대한 인상을 만들어 낸다. 만일 응시생들이 적합하게 이것들을 이용한다면, 그 이용에 대해 점수를 더 받을 것이다. 그렇지만 이것들을 이용하지 않는다고 하여 처벌을 받지는 않을 것이다. 왜냐하면 어떤 맥락에서도 필수적인 것은 아니기 때문이다.

입말 문법에 대한 논의를 요약하면 다음과 같다. 발화는 짤막한 생각단위들로 짜여 있다. 그 단위들은 주제상의 연결과 반복은 물론, 통사적 접속사에 의해서도 서로서로 이어진다. 가장 빈번히 쓰이는 접속사는 등위접속을 형성하는 and(그리고)나 or(또는) 등이다. 일부 말하기 상황에서는 완벽한 절과 하위종속절을 지닌, 좀 더 글말다운 문법을 요구한다. 이는 대표적으로 격식 갖춘 말하기 상황이다. 여기에는 학회발표와 같이 준비된 이야기를 포함할 수 있다.

화자는 주제 내세우기로써 논점을 강조할 수 있다. 이는 주요한 주제를 갖고서 자신의 발언기회를 시작하며, 어순을 비일상적으로 만듦을 의미한다. 또는 꽁지 달기로써도 논점을 강조할 수 있다. 이는 논평이나 평가를 위하여 자신의 발언에 대한 시작부분을 자연스럽게 강조하여 이용하고, 자신이 논평을 하고 있는 명사를 그 절의 맨 뒤쪽으로 배치시켜 놓음을 의미한다. 이는 입말투의 맛을 이야기에 부여해 준다. 또한 대인 상호작용 어조와 평가 어조를 더해 준다. 이는 입말 담화에서 전형적이다.

(3) 낱말, 낱말, 입말다운 낱말

대부분의 말하기 채점표에는 낱말사용에 대한 서술이 들어 있다. 가장 높은 수준에서 이런 서술은 흔히 정확히 스스로 표현할 수 있는 상태에 대하여 언급하고, 한 사람의 풍부한 어휘력에 대한 증거를 제공해 주는 일에 대하여 언급한다. 이는 실제로 전문직 맥락에서나 또는 상세한 정보를 전달해 주려고 노력하는 경우에 중요할 수 있다. 잘 선택된 구절이[17] 또한 서술이나 또는 이야기를 생생하게 만들어 줄 수 있다. 성공적으로 청자와의 교감을 불러일으킬 수 있는 학습자들은, 그 능력에 대하여 응당 많은 점수를 받게 될 것이다.

그렇지만 아주 '간단하고, 일상적인' 낱말들도 또한 정상적인 입말 담화에서 아주 일반적이다. 발화에서 이것들을 자연스럽게 사용하는 일도 마찬가지로 아주 고급스런 말하기 기술의 지표가 된다(Read, 2000을 보기 바람). 더욱이, 말하기에 대해 아주 전형적인

---

17) (역주) 흔히 개별 낱말, 낱말들이 이어져 있는 구절, 이음말(연어), 의미가 대체로 고정된 관용구나 속담들을 모두 합쳐서 '어휘'라고 부른다. 즉, 어휘가 곧 상의어로 쓰이는 것이다. 어휘란 한자어에서 '휘(彙)'는 고슴도치를 그린 글자인데, 몸에 있는 가시가 비유적인 의미로 '모으다, 모아져 있다'는 뜻으로 확대되었다. 낱말에서 '낱'은 낱낱이라는 부사에서 보듯이 낱개 또는 단위를 가리킨다. 따라서 어휘가 상의어로 쓰일 수 있는 동기가 충분히 '휘' 들어 있음을 알 수 있다(어[語]들이 모인 것). 그렇지만 때로 어휘는 또한 하의어로서 개별 낱말을 가리킬 수도 있다. 어휘가 상의어로도 쓰이고 하의어로도 쓰이는 것이다. 또한 '낱말'도 개별 낱말뿐만 아니라, 앞에서 열거한 낱말 무리들을 대표하여 상의어로도 쓰일 수 있다.

핵심 구절과 표현들이 있다. 이는 화자의 유창함에 대하여 청자로부터의 긍정적 인상을 형성해 주는 데 기여한다. 그것들은 대화가 진행되도록 해 주며, 화자들 간의 관련성을 발전시켜 줌으로써, 대인 상호작용 수준에서 작동한다. 이런 측면의 낱말사용도 또한 말하기 평가에서 점수가 주어져야 한다.

① 특정한 낱말과 일반적인 낱말

입말의 일부 형태들에서는, 언급되고 있는 바에 대하여 명백히 해 주기 위하여 특정한 낱말들의 이용을 필요로 한다. 가령, 사무실 의자를 조절해 놓는 방법에 대한 글말 안내서가 다음처럼 씌어 있다.

> Use the ball adjustment to move the lumbar support to a position where it supports the back
>
> (요추 지지대를 등받침 지지 위치에다 옮기 주기 위하여, 공 조절기를[18] 이용하기 바랍니다)

동일한 안내서가 가상의 녹화 비디오로 주어졌더라면, 비슷한 낱말들도 쓰였겠지만, 눈으로 볼 수 있는 안내 화면이 들어 있었을 것이다. 상호작용 입말상황에서는 동일한 안내서가 아마 아주 다르게 말해졌을 것이다. 화자는 다음과 같이 일반적인 낱말generic words들을 쓸 듯하다.

---

18) (역주) ball(공) adjustment(조절기)는, 공 모양의 막대가 다른 구멍에 맞물리어 있고 그 구멍이 나사 따위로 좁혀져 단단히 고정될 수 있는 장치로, 360°의 어느 방향으로도 회전하고 고정될 수 있는(360 degree of positioning) 조절기를 가리키는 듯하다.

this one, that one, the round thing, move, put, fine, good

(이것, 저것, 둥근 것, 옮기다, 놓다, 좋은, 좋다)

안내 제공주체와 의자 사용자는 아마 그 일이 적합하게 마무리되도록 확실히 해 주기 위하여 서로 여러 차례 말을 주고받았을 것이다.

일반적인 낱말은 입말 상호작용에서 아주 흔하다. 일반적인 낱말들이 비록 정확한 표현이 아니라 하더라도, 입말상황에서는 충분히 이해될 수 있다.[19] 왜냐하면 현장에서 보여질 수 있는 사람이나 사물이나 활동에 대하여 말해 주기 때문이거나, 또는 참여자들에게 익숙한 대상들이기 때문이다. 일반적인 낱말은 입말 의사소통을 신속하고 쉽게 만들어 준다. 자신의 모국어에서 일반적인 낱말에 대하여 뭔가 이상하게 느낄 사람은 거의 없을 것이다. 일반적인 낱말은 또한

---

[19] (역주) 머카씨(1998; 김지홍 뒤침, 2010), 『입말, 그리고 담화 중심의 언어교육』(도서출판 경진)의 242쪽 이하와 363쪽 이하에서도 영국 입말 말뭉치를 대상으로 하여 동일한 내용을 지적하고 있다. 화자 자신의 인출이 장애를 받기 때문에 주저리면서 막연하게 표현하는 경우도 있다. 청소년들이 흔히 정확히 인출하지 못하고서 버벅대며 막연한 표현을 애둘러 할 수 있는 것이다.

그렇지만 이런 경우 말고도, 성인들이 막연하고 불명료한 표현('거시기 머시기 표현')을 하는 데에는, 또 다른 이유로 좀 더 의도적인 측면도 있다. 이를 두 번째 이유라고 말할 수 있다. 가령, 막연하고 불분명하게 표현하더라도 상황을 공유하고 있는 청자가 맥락에 따라 금세 알아차릴 수 있기 때문에 그러하다. 즉, 너무 자세하고 정확히 표현하는 일은, 자칫 청자를 가르친다거나 무시한다는 속뜻을 지니며, 또한 화자자신이 너무 잘난 척한다는 오해를 낳을 소지가 있는 것이다.

클락(1996; 김지홍, 2009), 『언어사용 밑바닥에 깔린 원리』(도서출판 경진)의 제10장에서는 의사소통이 공평성 원리와 체면의 원리에 의해 진행됨을 언급한다. 전자는 모든 인간활동에 적용되는 범용 원리이지만, 후자는 특히 의사소통에만 적용되는 원리인데, 클락은 다시 하위로 자율성과 자존심에 관한 원리로 나누어 놓았다. 막연하게 표현하는 동기는 막연한 표현이 무엇을 가리키는지를 금방 알 수 있다는 점에서, 또한 결정을 상대방에게 미뤄 놓는 일(상대방의 자율성을 높여 주는 원리)이라고 해석할 수도 있다.

한편 68쪽 이하에서는 저자가 또 다른 이유도 논의한다. 이를 세 번째 이유라고 부를 수 있다. 막연하고 불명확한 표현을 하는 데에는 이유가 있다. 자기자신의 표현에 대한 책임(말을 하면 반드시 실천을 해야 함)을 완화해 놓기 위해서 의도적이고 전략적으로 이용하는 것이다. 즉, 너무 분명하고 확실하게 말해 두기보다는, 어느 정도 약한 가능성으로 제시하고, 실제 현실조건이 만족스럽지 않은 경우에 실천될 수 없을 것으로 표현한다.

자연스럽게 제2 언어 학습자들에게 다가올 것이다. 그러나 학습자들이 교실수업 밖에서 거의 그 언어를 말할 기회를 갖지 못하는 외국어 맥락에서는, 이런 입말 특징을 주목하고 배우기는 좀 어려울 것이다. 채점표에 일반적인 낱말의 효과적 이용에 대한 설명내용을 포함시켜 놓음으로써, 평가 설계주체들은 이런 점을 배려할 수 있다. 이는 일반적인 낱말들이 이야기의 자연스러움을 살려내는 데 중요하다는 뜻을 학습자와 채점자에게 알려 주는 것이다.

상호작용을 하는 비교적 비격식적인 이야기의 또 다른 공통특징은, 화자가 자신이 이용해야 할 낱말을 바로 생각할 수 없을 경우에 자주 쓰는

thing[씽], thingy[씽이]], thingummy[씽어미]], whatsit[왓씻]
(것, 그런거, 어떤거, 뭐랄까/뭐더라)

와 같은 불명료한vague(병병하고 막연한 '거시기 머시기' 표현) 낱말의 사용이다.[20] 췌늘(Channell, 1994)에서는 영어에서 이들 불명료한 낱말의 사용을 조사하였다. 그녀는 불어에 대한 다른 조사연구자들의 사례를 참고하면서

---

20) (역주) 화자와 청자가 같은 상황을 공유한다면, 아무데나 두루 쓸 수 있는 이런 표현을 흔히 손가락으로 가리키는 듯한 '상황중심 지시표현' 또는 deixis[다익시스]라고 부른다. 일본에서는 이를 직시(直示, 직접 보임) 표현이라고 번역하지만, '보일 시(示)'보다는 '손으로 가리킬 지(指)'를 써서 직지(直指, 직접 손으로 가리키다) 표현으로 말하는 것이 더 옳다. 우리 조상들은 '직지'란 말을 썼는데, 최초의 금속활자본인『직지 심체 요절(直指心體要節: 직접 마음의 몸체를 가리키는 중요 핵심)』이 그러하다. '상황중심 지시표현' 또는 '직지 표현'은, 소리는 동일한 형식이지만 내용은 서로 다른 것을 가리킬 수가 있으므로, 가장 초보적인 '상징 표현'의 대표주자로 간주된 적도 있다. 카를 뷜러 (1934; 지광신·최경은 뒤침, 2008), 『언어 이론: 언어의 서술기능』(나남)을 보기 바란다. 상황중심 지시표현에 대한 전문서로서는 필모어(Fillmore, 1997), 『상황중심 지시표현 에 대한 강의(*Lectures on Deixis*)』(CSLI, Stanford University)를 보기 바란다.

'모든 언어에서 그런 일련의 불명료한 낱말들을 갖고 있다'

고 가정하였다. 불명료한 낱말은 화자에게 누락된 낱말에 상관없
이 계속 이야기를 진행해 나가도록 도와준다. 동시에 청자에게 이
해하도록 호소한다. 가능할 경우에 불명료한 낱말을 정확히 보충
해 줄 수 있다. 불명료한 낱말은 비격식적인 이야기에서 자연스럽
다. 학습자들이 불명료한 낱말들을 적합하게 이용한다면, 응당 점
수를 더 받게 된다.

② 고정된[21] 구절·군말(담화 표지)·주저거림 표지

화자들은 말하기에서 준비시간을 벌기 위한 낱말·구·전략도 알
아둘 필요가 있다. 이것들은 때로 군소리나 주저거림 표지로 불리
기도 한다. 다음과 같은 표현뿐만 아니라,

ah, you see, kind of, sort of, you know
(어, 보다시피, 일종의, 뭐랄까, 아시다시피)

또한 다음처럼 한 덩이 문장 표현도 있다.

That's a good question
(참 좋은 질문이시군요)
Now let me see

---

21) (역주) fixed(고정된)는 형태와 뜻이 하나로 고정되어 있다는 뜻이다. 붙박이 표현이
라고도 말할 수 있다. 가령 우리말에서도, '이른바, 눈 가리고 아웅, 시치미 떼다, 벼락
치기, 아니 땐 굴뚝에 연기가 나랴'와 같은 표현은 마음대로 뜯어 고칠 수 없다.

(자 어디 좀 봅시다)

화자들은 또한 종종 똑같은 목적을 성취하기 위하여, 그들 자신이 쓴 낱말을 반복하여 사용하거나, 앞 화자가 말한 낱말들을 반복하여 사용한다. 즉, 머릿속에서 말하려고 하는 내용을 만들어 놓는 동안에, 발언권을 그대로 갖고 있고자 하는 것이다. 이들 표현은 토박이 화자의 말하기에서 아주 일반적이다. 그러나 모종의 이유로 말미암아, 외국어 학습자들이 말하기 평가 수행에서 이런 표현들을 쓰는 경우에, 가끔 채점자가 인상을 찌푸리게 될 것이다. 평가점수를 적어 놓는 경우에, 시험 출제자들은 아마 시험상황에서 그런 표현을 성공적으로 이용하는 응시생이, 그런 표현 때문에 점수를 받아야 하는지 여부를 고려해야 할 것이다.

고정된 관용구는 또한 말하기에서 시간을 벌기보다 다른 목적을 위하여 이용된다. 이들 사례는 다음과 같은 반응을 포함한다.

I thought you'd never ask
(당신이 물어 보리라고는 전혀 생각지 못했소)
I'm doing all right
(잘 지내고 있소)
all things considered
(모든 걸 고려하면)

이런 구절들은 언제나 똑같은 형식을 지니거나, 또는 한두 가지 홈만이 변동에 열려 다양한 용어로 채워질 수 있는데, 다음과 같이 정형화된 투식을 이룬다(밑줄 친 낱말이 변동됨).

What a <u>nice</u> thing to say

(말하기가 <u>좋은</u> 건)

What a <u>horrible</u> thing to say

(말하기가 <u>겁나는</u> 건)

이것들을 폴리·싸이더(Poly and Syder, 1983)에서 '어휘화된 문장덩이'으로 불렀고, 내틴줘·드커뤼코(Nattinger and DeCarrico, 1992)에서 '어휘구'로 불렀다. 이것들은 화자가 이용하기가 쉽다. 왜냐하면 관련상황이 생겨나면 이것들이 거의 자동적으로 나오기 때문이다. 또한 일단 그런 구절을 말하기 시작하면, 그렇게 말하는 동안에 상황을 판단할 시간을 제공해 주며, 아마 다음 말하고 싶은 내용을 어떻게 내 놓을지 계획하거나, 말할 다른 내용들을 생각할 수 있기 때문이다.

③ 말하기 평가의 연구에서 낱말 사용

말하기 평가를 위하여 위에 언급된 말하기 특성들의 관련성을 뒷받침해 주는 연구가 몇 가지 있다. 예를 들면, 타울 외(Towell et al., 1996)에서는 학습자들의 어휘구 사용이 화자 유창성에 대한 청자의 경험과 연관됨을 보여 준다. 즉, 만일 두 사람의 학습자가 자신의 발화에서 거의 비슷한 낱말을 이용하고, 그들 중 한 사람이 또한 일정 범위의 고정된 구절을 이용하는 반면에, 상대방이 그렇지 않다면, 그런 구절들을 이용하는 화자가 두 사람 중에서 더 유창하다고 지각된다. 그리고 어떤 학습자가 광범위하게 고정된 구절들을 사용한다면, 학습자가 모든 종류의 맥락에서 몇 개의 구절만 사용하는 경우보다도 청자들은 그것을 더 높은 수준의 능력을 지닌 증거로 해석하는 경향이 있다.

해쓸그뤼언(Hasselgren, 1998)에서는[22] 세 집단의 화자를 대상으로 하여 학습자들의 군말[23] 사용을 조사하였다. 14~15살의 영국 토박이 학생집단, 똑같은 나이의 노르웨이 학생들이지만 능력이 높은 집단, 그리고 능력이 낮은 집단이다. 해쓸그뤼언은 자신이 조사한 언어현상을 '작은낱말smallwords'이라고 불렀는데,[24] 해쓸그뤼언 (1998: 4)에서는 이를

> '입말에서 높은 빈도로 출현하는 작은낱말과 구절들이며, 우리 발화를 흘러가게 도와주지만, 전달할 정보내용 그 자체에는 본질적으로 전혀 기여하지 않는 것'

으로 정의하였다. 그녀의 연구결과는 학습자가 작은낱말을 더 많이 쓰면 쓸수록 더욱더 유창성이 잘 지각된다는 사례를 뒷받침해 준다.

'화용적인 힘을 지닌 수식어'라는 표제로 일정 범위의 비슷한 표현들을 다룬 니큘러(Nikula, 1996)에서의 연구도, 심지어 고급학습자들이 토박이 화자들보다도 훨씬 더 좁은 범위의 '입말다운' 표현과 담화 표지들을 산출한다는 관찰을 추가해 준다. 그녀는 또한 모국어로 이뤄진 자신이 가르치는 비토박이 화자들의 말하기 습관

---

22) (역주) www.forvo.com을 찾아보면 스웨덴 인명으로 올라 있고, [해쓸그뤼언]으로 발음된다.

23) (역주) 원문 filler(이야기 흐름의 중간에 비어 있는 부분을 채워 넣는다는 뜻으로 빈칸을 채워 넣는 '군말')는 자칫 군더더기로 간주될 수 있어서, 적합하다고 말할 수 없다. 대신, 기능상 상대방의 주의를 붙들어 두면서, 동시에 말을 준비할 시간을 벌 수 있다는 의미에서 담화표지(discourse marker)라고 부르기도 한다.

24) (역주) 더 정확히 이름을 붙인다면, 상호작용을 위한 '화용 표지(pragmatic marker)'이다. 이는 다시 189쪽 이하에서 다뤄진다.

을 연구하였다. 따라서 그 차이가 개인적 또는 문화적 의사소통 모습에서 비롯되는 것이 아니라, 참으로 언어능력과 관련이 있었음을 입증할 수 있었다. 이들 연구는 다 함께 입말 특징적 낱말의 사용이 말하기 수행에서 중요하다는 사례를 강력히 뒷받침해 준다.

(4) 말실수와 오류

정상적인 발화는, 잘못 발음된 낱말과 뒤섞인 말소리와 부주의 때문에 틀린 낱말 등과 같이, 상당한 숫자의 말실수와 오류를 담고 있다. 비록 청자들이 오류를 탐지하더라도, 토박이 화자들을 눈감아 주는 경향이 있다. 왜냐하면 토박이들이 잘 '알고' 있다고 믿기 때문이다. 그러나 제2 언어나 외국어 학습자의 발화에서 말실수와 오류는 신비스럽게도 특별한 중요성을 지닌다. 이런 학습자들의 말실수는 언어지식의 결여를 신호해 줄 수 있다. 이는 많은 청자들에게 중요한 듯이 보인다. 한편 오직 학습자들만이 저지르는 오류들이 일부 찾아진다. 가령, 다음과 같이 영어에서 부정표현을 위하여 'no + 동사'를 이용하는 일이나, 또는 간단한 어순규칙을 위배하는 일이다.

> I no write
> (나 못 글 써 ⇒ 글을 쓰지 못해, 'can't write'가 올바른 표현임)

반면에, 모든 화자들에게 전형적인 다른 오류들도 있다. 시험 출제자들은 채점자들에게 그들이 듣는 각각의 '오류'를 헤아릴 수 있을 만한 경향/능력을 신속히 키워 나가도록, 특별한 훈련을 제공해 주어야 할 것이다.

(5) 처리조건과 상호교환조건

바이게잇(Bygate, 1987)에서는[25] 글말사용과 대조시켜 놓으면서, 앞에 거론된 입말사용의 특징을 요약해 놓는다. 그는 차이가 처리조건 및 상호교환조건이라는 두 묶음의 조건을 참고하여 설명될 수 있다고 제안하였다. '처리조건'은 시간과 관련되는데, 중요한 차이는 다음과 같다. 집필자는 일반적으로 자신의 덩잇글 산출에 필요한 만큼 많은 시간을 취할 수 있고, 독자들도 시간상으로 읽어 나가는 폭을 자신의 필요와 관심거리에 맞춰 별도로 진행시킬 수 있다. 반면에, 말하기와 듣기의 처리과정은 대부분 종종 언제나 촉박한 시간의 중압감 아래 맞물려 일어나게 된다.[26] 이것에 대한 해결책이 '상호교환'이다. 바이게잇(Bygate, 1987)에 따르면 이는 화자들이[27] 서로 간에 반응을 하며, 그들 자신의 덩잇말을 함께 산출할 기회를 얻음을 뜻한다. 이는 화자들에게 발화의 즉시산출 부담을 처리하는 데 도움을 준다. 그러나 그들의 구절과 발언기회 얻기 유형이 그들 간에 사교적 관계를 만들어내고 반영해 준다는 점에서, 또한 사교적 차원을 지니기도 한다.

---

25) (역주) 김지홍 뒤침(2001), 『말하기: 옥스포드 언어교육 지침서』(범문사, 20쪽 이하)로 출간되었다. 바이게잇 모형은 다시 219쪽 이하에서 다뤄진다.

26) (역주) 이런 상황을 췌이프(Chafe, 1994; 김병원·성기철 뒤침, 2006), 『담화와 의식과 시간: 언어 의식론』(한국문화사)에서는 대립적으로 표현하여, 청자와 화자가 같이 시간·공간을 공유하는 immediacy(현장 즉시성)와 서로 간에 따로따로 떨어져 있는 displacement(현장을 벗어남)이라고 말하였다. 또 호로뷔츠·쌔무얼즈(Horowitz and Samuels, 1987) 엮음, 『입말과 글말의 이해(*Comprehending Oral and Written Language*)』(Academic Press)에 실린 췌이프·대니얼뷔츠(Chafe and Danielewicz, 1987: 105)에서는 involvement(직접 참여함, 간여함)와 detachment(떨어져 있음, 초탈함)로 부르기도 하였다. 비록 서로 다른 용어를 썼지만 다루려는 내용은 서로 동일한 것들이다.

27) (역주) '두 방향'의 의사소통이므로 '화자들(speakers)'이라고 복수로 표현하였다. 즉, 청자도 자신의 발언기회를 얻어 언제나 화자가 될 수 있는 것이다.

2.2. 유의미한 상호작용으로서의 말하기

(1) 말하기와 입말 상호작용

교육 및 검사 전문가들은 종종 언어 학습자들이 계발하고 지녀야 할 다양한 기술들 가운데 하나를 가리키기 위하여, 전문용어로 '말하기speaking'에 대하여 말을 한다. 이런 유형의 말하기는 개인들이 실행하는 뭔가로 간주되는 경향이 있다. 이는 적합한 일이며, 교육적 목적을 위해서도 말하기를 이런 방식으로 간주하는 것이 유용하다. 왜냐하면 개인들이 말을 하는 것이 참이며, 언어사용의 중요한 부분이 개인적이기 때문이다. 그럼에도 불구하고, 또한 말하기speaking가 이야기하기talking라는 공유된 사회활동의 일부를 형성함을 기억하는 것도 중요하다.

전형적인 입말 상호작용에서, 둘 또는 그 이상의 사람들이 서로 간에 상호 관심거리라고 생각하며, 그 상황에 관련되는 대상들에 대하여 이야기를 한다. 그들의 목적은 시간을 보내는 것일 수도 있고, 서로 기분을 맞춰 주는 것일 수도 있으며, 의견을 공유하거나 어떤 일이 이뤄지도록 하는 것일 수도 있다. 또는 한 번에 이런저런 여러 가지 것들을 실행하려고 하는 것일 수도 있다. 그들의 상호작용에서 핵심은, 그들이 이런 일을 '함께 실행'한다는 점이다. 각 참여자는 모두 화자이면서 동시에 청자가 된다. 그들은 의사소통 사건을 함께 구성하며, 결과에 영향을 미치는 권리를 공유한다. 이것은 공유된 것이면서도 동시에 개별적인 것일 수 있다.

(2) 상호작용에서 의미의 개방성

사람들이 서로 간에 말을 하고 귀를 기울이는 경우에, 의미를 찾아내기에 몰두한다. 그러나 의미가 언제나 분명하고 명백한 것만은 아니다. 더욱이 사람들은 말해진 것이 어떤 것이든, 한 가지 의미만이 아니라, 여러 가지 의미를 지님을 알고 있다.[28] 즉, 어떤 주제나 다른 주제에 대하여 뭔가를 말하지만, 또한 그 주제와 다른 참여자(들)에 대한 화자의 태도를 나타내며, 그 주제의 역사에 대한 화자의 지식이나 또는 다음에 무엇이 일어날 것 같은지에 대한 화자의 견해와 그 이상의 것을 반영해 준다. 제2장의 앞쪽에서 논의되었듯이, 이런 종류의 비-명시성은 많은 언어형식들로 나타나며, 다양한 동기를 지니고 있는 것이다.[29]

---

28) (역주) 언어가 상징이기 때문에 형식과 내용 사이의 관계가 '1:다(多)', 또는 '다:1'의 관계를 지닌다. 언어형식의 의미가 늘어나는 방식은, 어떤 낱말이든지 그 의미가 중의적이며, 외연의미와 내포의미를 동시에 지니기 때문에 생겨나는 것이다. 한 걸음 더 나아가 '의미'는 더 높은 층위로 확장된다. 낱말이 모여서 문장이 되고, 문장이 모여서 덩잇글이 되기 때문이다. 따라서 차례로 문장의미(sentence meaning)가 있고, 덩잇글의미(text meaning)가 있으며, 궁극적으로 이 모든 것을 산출해 내는 화자의 의미(speaker's meaning, 화자가 의도하는 의미나 주제)를 거론하게 된다.

화자가 의도한 의미는, 일상언어 철학자 그롸이스(Grice, 1913~1988)의 1957년 "Meaning"을 거쳐, 1968년 "Utterer's Meaning and Intentions"에서 처음 본격적으로 다뤄진다. 관련 논문들이 1988년에 나온 그의 유고집 『낱말사용 연구(*Studies in the Way of Words*)』(Harvard University Press)에 모두 재수록되어 있다. 여기서 화자의 의미는 의도(intention)와 동일한 말이며, 더 정확히, 화자가 의사소통하려고 의도하는 의미이다. 이는 최상위 용어로 '의사소통 의도(communicative intention)'라고 불리거나, 또는 언어사용 목적(purpose of language use)으로도 부른다. 그롸이스의 '대화규범(maxim)'에 대해서는 81쪽 이하에서 다뤄진다.

29) (역주) 이는 근본적으로 언어 산출과정에서 의사소통 의도가 결정되면, 곧 이어 서술관점과 표현방법을 결정해야 되기 때문이다. 서술관점은 하나의 발화나 문장 속에 그 사건의 책임자를 주어로 표시해 주느냐, 사건을 일으키는 주체를 숨겨 버리고 마치 자연계 사건인 것처럼 서술하느냐의 여부에 관한 것이다. 어떤 서술관점을 택하든지 간에, 동시에 이를 직접적으로 표현할 것인가, 간접적으로 표현할 것인가를 결정해야 한다. 간접표현에는 우회적 표현과 비유적 표현으로 나뉜다. 비유적 표현은 크게 환유표현과 은유표현으로 나뉜다.

따라서 표현방법에만 초점을 모으더라도, 적어도 세 가지 이상의 선택이 있는 것이

의미의 개방성은 말하기에서 편리함뿐만 아니라, 또한 화자를 위한 효과적 전략도 된다. 화자가 *스스로* 어떤 진술에 몰두하며 책임지게 되는 것을 회피할 수 있거나, 또는 진행해 나가기 전에 그 주제에 대하여 청자가 어떻게 느끼는지 탐색하여 알아내려고 할 수 있는 것이다. 화자는 청자가 이미 알고 있는 것을 찾아내고, 청자가 받아들이거나 이해하기에 준비가 된 것을 찾아내며, 화자의 관점을 수용하도록 청자를 설득하기에 어떤 것이 최선의 전략이 될 것인지도 찾아내려고 할 수 있다.

예를 들면, 어떤 사람이 영화 보러 가는 주제를 도입하고, 그 주말에 특정한 쇼를 보러 나가고 싶어 할 것이라는 생각을, 이 집단의 사람들이 떠올리기에 전에, 청자반응에 주의를 기울일 수 있다. 그 뒤 다른 약속을 지닌 그 집단의 어느 구성원이, '자신은 영화 보러 가자는 생각이 좋겠지만, 아직 잘 모르겠다'고 말할 수 있다. 왜냐하면 뭔가 긴급한 일이, 업무나 다른 어떤 일과 더불어 생겨날 수 있기 때문이다. 이는 전략상으로 언어를 사용하는 아주 숙련된 방식이다. 화자는 자동적으로(≒무의식적으로) 이런 목적을 위해서, 적어도 생활해 나가면서 쓰는 언어에서 불명확한 표현을 사용한다. 왜냐하면 그것들이 입말 의사소통의 근본적인 부분이기 때문이다.

변죽만 울리면서 불명확하게 표현하려는 언어 학습자들의 시도는, 토론에서 기묘함을 일으킬 수 있는데, 그런 불명확한 표현은 이상스럽게 들릴 수 있다. 왜냐하면 해석들이 개방된 채로 남겨져

다. 직접표현, 우회표현, 비유표현이다. 따라서 청자나 독자는 임의의 표현이 어떤 종류인지를 결정하고, 이를 통하여 원래 화자나 필자의 의도나 동기를 추적해야 하는 것이다. 비록 이런 과정이 즉석에서 일어나지만, 상대방의 말이나 글을 처리하면서 계속하여 원래 의도나 동기를 추적하고 확정해 나가야 하는 것이다.

자세한 것은 김지홍(2011), 「르펠트 언어 산출 모형에서 몇 가지 문제」, 한국언어학회, 『언어』 제36권 4호(887~901쪽)과 김지홍(2010), 『언어의 심층과 언어교육』(도서출판 경진)을 읽어보기 바란다.

있기 때문이다. 대신에 올바른 종류의 전략들을 이용할 수 있다. 그러나 청자는 화자의 의도를 인식하는 데 실패하거나, 또는 일부러 거절할 수 있다. 학습자들이 포함된 어떤 토론에서 개방된 의미의 자연스런 출현은, 학습자가 성공적인 간접발화를 산출할 수 있고, 청자가 상호작용의 맥락에서 간접발화를 해석하고 따를 수 있으며, 기꺼이 그렇게 함이 입증해 주듯이, 고단수로 평가되는 말하기 기술에 대한 분명한 신호이다. 이런 종류의 자연스러움은, 훈련과 채점자 유의사항과 평가척도 서술을 통하여 각별히 그런 표현에 주목하지 않는다면, 채점자들이 놓쳐 버리기 쉬울 것이다.30)

2.3. 입말 사용 속에서의 변이

비록 전반적으로 입말이 글말과 대조를 이룰 수 있지만, 또한 입말사용 속에 체계적 변이도 아주 많이 있다. 이에 대한 분석이 담화분석의 일부이다. 이는 응용언어학에서 조사연구의 광대한 영역이다. 이 분야에 대한 철저한 개관이 여기서는 다뤄지지 않는다. 대신 이런 개관을 보려면, 가령 쉬프륀(Schiffrin, 1994)과 머카씨·카터

---

30) (역주) 고도로 '정치적'인 발언들은, 언어교육뿐만 아니라 언어평가에서도 아직 제대로 다루어지고 있지 않다. 주로 '비판적 담화분석(CDA)'에서 이런 일을 추구해 오고 있는데, 특히 모국어 교육을 설계하는 데에 도움이 크다. 우리말로 번역된 노먼 페어클럽(Norman Fairclough) 교수의 책들을 읽어보기 바란다.

① 페어클럽(2001, 2nd; 김지홍 뒤침; 2011), 『언어와 권력』(도서출판 경진)
② 페어클럽(2003; 김지홍 뒤침, 2012), 『담화 분석방법』(도서출판 경진)
③ 페어클럽(1995; 이원표 뒤침, 2004), 『대중 매체 담화 분석』(한국문화사)
비판적 담화분석에 대한 논문들을 모아 놓거나 엮어 놓은 책들도 좋은 안내서이다.
④ 툴먼(Toolman, 2002) 엮음, 『비판적 담화분석(*Critical Discourse Analysis*)』(Routlegde)
⑤ 폰대익(van Dijk, 1997) 엮음, 『사회적 상호작용으로서 담화(*Discourse as Social Interaction*)』(Sage)

(McCarthy and Carter, 1997)를 보기 바란다.31) 이하의 절에서 저자는
말하기 평가를 위하여 입말담화의 세 가지 중요한 영역을 논의한다.

이야기의 목적·말하기 상황·화자 역할

이런 영역들에 대한 논의는, 시험 출제자(평가 계발자)들에게 어떤
종류의 이야기가 평가에 포함될 필요가 있는지를 생각하게 해 준
다. 따라서 올바른 구성물 상으로 평가가 이뤄지도록 초점을 모으
는 데 도움을 준다.

(1) 친분 쌓는 말하기 및 정보 전달용 말하기

발화사건이 서로 간에 구별이 되는 한 가지 방식은, 사람들이
서로 무엇을 위하여 이야기를 하고 있는지 목적을 알아내는 것이
다. 이런 이야기 분석의 접근법으로, 스코틀런드 중학교 학생들을

---

31) (역주) 머카씨(1998; 김지홍 뒤침, 2010), 『입말, 그리고 담화 중심의 언어교육』(도서
출판 경진)을 읽어보기 바란다. 최근에 관련 논문들을 엮어 놓은 책들이 출간되어 초
보자들에게 큰 도움을 준다.

　① 미국의 3개 학회에서 공동으로 대학원생 독자층을 대상으로 펴낸 그뢰이써·건
스바커·골드먼(Graesser, Gernsbacher and Goldman, 2003) 엮음, 『담화 처리 소
백과(*Handbook of Discourse Processes*)』(Lawrence Erlbaum)의 13편의 글들을 읽어
보기 바란다.

　② 줘보어스끼·쿠프런드(Jaworski and Coupland 1999) 엮음, 『담화 독본(*The Discourse
Reader*)』(Routledge)도 초보자를 위하여 철학·심리학·사회학·인류학·언어학에 걸
쳐 논문들을 정선하여 34편의 글들을 싣고 있다.

　③ 담화를 가장 포괄적으로 다룬 쉬프륀·테느·해밀튼(Schiffrin, Tannen and Hamilton,
2001) 엮음, 『담화분석 소백과(*Handbook of Discourse Analysis*)』(Blackwell)에는 41편
의 논문이 실려 있다.

더 전문적인 연구를 위해 기존의 관련 논문들을 충실히 모아 놓은 총서가 쎄이쥐
(Sage) 출판사에서 두 질이 나왔다. 포터(Potter, 2007) 엮음, 『담화와 심리학(*Discourse
and Psychology*)』 총3권에 60편의 논문이 들어 있고, 폰대익(van Dijk, 2007) 엮음, 『담
화 연구논문(*Discourse Studies*)』 총 5권에 79편의 논문이 모아져 있다.

대상으로 하여 모국어 말하기 교육을 처음 실시하고 보고한 브롸
운·앤더슨·쉴콕·율(Brown, Anderson, Shillcock, and Yule, 1984)에서는
다음처럼 두 가지 축의 사례를 성격 지워 놓았다.32)

- 친분 쌓는 말하기33) 또는 청자관련 이야기listener-related talk

---

32) (역주) 이 책(글로벌콘텐츠 출간 중)은 의사소통 중심 언어교육(Communicative Language Teaching)에서 중요한 책이며, 과제들을 등급화하는 원리를 처음으로 다뤘기 때문에 최근의 과제 중심 언어교육(Task Based Language Teaching)의 표본으로 일컬어진다. 당시 스코틀런드 중학교에서 관찰했던 모국어 말하기 자료는 앤더슨(Anderson, 1995), 「대화에서 의미 연결을 타개해 나가기(Negotiating coherence in dialogue)」, 건스바커·기본(Gernsbacher and Givön, 1995) 엮음, 『자발적 산출 텍스트에 있는 의미연결성(Coherence in Spontaneous Text)』(John Benjamins)에서 자세히 분석되어 있다. 정보 전달용 말하기 교육의 얼개를 제2 언어/외국어로서의 영어에 적용한 책이 브롸운·율(1983), 『입말 교육(Teaching the Spoken Language)』(Cambridge University Press)이다. 여기서는 모국어 교육의 내용과 외국어 교육의 내용이 상당 부분 겹쳐 있고, 고급학습자 수준에서는 모국어 교육과 외국어 교육이 차이가 없음을 깨달을 수 있다. 또한 브롸운·율(1983)『담화 분석』(케임브리지대학 출판부)도 참고하기 바란다.

33) (역주) 원문은 talking to chat(잡담 또는 사교적인 말하기)이다. 그렇지만 우리말에서는 '잡담'이란 말 속에는 가치가 없거나 쓸모가 없다는 속뜻이 깃들어 있다. 따라서 이런 부정적 가치를 떨쳐 버릴 수 있는 용어가 필요하다. 언어교육에서는 흔히 interactional talk(상호작용 말하기) 또는 social talk(사교적 말하기)이라는 말을 쓴다. 쉽게 표현하면, 친분을 쌓으려는 목적으로 말을 하는 것이다. 여기서는 '친분 쌓는' 말하기 또는 '유대감을 도탑게 하는' 말하기로 번역해 둔다.

미시사회학의 대가 고프먼(Goffman, 1967), 『상호작용 의례: 얼굴을 마주보는 행위에 대한 논의(Interactional Ritual: Essays on Face-to-face Behavior)』(Pantheon Books)에서는 이를 체면과 관련하여, 체면보호 행위(face-saving act: FSA)와 체면위협 행위(face-threatening act: FTA)로 나누어 부른 바 있다. 그렇지만 이는 결과론적인 해석에 지나지 않는다. 진행되는 과정을 중심으로 다루려면 이를 좀 더 구체화해 놓을 필요가 있다. 클락(1996; 김지홍 뒤침, 2009), 『언어사용 밑바닥에 깔린 원리』(도서출판 경진)에서는 '체면'을 상대방에 대한 자율성 및 자존심이라는 하위부분으로 나누었다. 체면보호 행위는 상대방의 자율성과 자존심을 높여 주는 행위이다. 반대로 체면위협 행위는 상대방의 자율성과 자존심을 낮춰 놓는 행위이다.

이런 터전 위에 서면, 비로소 상대방의 체면을 높여 주기 위하여 어떻게 배려해야 하는지를 구체적으로 교육할 수 있게 된다. 즉, 상대방의 자율성을 존중해 주고(결정 내리는 일은 화자인 내가 하는 것이 아니라 오히려 상대방에게 맡김), 상대방의 자존심을 손상시키는 표현들을 선택하지 말고 피해야 하는 것이다.

언어교육, 특히 말하기 교육에서는 정보를 전달해 주는 것만 가르쳐 왔지만, 클락의 논의에 따라 친분을 쌓는 말하기도 매우 중요함을 알 수 있다. 즉, 학습자의 학년이 높아지면 높아질수록(또는 적어도 고등학교 학생들에게는) 더욱 초점을 맞추어 교육해야 하는 것이다. '왕따 현상'의 원인에는 물론 여러 가지가 있겠으나, 또한 친분 쌓

• 정보관련 이야기information⍰ related talk

  그들은 이것이 분명히 나뉘는 이분법이 아니라, 오히려 이야기의
부분들이 자리를 잡게 될 어떤 차원이라고 강조하였다. 더욱이,
두 가지 유형의 이야기가 모두 하나의 동일한 발화 사건에서도 일어날
수 있다. 실제로 이것이 일반적으로 일어나는 바이다. 정보관련
이야기가 종종 친분 쌓는 말하기 사이에 끼어 나올 수 있고, 친분
쌓는 말하기(친교용 잡담)도 쉽게 심각한 논의거리로 바뀔 수 있다.
  브롸운 외(Brown et al., 1984)에서는 친분 쌓는 말하기를 또 다른
화자와 대화상으로 우호적인 발언기회를 주고받는 것으로 정의한
다. 1차적인 목적이 사교적 접촉을 만들고 유지하며, 사교적 바퀴
들이 잘 굴러가도록 기름을 치는 것이다. 따라서 친분 쌓는 말하기
는 어느 누구이든 상관없이 그들 대부분의 사회생활에서 이뤄진
다. 친분 쌓는 말하기를 능숙하게 하는 일은, 화자들이 간여하기에
충분히 흥미롭게 느끼는 주제를 놓고서 유창한 이야기 흐름을 찾
아내는 일을 포함한다. 그런 친분 쌓는 말하기 상으로, 참여자들은
어떤 공유된 기반을 찾아낼 수 있다. 주제들이 아주 깊이 논의될
필요는 없다. 정밀하거나 또는 완벽히 진실되도록 스스로 표현하
는 것보다는, 긍정적이고 우호적인 분위기를 만들어 주며, 상대방
의 의견에 동의하는 일이 더 중요하다. 자신의 모국어로 잡담(=친
분 쌓는 말하기)하는 일이, 언어차원보다 오히려 사교차원에서 실제
로 더 부단한 노력이 들어가게 될 수 있다. 그렇지만 우리는 모두
똑같이 사교적으로 재능을 타고 나지 않았고, 친분 쌓는 말하기를

는 말하기를 제대로 이해하지 못하고, 화자가 말하고 싶은 대로 생각 없이 말하는
측면도 있음을 충분히 고려해야 한다. 말하기는 상대방에 대한 배려를 먼저 입력해
놓아야 하는 것이다.

하는 데 모두 똑같이 유능한 것도 아니다. 브롸운 외(Brown et al., 1984)에서 지적하듯이, 모국어로 친분 쌓는 말하기를 잘 하는 일은, 사실상 제대로 가르쳐질 수 없는 개인 성격과 개별적인 의사소통 모양새와 밀접히 연관되어 있다.34)

그렇지만 언어교육에서 적어도 친분 쌓는 말하기를 위한 기본단계들에 대해 몇 가지 초점은 불가피하다. 친분 쌓는 말하기가 생겨나는 경우에, 학습자의 인성과 사교적 행위를 포함한다. 또한 친분 쌓는 말하기를 위하여 적합한 주제가 문화들마다 차이가 나므로, 외국어 교육에서는 학습자들의 문화도 포함하여 다루게 된다. 이는 말하기 평가에 대하여, 어떤 어려운 진퇴양난의 문제를 일으킨다.

상호작용의 초기와 마지막 단계, 그리고 아마 다른 단계들 동안에도 흔히 그러하듯이, 평가상황이 목표언어로 친분 쌓는 말하기를 포함한다면, 시험 출제자(평가 계발자)는 학습자의 인성이나 사

---

34) (역주) 이런 생각과는 다르게, 앞의 역주 33)에서 강조하였듯이, 학교교육에서 친분 쌓는 의사소통의 밑바닥 작동원리를 제대로 인식하도록 가르쳐 주어야 한다. 미시사회학에서 사람들이 관계를 맺을 때에 '체면(face)'의 문제는 굉장히 중요하다고 논의한다. 이런 고프먼(Goffman)의 생각을 구체화해 놓은 클락(1996; 김지홍 뒤침, 2009), 『언어사용 밑바닥에 깔린 원리』(도서출판 경진) 제10장에서는 협동행위로서의 의사소통은 두 가지 원리 위에서 진행된다고 본다.

하나는 모든 인간생활에 적용되는 '공평성' 원리인데, 더 쉽게 이해할 수 있도록 '상징적 상거래' 원리라고 말한다. 주고받는 행위가 대등하게 일어나는 것이다. 다른 하나는 체면의 원리인데, 긍정적 체면(드러내기 의식과 관련됨)과 부정적 체면(회피하기 의식과 관련됨)을 더 구체적으로 분석할 수 있도록, 상대방의 자율성과 자존심에 대한 배려 원리로 언급한다. 비록 의사소통 행위라 하더라도 임의의 결정을 화자인 내가 미리 내리는 것이 아니라, 상대방에게 위임하는 형식이나 또는 상대방으로부터 허락을 얻어내는 형식을 취해야 한다. 또한 청자가 감정을 상하지 않도록 자존심을 높여 주거나 보호해 주는 배려를 해야 한다.

따라서 감정대립이나 다툼이나 싸움을 일으켰던 담화들을 놓고서, 무엇이 그런 결과를 촉발하였는지에 대하여 학습자들로 하여금 분석하고 찾아내게 연습시켜 줄 수 있다. 자주 만나는 사람끼리 설령 아침에 마주칠 경우에라도 상대방의 체면을 높여 주는 인사말을 하면서, 오가는 정담을 자각시켜 주는 것이다. 이런 것이 바로 참된 실생활 자료를 이용하는 '실학(實學)'이다. 그렇지만 현재 언어교육이나 국어교육에서는 이런 측면을 생각도 하지 못하고, 언어 껍데기만 가르치면서, 발등이 가렵더라도 마치 신발 위만 긁고 있듯이 겉돌고 있다.

교기술을 평가하는 것이 얼마나 필요하고 정당화되는지를 살펴보아야 한다. 평가로부터 완벽히 인성의 사교적 측면을 배제하기란 불가능하겠지만, 친분 쌓는 말하기의 어떤 사교성 측면을 너무 강조하는 일은 현실적으로 피하는 것이 가능할 듯하다. 많은 시험/평가에서 이것이 시도될 수 있는 한 가지 방식은, 시험/평가 상호작용의 초기단계들을 평가하지 않도록 채점자에게 말해 주는 것이다. 그렇지만 일부 평가에서는, 친분 쌓는 말하기가 평가의 주요 초점이 될 수 있다. 만일 최근에 가르쳐졌다면, 특히 학습맥락에서 그러하다. 그렇다면 평가지 상으로 어떤 종류의 이야기를 잘 수행하도록 목표로 삼아야 하는지 참여자들이 잘 깨닫도록 확실히 해 놓는 일이 중요할 듯하다.

브라운 외(Brown et al., 1984)에서 이야기 종류에 대한 반대극점에 있는 '정보관련 이야기'는, 특정한 주제를 놓고서 정보를 전달해 주는 일을 목표로 삼는 발화이다. 직장에서 사람들의 이야기는 대부분 이 연속선상에서 이런 극점에 속한다. 예를 들면, 목격자에게 말을 거는 경찰관, 환자에게 그리고 서로 간에 이야기를 하는 간호원과 의사, 서로 상호작용을 하는 공장 근로자들이다.

정보관련 이야기는 또한 교수·학습 상황의 아주 많은 부분을 차지한다. 이들 종류의 과제는 아주 종종 평가상황에도 포함된다. 친분 쌓는 말하기에서와 같이, 브라운 외(Brown et al. 1984)에서는 정보관련 이야기를 산출하는 능력에서 토박이 화자들이 다양하게 차이가 난다는 점을 지적하였다. 그렇지만 친분 쌓는 말하기와는 대조적으로, 좀 더 효과적인 정보관련 이야기를 위한 기법이 등급화되고 교육될 수 있다고 생각한다.

정보와 관련된 이야기에 대하여 가장 중요한 점은, 전달내용을 전해 주고 나서, 청자가 그것을 이해했음을 확인하고 점검하는 일이다.

공동기반을 수립하는 일, 작은 크기의 덩이로 정보를 전해 주는 일, 논리적 진행과정, 질문, 반복, 이해점검

등이 화자로 하여금 이런 목표에 이르도록 도와준다. 그러므로 정보관련 과제(시험 문항)를 놓고서 응시생들이 수행하는 데에 분명히 이들 특징이 나타날 것이며, 그 평가에서 학습자들 중 일부가 다른 사람들보다 왜 더 잘 수행하는지를 설명하는 데 도움을 줄 수 있다. 일단 시험 출제자가 서로 다른 능력 수준에서 수행내용들이 어떻게 차이가 나는지를 정확히 찾아내기 위하여, 가령 더 능력이 떨어지는 수행자들이 공통기반을 수립하지 못하거나, 아니면 정보를 논리적으로 연결시키지 못하는지 여부를 찾아내기 위하여, 일부 학습자 수행을 분석한다면, 채점자가 어떻게 서로 다른 수준에 있는 수행내용을 서로 다르게 평가할 수 있는지를 명시적으로 드러내기 위하여, 채점 눈금에서 이들 개념을 이용할 수 있다.

기본적인 정보구성 기술과는 별개로, 정보관련 이야기에는 또한 의사소통을 조직하며 그것을 따라가기 쉽게 만들어 주는 다른 기술도 필요하다. 브라운·율(Brown and Yule, 1983)에서는 언어학습을 위하여 그림들로부터 어떤 이야기를 말해 주는 일을 포함하여, 정보지향 과제들에 대한 다섯 가지 유형을 논의한다. 이런 과제에서 화자들은 주인공들을 찾아내고, 일관되게 그 주인공들을 가리키며, 주요사건들과 활동들을 서술하고, 인물·시간·공간에서 중요한 변화를 어떤 것이든 언급할 수 있어야 한다.

과제활동에서 말하기 소재로 주어진 그림 속에, 따로 구분하여 말하기 어려운 인물들이 더 많이 들어 있을수록, 이야기를 제대로 말해 주기가 더욱 어려워진다. 따라서 세 명의 소녀를 담고 있는 이야기는, 두 명의 소녀가 있는 이야기보다 더 어렵다. 차례로 이

는 한 명의 소녀와 한 명의 소년이 들어 있는 이야기보다 더 어렵다. 또한 더 많은 사건들이 들어 있을수록 이야기가 더욱 어려워지며, 그 이야기가 포함한 인물·시간·공간상의 변화가 더 많이 들어 있을수록 이야기를 말해 주기가 더욱 어려워진다.

친분 쌓는 말하기에 대한 가장 일반적인 유형의 하나는, 사건들이나 당황스런 상황에 대한 개인적인 이야기를 포함한다. 따라서 말하기에서 잘 알려진 정형화 형식들이 화자에게 중요하다(Rintell, 1990; Jones, 2001).[35] 학습자들이 그 상황의 본질과 화자의 정서를 전달할 수 있도록, 위에서 논의된 기본적인 말하기 기술들을 정형화해 놓을 필요가 있다. 저자는 제3장에서 정보관련 문항과 문항 난이도를 다시 다룰 것이다.

---

35) (역주) 테는(Tannen, 1993) 엮음, 『담화에서 얼개 짓기(*Framing in Discourse*)』(Oxford University Press); 슈밋(Schmitt, 2004) 엮음, 『정형화된 담화 연결체: 습득·처리·사용 (*Formulaic Sequences: Acquisition, Processing and Use*)』(John Benjamins); 아이주머·스턴스트롬(Aijmer and Sternström, 2004) 엮음, 『입말 및 글말 말뭉치에 있는 담화 유형들(*Dicourse Patterns in Spoken and Written Corpora*)』(John Benjamins)를 읽어 보기 바란다. 클락(1996; 김지홍 뒤침, 2009), 『언어사용 밑바닥에 깔린 원리』(도서출판 경진) 제7장과 제10장에서는 다음 도표와 같이 네 가지 유형의 과제 성격과 절차들이 맥락에 맞게 선택되면서 이후의 협동과제가 마디(개시·본체·마무리)들을 형성하면서 계속 이어져 나가는 것으로 서술하였다.

	과제 성격	이용 절차	사례
닫힌 유형	지엽적 과제	거의 고정된 정형적 절차	극장 매표, 군대 훈련, 호명과 대답, 인사교환
	최소협동 과제	인접쌍을 이용하는 정규적 절차	질문-대답, 제안-수용, 요구-응락
열린 유형	확대 과제	예비단계를 거쳐 본단계로 가는 절차	예비질문, 예비제안, 예비요구, 예비연결체
	공동목표 수립과제	자유롭게 서로 합의하는 확대된 절차	청자능력, 자발성, 상호믿음에 기반하여 공동목표를 합의함

(2) 서로 다른 사교적 상황에서의 말하기

발화사건에서 말해지는 바에 대하여, 그리고 어떻게 말해지는 지에 대하여 영향을 주는 한 묶음의 특징들은, 그 이야기가 일어나는 사회적36) 맥락과 상황 맥락이다. 하임즈(Hymes, 1972)에서는 이들 관심사항들을 첫 글자들을 따서 SPEAKING(상·참·목·행·분·도·규·갈)으로 만든 얼개 속으로 요약해 놓아 도움이 된다. 그 얼개는 많은 범주를 갖고 있다. 왜냐하면 아주 다양한 사회적 상황들에 적용될 수 있지만, 그것들이 모두 모든 상황에 관련되는 것은 아니기 때문이다.

SPEAKING(상·참·목·행·분·도·규·갈) 얼개에서는 발화에 영향을 주는 잠재적인 사회적 요인과 맥락 요인들을 다음처럼 목록으로 올려놓았다.

S	Situation (상황)	가령 교실과 같은 물리적 환경과 말하기 시험과 같은 발화사건의 본질
P	Participants (참여자)	화자·청자·청중 등. 가령, 두 명의 응시생과 대화상대와 (그 상황 속에 참여하거나 참여하지 않거나에 상관없이, 오직 녹음내용을 통하여 사후에 상호작용만을 듣는) 평가자
E	Ends (목적)	만일 있다면 그 발화사건의 관례적 결과물. 가령, 어떤 과제이든 간에 과제를 완성하는 것, 또는 시험점수와 입말 되점검을 산출해 내는 것이 그 발화사건의 목표이다. 또한 응시생 말하기 능력의 강점과 약점을 드러내기, 최선을 다하여 외국어로 말하는 능력을 보여 주기, 공정하고 정당한 평가 내리기와 같이, 그 목표로 개별 참여자들의 목표를 포함할 수 있다.
A	Act sequence (행위 연결체)	화행의 형식과 내용. 말해진 내용과 그것이 말해진 방식. 그 담화에서 각 행위와 행위들의 연결체가 말해지는 방식.
K	Key37)	어조나 표현방식이나 행위의 분위기. 가령 후원적, 우정적, 개방적, 격식

---

36) (역주) social(사회적, 사교적, 상호관계의)은 원래 두 사람 사이의 관계를 가리키지만, 여기서 더 나아가 언어교육에서는 흔히 두 사람 사이에서 친분을 도탑게 쌓아가는 '사교적' 관계를 가리킨다. 비록 '사회적'이라고 축자 번역을 하지만, 모두 '사교적'이라고 바꿔 쓰더라도 무방하다.

	(분위기)	적, 비개인적, 잠정적, 내향적 따위가 있다.
I	Instrumentalities (도구성)	입말·글말·미리 녹음 등과 같은 실현경로나 모습. 발화형식들로, 방언·악센트·이용된 다양성도 포함된다.
N	Norms (규범)	해석의 규범과 상호작용의 규범. 가령 이야기 시작 권리/책임, 질문하기, 자기견해 표명, 명확화 요구, 설명, 정교화 등이다.
G	Genre (갈래)	농담·강의·서술·유의사항·이야기 말하기·발표와 같은 범주 등이다.

시험 출제자(평가 계발자)는 그들의 검사를 위하여 최초의 계획을 만드는 경우 이런 얼개를 이용할 수 있다. 이는 어느 정도 자세히 평가영역 구성물을 서술하는 데에 도움을 줄 것이다. 출제 작업의 더 뒷단계에서, 이 얼개는 각 항목에 비추어 개개의 평가 시행 내용들에 대한 비교로 이끌어 갈 수 있다. 이는 공정성을 위하여 중요하다. 만일 명백한 차이점들이 있다면, 점수가 비교되지 않을 수 있다.

범주는 평가에 있는 이야기를 응시생들이 평가 이외의 환경에서 마주칠 것 같은 말하기 상황과 비교하는 데 이용될 수 있다. 이는 중요하다. 왜냐하면 시험 출제자들이 그들의 시험결과에 근거하여, 아마 비-시험 상황(일상 상황)들을 처리하는 응시생들의 능력을 예측하고 싶을 것이기 때문이다. 만일 양자 사이에 차이점들이 많다면, 예측은 안전하지 않을 수 있다.

그렇지만 어떤 것이든 간에 차이점들의 중요성은 가치 판단이다. 하임즈(Hymes, 1972)의 얼개는 차이점에 대한 분석을 더욱 체계적으로 만들 수 있으며, 따라서 이런 판단에 정보가 더 많이 담기도록 도움을 준다. 시험 출제자가 답변해야 할 핵심질문들은 다음과 같다.

---

37) (역주) key는 흔히 음악에서 장조와 단조로 부르는 것이다. 특히 단조는 슬픈 느낌을 자아낸다. 여기서는 '분위기'라고 번역해 둔다.

① (일상 상황과 시험 평가상황에) 차이점이 있는가?

② 이런 시험/평가의 목적이 주어지는 경우 그 차이점이 중요한가?

③ 현재의 문항과 채점기준에 대한 대안은 무엇인가?

SPEAKING(상·참·목·행·분·도·규·갈) 얼개에서, 두 가지 특히 흥미로운 변인은 Key(분위기)와 Norm(규범)이다. 브롸운·럼리(Brown and Lumley, 1997)에서는 시험주관자와 응시생 사이에서 역할놀이 문항을 조사하였다.38) 거기에서 시험주관자는 환자역할을 하였고, 응시생은 건강 운동가로서 전문 직업인 역할을 맡았다. 그들의 증거는, 비록 행위방법에 대하여 시험주관자들에게 유의사항이 주어졌지만, 그럼에도 불구하고 그들이 시험상황에서는 아주 다르게 행동하였음을 나타내었다. 시험상황의 일부는 환자로서 좀 더 '어려운' 상황이었고, 나머지는 지원만 하는 더 쉬운 상황이었다. 이는 일부 응시생들에게는 다른 응시생들보다 그 시험이 더 어려웠다는 결과를 보여 주었다. 브롸운·럼리(Brown and Lumley, 1997)에서는 해결책으로 특히 시험주관자 훈련에 초점을 모으도록 제안한다. 두 사람의 응시생들 사이에 역할놀이에 대한 비슷한 분석을 저자는 과문하여 더 알지 못하지만, 이는 더 살펴볼 흥미로운 영역이 될 수 있을 것이다.

다른 과제유형들도 또한 분석될 수 있었다. 더군다나 상호작용과 해석규범들이 시험/평가를 구성하는 담화에 영향력을 지닐 수 있음도 사실일 듯하다. 응시생·시험주관자·채점자들이 또한 시험/평가 과정에서 자신의 역할을 수행하는 경우에, 서로 다른 규범

---

38) (역주) 가령, USMLE(United States Medical Licensing Examination)로 불리는 의대를 졸업하고서 치르는 미국의 의사자격 시험에서 마지막 제3단계는, 직접 응시생이 환자를 상대로 하여 진단과 처방까지 내리는 과정을 다루게 된다.

들을 이용할 수도 있다. 이것이 언어평가의 과정과 결과에 어떻게 영향을 주는지 알아내는 것도 흥미로울 듯하다.

(3) 역할·역할관계·공손성

상호작용에서 화자의 낱말선택에 영향을 주는 또 다른 특징은 화자의 역할 및 역할관계이다. 말하기 상황의 사회적 특징 및 맥락 특징들과 더불어, 이것은 특히 이야기에서 공손성이 나타나는 방식으로 간주될 수 있다. 그롸이스(Grice, 1975)에서 제시한 다음 네 가지 대화규범을[39] 따랐다면 효율적으로 의사소통을 하였을 법하건만,

양의 규범	충분한 정보를 전해 주되 너무 넘치게 많이 주지는 말 것
질의 규범	오직 참이라고 생각하는 것만을 말할 것
관련성 규범	앞뒤 발화가 서로 관련이 되도록 할 것
방식 규범	간략하고 분명하며 순서에 따라 말할 것

---

39) (역주) 네 가지 규범은 칸트의 생각을 받아들여 설정된 것이다. 일상언어 철학자, 특히 옥스퍼드에서 배출된 선후배 관계의 오스뜬(Austin) 그롸이스(Grice) 스뜨로슨(Strawson) 등은 칸트가 논의한 '상식'을 집중적으로 연구한 바 있다. 칸트는 모든 인간이 공통적으로 공유하는 인지적 특성을 '범주'라고 불렀다. 시간, 공간, 대상, 사건 따위가 범주에 속한다. 이런 범주 위에 임의의 문화공동체에서 공유하는 속성을 maxim(규범, 준칙)으로 불렀다. 일본인들은 격률(格律)이라는 잘못된 용어를 만들어서 쓴다. 우리나라에서는 일부 자각 없이 맹종하는 이들이 있어 안타깝다. 격언(格)과 법률(律)은 서로 다른 위상을 지니며, 결코 한데 합쳐질 수 없는 것이다. maxim은 한 공동체 구성원들이 공유하는 특성으로, '규범'이나 '준칙' 정도로 번역할 수 있다. 소쉬르의 랑그에 비교될 수 있다. 마지막으로 개인별 특성인 schema(스끼마, 쉐마, 개인별 지식 개념틀)가 있다. 기억 연구의 아버지로 불리는 영국 심리학자 바틀릿(Bartlett, 1886~1969)이나 어린이 인지발달을 연구한 스위스 피아제(Piaget, 1896~1980)가 이 용어를 받아들여 쓴 바 있다. 이내 schema(개인별 지식 개념틀)가 미국으로 퍼져 인공지능을 다루는 사람들에게서 유행되면서, 원래 맥락과 관련없이 마구잡이로 쓰게 되었다. schema는 흔히 인공지능에서 각본(script), 얼개(frame), 기억꾸러미(Memory Organization Packets, MOPs) 등과 구분 없이 쓰이며, 서로서로 통하는 개념이다.

정중한 표현은40) 흔히 사람들이 왜 '간단히 최대한 효율적으로' 의사소통을 하지 않는지에 대한 이유가 된다. 예를 들어, 사람들은 '너무 많이' 이야기한다. 왜냐하면 흥미 있어 하는 듯이 보여 정중하게 되고 싶어 하기 때문이거나, 어떤 사람을 마음 상하지 않게 하기 위하여 진리를 완곡하게 표현할 수 있기 때문이다. 정중함politeness(공손함)과 직접성directness에 영향을 주는 역할관계의 특징은

① 상대적으로 청자에 대한 화자의 권력power,

② 어떤 것을 개시하거나 다른 사람의 개시에 대하여 따라가고 동의하기 위한 상대적인 권리 및 의무,

③ 화자와 청자 사이에 있는 사회적 거리,

④ 뭔가 말해진 것이 상황과 문화 맥락에서 부과해 놓은 짐(즉, 중요한 요구사항)

---

40) (역주) politeness(정중함, 격식을 다 갖추어 공손함)란 격식 갖추고 정중하게 표현하는 것이다. 그렇게 표현하면 결과적으로 청자들에게 상대방 말이 공손하게 느껴지는 것이다. 따라서 따로 언어로 격식을 다 갖추려면, 언어표현이 더 늘어날 수밖에 없다. politeness(정중함, 격식을 다 갖춤)를 곧장 공손함 또는 공손성으로 번역할 수는 없다. 그렇지만 모든 격식들을 다 갖추고서 정중하게 표현하므로, 결과적으로 상대방을 대우해 주고 거꾸로 자신을 낮추는 셈이 된다. 한자어 공손(恭遜)은 남을 받들고 조심하는 일(恭)과 자신을 낮추는 일(遜)이 한데 합쳐진 것이다. 정중함이 다리를 하나 더 건너야 결과적으로 공손함이 되는 것이다. 엄격히 따진다면 정중함과 공손함이 따로 다뤄져야 할 것이지만, 이런 구분에 민감하지 않으므로 politeness를 '공손함/공손성'으로도 번역해 놓을 것이다. 정중함/공손성에 대한 논의는 크게 두 가지 영역으로부터 결정적인 영향을 받았다. 관련문헌들은 다음 역주를 보기 바란다.

　① 미시사회학자 고프먼(Goffman)의 긍정적 체면을 드러내는 의식 및 부정적 체면을 감추기 의식(고프먼, 1967, 『상호작용 의례: 얼굴을 마주보며 일어나는 행위에 대한 논문(Interactional Ritual: Essays on Face-to-face Behavior)』[Pantheon Books], 1974, 1986 재판, 『틀 분석: 경험의 조직화 내용에 대한 논문(Frame Analysis: An Essay on the Organization of Experience)』[Northeaster University Press]을 보기 바람)
　② 일상언어 철학자 그라이스(Grice)의 대화규범(그라이스, 1988, 『낱말 사용법에 관한 연구(Studies in the Way of Words)』[Harvard University Press]를 읽어 보기 바람)

으로 간주되는 정도이다(Thomas, 1995). 정중함/공손함에 대한 논의를 보려면, 자세한 소개로 토마스(Thomas, 1995)를, 더 확장된 논의로 브라운·레빈슨(Brown and Levinson, 1987)을 참고하기 바란다.41)

정중함/공손함에 대한 인상은, 알려지든 그렇지 않든 간에, 거의 입말수행의 평가에 영향을 주도록 되어 있다. 그렇지만 정중함/공손함의 개념을 반영한 수행을 평가하기란 어려운 일이다. 왜냐하면 꼭 지켜야 하는 법칙이라기보다42) 지키지 않을 수도 있는 규범들에 의해 이끌어지기 때문이다. 만일 응시생이 채점자가 불손한 것으로 지각하는 구절을 사용한다면, 그가 그런 인상을 만들어 내지 않도록 피하기 위하여, 얼마나 더 공손해져야 하는 것일까? 정확히, 응시생이 반드시 말해야 하는 바에 대한 분명한 규칙은 없

---

41) (역주) 정중함/공손함에 대한 관련문헌은 기본적인 것이 브라운·레빈슨(1987, 제2판)이다. 리취(Leech, 1983), 『화용론 원리(*Principles of Pragmatics*)』(Longman)에서는 그롸이스 대화규범이 반대로 적용되어야 하는 상황들이 구체적으로 논의되어 있다. 대우 표현체계를 풍부히 지닌 우리말을 다루면서도, 아직 국어학계에서는 이런 흐름을 다루지 못하고 있다. 정중함/공손성에 대한 논의는 브라운·레빈슨의 업적 위에서 전개되어 왔으며, 다음 업적들이 나와 있다.

① 와츠·이데·에흐릭(Watts, Ide and Ehlich, 1992) 엮음, 『언어에서 정중함: 역사·이론·실천에서의 연구(*Politeness in Language: Studies in its History, Theory and Practice*)』(Mouton de Gruyter)
② 와츠(Watts, 2003), 『정중함(*Politeness*)』(Cambridge University Press)
③ 언어 정중함 연구회(Linguistic Politeness Research Group, 2011) 엮음, 『정중함에 대한 담화 접근(*Discursive Approaches to Politeness*)』(Mouton de Gruyter)

42) (역주) 자연계에는 무생물도 있고, 생물도 있으며, 인간도 있다. 소박하게 자연계를 지배하는 법칙(law)은 인과율이라고 불린다. 인과율(causality)이 생물에 적용되면 본능(instinct)이라고 불린다. 그런데 인간에게는 본능뿐만 아니라, 중요한 다른 요소도 있다. 서구에서는 이를 자유의지(free will)라고 불러 왔다. 자유의지를 다루려면 반드시 전형적인 영역을 대상으로 하여, 어떤 질서(order)를 찾아내야 하며, 다시 예외적인 영역을 대상으로 하여 그 질서를 확대하거나 수정해 나가야 한다. 그롸이스가 언급한 대화규범에서 중요한 측면이 '규범 위배하기(flouting)'인데, 상대방에게 내가 특정 규범을 위배하고 있음을 반드시 주지시켜 주어야 한다. 즉, 반어법의 경우가 그러하다. "잘 났다."라는 표현이 정상적인 억양으로 나올 수도 있고(칭찬), 이례적인 억양과 길게 내뺀 어조로 나올 수도 있다(욕설). 후자의 경우에는 반어법으로 "잘~ 났다!"라는 욕이 된다.

다. 한 가지 해결책은 공손성 평가를 성글게 총괄적 모습으로만 제공해 주는 것일 수 있다. 예를 들어, '적합함·조금 적합함·의문스럽거나 나쁨'처럼 세 가지 수준으로 평가하는 것이다.

2.4. 요약

제2장에서는 말하기를 사람들 사이에 유의미한 상호작용으로 논의하였다. 일부 응용언어학 분석, 특히 언어형식의 특징들에 초점을 모은 분석에서는, 먼저 의미를 희생하여 그 대가로 형태를 강조하는 듯이 보일 수 있다. 그러나 실제로 그것들 속에 이용된 개념은 또한 의미와 긴밀히 관련된다. 발음의 '이해가능성'이 그런 사례이다. 말하기 평가가 처음인 사람들에게 입말에 대한 언어학적 서술로부터 기억해야 할 가장 중요한 점은, 입말의 문법과 어휘의 특별한 본질이다. 이는 특히 채점 기준을 만들어 내는 데에 중요한 것이다.

말하기의 상호작용 특징 및 사회적 특징들과 관련해서, 말하기가 무엇과 같은지를 이해하기 위하여 그것들의 관련성을 의심할 사람은 거의 없다. 말하기에 대한 우리 자신의 경험으로부터, 대체로 우리 자신이 전달할 내용이 심지어 똑같다고 하더라도, 서로 다른 사람들과의 대화는 서로 다르게 수행됨이 밝혀진다. 왜냐하면, 화자들이 서로 간에 반응하며 함께 논의를 구성해 나가는 상호작용이기 때문이다.

우리는 화자의 의미가 애매하며, 상황에 따라 우리가 말하는 방식이 변동됨을 알고 있다. 그러나 이것이 어떻게 우리가 설계하는 말하기 평가에 영향을 주어야 하는 것일까? 저자는 적어도 두 가지 함의가 있음을 제안한다.

첫째, 특별한 평가 맥락에서 우리가 평가할 필요가 있는 말하기의 종류를 반드시 사회직 필요성과 싱황 필요성에 비추어 분석해야 한다. 둘째, 채점의 기준과 절차를 설계하는 경우에, 말하기가 상호작용적임을 반드시 기억해야 한다.

응시생들이 상대방 채점관의 구절이나 구조를 반복하거나 복제하는 경우에, 또는 더 앞서 나온 발언기회를 언급하고 그것들을 발판으로 하여 어떤 주제를 전개해 나가는 경우에, 반드시 점수를 주어야 하는 것이다. 왜냐하면 이는 상호작용으로 '다른 화자와 협력'하는 방법을 응시생들이 알고 있음을 보여 주는 것이기 때문이다.

모든 평가의 목적은 올바른 것에 초점을 모으는 것이다. 이는 구성물 타당도에 대한 토대를 제공해 준다. 따라서 말하기 시험 출제자(평가 계발자)는 반드시 말하기가 무엇과 같은지에 대하여 분명한 이해를 지니고 있어야 하고, 그런 뒤에

① 특정한 맥락에서 평가하고 싶어 하는 말하기의 종류를 정의한다.
② 이를 평가하는 과제와 채점기준들을 마련해 놓는다.
③ 그들이 평가하는 바에 관해서 유의사항을 통해 응시생들에게 알려 준다.
④ 평가 및 채점 절차들이 실제로 진술된 계획을 따르도록 확실히 해 둔다.

이 책의 나머지 부분에서는 이것이 어떻게 실행될 수 있는지에 대하여 여러 가지 사례들을 논의하고 제공해 놓을 것이다. 다음 제3장에서는 말하기 과제들을 논의하면서 시작한다.

제3장 말하기 과제

말하기를 평가하는 경우에, 우리는 그들에게 내어준 과제(문항)들로써 응시생의 이야기를 이끌어 간다. 이 과제(문항)들은 평가될 이야기의 내용과 일반적 형식을 약술해 주고, 또한 이야기를 위한 맥락도 제공해 준다. 제2장에서 살펴보았듯이, 언어사용은 목적과 맥락에 따라 변동한다. 그러므로 과제(문항) 설계는 평가 계발에서 아주 중요한 요소가 된다.

과제(문항) 설계는 제1장에서 지적되었듯이, 평가상황의 필요성과 더불어 시작된다. 배열될 평가(시험)의 목적과 실천환경은 일반적인 안내지침을 마련해 준다. 그러나 과제(문항) 설계를 할 경우에 가장 중요한 요인은, 점수들이 매겨져야 하는 구성물에 관련된 정보이다. 달리 말하면, 평가점수 이용자가[1] 응시생의 말하기 기술에 대하여 뭘 알아낼 필요가 있는지에 대한 것이다. 이는 문항이

---

1) (역주) 가령 진학 또는 취업에서 특정한 목표언어의 시험점수를 요구하는 경우가 그러하다. 대학에서 언어영역의 수능 등급을 요구한다거나, 취업에서 실무영어의 경우 토익 시험점수를 요구하는 경우가 있다. 이런 경우의 대학이나 회사를 '평가점수 이용자'라고 부르고 있다.

면접에서 보여 주도록 만들어야 하는 기술의 유형을 응시생에게 서술해 준다. 학습관련 평가에서, 이는 종종 최근에 가르쳐진 것에 의해 이끌어진다. 그러나 기말시험에서는 대체로 공인된 외부 학력고사처럼 응시생의 기술들에 대하여 좀 더 일반적인 정보를 제공해 줄 필요가 있을 듯하다. 말하기 과제에 대한 기존 조사연구는 과제(문항) 설계에 도움을 줄 수 있다. 제3장에서는 이런 조사연구의 현재 상황을 요약해 놓을 것이다.

더욱이 말하기 과제(문항)들을 출제하기 위해, 시험 출제자(평가설계자)들은 과제(문항)뿐만 아니라, 또한 응시생들에게 주어질 유의사항, 그림과 같은 과제(문항) 관련 자료나 필요하게 될 역할놀이 카드, 이용될 대화 상대방(흔히 면접관이 됨)에 대한 유의사항도 만들어 낼 필요가 있다. 제3장의 후반부에서는 이것들을 만들어 내기 위하여, 언어학습 및 언어평가의 조사연구로부터 나온 조언들을 요약할 것이다. 제3장은 요약으로 끝을 맺는다. 두 가지 기본 용어를 정의하면서 시작해 나가기로 한다.

3.1. '맥락'과 '과제'에 대한 정의

(1) 맥락

맥락은 언어사용의 중심개념 가운데 한 가지이다. 흔히 맥락은 광범위하게 정의되며, 언어가 사용되는 상황의 언어적·물리적·심리적·사회적 차원들을 포괄한다. 제2장의 말미에서 논의되었듯이 하임즈(Hymes, 1972)의 SPEAKING(상·참·목·행·분·도·규·갈) 얼개에서는 맥락을 분석될 수 있는 차원으로 나눠 놓는 잘 알려진 한 가지 방식을 제시한다.

실제적으로 '맥락'은 특정 순간에 산출되고 있는 이야기를 제외하고서, 말하기 상황에 있는 모든 것을 가리킨다. 따라서 그 이야기가 생겨나는 장소와 같이 그 상황의 구체적인 측면과, 화자가 그 상황에 가져오는 언어사용 경험과, 특정한 대화에서 참여자들이 지니는 목표들처럼 인지적이며 경험적인 측면을 포함한다.

맥락은 말하기 상황에서 말해진 것을 이끌어 간다. 과제(문항) 속성들을 통하여 맥락의 특징들을 조절함으로써, 시험 출제자는 시험으로 이야기 수행을 지시할 수 있다. 그렇지만 이것이 정확히 말해질 바를 예측하도록 허용해 주지는 못한다. 왜냐하면 화자들이 자신에게 두드러진 맥락의 특징들에 의해서만 영향을 받고, 이것이 개개인마다 그리고 상황상황마다 변동되기 때문이다(Douglas, 1998). 더구나 화자들 사이의 관계뿐만 아니라, 또한 말하기 상황에 대한 그들의 경험도 맥락의 일부를 형성하므로, 간단히 말해, 실제로 맥락이 생겨나기 이전에 말하기 상황에 대한 모든 맥락 특징들을 미리 설계해 놓는 일이란 불가능한 것이다. 그럼에도 불구하고, 맥락의 일부 측면들이 제어될 수 있고, 담화상의 맥락효과가 어느 정도 예측될 수 있다. 이것이 교사들과 교과서 집필자들과 시험 출제자들이 언어사용 과제(문항)의 특성들에 그렇게 주의를 기울이는 이유가 된다.

(2) 과제

과제(tasks, 문항)는[2] 사람들이 실행하는 활동이다. 언어학습 맥

---

2) (역주) task는 우리말에서 맥락에 따라 달리 번역된다. 시험을 출제하는 경우에는 시

락에서 과제는 흔히 언어사용에 비춰 정의된다. 누넌(Nunan, 1993: 59)에서는[3] 의사소통 과제를 다음과 같이 정의한다.

… 학습자들을 목표언어로 이해하고 처리하며 산출하거나 상호작용하도록 참여시키는 교실수업 활동의 한 대목으로, 학습자들의 주의력이 원칙적으로 형식보다 '의미'에 초점이 모아진다 … 최소한 과제(문항)는 어떤 입력물 자료와 하나 이상의 관련 활동과 절차로 구성될 것이다. 입력물input은[4] 학습자들이 활동을 하게 될 자료를 가리킨다. 입력물은 언어적(가령 라디오 방송)이거나 비-언어적이거나(가령 한 묶음의 사진) 또는 '혼종'이다(가령 길안내 지도). 이 이외에도 과제들은 명시적으로든 암시적으로든(대부분의 경우에 이들은 암시적임) 목표

험 문항을 가리킨다. 수업을 할 경우에는 수업을 위한 일련의 과제를 가리킨다. 만일 회사에서 일을 할 경우라면, 이는 과업 또는 업무를 가리킨다. 의사소통 중심 언어교육(CLT) 또는 최근 '과제 중심 언어교육(TBLT)'로 바뀌어 불리는 흐름에서는 시험 문항도 수업시간에 주어지는 과제가 변형되어 마련된다고 본다. 그렇기 때문에 이 용어를 제약 없이 수업이나 시험 상황에 그대로 쓰고 있다. 양자 모두 똑같이 참된 실생활(authentic) 자료들을 이용하여 마련되는 되는 것이므로, 궁극적으로는 수업 과제이거나 시험 문항이거나 모두 실세계에서 일어나는 실제 의사소통 과업을 지향하고 있다. 여기서는 임시 '과제(문항)'과 같이 괄호를 이용하여 서로 상통됨을 표시해 둔다.

3) (역주) 이 책의 개정 확대판이 누넌(2004), 『과제 중심 언어교육(*Task-Based Language Teaching*)』(Cambridge University Press)으로 출간되었다.

4) (역주) 입력물(input)은 산출물(output)에 짝이 되는 말이다. 교실수업에 쓰기 위한 언어 및 비-언어 자료를 모두 총괄하여 가리키는 상의어로 도입되었다. 과제도 또한 입력물의 하나이다. 제2 언어로서 영어 교육을 이끌고 있는 크뢰션(Krashen, 1941~) 교수가 소련 유물주의 심리학자 뷔고츠키(Vygostky, 1896~1934)의 '근접 발달 영역'을 받아들여, 학습자에게 제시할 자료들을 'i+1'단계의 것으로 부른 바 있다. 이는 '입력물'(input)에서 따온 약자이며, 이해 가능한 입력물(comprehensible input)을 제공해 주어야 한다고 풀이 한다. 학습자의 동기를 이끌어내기 위하여 현재 발달 상태보다 약간 더 높은 단계의 입력물을 제시해 주어야 하는 것이다. 이런 입력물 조건에만 치중하면 제2 언어를 정확히 표현하려는 마음가짐이 없어지고 의사소통에 참여하여 대충대충 말을 하게 되어 궁극적인 능동성이 성취되지 않는다는 지적이 메를 스웨인(Merrill Swain) 교수에 의해서 제기되었다. 흔히 이를 극복하는 방식을 이해 가능한 산출물(comprehensible output) 압력으로 부르며, 제2 언어 학습자들이 보다 좀 더 정확한 표현을 산출하도록 이끌어 가는 것이다. 228~229쪽도 보기 바란다.

들와 교사-학습자의 역할들과 하나의 환경setting(무대)을 지닐 것이다.

이런 정의는 시험 출제자에게 물론 도움이 된다. 왜냐하면 시험 출제자가 설계해야만 하는 요소들을 세부적으로 언급하기 때문이다. 즉, 입력물·목표·역할·환경이다.

바크먼·파머(Bachman and Palmer, 1996: 44)에서는[5] 아주 비슷한 용어로 '언어사용 과제'를 정의하였다. 말하기의 특정 맥락을 위하여 그 정의를 약간 수정하기로 한다. '말하기 과제'는 특정한 말하기 상황에서 특정 목적이나 목표를 성취하려는 의도로, 화자가 언어를 사용하는 활동으로 간주될 수 있다. 이런 정의에서 강조점은 목표지향 언어사용에 놓여 있고, 말하기 과제는 시험 문항들을 위해서뿐만 아니라, 또한 시험상황 이외에 있는 사건이나 '과제'들을 위해서도 적합하다.

3.2. 초기 과제 설계

'초기 과제(문항) 설계'라는 용어로써 저자는 시험이 무엇과 같이 될 것인지에 대한 첫 결정들—즉, 그 시험이 무엇을 포함할 것인지—을 가리키고자 한다. 이는 화자들에게 주어질 과제(문항)들과 그 과제(문항)를 위한 실제 배열에 대한 계획을 포함한다. 그

---

5) (역주) 최인철 외 2인(2004), 『언어 테스팅의 설계와 개발』(범문사)로 번역되어 있다. 그런데 profile을 양상, 영역, 프로파일, 영역별 점수 등으로 서로 다르게 번역되어 있지만, 왜 다르게 번역했는지 설명되어 있지 않다. 최근 바크먼·파머(Bachman and Palmer, 2010), 『실용적인 언어 평가(*Language Assessment in Practice*)』(Oxford University Press)가 출간되었다. 우리나라 독자들(좁게는 언어교육에 종사하는 전문가들)의 식견을 한층 높여 줄 수 있는 아주 중요한 책자다.

결정은 또한 평가가 이뤄질 구성물construct을 구체화해 준다.

(1) 화자에게 실행하도록 요구된 내용

과제(문항) 설계에서 핵심 결정사항들 가운데 한 가지는, 언어로 화자들에게 무엇을 실행하도록 요구할 것인지에 대한 내용이다. 이야기의 본질에 대한 초기연구에서 브롸운·율(Brown and Yule, 1983)에서는 네 가지 서로 다른 유형의 정보 전달용 이야기를 구분하였다.

정보 전달용 이야기			
description (묘사/서술)	instruction (지시/설명)	storytelling (서사 이야기 말하기)	opinion-expressing / justification (의견 개진 / 정당성 입증)

그들이 주장한 주요핵심은 세 가지로 요약된다.

① 이들 유형이 각각 쉽게 이해되도록 정보를 조직하는 데 고유한 정형화 투식을 따르며,
② 연습을 해 나감에 따라 학습자들이 이들 정형화 투식에 대한 제어력을 향상시킬 수 있고,
③ 따라서 학습자들의 언어사용 기술이 증진된다.

일단 각 유형들 속에 있는 과제들의 내적 복잡성이 고려되는 경우라면, 특정한 순서들을 예측해 놓기가 아주 어렵겠지만, 일반적으로 유형들 사이에서는 또한 위의 항목이 난이도에 대한 논리적 순서임을 시사하였다. 즉, 묘사 과제가6) 간단한 설명 과제나 서사

이야기 말하기 과제보다도 더 어려워지기 전에, 묘사 과제가 얼마나 복잡하게 되어야 하는 것인지 말하기가 쉽지 않다.

바이게잇(Bygate, 1987; 김지홍 뒤침, 2002: 45)에서는 말하기 과제의 유형들 사이에서 좀 더 세밀한 구분을 해 놓은 바 있다.

사실 지향의 이야기	평가를 담은 이야기
description(묘사)	explanation(설명)
narration(서사 이야기)	justification(정당성 입증)
instruction(지시)	prediction(예측)
comparison(비교)	decision(결정/판단)

브롸운·율(Brown and Yule, 1983)에서처럼, 바이게잇 교수도 또한 이들 각각의 범주에서 화자의 언어사용이 다르다고 지적하였다. 만일 어떤 사람이 묘사를 잘한다고 하더라도, 그것이 자동적으로 그가 대상을 비교하는 일도 잘하며, 서사 이야기를 하거나 의견의 정당성을 입증하기에도 유능함을 의미하지는 않는다. 이는 말하기 유형들을 따로따로 평가하는 것이 유용함을 의미한다. 그런 평가들이 학습자의 기술에 대하여 서로 다른 정보를 내어 줄 수 있는 것이다. 만일 어떤 평가 속에서 어떤 문항의 대안이 되는 내용들이 있다면, 아마 동일한 이야기 유형 속에다 그 대안내용을 유지시켜 두는 것

---

6) (역주) 묘사(description, 서술)는 정적인 대상을 그림 그리듯이 말해 주는 일이다. 그런데 어떤 이들은 묘사 그 자체가 아주 어려운 과제라고 주장하기도 한다. 가령, 고고 유물이 발견되었을 적에 그 유물을 묘사하고자 시도할 경우에 이런 일이 생겨난다고 한다. 그렇지만 이는 극단적인 경우이다. 해당 유물(대상)에 대하여 우리가 맥락과 쓰임을 전혀 알 수 없기 때문이다. 대부분의 일상생활에서는 하나의 대상을 묘사하기 위하여 흔히 배경(맥락)과 대상(개체)을 같이 동원하여 말해 주기 때문에, 대상에 따라 어느 정도 묘사 또는 서술 지침들이 개략적으로 정해지는 것이다. 본문에서 인용한 책의 저자들도 이런 점을 명시적으로 언급하지는 않았더라도, 상식적으로 묘사가 제일 쉬운 단계의 말하기로 간주하였기 때문에, 충분히 그 동기를 짐작할 수 있는 것이다. 심리학에서 이런 인지방식을 흔히 전체형상 접근법(gestalt, 게슈탈트)이라고 부르는데, 성근 배경정보와 자세한 초점정보를 구별한다.

도 유용할 듯하다. 따라서 가령, 일부 응시생들이 대상을 가리키도록 된 시험지를 받고, 나머지 응시생들이 대상들을 비교하도록 된 시험지를 받는 것이 아니라, 모든 응시생들이 똑같이 모종의 비교 과제(문항) 시험지를 받아서 풀게 된다. 평가에 있는 과제들이 이처럼 범주화되어 있다면, 구성물 정의가 수험생들에게 실행하도록 요구된 '활동의 유형'들과 관련된다. 그리고 그 점수는 이를 나타내는 데에 이용될 수 있다.

위에 목록으로 된 범주에서는 정보관련 이야기에 관심을 둔다. 제2장에서 살펴보았듯이, 이는 종종 친분 쌓는 말하기 사이에 끼어 나타나며, 두 유형의 이야기가 모두 함께 평가/시험 속의 담화를 구성한다. 그렇지만 과제 설계 동안에는, 그 이야기의 정보측면에 초점을 모으는 것이 일반적이다. 왜냐하면 그것이 내용영역과 그 평가 속의 담화에 포함될 언어활동의 유형을 결정해 주기 때문이다. 친분 쌓는 사교적 이야기는 모든 종류의 과제에 포함될 것이다. 그리고 친분 쌓는 의사소통의 바퀴가 잘 굴러가도록 기름을 쳐 놓는 효과 때문에,[7] 아마 그 응시생들이 그 과제(문항)들을 얼마나 잘 수행하는지를 놓고서, 평가자의 인상에 영향을 미칠 것이다. 바람직하다면, 평가 기준들이 이를 드러내도록 각별히 조절될 수도 있다. 이는 제4장에서 논의될 것이다.

---

7) (역주) 이 책의 저자 루오마 교수도 '친분 쌓은 의사소통'이 부차적이라고 보는 점에서는 브라운·율(1983)의 시각과 동일하다. 그렇지만 거꾸로 클락(1996; 김지홍 뒤침, 2009)에서는 정보 전달용 의사소통도 더 근본적으로는 친분 쌓는 의사소통에 의존한다고 보며, 그런 의사소통은 공평성의 원리와 체면의 원리에 의해서 작동된다고 주장하였다. 특히 체면의 원리는 상대방의 자율성 및 자존심을 높이거나 낮추는 하위 원리로써 설명된다. 번역자도 클락 교수처럼 친분 쌓은 의사소통이 성인들 사이에 일어나는 고급 의사소통이며, 따라서 적어도 고등학교 교실수업에서는 훈련이 이뤄져야 할 것으로 믿는다. 결코 저절로 익히도록 방임해야 할 대상은 아닌 것이다.

(2) 의사소통 기능

말하기 문항에서 화자들이 실행해야 하는 바를 살펴보는 또 다른 방식은, 그들이 뭔가를 말하는 경우에 그들이 수행하는 행위를 분석하는 일이다. 언어사용에 대한 이런 접근은 일상언어 철학자 오스뜬(Austin, 1962)에서 처음 도입되었다.[8] 그는 그 행위들을 '언어행위speech act(화용행위)'라고 불렀다. 가령, 요구나 확증 행위이다. 사람들이 일을 하기 위해서뿐만 아니라 또한 정보를 전달하기 위해서 발화를 이용한다는 그의 통찰은 새로운 지평을 열어 놓았다. 언어 철학·사회언어학·담화분석에서 이는 사람들이 언어행위에서 따르는 규칙들에 대하여 훨씬 더 풍부한 추가연구로 이끌어 갔다. 제2장에서 언급하였듯이, 정보의 양·진실성·관련성·제시방법과 관련하여, 참여자들의 협력을 다루는 그롸이스(Grice, 1975)의 대화규범들은 이런 작업의 일부이다.[9]

---

8) (역주) 이 책은 각각 언어학자와 철학자에 의해서 번역되었다. 장석진(1987) 뒤침, 『오스틴: 화행론』(서울대출판부); 김영진(1992), 『말과 행위』(서광사). 오스뜬(J. L. Austin, 1911~1960)은 이른바 '일상언어 철학'(ordinary language school)의 흐름을 열어 놓은 매우 창의적인 철학자이다. 우연히 후기 뷧건슈타인 또한 그러하다. 그는 철학이 자연언어 또는 일상언어를 배제하거나 무시한 채, 진리만 추구하는 협소한 작업만 해 왔음을 처음 깨달았고, 자연언어 또는 일상언어를 다루는 방법을 처음 생각해 냈다. 일상언어는 주로 행위를 다루는데, 이를 performative(수행문장, 수행발화)라고 불렀다. 진리를 다루는 문장을 constative(진리값 문장)이라고 불렀는데, 이는 언제나 'I assert/declare that …'(나는 …임을 주장한다/선언한다)라는 수행문 속에 내포될 수 있다. 이 말은 모든 언어사용이 행위를 나타내는 수행문임을 함의한다. 228쪽의 역주 23)도 참고하기 바란다.
오스뜬의 글은 사후에 엄슨·워눅(Urmson and Warnock)이 엮은 오스뜬(1961), 『철학논문집(*Philosophical Papers*)』(Oxford University Press; 1979년 증보 제3판)과 워눅이 엮은 오스뜬(1964), 『감각과 감각자료(*Sense and Sensibilia*)』(Oxford University Press)에 들어 있다. 워눅(Warnock 1989), 『오스틴: 철학자들의 논쟁(*J.L. Austin: The Arguments of the Philosophers*)』(Routledge)에서는 오스뜬이 다룬 주요 논점들을 개관해 주고 있다.

9) (역주) 세계대전의 어수선한 분위기 속에서도 옥스퍼드 대학에서 오스뜬이 주도적으로 이런 흐름과 모임을 이끌어 갔고, 후배인 그롸이스와 스뜨로슨도 정규적으로 그 모임에 참여한 바 있다. 그들은 아리스토텔레스의 고전들뿐만 아니라, 칸트의 저작물도 함께 정밀히 검토하였음을 당시 회고담들을 통해 알 수 있다.

언어사용의 목적에 대한 비슷한 생각이 언어교육에서 'notional-functional syllabuses(개념-기능 교과과정)'을 다룬 뵈넥(van Ek, 1975)와 윌큰즈(Wilkins, 1976)의 업적에도 깔려 있다.10) 그 착상은 학습자들에게 흔히 어떤 '실생활 목적'을 위하여 배울 언어가 필요하다는 것이었다. 따라서 교과과정은 가급적 학습자들이 실행할 수 있도록 필요한 것(즉 기능들을 가리킴)과 가급적 학습자들이 말할 수 있도록 필요한 주제들과 관련된 낱말과 구절들(즉 개념들을 가리킴)에 따라 조직될 수 있었다. 학습자의 필요성과 실생활 목적을 위한 언어사용에 대하여 강조를 해 놓는 일은, 1960년대와 1970년대 초기에 일반적이었던 문법중심 교과과정과 판연히 달랐다. 이것이 1980년대에 '의사소통 중심 교과과정communicative language teaching, CLT'의 출현을 위해 길을 닦아 놓았다. 비록 개념-기능 교과과정의 시작이, 애초에 언어행위(화용행위) 이론과는 별개로 독자적이었지만, 일을 하기 위한 언어사용을 놓고서 모아진 공통된 초점이 언어교육 공동체에서 담화분석으로부터 교실수업 맥락 속으로 그 작업을 적용해 나가는 것을 더욱 쉽게 만들어 놓았다(Douglas and Smith, 1997: 10). 두 흐름의 결합은 또한 유럽 위원회(Council of Europe, 2001), 『언어를 위한 참고용 유럽 공통 얼개(Common European Framework of Reference for Language)』(이하 '유럽 공통 얼개[CEF]'로 줄임, 김한란 외 뒤침, 2010 개정판, 『언어 학습, 교수, 평가를 위한 유럽 공통 참조 기준』, 한국문화사)에서도 살필 수 있다.

『유럽 공통 얼개 CEF』에서는 기능상의 능력을 두 범주로 나눠

---

10) (역주) 이들 업적이 제2 언어나 외국어를 대상으로 한 것에 반해, 거의 같은 시기에 영국의 모국어 교육을 감사한 결과를 출간한 보고서가 1975년, 『삶을 위한 언어(A Language for life)』(Her Majesty's Stationary Office)로 출간되었다. 6백 쪽이 넘는 이 방대한 보고서는 그 보고서의 책임자였던 불럭(Sir Alan Bullock)의 이름을 따서 '불럭 보고서'로도 불린다.

놓는다. 거시기능과 미시기능이다. '거시기능macro-functions'은 동일
한 기능상의 목적에 이바지하는 입말이나 글말의 덩이를 가리킨다.
가령, 묘사·서사 이야기·논평·설명·시범 보이기 등이다. 이것들은
브롸운·율(Brown and Yule, 1983)과 바이게잇(Bygate, 1987)에서 논의
된 이야기의 유형과 동일하다. 다음으로 '미시기능micro-functions'은
개별행위들과 관련된다. 이는 흔히 상호작용에 있는 발언기회turn
속에서 완결된다. 가령 초대하기·사과하기·고마움 표현하기 등이
다(Council of Europe, 2001: 125). 『유럽 공통 얼개 CEF』에서는 미시기
능을 여섯 가지 주요범주로 묶어 놓았다.

주요범주	사례
① 사실정보 내주기/요구하기	묘사하기, 보고하기, 질문하기, 대답하기
② 태도 표현하기/묻기	찬성/반대, 유식/무지, 능력, 허락
③ 설득하기	제안하기, 요구하기, 경고하기
④ 사교적으로 되기	주의를 끌기, 말을 걸기, 인사하기, 소개하기
⑤ 담화를 구조화하기	열어가기, 요약하기, 주제 바꾸기, 매듭짓기
⑥ 의사소통 수정하기	이해가 안 되었음을 신호하기, 도움 호소하기, 풀어 말하기

학습자가 향상됨에 따라 낱말로 더 많은 것을 실행하는 일을 배운
다. 즉, 미시기능에 대하여 더 많은 통제력을 얻는 것이다. 학습자
들이 더 많이 배워 나갈수록 기능을 표현하는 법을 더 많이 깨닫게
된다. 따라서 자신의 이야기를 서로 다른 언어사용 상황에 맞춰
줄 수 있는 것이다. 가령, 초보 학습자들은 뭔가를 요청하는 한
가지 방식만 알 가능성이 있다. 반면에, 더 높은 수준의 학습자는
여러 가지 방식을 알 것이다. 최상급 수준의 학습자들은 자신의
이야기를 모든 종류의 상황에 대한 요구사항들에 잘 맞춰 조절해
줄 수 있고, 어떤 품격을 원하든지 간에 자신이 실행하고 싶어 하
는 것들을 다 표현할 수 있다.

언어기능은 말하기 평가를 설계하는 데에서 중요한 요소가 될 수 있다. '입말영어 검사TSE, Test of Spoken English'와 '미국 교육평가원 ETS, Educational Testing Service'에11) 의해 실행되는 녹음 테이프에 바탕을 둔 평가에서는, 언어기능들을 1차적 설계 원리로 이용한다(ETS, 2001b: 7). 각 평가에 포함된 기능들은,

① 평가지에 도표로 제시된 정보를 서술해 주기, ② 시각 자료(그림 연결체)들로부터 서사이야기 말해 주기, ③ 요약하기, ④ 시각자료에 근거하여 길 방향 일러주기, ⑤ 유의사항 일러주기, ⑥ 권고하기, ⑦ 조언하거나 제안하기, ⑧ 의견을 제시하고 뒷받침하기, ⑨ 대비하거나 대조하기, ⑩ 가정하기, ⑪ 예측하거나 짐작하기, ⑫ 설득하기, ⑬ 사과하기, ⑭ 불평하기

등이다(Douglas and Smith, 1997: 12). 의견을 제시하고 뒷받침하는 모의시험 사례는 다음과 같다.

(3) One of your favourite movies is playing at the theater. Please tell me about the movie and why you like it. (60 seconds)
여러분이 좋아하는 영화가 한 편 극장에서 상영되고 있습니다. 그 영화에 대해서 그리고 왜 그 영화를 좋아하는지 나에게 말해 주십시오. (소요시간 60초) (출처 ETS, 2000)

촉진문장 끝에 소요시간이 초 단위로 인쇄되어 있다. 왜냐하면 그 평가가 테이프에 녹음될 내용에 바탕을 두며, 응시생들이 그 평가

---

11) (역주) 우리에게 잘 알려진 'TOEFL'(외국어로서의 영어 검사) 시험을 주관하는 곳이다.

에 대답하면서 얼마나 많은 시간을 이용할 수 있는지에 대한 정보를 알 필요가 있기 때문이다. 그 문항은 이전 과제의 주제를 계속 이용한다. 이는 응시생들에게 제시된 지도에 근거해서 영화관으로 가는 길을 설명해 주도록 요구한다.

입말영어 검사TSE 기능들은 유럽위원회의 책자에 있는 미시기능들과 아주 많이 비슷한 듯하고, 있을 수 있는 광범위한 언어사용 상황들을 다룬다. 이는 실제적으로 평가 계발자(출제자)의 의도이다. 구성물이 특정한 언어사용 상황들로 맥락화되어 있지 않다는 것이 단점이다. 반면에, 이런 접근의 장점은 그 결과가 여러 가지 다른 상황들과 관련될 수 있다는 것이다. 입말영어 검사TSE처럼 공인된 검사들과 더불어, 전문적인 표준검사들에서는 각각 그 검사/평가의 의도된 사용을 위하여 검사/평가 계발자들이 이런 관련성에 대한 증거를 제공해 주도록 요구한다.

이런 경우에 우선 입말영어 검사TSE가 대학에서 강의를 지원하는 조교의 후보들을 선발하는 데 이용되기 때문에, 평가자는 그 기능이 강의 조교의 언어사용과 관련됨을 보여 주어야 한다. 그 평가에서 상위점수를 받은 응시생들은 자신의 업무에 대한 언어 요구조건들을 충족시킨다. 반면에 하위점수를 받은 이들은 그 업무의 언어 요구조건들이 너무 과중한 부담이 됨을 깨달을 것이다. 덜 격식을 갖춘 평가 맥락에서, 평가 속에서 및 평가 밖에서의 언어사용의 합치 정도에 대한 조사연구는 덜 일반적이다. 그렇지만 평가 및 가르칠 교육과정을 위한 조직원리를 일관되게 만드는 것은 이치에 맞을 듯하다. 따라서 교육내용teaching program에서 기능들이 중요한 조직원리인 경우에, 이는 또한 교육내용을 위한 말하기의 학습관련 평가를 설계하는 데 대한 좋은 토대가 될 수 있다.

(3) 개인별 과제·짝끼리 과제·모둠 과제

말하기 평가를 배열하는 가장 전형적인 방법은, 종종 면접형식으로, 한 번에 응시생을 한 명씩 평가하는 것이다. 이는 입말평가가 1950년대에 처음 도입되었을 때 표준이 되었다. 비록 심지어 다른 기술들에 대한 평가방법들이 비판을 받고 수정되었지만, 뒤이은 30년 동안에 그 형식은 실질적으로 의문시되지 않았다. 비록 평가자의 소요시간에 비춰 개인별 검사가 비싸지만, 문항들이 각 응시생의 수행에 맞춰 조절될 수 있고, 상호작용에서 일어나는 바를 놓고서 평가자가 통제를 많이 할 수 있게 해 준다는 점에서 융통성이 있다.

그렇지만 면접관이 면접에서 응시생에 대해 막강한 권한을 지닌다는 사실은, 이런 평가유형의 핵심적 약점의 한 가지로 인식되어 왔다(Savignon, 1985; Bachman, 1988; van Lier, 1989; Lazaraton, 1992를 보기 바람). 대화상대인 면접관이 상호작용의 모든 측면들을 개시하고 질문들을 던진다. 반면에, 응시생의 역할은 대화에 응하여 답변만을 하는 것이다. 토론이나 대화처럼 다른 유형의 상호작용에서, 주도권을 떠맡는 참여자의 권리와 책임은 일방적이지 않고 서로 간에 더 균형적이다. 면접에서는 이들 요구사항을 처리하는 응시생의 능력에 대한 직접적 증거를 제시해 주지 않는다. 그럼에도 불구하고, 면접은 응시생들에게 그 언어를 얼마나 잘 말하는지를 놓고서 일정 범위를 보여주는 기회를 제공해 준다. 따라서 평가(검사)로 작동하는 것이다. 그렇지만 어떤 목적들을 위해서 그 증거가 더 광범위해질 필요가 있을 듯하다.

1:1 평가가 불가피하게 구조화되지 않고, 대화상대가 이끌어 가는 면접이 되어야 하는 것은 아니다. 그 평가가 구조화되고 다수의

여러 문항들을 포함할 수 있다. 전형적으로 구조화된 면접은, 구조화되지 않은 면접과 아주 비슷하게, 몇 가지 쉬운 질문들에 대한 예비논의와 더불어 시작할 듯하다. 가령, 서로 간에 소개하여 처음 알게 되거나, 그날의 일들에 대하여 이야기하는 일 따위이다. 그런 다음에, 주요한 상호작용은 미리 계획된 문항들을 포함할 듯하다. 가령, 그림을 묘사하거나 비교하는 일, 일련의 연결된 그림으로부터 서사이야기를 해 주는 일, 사전에 공지된 주제나 시험관이 선택한 주제에 대하여 말하기, 아마 역할놀이 과제나 응시생이 면접관에게 질문을 던지는 역-면접 등이다.

일부 전문적 성격의 평가에서는 응시생이 미리 유의사항을 받아 두고서 준비해 놓은 발표를 한다. 발표 뒤에는 전문가 역할을 맡는 다른 응시생과 토론이 이어진다. 또 다른 맥락에서, 그 평가는 응시생이 면접 전에 읽었거나 훑어 본 어떤 덩잇글 그리고/또는 녹화물에 대한 토론이 될 수도 있다. 그런 평가는 응시생을 편안하게 만들어 놓으려는 목적을 지닌 마무리 단계로 끝날 듯하다.

평가의 주요부분에 대한 문항의 선택(서술, 서사 이야기, 주제에 근거한 토론 등)은 점수로부터 요구된 정보의 종류에 달려 있다. 구조화된 면접문항들에 대한 사례는 제7장에서 다뤄질 것이다. 평가 방식으로 개인별 면접이 한계가 있음이 사실이라면, 다른 대안 한 가지는 짝지은 학생들을 대상으로 한 면접이다. 스웨인(Swain, 2001)에서는 이를 실행하도록 옹호하면서 세 가지 점을 변론한다. 첫째, 전통적인 면접보다 더 많은 유형의 이야기를 포함하려는 바람이며, 따라서 응시생들의 기술에 대하여 모아진 증거를 더 넓혀 준다. 둘째, 교실수업에서 짝끼리 작업을 더 장려하기 위하여 가르치는 일에 영향을 주려고 희망하는 의미에서든, 아니면 이미 가르치는 일에서 일어나고 있는 바를 평가에서 반복한다는 의미에서든, 평가 및 교육 사이에 있는 관련성과 맞물려야 한다. 세 번째 논거는 경제적인 것이다. 짝지은 학생들을 면접하는 일이, 평가실행에 채점관이 들이는 시간의 양을 줄여 준다. 짝지은 면접의 핵심은, 그 평가의 주된 부분 동안에, 응시생들에게 서로 상호작용하도록 요구되며, 채점관은 그 상호작용에 직접 참여하는 것이 아니라 오히려 관찰만 하게 된다는 점이다.

가령, 짝지은 면접은 주요 묶음의 다섯 가지 케임브리지 검사the five examinations of the Cambridge main suite에서 이용되는데, 다음과 같다.

- 핵심영어 검사Key English Test
- 예비 영어 검사Preliminary English Test
- 초급영어 인증the First Certificate in English
- 고급영어 인증the Certificate in Advanced English
- 영어 유창성/능통성 인증the Certificate of Proficiency in English

각 검사에서 상호작용은 준비단계와 더불어 시작된다. 거기에서는 응시생이 자신을 상대방에게 소개하며, 만일 서로 잘 아는 사이라면 서로 (자신이 아니라) 상대방을 소개해 준다. 이 다음에 두 가지 짝끼리 상호작용 과제가 뒤따른다. 케임브리지 초급인증에서, 첫 번째 과제는 천연색 사진들에 바탕을 두며, 그것들 중 두 개를 비교하고 대조하는 각 응시생을 포함한다. 반면, 다른 응시생은 듣고 나서 짤막하게 논평으로 대답한다. 두 번째 과제에서는 응시생들이 협동하여 타개해 놓은 결론에 이르게 되는 짝끼리 상호작용 과제를 위한 기반으로, 한 장 또는 그 이상의 사진이나 삽화나 컴퓨터 도형을 이용한다(UCLES, 2001a). 응시생들은 첫 번째 그림에 근거한 과제를 놓고서 3분을 쓰고, 두 번째 과제를 놓고서 4분을 쓰게 된다. 그 검사에서 마지막 과제는, 더 앞선 토론과 관련된 일반 주제에 대하여 두 명의 응시생과 대화 상대방인 면접관이 벌이는 세 방향의 토론이다.

다른 짝끼리 과제는 또 다른 응시생에게 일러 주어 도표를 그리거나 지도 위에 길을 표시하는 일, 화자들이 각자 절반의 이야기를 알 경우에 함께 그 전체 이야기를 구성해 내는 일, 또는 과제 속 자료에 제시된 논제를 놓고서 협동하여 결정을 내리거나 권고사항을 만드는 일이 될 수 있다. 어느 정도 변통하는 동안에, 이들 과제는

'급우 : 급우'

이야기를 생성한다. 그리고 참여자들은 다른 사람이 갖고 있는 정보를 모르고 있기 때문에, 그 과제들이 상호작용을 위하여 참된 목적을 제공해 준다.

덜 구조화된 과제형식에서는 토론될 정보가 과제 속 자료에 주어져 있지 않을 수 있다. 예를 들면, 어떤 일정량의 시간 동안, 짝들에게 어떤 주제를 놓고서 여러 각도에서 토론하도록 요구할 수 있다. 전부 또는 거의 모든 짝끼리 과제에서는, 화자의 역할과 책임이 면접을 받는 일반사람들의 것과는 차이가 난다. 이것이 그 검사의 과제가 응시생들의 상호작용 기술에 대하여 얼마나 더 광범위한 증거를 제공해 주는지를 보여 주는 방식이다.

짝끼리 과제가 장점을 많이 지니지만, 또한 넘어야 할 도전도 많다. 응시생들의 이야기가 거의 불가피하게 다른 참여자의 인성과 의사소통 모습과 아마 언어수준 등에 의해서 영향을 받는다. 여기서 관심의 초점은, 모든 응시생들이 최선을 다해 자신의 말하

기 기술을 보여 주는 동등한 기회를 얻지 못할 가능성이 있다는 점이다(Weir, 1993: 55~56; Iwashita, 1999: 53).

짝의 서로 다른 특성들로 말미암아 초래된 점수상의 효과가 조사되었다. 그 결과는 그런 영향력이 작음을 보여 주었다. 때때로 서로 다른 연구들은 어떤 특성이 효과를 늘여주거나 축소하게 만드는지에 관하여 서로 모순되는 결과를 제공해 준다(가령 Berry, 1997; Iwashita, 1999; O'sullivan, 2002). 이는 서로 다른 개인들을 놓고서, 그것들의 결합효과가 예측하기 어려울 만큼 많은 변인들이 있기 때문일 수도 있겠다. 그렇지만 또한 채점자들이 아마 서로 다른 상호작용 특징들에 대해 주목하고, 그런 점이 그들의 채점에 복잡한 방식으로 영향을 주기 때문일 수도 있다. 교실수업의 시험을 놓고서 조사된 이런 모든 것들로부터 나온 결론은, 짝끼리 상호작용으로부터 나온 점수가 분명히 신중하게 해석되어야 하고, 두 차례 이상의 시험이 있다면 서로 다른 시점에서 서로 다르게 짝을 배당해 주는 일이 시도될 필요가 있다는 점이다. 공인된 말하기 시험에서, 이는 짝들 사이에 있는 차이점을 놓고서 점수 상으로 있을 수 있는 차별 효과에 대한 타당성 연구가 실행되어야 함을 의미한다. 이는 만일 그 점수들이 급우와 상호작용하는 각 응시생의 능력에 대하여 일반화될 수 있는 증거로 해석된다면,[12] 그 점수들이 서로 다른 의사소통 상대방에 의해서 영향을 받아서는 안 된

---

12) (역주) 뒤친이가 해마다 겪는 대학 면접시험의 경우를 반성해 보면, 아마 로봇을 대화 상대방으로 지정하지 않는 한, 완벽히 중립적인 역할을 하는 대화 상대방을 찾아 앉히기란 아주 어려울 것으로 본다. 응시생마다 동일한 대화 주고받기를 주도해 나가려면, 반드시 반쯤 구조화된 면담진행 얼개가 미리 작성되어 있어야 한다. 그럼에도 불구하고, 면접시험 또한 두 방향의 의사소통이기 때문에, 상대방의 반응에 따라 면접관인 내 자신이 맞대응 방식도 달라지게 마련이다. 오직 노련한 면접관이라야만, 머릿속에 중립적 잣대를 상정하여 맞춰 나갈 수 있을 것이다. 말하기 평가를 가르치고 있는 뒤친이도 중립성을 추구하기가 어려운데, 하물며 동등한 수준의 급우가 대화 상대방이 되어서 이를 중립적으로 진행하기란 거의 불가능할 것으로 판단된다.

다는 논리적 근거에 바탕을 두고 있는 것이다.

시험 출제자들이 종종 불분명하다고 느끼는 짝끼리 과제(문항)의 또 다른 특징은, 면접관이 면담기술에서 훈련되지 않은 응시생들에게 내어 주는 책임의 양이다. 그러나 상호작용에서 정확히 말해질 것에 대한 통제가, 짝끼리 과제(문항)에 있는 주제는 아니다. 오히려 시험 출제자(평가 계발자)들은 토론을 촉진해 주도록 유의사항과 문항 속 자료들이 충분히 분명해야 하고, 응시생들이 어떤 종류의 수행이 좋은 결과를 얻을 것인지를 잘 알 수 있도록 명확히 해 두어야 한다.

뿐만 아니라, 출제자들은 어떤 예측할 수 없는 이유로 말미암아 짝끼리 과제(문항)가 잘 작동되지 않을 경우에, 그들이 그 자리에서 어떤 안전망을 갖추도록 확실히 보장해 두고 싶을 수도 있다. 만일 응시생 1명이 말을 너무 적게 한다면, 이는 발언을 많이 하도록 추가질문을 던지는 대화 상대방이 될 수 있다. 또는 표준 과제(문항)를 놓고서 어떤 짝들이 전혀 상호작용을 시작할 수 없을 경우에 쓸 수 있는 여분의 과제(문항)가 될 수 있다. 그렇지만 이들 해결책은, 오직 짝끼리 활동을 점검하고 있는 시험 주관자가 있을 경우에만 가능하다. 만일 교실수업에서 교사의 직접 점검이 없는 채 짝끼리 활동이 실행된다면, 그리고 더 뒤에 한 조의 짝에서 그 과제가 작동되지 않았음이 입증된다면, 아마 서로 다른 짝으로 바꿔서 새로운 평가가 이뤄지도록 하는 것이 가장 손쉬운 해결책이 될 수 있다.

근본적인 수준에서, 응시생의 수행상 대화 상대방의 효과에 대한 의문은, 또한 시험 출제자가 이끄는 말하기 시험에서도 제기될 수 있다. 따라서 오직 시험 속의 담화가 공동으로 만들어지는 경우에만, 응시생들을 채점하는 것은 불공정할 듯하다(Brown, 2003;

McNamara, 1997).[13] 흔히 면접 시험관의 유창성 수준은 문제가 되지 않지만, 인성과 의사소통 모습은 분명히 문제가 될 수 있다. 브라운(Brown, 2003)에서는 1명의 응시생이 2명의 서로 다른 면접관에 의해 평가되는 대화분석 연구를 수행하여, 이에 대한 여러가지 사례를 보여 주었다. 1명의 면접관은 명백히 말하였고 응시생에게 호의적이었다. 그녀는 다음처럼 정교화 요구를 분명히 말해 주었다.

> *Tell me more about* …
> (…에 대하여 더 자세히 말해 주십시오)

그녀는 되점검 발언에서도 응시생에게 이해와 흥미를 나타내 보였다. 이는 응시생이 말을 더 많이 하도록 도움을 주었고, 따라서 응시생을 자발적이며 능력 있는 의사소통 상대로 만들어 놓았다. 채점자들도 자신의 점수에서 이런 점을 인식하였다.

  앞의 면접관과는 달리, 다른 면접관의 질문 전략은 명시성이 훨씬 떨어졌다. 그는 아주 빈번히 '예-아니오' 질문과 '또는' 형식의 닫힌 질문을 던졌다. 종종 응시생이 쓴 어떤 구절을 반복하자, 그 면접관은 간접적으로 정교하게 자세히 말해 주도록 요청하였다. 그 응시생은 이를 잘못 해석하여 면접관의 승인으로 받아들였다. 그리고 정교하게 자세히 말해 주기보다는, 단순히 '예' 또는 '음(mm, '그래요'의 뜻으로 대답함)'이라고 말하였다. 그 면접관은 그 응시생에게 응답

---

13) (역주) 소극적이고 내향적인 학습자가 자신의 성격 때문에 불이익을 받을 수 있다. 말하기 시험은 말하는 능력을 측정해야 하는 것이지, 한 개인의 인성이나 성격을 측정하는 일과 연동되어서는 안 된다. 그런 경우에는 말하기 시험의 타당성을 상당 부분 잃어버릴 것이다.

시간을 더 많이 주기를 그만 두었다. 이는 응시생이 유창하지 않고 말하기를 꺼려하는 화자라는 인상을 만들어 냈다. 채점자들은 이에 따라 그 수행에 점수를 매겼다. 시험 위원회에서 나온 최종 결론은, 대화 상대방의 행위를 분석하도록 장려하고, 모든 응시생들에게 공정한 검사 조건을 보장하기 위하여, 채점자들에게 되점검을 제시해 주는 것이다.

짝끼리 활동과 같이 모둠 상호작용 과제들도 또한 일반적으로 학습자들에 의해서 잘 받아들여진다(가령 Shohamy 등, 1986; Fulcher, 1996). 그러나 아마 모둠의 크기를 관리하는 일에 대한 시행상의 관심 및 응시생들에게 있는 혼합된 능력 수준들 때문에, 모둠 상호작용의 과제는 말하기의 격식 갖춘 검사로 자주 쓰이는 것은 아니다(Revers, 1991). 그렇지만 교실수업 평가에서, 모둠 토론이나 모둠 토론에 뒤이어진 개인별 발표는 아주 실용적일 수 있다. 그런 발표는 학습자들의 말하기 연습을 아주 잘 촉진하고, 학습자의 이야기를 산출하려는 목적에 이바지한다. 또한 효율적이며 학습자들을 아주 잘 뒷받침해 줄 수 있는데, 특히 학습자들이 평가 과정에 참여하는 경우에 그러하다(자기평가, 짝끼리 평가, 모둠 내부 평가, 모둠 발표를 통한 학급 전체 평가 등이 가능함: 번역자).

한 가지 사례로, 풀춰Fulcher(1996)에서는 모둠 과제로 참여자 모국에서의 교육에 대한 토론을 이용하였다. 그 과제를 시작할 때 학생들이 각자 그 토론의 내용에 대한 어떤 착상들이 들어 있는 과제 카드를 받았다. 무엇을 말하려고 하는지 준비하는 데에 개별적으로 그들에게 10분이 주어졌다. 준비시간 뒤에, 15분 동안 서로 그 주제를 토론하도록 안내되었다. 서로에게 귀 기울여 듣고 질문을 던지도록 장려되는 일 이외에는, 그 토론을 구조화하는 방법에 대해서 어떤 유의사항도 주어지지 않았다.

위에 있는 사례로부터 분명해지듯이, 일단 모둠 과제가 시작된다면, 아주 오랜 시간 동안 지속될 것 같다. 아마 30분까지도 갈 것이다. 이 시간의 일부가 준비하는 데 소요되겠지만, 그 토론이 또한 한참 시간이 걸릴 것이다. 왜냐하면 모든 참여자들이 충분한 시간 길이로 말할 기회를 가져야 하고, 따라서 그들의 수행이 평가될 수 있기 때문이다. 일단, 그 과제가 시작된다면, 시험관은 토론에 끼어들어 간섭하지 않는다. 대신, 응시생들이14) 스스로 그 토론을 꾸려 나가는 것이 일반적이다. 따라서 짝끼리 과제에서와 같이, 과제가 모든 참여자들에게 충분히 분명하고, 충분히 동기를 불어넣어 주어야 하는 것이 중요하고, 모두 상호작용을 꾸려나가며 각자에게 말할 다른 기회를 제공해 주기 위한 규칙들을 이해하는 것이 중요하다. 더욱이 참여자들도 평가에 참여한다면, 어떤 기준을 적용해야 하는지를 알고 있어야 한다(학습자들끼리의 평가인데, 반드시 과제와 더불어 평가표도 함께 주어져야 함: 번역자). 이를 실행하는 한 가지 방식은, 응시생들과 함께 기준을 만들어 내거나, 또는 교사가 교실수업에 가져오는 일련의 기본적인 기준들을 수정하는 것이다. 검사의 과정을 점검하기 위한 책임도 논제가 될 수 있다.

---

14) (역주) 영어의 수사학에서는 한 낱말을 그대로 반복하여 쓰지 않고, 대신 다른 낱말들로 바꿔 주도록 하는 훈련을 한다. 여기서 '응시생'은 앞에서 〈학생, 학습자, 참여자, 시험 참여자〉 등과 동일한 개체를 가리킨다. 흔히 이를 '어휘 사슬(a lexical chain)'의 형성이라고 말한다. 어휘 사슬을 만들어 내야 하는 일은 비단 명사에만 국한되지 않고, 동사 형용사 부사 등 다른 낱말에도 적용된다. 같은 낱말을 반복하는 일이, 자칫 지루한 느낌을 주거나 정신적으로 게으르다는 인상을 심어 줄 수 있기 때문에, 논의 전개 과정에 다양성을 심어 놓는 것으로 판단된다. 자세한 논의는 호이(Hoey 1991), 『덩잇글에 있는 어휘 사슬 형성 유형(*Patterns of Lexis in Text*)』(Oxford University Press)을 참고하기 바란다. 또한 앞의 49쪽의 역주 14)도 함께 보기 바란다. 번역자의 경험으로는, 우리나라의 글말에서는 이런 다양성 내지 변화가 추구되는 것 같지 않다. 오히려 같은 개체를 가리키기 위하여 낱말을 달리 쓰면 오직 동일한 낱말만을 쓰도록 권고 받을 수도 있다. 아마 이것이 담화 형식 또는 양식에서 선호되는 언어별 차이에 해당하는지 더 깊은 논의가 필요할 것으로 판단된다.

만일 여러 모둠이 동시에 과제 해결 활동을 하고 있다면, 그 토론이 녹음될 수 있거나, 또는 모든 모둠들에게 수행 뒤에 전체 학생들 앞에서 보고하도록 요구할 수도 있다. 그 녹음 테이프는 평가에 기여할 수 있지만, 또한 말하기 기술에 대한 자기반성에 이용될 수도 있다. 가령, 학생들에게 자신의 이야기 대목들을 전사하도록 요구하는 것이다. 린취(Lynch, 2001)에서는 이런 활동이 학생들을 수행에 적극 관여시키고, 그들의 말하기 기술의 향상을 위해 도움이 됨을 찾아내었다.

(4) 교육적 과제인가, 아니면 실생활 모의 과제인가?

말하기 과제를 설계하는 경우에 다음 두 과제를 구분해 주는 일이 유용할 것이다.

> '교육적'/'언어에 초점 모은' 과제인가, 아니면 '실생활'/'목표' 과제인가?
>
> (pedagogic or language-focused task vs. real-life or target task)

교육적인, 언어에 초점 모은 과제는 흔히 학습이나 평가를 가능하게 만들기 위하여, 특히 특정한 유형의 언어사용을 위하여 만들어진다. 실생활의 목표 과제는 교실수업 밖에 있는 언어사용을 모의해 놓는다(Nunan, 1989). 예를 들어, 학습자 A에게 어떤 간단한 도형이 주어졌다. 거기에는 백지의 대각선상으로 파랑 삼각형·빨강 정사각형·검정 원이 나열되어 있다. 또는 정사각형의 네 귀퉁이에 공·훌라후프·줄넘기 줄·물총이 있거나, 어떤 것이든 괜찮다. 그리고 학습자 B가 빈 백지 위에다 올바른 형상으로 그 대상들을 그릴 수 있게 일러 주도록 학습자 A에게 요구하였다. 아니면, 거꾸로 학습자 B에게 사람 얼굴에 대한 그림이 한 장 주어진다. 학습자 A가 그것을 그릴 수 있게 일러 주도록 학습자 B에게 요구한다. 아마 백지에 그 그림을 시작하는 데 도움이 되도록, 턱의 선과 목처럼 기본적인 선들이 일부 들어 있을 것이다. 이 활동은 실생활 유의사항 일러 주기 과제와 간접적인 관련을 지닌다. 그럼에도 불구하고, 이는 의미에 초점이 모아져 있고, 의사소통적이다. 이는 학습자 한 명을 다른 학습자에게 정보를 알려 주도록 만든다. 또한 유의사항을 받는 학습자 쪽에서 잘 따라할 수 있도록 점검하는 데에 두 학습자가 모두 협동하도록 만들어 준다. 만일 유의사항 일러 주기가 그 평가(시험) 이전에 미리 가르쳐졌다면, 이는 평가(시험)에 매우 관련성이 높은 활동이 될 것이다. 주제들은 유의사항을 일러 주는 쪽에서 말하게 될 그림이나 도표를 점차 바꿔 줌으로써 다양하게 될 수 있다. 그 그림을 제작하기 위하여, 검사 설계주체는 단순히 형상만 그려 놓을 수도 있고, 잡지들로부터 그림을 오려 내어 백지에다 배열해 놓을 수도 있다.

'실생활' 과제나 '목표' 과제는, 평가상황에서 비-검사(≒검사 목적으로 만들어진 것이 아닌) 언어사용의 본질을 복제한다. 이는 흔히 모의나 역할 놀이를 통하여 실행된다. 격식 갖춘 공식적인 검사에서, 전형적인 실생활 과제는 응시생들을 전문적인 역할에다 배치해 놓는다. 반면, 검사 주체(교사나 면접관 등)는 소비자·환자·손님으로 행동하거나, 검사 언어에서 직업 맥락상으로 응시생과 상호작용할 수 있는 그럴 듯한 사람으로 행동한다. 예를 들면, 제1장에서 보았던 공장견학 각본도 하나의 모의였다. 실제 생산설비를 갖춘 학교 작업실에서 마련되었으므로, 그 점에서 아주 정교한 모의였다. 브롸운·럼리(Brown and Lumley, 1997)에서 조사한 의료 전문

직 영어 시험도 의료 현장과 관련된 역할 놀이였다.15)

　실생활 검사 과제들의 계발에서는 목표언어 사용 상황들을 놓고서 신중히 분석할 필요가 있다. 맥너매뤄(McNamara, 1996)에서 지적하듯이, 필요한 언어 능력에 대한 언어학자의 견해 및 적합한 전문적 의사소통에 대한 전문가의 견해 사이에 신중한 균형점이 필요하다.16) 그는

　　강한 의미의 수행 검사 및 약한 의미의 수행 검사

　　(strong performance testing vs. weak performance test)

사이를 구분하였다. '강한 의미의 수행 검사'는 실생활 언어사용 사태를 그대로 복제하고, 또한 과제 성공여부를 판단하기 위하여 실생활 기준을 채택한다. 반면에, 충분한 언어능력을 지닌 증거는 '약한 의미의 수행 검사'에서 좋은 점수를 얻는 것만으로도 충분할 것이다. 의사가 환자를 안심시켜야 하는 모의 시험에서, 약한 수행 검사로는 적합한 언어를 쓸 수 있는 상태 정도면 충분할 것이다(환자가 편안히 심리적 안정을 느끼도록 일상적인 대화를 하는 것이기 때문임: 번역자). 반면에 강한 수행 검사에서는 검사 주체가 그 상황에서 실제로 안도감을 느꼈는지 여부를 판정해야 할 듯하다(환자에게 치료 과정과 치유 경과들에 대하여 전문적으로 말해 주어야 하기 때문임: 번역자). 어떤 기준을 쓸 것인지에 대한 결정은 그 검사를 사용하려

---

15) (역주) 최근에 한국의 전문의사 자격시험도 외국처럼 3단계에 걸쳐 실시되고 있으며, 최종 단계의 시험에서 응시생들이 직접 환자를 면담하는 실제 방법을 놓고서 평가를 한다. 미국에서는 4년 동안의 레지던트(전공의) 기간을 끝마친 다음에 실시된다.

16) (역주) 언어 교육을 크게 일반 목적(general purpose)의 언어 교육과 특정 목적(specific purpose)의 언어 교육으로 나누고, 다시 후자를 취업 목적의 언어 교육과 학업 목적의 언어 교육으로 나눈다. 특히 후자에서는 반드시 언어학자와 특정 분야의 전문가들이 서로 긴밀히 협동하면서 시험 문항들을 출제해야 한다.

는 의도에 달려 있다. 내부분 언어 검사에서의 기준은 약한 수행 검사 논리를 따르고 있다. 아마 검사관과 응시생이 모두 언어 검사가 전문영역 검사가 아니라 다만 언어 검사임을 인식하기 때문인 듯하다. 격식 갖춘 공식적 검사에서는 어느 유형의 기준이 이용되는지 분명하게 문서화해 놓아야 한다. 교실수업 평가에서는 강한 수행 기준과 약한 수행 기준 사이에 차이점들을 논의하는 것이 도움이 될 듯하다. 따라서 학습자들이 자신의 수행이 평가(검사) 속에서 및 평가(검사) 밖에서(=일상생활에서) 어떻게 평가되는지를 이해하게 되는 것이다.

학습에 관련된 평가에서는, 제1장의 공장견학 사례처럼 또한 모의가 짝끼리 또는 네 명의 모둠으로 맡겨질 수 있다. 오직 소수의 과제만이 이런 유형의 응용에 적합하다. 그러나 그것이 가능한 경우에 그 장점은 학습자들에게 확대된 역할이 된다.

① 과제 설계와 관련된 평가 기준의 논의
② 그 평가(시험)를 위한 실천
③ 실제 평가(시험) 실시 활동
④ 평가 후 반성과 최종적인 종합 평가

들이 모두 혼합되어 있고, 참여자들의 학습을 뒷받침하는 일반적인 목적에 기여한다.

평가에서 역할 놀이는 응시생에게 기차 승객의 역할을 맡아 동료 승객과 상호작용을 하거나, 식당에 가서 음식을 주문하거나, 또는 가게에서 뭔가를 사도록 요구하는 경우와 같이, 또한 덜 정교해질 수 있다. 이들 과제는 응시생이 특정한 일반적 언어사용 과제와 상황을 어떻게 처리할 수 있는지를 알아내고자 하는 목적을 지닌다. 역할 카드가 참여자들에게 단서를 제공해 주기 위하여 이용될 수도 있다. 이는 응시생 한 명이 시중드는 식당 직원waiter(웨이터)처럼 봉사 제공자의 역할을 맡는다면 사뭇 정밀해질 수 있다. 이런 의미에서 만일 응시생들이 놀이 행위에 준비가 된다면, 그 과제가 어떤 아주 참된 사회적 상호작용을 산출할 듯하다. 그러나 어떤 인위성을 피할 수 없다. 왜냐하면 화자들이 모두 검사/시험의 목적을 위하여 특정 역할을 맡고 있기 때문이다. 수행 평가에서는 이 점이 고려되어야 한다.

(5) 구성물 중심 말하기 평가인가, 아니면 과제 중심 말하기 평가인가?

가르치는 일과 검사하는 일에서는, 듣기·읽기·쓰기·말하기의 네 가지 기술을 언급하며, 네 영역을 따로따로 연습하고 평가하는 것이 전통적이다.17) 한 번에 한 종류의 기술에만 초점을 모음으로써 학습과 평가를 더 효율적으로 만들고자 하여 일부러 단순화가 의도된다. 그렇지만 일반적으로 언어사용에서는 종종 모든 기술들이 대체로 동시에 이용된다. 심지어 가르치는 일과 검사하는 일에서도, 학습자들에게 서로 상호작용을 시작하기 전에, 뭔가를 읽

---

17) (역주) 구조-기능주의 또는 미국의 행동주의에 영향을 입은 언어 교육에서는 네 가지 기술이 따로따로 가르쳐질 수 있고, 또한 따로따로 평가될 수 있다고 가정하였다. 그렇지만 미국에서는 1970년대에서부터 일상생활에서의 의사소통이 따로따로 일어나지 않고 복합적이며 총체적으로 일어난다는 사실을 존중하여 적어도 두 영역 이상을 한데 합쳐 놓기 시작하였다. 네 가지 기술은 크게 산출과 이해로 대분되며, 이 두 측면이 따로 나뉘는 것이 아니라 의사소통 과정에서 서로 맞물리며 긴밀히 영향을 주게 된다. 이런 자각은 영국 쪽에서 의사소통 중심 언어교육(CLT)을 통해서 일어났고, 미국 쪽에서는 애뤼조너(Arizona) 대학에 있는 케니쓰 구드맨(Kenneth Goodman) 교수의 총체 언어 교육(whole language teaching)을 통해서 제기된 바 있다. 번역자는 우스갯소리로 이를 '따로따로' 언어 교육이 아닌 '모아모아' 언어 교육이라고 부른다.

고 귀 기울여 듣도록 요구될 수 있다. 그럼에도 불구하고, 검사 주체들이 때때로 다른 기술들이 점수에 너무 많이 영향을 미치지 않도록 유념하려고 할 수 있다. 이는 점수들이 읽기나 듣기에서가 아니라, 실제로 말하기나 입말 상호작용에 있는 기술을[18] 반영해 줌을 확실히 해 놓을 필요가 있을 경우에 중요하다. 심지어 이것이 그렇게 크게 중요치 않은 경우에라도, 검사에 대한 이런 접근에서 평가의 목적은 넓은 의미에서 언어능력이[19] 된다. 언어능력의 구성물에 대한 1차 초점 때문에, 이는 평가에 대한 (총체적 언어능력) 구성물 중심 접근construct-based approach으로 불린다.

평가에 접근하는 다른 대안의 방식은, 첫 수준의 범주화로 과제 및 언어사용 맥락을 이용하는 것이다. 이런 접근에서 검사는, 가령 진료 의사의 의사소통 기술의 일부를 구성하는 진료과정 동안에 환자와 대담을 실행하는 일에 대한 것일 수 있다. 이는 평가에 대한 과제 중심 접근task-based approach으로 불리며, 특히 전문직 맥락에서 쓰인다(가령 Douglas, 2000을 보기 바람). 그렇지만 이는 중등·대학 교육에[20] 있는 언어 교실수업에서 이용될 수 있다(가령 Norris 등, 2002; Robinson, 2001). 이는 캐나다 학업 영어CAEL 평가처럼, 특정

---

18) (역주) 이는 언어 산출 및 이해에 관련된 복합 기술이며, 언어사용 전반에 관한 상위 기술에 해당하므로, 바로 다음에 이를 '구성물' 중심 평가로 부른다.

19) (역주) 더 자세히 풀면, 언어의 산출 및 이해에 모두 관련되어 있는 전반적인 언어사용 능력을 가리킨다. 이는 통합적인 상위 인지능력을 다뤄야 하므로, 전체 언어능력에 대한 '구성물'을 제목으로 부각시킨 것이다. 이와 대립되는 것을 개별 과제를 중심으로 말하기를 평가하는 것으로 언급하였다. 구성물 중심으로 말하기를 평가하면, 당연히 말하기뿐만 아니라 듣기·읽기·쓰기 활동과 연계된 언어능력(즉 산출 및 이해에 관련된 전반적인 능력)을 다루게 된다. 그렇지만 과제 중심 말하기 평가에서는 오직 말하기 능력에 관련된 것들을 중심으로 하여 과제나 문항들을 마련할 뿐이다.

20) (역주) primary(1차)·secondary(2차)·tertiary(3차) 교육기관은 나라마다 좀 다르지만, 흔히 유치원과 초등교육을 1차 교육기관이라고 하고, 중고등 교육을 2차 교육기관으로 부르며, 전문학교와 대학교육을 3차 교육기관으로 부른다. 301쪽에 있는 역주 2)도 참고하기 바란다.

목적 검사의 근거가 된다(CAEL, 2002). 과제 중심 언어 평가에서 나온 점수는, 그 검사에 포함된 상황 및 과제들의 요구사항을 처리하는 응시생의 능력을 말해 준다.

구성물 중심 평가 및 과제 중심 평가 사이에 있는 차이점은, 평가를 설계하는 일에서 과제들의 위상이다. 과제들이 검사되는 바를 정의해 주는가? 아니면, 과제들이 응시생들로 하여금 말을 하도록 해 주는 수단이 되어서, 그들의 말하기 기술이 평가될 수 있는가? 그 선택은 점수들의 대한 사용 의도(목적)에 달려 있다. 만일 과제가 일반적으로 응시생들의 말하기 기술의 수준을 판단하기 위하여 이용된다면, 1차 설계 원리는 구성물이 되어야 한다. 그러나 바크먼(Bachman, 2002)에서 지적하듯이, 검사된 기술들의 설명 내용을 충분히 구체적으로 만들어 주기 위해서, 과제들에서 또한 평가의 설계 정보를 알려 줄 필요가 있다. 강한 과제 중심 평가는, 목표언어 사용 상황이 정의하기 쉬운 경우에 유용하다. 가령, 전문직의 자격시험이나 학업 또는 취업을 위한 입학/입사 시험의 경우인데, 가르치는 일이 어떤 특정한 유형의 과제에 초점이 모아져 있고, 관련 기술들을 얼마나 잘 익혔는지에 대한 정보가 교사에게 필요할 경우의 교육 상황이다(Norris, 2002). 그렇지만 두 가지 관점이 서로 갈등하는 것으로 간주되어서는 안 된다. 궁극적으로 검사 계발주체들은 말하기 검사의 설계와 계발에서 구성물 및 과제 고려사항들을 모두 다 포함해 놓아야 하는 것이다.

과제 중심 평가나 구성물 중심 평가에 대한 결정은, 검사 계발주체들이 자신의 검사에 대하여 이야기하는 방식에 영향을 미친다. 그것이 ① 서사 이야기에 초점을 모은 말하기 검사인 것인가, 아니면 ② 이야기 말해 주기 그 자체에 대한 검사인 것인가? 똑같은 방식으로, 그 결정이 또한 평가 기준들에 대한 설명내용과 개념화에도 영향을 준다. 이는 제4장에서 논의될 것이다. 더욱이 공식적으로 격식 갖춘 검사에 대해서는 그 결정이 점수 해석을 뒷받침하기 위하여 수집되어야 할 타당도 증거의 종류에도 영향을 준다. 과제 중심 검사에 대해서는, 계발주체들이 그 검사 과제의 내용이 검사 상황 밖(≒실세계의 일상생활)에 있는 상응하는 과제의 요구사항들을 나타냄을 보여 줄 필요가 있다.

바크먼(Bachman, 2002)에서는 이것이 아주 힘들 것이라고 경고한다. 왜냐하면, 대부분 '실생활' 영역에 있는 과제들이 아주 복잡하고 다양다기하기 때문이다. 만일 무엇이 검사되어야 하는지를 정의하기 어렵다면, 또한 관련된 실생활 과제들을 놓고서 치른 응시생들의 수행에 대하여, 그 검사로부터 나온 점수가 얼마나 잘 일반화될 수 있을지를 말해 주기도 어렵다. 그렇지만 서술이나 발표처럼 교실수업 과제들의 경우에서 할 수 있는 것과 같이, 만일 과제들이 더 협소하게 그리고 더 긴밀히 정의된다면 일반화가 좀 더 쉬워질 수 있다. 구성물 중심 검사에 대해서는 계발주체들이 이론적 모형 및 강좌의 교과과정, 그리고/또는 신중한 필요성 분석으로 구성물을 정의해 줄 필요가 있다. 그러고 나서, 검사 수행에 간여되고 그 검사 점수에 표현된 언어 기술들이 이런 정의와 일치하는 '내용 관련 증거·구성물 관련 증거·과정 관련 증거'를 제공해주어야 한다. 이것이 또한 도전해야 할 어려운 과제이지만, 이론 및 강좌 교과과정의 참고 얼개가 이미 주어져 있기 때문에, 구성물을 정의하기 위한 토대는 좀 더 확고하다. 구성물이나 과제 고려사항들에 대한 강조점이 검사 실시상황에 따라 변동될 수 있겠지만, 요컨대 두 가지 고려사항이 모두 검사 계발에 포함될 필요가 있는 것이다.

(6) 말하기의 단독 평가인가, 아니면 통합 평가인가?

많은 말하기 검사에서 분명히 입말 상호작용이나 입말 산출에 집중하며, 앞에서 언급하였듯이 말하기 과제를 읽기나 쓰기나 듣기 활동들로 확대하는 혼합 형태를 피한다. 다른 검사들은, 특히 전형적으로 과제 중심 검사는, 목표언어 사용 상황에서 자주 나오며, 읽기·듣기·쓰기 활동을 말하기와 결합해 놓은 과제들을 명백히 포함해 놓고 있다. 이것들은 '통합 과제integrated tasks'로 불린다. 이것들을 이용하는 동기는 전형적으로 참된 실생활 검사에 있는 언어사용을 만들고자 하는 바람이다. 만일 응시생들이 이런 과제들을 잘 수행한다면, 그 상황에서 요구되는 기술과 능력을 갖고 있음을 보여 주는 것이다. 그렇지 못하다면, 실패작으로 만든 것이 가령 말하기 기술인지, 아니면 쓰기 기술인지 여부가 분명해지지 않을 수 있다. 그렇지만 그 검사관의 의도가 모의 상황을 처리하는 응시생들의 능력을 평가하는 것도 될 수 있다.

브롸운 외(Brown et al., 2001)에서는 녹음에 근거한 검사 상으로 단독 말하기 과제 및 통합 말하기 과제 사이의 차이를 연구하였다. 그리고 이 차이가 채점자들에게서 학습자의 기술들에 대하여 다소 차이가 나게 지각하도록 이끌었음을 찾아내었다. 채점자들에게 통합 과제들은 입력물 자료에 대한 수험생들의 이해와 유창성과 품질에서의 그 효과에 대하여, 그리고 내용의 조직에 대하여 주목하도록 만들었다. 이는 아마 늘어난 인지적 부담 때문에 심지어 수험생들이 단독 과제보다 통합 과제에서 수행을 잘하지 못했음을 동시에 의미하더라도, 통합 과제의 본질이 주어지는 경우에 아주 적합한 듯하다.

좀 더 근본적인 평가 문제는 채점자들 사이에서 마지막 채점 방식들에 대하여 합의가 훨씬 덜 이뤄졌다는 점이었다. 브롸운 외 (Brown et al., 2001)에서는 이를 '신뢰도 문제'로 주목하였고, 좀 더 상세히 이뤄진 과제 특정 채점눈금에 의해서, 그리고/또는 정확히 입력물의 내용이 그 수행에 어떻게 반영되어야 하는지를 명백히 해 줄 채점자 훈련에 의해서 해결될 수 있을 것으로 시사하였다.

(7) 시험 방식: 시험관이 직접 말해 주는가, 아니면 녹음물에 근거하는가?

말하기를 평가하는 가장 일반적인 방식은 생생하게 얼굴을 서로 마주 보는 상호작용 모습이다. 앞에서 논의하였듯이, 이는 '1:1' 면담, 응시생들 사이에서 짝끼리 과제, 모둠 검사를 포함하여 여러 가지 형태로 실행될 수 있다. 좀 더 드물겠지만, 생생한 상호작용이 전화를 통해서나 또는 원격 화상회의를 통해서도 검사될 수 있다. 이는 지리적인 이유 때문에 오직 검사관과 응시생이 얼굴을 맞대어 정상적으로 말하도록 하기가 어려울 경우에만 실행된다. 그러나 가끔씩 전화 검사 방법도 일부러 실행될 수 있다. 가령, 직무상 응시생이 스스로 전화상으로 일을 얼마나 잘 처리해 낼 수 있는지를 검사하는 것이 중요한 경우이다.

생생한 검사 모습의 주요 특성은, 거기에서 상호작용이 두 방향 의사소통이란 점이다. 각 화자의 발언기회가 이전 발언기회에 대한 반응이며, 일반적인 상호작용 계획에 대하여 명료화나 다른 수정이 필요하다면 이것들이 만들어질 수 있다. 평가된 구성물은 분명히 입말 상호작용과 관련된다. 대조적으로, 녹음에 근거한 검사는 한 방향 의사소통이다(한 방향 의사소통만이 녹음됨). 응시생은 녹음된 테이프 내용의 진행에 맞춰서 적합하게 수행할 것으로 기대된다. 그러나 녹음 테이프가 즉석에서 적합하게 그 응시생에게 맞춰 줄 수는 없는 것이다. 따라서 녹음은 오직 상호작용 말하기의 일부 측면들만 담게 되며, 그 구성물은 좀 더 분명히 입말 산출에 관심을 둔다. 녹음에 근거한 검사는, 종종 혼잣말 말하기 과제를 담고 있다. 거기에서는 한 사람의 화자가 다른 화자와 상호작용이 없이 홀로 긴 발언기회를 차지하여 이야기를 산출하지만, 전형적으로 어떤 특정한 상황에서 아마 녹음내용으로부터 들어 둔 또 다른 화자에 반응하여 응시생들이 뭔가를 말하는 상황의 발췌를 포함하기도 한다.

녹음에 근거한 검사는 흔히 많은 수의 응시생들이 있어서 그들과 모두 일일이 상호작용할 현장 검사관/시험관을 충분히 구하기가 어렵게 될 경우에만 이용된다. 녹음에 근거한 검사를 위하여 녹음 원판을 만들어 두는 일은 많은 양의 작업들을 요구한다. 그러나 일단 녹음 원판이 만들어진 경우에는, 검사 장소의 숫자에 관계없이, 동시에 정확히 동일한 검사가 실시될 수 있다. 또한 안전한 시험관리가 유지되는 한, 서로 다른 시간대에서도 실시될 수 있다. 가령, 대규모 문제은행으로부터 임의로 그리기 과제들을 뽑아 이용하더라도, 서로 다른 시간대에 실시된 검사들이 정확히 동일한 내용이 되지는 않는다. 이와는 달리, 시행의 효율성과 여러 시행에 걸쳐 그 검사의 비교 가능성은, 녹음에 근거한 검사의 가장 중요한 강점이다.

두 가지 검사 실시 방식(생생한 검사 : 녹음 검사)에 대하여 연구자들이 제기해 온 한 가지 질문은, 그것들이 얼마만큼 동일한 기술을 검사하는지에 대해서이다. 여기에 대한 연구들에서는 적어도 한 검사 방식에서 높은 점수를 받은 사람들이, 또한 다른 방식에서도 점수를 높이 받는다는 의미에서, 두드러지게 겹쳐 있음을 나타내었다(가령 Stansfied and Kenyon, 1991; Wigglesworth and O'Loughlin, 1993을 보기 바람). 그렇지만 담화 사태와 평가 경험처럼 두 가지 방식은 차이가 난다(Shohamy, 1994; O'Loughlin, 2001). 응시생들이 녹음기에 다 이야기를 하는 경우에, 그들의 언어가 약간 더 글말 투로 되고, 덜 입말스러우며, 그들 다수가 그 검사에 대하여 더 걱정스럽게 느낀다. 왜냐하면 그들이 말한 모든 것이 녹음되고, 의사소통을 위하여 지닌 유일한 통로가 말하기뿐이기 때문이다. 어떤 몸짓이나 표정도 이용될 수 없는 것이다. 그럼에도 불구하고, 심지어 생생한 검사 실시를 선호하더라도, 많은 응시생들이 또한 녹음에 근거한 검사가 자신의 말하기 기술에 대하여 양호한 검사가 될 수 있다고도 느낀다.

실천적인 의미에서, 녹음에 근거한 검사를 계발하는 일에 요구되는 상당한 양의 작업 절차 때문에 교실수업 검사를 위해서는 가능할 것 같지 않다. 격식 갖춘 공식적 검사들에 대해서는 녹음 검사를 시행할 가능성이 있다. 특히 환경이 실질적으로 어디에서나 생생하게 검사를 할 수 있도록 검사관을 배치하기 어려울 경우에 그러하다. 만일 격식 갖춘 검사가 아주 중요하다면, 두 세계의 최선책을 얻어내기 위하여 두 방식을 모두 포함하는 것이 유용할 듯하다. 즉, 상호작용 속성 및 생생한 상호작용의 맞춤 속성, 그리고 녹음에 근거한 검사에서 검사 과정들에 대한 엄격한 비교 가능성이다.

3.3. '과제 난이도' 논제

우리가 과제(문항)를 다루는 사람들의 능력을 생각할 경우에, 직관적으로 '난이도difficulty(어려운 정도)'는 쓰임새가 매력적인 개념이다. 삶의 영역이 어떤 것에서이든 상관없이, 어떤 과제는 다른 과제보다 더 어렵다. 가령, 네 개의 공을 번갈아 위로 던지는 놀이는 세 개의 공을 던지는 것보다 더 어렵고, 거꾸로 서 있는 동안에 그렇게 하기가 곧바로 서 있을 때보다도 더욱 어렵다. 그렇지만 외바퀴 자전거를 타는 일이, 네 개의 공을 위로 번갈아 던지는 것보다 더 어려울 것인가? 또 서커스 행위를 실행하는 일이 연극에서의 연기 행위보다 더 어려울 것인가?

난이도는 과제의 직접적인 특성이 아니다. 오히려 그것은 과제 특성 및 누군가 그 사람의 능력과 관련하여 그 과제가 요구하는 기술들로 그 과제(머리를 바닥에 쳐박아 거꾸로 서거나 또는 두 발로 서기)를 수행하는 조건들의 총합이다. 그럼에도 불구하고, 난이도는 가르치는 교과과정 및 검사를 설계하는 데에 우리가 이용하는 개념이다. 학습을 뒷받침하기 위하여, 우리는 교과과정을 더 쉬운 과제로부터 시작하여 더 어려운 과제로 진행해 나가도록 만들고자 하며, 우리는 모든 수험생들에게 동일한 내용의 검사를 공정해지도록 똑같은 정도의 어려운 과제를 담아 놓고 싶다.

바로 학습자들과 응시생들에게 실행하려는 이런 희망 때문에, 몇몇 연구자들이 말하기 과제의 난이도를 조절하는 방법을 찾아내려는 연구들을 진행하였다. 그들은

① 과제 자료의 복잡성(Brown and Yule, 1983; Brown et al., 1984)
② 과제 친숙도, 인지 복잡성, 계획하기 시간(Foster and Skehan, 1996 ; Skehan and Foster, 1997, 2001; Wigglesworth, 1997; Elder et al., 2002)
③ 과제 수행 복잡성(Robinson, 1995; Norris et al., 2000)
④ 대화 상대방의 효과(Berry, 1997; Brown and Lumley, 1997)

와 같은 특징들을 조사하였다. 점수에 영향을 주는 일부 차이점들이 찾아졌지만, 효과는 미미하였다. 서로 다른 연구들로부터 나온 발견 결과들은 때로 서로 모순된다. 과제 난이도를 예측하기가 어렵다는 사실이 입증되었다. 말하기 점수들이 형성된 복잡한 방식 때문일 것이다. 제1장에서 논의하였듯이, 그것은 두 가지 상호작용 과정에 근거하고 있다. 첫 번째 상호작용 과정은 '시험 응시자·대화 상대·과제' 사이의 것이다. 두 번째 상호작용 과정은 '수행·채점자·채점 기준' 사이의 것이다. 이들 요인과 상호작용이 모두 점수에 영향력을 미친다. 더욱이 교육 상황과 검사 상황에서 수행 과제들 사이에 있는 차이는, 한 영역에서의 과제 난이도에 대한 연구 결과들이, 반드시 다른 영역에까지 일반화되어 적용되는 것이 아님을 의미한다(Elder et al., 2002).

그럼에도 불구하고, 말하기 과제 난이도에 대한 연구들은 말하기 과제 계획에 대한 어떤 유용한 조언을 제공하였다. 동일한 유형의 과제들 사이에서 비교가 이뤄진다면, 아마 과제 난이도를 조절하는 일반적인 안내지침이 될 것이다. 일련의 연구로서 브라운·율(Brown and Yule, 1983)에서는 논의될 대상이나 개인들의 숫자가 과제 난이도에 영향을 끼침을 찾아내었다. 두세 대의 자동차를 포함한 어떤 사건에 대한 이야기를 말해 주기(이해하기)가 너댓 대의 자동차를 포함하는 사건보다 좀 더 쉽다. 그렇지만 또한 중요한 것은 대상이나 개인들에 대한 구별 가능성이었다. 어떤 이야기가 소녀 한 명과 소년 한 명에 대한 것이었다면, 두 명의 소녀에 대한 이야기보다 말해 주기가 좀 더 쉬웠다. 다시, 두 명의 소녀 이야기는 세 명의 소녀에 대한 이야기보다 더 쉬웠다. 단순히 누가 무엇을 했는지를 분명히 만들어 주기 위하여 더 많은 낱말들을 이용해야 했기 때문이다. 사건의 횟수와 복잡성이 또한 난이도에 영향을

미쳤다. 묘사 서술 과제에서는 공간 구조의 단순성과 대칭성이 중요하였다.21)

요약하면, 과제 자료에 더 많은 요소나 요인이나 사건이 있으면 있을수록, 화자가 더욱 복잡한 언어를 사용할 필요가 있고, 따라서 더욱 어려운 도전적 과제로 된다. 만일 난이도가 동등해지도록 의도된 여러 장의 그림에 근거한 이야기 과제가 있다면, 그 과제들을 비교가 잘 이뤄질 수 있도록 검사 계발주체는, 각 그림 연결체가 비슷한 숫자의 인물과 사건을 담고 있는지 점검해 놓아야 한다.

더욱이 서사 이야기 말해 주기를 조사하면서 브롸운Brown과 동료들은 가령 사건의 연결체에 있는 줄거리plot(짜임새, 구성)와 같이 요소들 사이에 인과연결이 설명을 더 의미 있게 하며, 말하고 이해하기 더 쉽게 해 줌을 찾아내었다.22) 흥미롭게도, 줄거리의 제시는 또한 화자들의 언어를 더 복잡하게 만들어 놓았다(Brown, 1989). 이를 연구하는 데 이용된 한 가지 과제는, 어느 사무실로 편지를 배달하는 일에 대한 세 개의 장면으로 된 녹화 이야기였다. 그 사건의 줄거리를 살펴볼 암시가 전혀 주어지지 않은 학생들은, 세 명의 부인을 보았다. 그 부인들 중 두 사람이 편지를 배달하였다. 그들 중 한 명이 또한 어느 편지 봉투를 열고, 그 봉투 속에서 약간의 돈을 끄집어냈다. 그 사건에 대하여 학생들이 제시한 설명은 평범하고 짤막하였다. 그 부인들을 서로 구분해 주기 위해서, 화자들이 많은 세부사항을 제시해 주는 것은 아니었다.

---

21) (역주) 여기에 명시적인 언급이 이뤄지지 않았지만, 그들의 연구에서는 학습자들의 수행이 여러 번 반복되더라도 향상이 없었으나, 청자로서의 경험을 한 뒤에는 다음에 동일 유형의 과제 수행에 중요한 향상을 가져왔다고 논의하였다.

22) (역주) 언어 심리학에서도 비슷한 연구가 진행되었다. 조명한 외 11인(2003), 『언어 심리학』(학지사)에 있는 김소영, 「텍스트의 이해와 기억」, 그리고 이정모·이재호 엮음(1998), 『인지 심리학의 제문제 II: 언어와 인지』(학지사)에 있는 김소영, 「덩이글의 문장 통합: 인과 연결망 모델의 접근」을 읽어 보기 바란다.

대조석으로, 누군가 무엇을 훔치는 일에 대한 이야기 영상물을 볼 것이라고 미리 언급받은 학생들은, 세부 설명들을 훨씬 더 많이 제시해 주었고, '그 도둑'과 나머지 사람들 사이를 분명히 구별하였다. 그들은 그 도둑의 행위를 의도적이라고 간주하였고, 자신의 이야기에서 이 점을 입증하였다. 결과적으로, 그들은 그 사건에 대하여 더 많이 이야기하였고, 그들이 쓴 언어는 첫 번째 집단에 의해 이용된 언어보다 더 복잡하였다. 따라서 만일 말하기 검사 자료에 줄거리가 있다면, 유의사항에서 응시생들을 그쪽으로 이끌어 가고, 모든 응시생들에게 동일한 방식으로 그 과제를 해결하도록 하는 것이 이치에 맞을 듯하다.

3.4. 말하기 과제 유형에 대한 개관

설계주체가 과제 유형에 관심을 두는 경우에, 초기 과제설계는 구체적으로 된다. 이것이 검사/시험 설계의 중요한 부분이므로, 제3장에서 말하기 과제 유형들에 대하여 간략한 요약을 제시할 것이다. 제7장에서는 그 유형들에 대한 구체적인 사례가 제시되며 과제23) 계발을 논의할 것이다. 저자는 과제 유형을 두 가지 제목 아

---

23) (역주) 이미 앞에서 언급하였듯이, task는 검사 또는 시험 환경에서는 '시험 문항'으로 번역될 수 있다. 물론 item이라는 용어도 같이 쓰이지만, 의사소통 중심 언어 교육(CLT)에서는 수업과 시험(또는 검사) 사이에서 동일하게 task라는 낱말을 쓰고 있으므로, 맥락에 따라 우리말에서는 수업 과제나 시험 문제로 달리 번역해 주는 것이 바람직하다. 20년 전쯤에는 언어 교실수업에 제공되는 자료들이 언어 및 비-언어(특히 시각) 자료이므로, 이를 가리키기 위하여 input(입력물)이란 용어도 쓴 바 있다. 최근에는 의사소통 중심 언어교육이 '과제 중심 언어교육(Task-based language teaching, TBLT)'으로 바뀌어 불리는 경향이 있다. 의사소통을 위한 일련의 복합 과제 마련과 수행이 언어교육에서 핵심적이라고 여기기 때문이다. 또한 언어 교실수업에 이용되는 과제가 그 성격이 담화(discourse)로 되어 있기 때문에, 영국에서는 모국어 교육을 '담화 교육'이

래 논의할 것이다. 개방형 과제 및 구조화된 과제이다. 그 구분은 검사 담화에 대하여 과제들이 제공하는 구조의 상대적 양에 기초한다. 개방형 말하기 과제는 토론을 안내하지만, 그 과제 요구사항들을 충족시키는 방식에 대하여 서로 다른 가능성을 허용해 준다. 이런 과제는 전형적으로 어떤 확장 연결체의 이야기를 불러낸다. 이는 화자들 사이에서 많은 발언기회가 될 수도 있고, 아니면 한 번의 길고 단일한 말하기 기회일 수도 있다. 이와 대조적으로, 구조화된 말하기 과제는 응시생이 말해야 하는 바를 아주 자세하게 구체화해 준다. 이런 과제는 전형적으로 제한된 산출을 불러내며, 종종 허용될 수 있는 대답에 대하여 완전히 망라된 목록을 제공해 줄 수 있다.

(1) 개방형 말하기 과제

개방형 과제(=시험 문항)에서 주요한 목적은, 응시생으로 하여금 자신이 지닌 기술에 대한 증거로서 언어로 뭔가를 실행하도록 하는 것이다. 이는 발표하기처럼 비교적 긴 활동이 될 수 있거나, 또는 요청하기처럼 짤막한 기능별 행위가 될 수도 있다. 비록 과제 유의사항(=일러두기)에서 응시생들에게 어떤 내용 안내지침을 제공해 줄 수 있겠지만, 활동이 더 길면 길수록(융통성이 허용될 수밖

라는 말로도 부른다. 담화는 언어 및 비-언어로 이뤄진 일관성 있는 연결체인데, 크게 지엽적 영역 및 전반적 영역으로 대분한다. 전자는 언어(기본 단위로 절 또는 단순 문장)들을 연결해 주는 언어 기제를 다루지만(흔히 cohesion으로 불리며 번역자는 '통사 결속'이라고 부르는데, 한 점에 모인다는 뜻의 '응집성[凝集性]'은 잘못된 용어로, 문장들이 펼쳐지며 전개되어야 한다는 점을 전혀 포착해 내지 못함), 후자는 고정된 언어 기제가 존재하지 않고, 반드시 이해 주체의 기억 속에 있는 배경지식을 작업기억에 인출해 내고서 담화 속에 일관성을 찾아내거나 부여해 주어야 한다(이를 coherence '의미 연결' 또는 '일관성'으로 불림).

에 없으므로), 과제에 반응하는 데에 응시생들이 잠재적으로 자유를 더 많이 지닌다.

개방형 말하기 과제를 과제 유형별로 나눠 놓는 한 가지 방식은, 제3장의 더 앞쪽에서 논의된 담화 유형이다.

> 묘사/기술, 서사 이야기, 지시, 비교, 설명, 입증, 예측, 결정 내리기
> (description, narrative, instruction, comparison, explanation, justification,
> prediction, decision)

과제 등이 그 토대로, 그림 또는 글말 자료를 지닐 수 있다. 또는 검사관이 응시생을 위하여 어떤 주제를 직접 불러 줄 수도 있다. 가령 '입말 능통성 면접 시험The Oral Proficiency Interview(능통성 표준 사무국 제정Proficiency Standards Division, 1999)'은 묘사/서술 과제를 포함하며, 면접관에게 다음과 같이 유의사항이 주어진다.

> "만일 더 앞에서 응시생이 숙모를 언급하였다면, 그 숙모의 집이나 좋아하는 조카와 같이 응시생에게 익숙한 무엇인가를 묘사/서술하도록 요구해야 한다."

면접관은 그 묘사/서술이 실제로 정확한지 여부를 알 수 없다. 그러나 누군가에게 무엇인가를 묘사/서술하도록 요청할 경우에, 대부분의 '실생활' 상황에서 이런 것이 사실이다. 그 기준은 오히려 응시생이 묘사/서술하고 있는 바를, 면접관이 그림처럼 그려볼 수 있는지 여부가 된다(묘사의 진실성보다 합당성만을 따짐: 번역자). 그 자료가 그림에 의해 제시된 경우에는, 응시생의 이야기 내용이 또한 반드시 검사관의 기대와 일치되어야 한다.

위에서 언급된 모든 과제들은 면접관과 응시생 사이에서, 또는 두 명의 응시생들 사이에서 완성될 수 있다. 만일 두 명의 응시생들에게 과제(문항)가 주어진다면, 각자에게 그 정보의 일부만을 제공해 줌으로써, 그들 사이에서 어떤 정보간격information gap을 만들어 주는 것이 유용할 듯하다. 어느 잡지의 조언 난에다 글을 쓴 누군가에게, 행동의 방향을 권고해 주는 일처럼, 결정 내리기 과제는 또한 생각건대 서너 명으로 이뤄진 모둠으로도 실행될 수 있다. 약간의 계획시간과 더불어, 어떤 과제이든지 모두 다 녹음에 근거한 말하기 검사에 포함될 수 있다. 이런 맥락에서 만들어진 이야기는 다를 듯하다. 왜냐하면 그것이 직접 상호작용을 할 청자가 없이 하는 혼잣말이기 때문이지만, 일부의 언어활동들은 모든 맥락에서 동일할 듯하다.

　개방형 과제의 또 다른 범주는 역할 놀이이다. 앞에서 언급되었듯이, 이들 과제는 일부 응시생들의 전문직업 맥락을 모의할 수 있고, 검사관에게 그들의 고객이나 또는 비-전문직 친구의 역할을 맡길 수 있다. 다른 역할 놀이 과제들은 무슨 물건을 산다거나 음식점에 가는 일처럼, 사회적 상황이나 음식 시중 상황을 모의하는데, 상당히 예측 가능한 구조를 지닌다. 적어도 응시생 한 명이 식당 직원의 역할을 맡는다면, 이것들이 정교한 각본이 필요할 수도 있다. 고객의 관점에서 그 상황은 상당히 예측 가능하다. 이는 때로 심지어 녹음으로 매개된 검사에서도, 모의된 토론 형식으로 그것들이 이용되는 이유가 된다. 응시생들은 녹음내용으로부터 식당 직원이 말할 차례로 식당 직원의 발언을 듣고, 표준적인 기대 내용에 따라 반응한다.

　역할 놀이 과제에 있는 의도는 실세계의 생활을 모의하는 것이다. 전문직업 맥락에서는 그 목적이 응시생들이 자신의 전문직업에 관한 언어적 요구사항들을 얼마나 잘 처리할 수 있는지를 평가하는 것이다. 사회적 역할 놀이에서는 과제 설계에 흔히 어떤 사교상의 우여곡절social twist(예기치 않은 어긋남이나 파탄)을24) 포함하므로, 사건들에 대한 사회적 복잡성이나 예측 불가능한 발언기회를 처리해 내는 능력이 평가될 수 있다. 역할 놀이의 어떤 요소들과 담화 유형 과제들에서 더 앞서 배운 범주를 결합하는 과제는, 전문직 발표를 하는 일이나 또는 누군가의 생일에 사교적으로 축하해 주는 일처럼 말을 해 주는 일이다. 응시생은 어떤 역할을 떠맡고, 이야기 유형의 관례에 따라서 자신의 이야기를 구조화하고, 그 역할 놀이 상황에 의해서 요구된 사회적 관례들을 이용하면서 일정한 길이로 말을 한다.

사회적으로 또는 기능적으로 복잡한 언어사용에 초점을 모으는 반쯤 구조화된 과제는, 여러 상황에서 반응하는 일을 포함한다. 응시생들이 스스로 장래 어떤 사람이 되고자 하는지 상상해야 하는 사회적 상황을 읽거나 또는 듣는다. 그리고 그 상황에서 뭐라고 말할 것인지를 얘기하도록 요구받는다. 그 대답은 제대로 형식을 갖춘 언어의 사용을 요구하지만, 또한 흔히 여러 상황에서 사교상의 우여곡절social twist이 들어 있으므로, 표현을 수정하는 능력도 필요하다. 예를 들면, 응시생들이 공부를 해야 하는 시간에 이웃집 파티의 소음으로 인해 그들에게 불평을 전하도록 요구받는데, 다음 주에 응시생들이 자기 집에서 자신들을 위해 파티를 열 계획임

---

24) (역주) 매끄럽게 예상대로 진행되지 않고, 의사소통이 파탄나거나 또는 자기모순 때문에 서로 간의 관계가 꼬일 수 있는 상황을 가리킨다. 다음 단락에 있는 사례는 공부를 하고 있는 응시생의 이웃집에서 파티로 소란스러운데, 이웃집에 가서 조용히 해 달라고 요청하는 과제(불평 실행 과제)로, 다음 주에 자신의 집에서 파티를 열 예정이라는 조건이 더 붙어 있다. twist(꼬임, 뒤틀림, 얽힘, 우여곡절)란 말은 추가된 조건 때문에, 자칫 사회관계에서 이웃과 얼굴을 붉히게 될 수 있는 예민한 상황을 피하면서 조금 조용히 해 달라고 요청하는 일을 가리키고 있다.

도 알고 있다. 이런 과제 유형은 녹음을 매개로 한 검사 및 직접 얼굴을 마주 보면서 진행하는 검사로 이용된다. 그러나 흔히 몇몇 다른 상황도 있기 때문에, 얼굴을 마주 보는 검사관이 여러 차례 믿을 수 있을 만큼 역할을 자주 바꾸기가 어렵다는 점에서, 그 과제들은 녹음에 근거한 검사가 더 잘 어울릴 것이다.

(2) 구조화된 말하기 과제

구조화된 말하기 과제(문항)는 여러 선택 항목 중에서 하나만을 뽑는 택일형[25] 과제와 동등한 말하기이다. 기대된 답변은 흔히 짤막하고, 답변 항목들도 한 번에 말하기의 한 가지 좁은 측면에만 초점을 맞추는 경향이 있다. 이들 구조화된 과제로는, 예측 불가능하고 독창적인 말하기의 요소들을 평가할 수 없다. 반면에, 모든 응시생들에 대해서 정확히 동일하며, 정답 열쇠의 도움과 함께 아주 짧은 훈련으로 공정히 채점될 수 있으므로, 그 장점은 비교 가능성이 된다.

고도로 구조화된 대부분의 말하기 과제(문항)에서는, 응시생들

---

25) (역주) 원문 multiple choice task(다지 중에서 하나를 뽑는 문제)를 흔히 축자적으로 번역하여 '선다형(둘 이상의 정답 항목을 많이 선택하는 형식)'으로 쓰는 경우가 있다. 그렇지만 여러 기지 선택지 중에서 하나만을 뽑으므로 응당 '택일형(하나를 선택하는 형식)'으로 번역해야 옳을 것이다. 물론 미국에서 전문직 의사를 선발하는 시험 (USMLE)에서는 예닐곱 개의 선택지 중에서, 경우에 따라 둘 내지 세 개의 항목을 정확히 뽑아야 하는 시험문제도 분명히 있으며, 이 경우에 정답 항목을 여러 개 뽑아야 하므로 '선다'라고 해야 옳을 것이다. 그렇지만 우리 주위에서는 오직 하나의 정답 항목만을 뽑는 경우가 대다수이다. 이런 이야기를 교사들에게 말해 주었더니, 어느 교사가 이를 응용하여 시험 문제를 낼 때 두 개 항목을 뽑는 문제를 출제한 경우가 있었다. 그렇지만 그 학교의 선임 교사나 관리자들이 전혀 이를 이해하지도 못하였고, 두 개 항목 이상의 정답을 찾는 문제 자체가 잘못이라고 우겨대기까지 했다고 들었다. 참으로 교육 현장의 완고한 생각을 듣는 듯했다. 하여간, 우리 쪽에서는 주로 네 가지 선택지(또는 '정답 없음'을 포함하면 다섯 가지 선택지) 중에 하나만 뽑는 것을 뜻하므로, 이를 고려하면서 정확한 번역 용어를 만든다면, '택일형'이라고 해야 한다.

이 말해야 하는 모든 것을 과제 자료로부터 얻는다. 검사관이 응시생들이 말할 내용을 알고 있으므로, 이런 기준에 근거하여 응시생들의 답변이 합당하게 판정된다. 큰 소리로 읽기reading aloud는 흔히 발음에 초점을 맞춘다. 이해 가능성이 중요한 기준이 될 수 있지만, 한편 가락·강세·억양·개별 소리의 정확성에 대한 기준과 기대는 흔히 배경으로서의 영향력을 지닌다.

구조화된 또 다른 과제인 문장반복sentence repetition은 좀 더 과정 지향적이다. 글말 입력물은 없다. 오히려 응시생들은 어떤 문장을 듣고서 그것을 뒤에 곧바로 반복한다. 하나의 과제가 흔히 일련의 문장들로 구성된다. 이는 과제가 진행되어 나감에 따라, 더 길고 더 복잡하게 된다. 잘 실행하기 위하여 학습자들은 각 문장을 이해할 필요가 있고, 기억하고 정확히 반복할 수 있는 소수의 의미 있는 덩이로 문장을 나눠 놓을 필요가 있다. 처리과정과 기억에 대한 강조점 때문에, 문장반복은 언어 검사에서 이용되기보다는, 오히려 전형적으로 심리 검사·언어 처리과정 연구·신경언어학적 조사연구에서 이용된다. 그렇지만 '음성/전화 통과Phone Pass'에서26) 하나의 과제가 되는데, 이는 전화로 매개된 검사로, 발화처리 자료은행에 의해 자동적으로 점수가 매겨진다. 해석 가능한 점수를 제공해 주는 문장반복 과제를 만들어 내기 위하여, 검사 계발주체들은 원리 잡힌 방식으로 과제 항목들을 좀 더 복잡하게 만들어 주는 방법을 알고 있어야 한다. 이는 대부분 발화처리 이론을 따를 것 같다.

응시생들에게 무엇을 말할지 결정할 약간의 자유를 제공해 주는 과제(≒시험 문제)들은, 문장 완성형 질문 및 사실적factual 단답형 질

---

26) (역주) 원서에 제시된 누리집 http://www.ordinate.com은 폐쇄됐다. 대신 2013년 5월 3일 현재 http://www.versanttest.com으로 안내되거나 또는 http://harcourtassessment.com로 바뀌어 안내된다.

문을 포함한다. 문장 완성에 있는 초점은, 응시생의 답변이 의미가 통하는 방식으로 그 문장을 완성해 주게 되므로, 문법 지식과 맥락 이해에 모아져 있다. 짤막한 답변은 비록 그 답변이 자립적 발화가 되어야 하지만, 문법 지식에는 초점을 덜 모아지고, 맥락을 이해하고 요구된 정보를 제공해 주는 일에다 초점을 더 많이 모은다.

어구에 대해 반응하기reacting to phrases에서는 어구에 대한 지식과 사회적 수용 가능성에 초점을 모은다. 이들 과제는 서로 인사하기 또는 사과하기-수용하기의 정형화된 틀routine과 같이 전형적으로 일반적인 '질문-답변' 또는 '촌평-반응' 연결체를 담고 있다. 이는 학술적으로 '인접쌍adjacency pairs'으로 알려져 있다. 그 검사는 첫 번째 발언을 제시하고, 이에 대하여 응시생들이 사회적으로 수용 가능한 방식으로 정형화된 틀을 완성하는 답변을 제공해 주도록 기대한다.

구조화된 말하기 과제는 일반적으로 녹음에 근거한 검사에서 찾아지며, 얼굴을 마주보는 검사에서는 훨씬 더 드물게 이용된다. 앞에서 언급된 과제들 이외에도, 녹음에 근거한 검사는 또한 여러 상황에서 반응하기 및 어떤 주제에 대하여 발표하기나 이야기하기처럼, 전형적으로 어떤 덜 구조화된 과제들도 포함할 수 있을 것이다. 이것들은 검사관/시험관에게 더 긴 확장 연결체로 된 응시생들의 발화를 내어 주며, 따라서 지속해 나갈 수 있는 능력과 독자적으로 자신의 생각을 표현할 수 있는 능력에 대한 증거를 제시해 준다.

3.5. 과제에 관련된 문서와 자료

초기 과제설계는 말하기 평가 계발에 대한 일반적인 행위 계획을 제공해 준다. 그러나 실천으로 옮기기에 앞서서, 응시생과 검사관의 활동들을 지시하기 위하여 다수의 자료들이 만들어질 필요가 있다. 이들은 다음 사항을 포함한다.

① 응시생들에 대한 검사지 지문rubric과27) 유의사항instruction(일러두기)
② 응시생들이 과제를 수행하는 동안에 (관련된다면) 이용하는 과제 자료
③ 응시생들을 위하여 안내사항과 각본을 제공해 주는 상호작용 개관
④ 실시를 위한 계획과 유의사항

(1) 응시생들을 위한 검사지 지문 및 유의사항

검사지 지문test rubric(시험지 지문)은 평가의 구조를 정의해 주고, 응시생들에게 무엇을 해야 하는지에 대한 유의사항을 제공해 준다 (Bachman and Palmer, 1996: 50). 바크먼·파머는 다음처럼 언급한다.

검사지 지문은 특정 검사 과제들을 위하여 구조를 제공해 주는 그 검사의 특성들을 담고 있는데, 응시생들이 그 과제들을 완성하는 데에 어떻게 진행해 나갈지를 알려 준다. 검사 과제에서는 이런 검사지 지문이 가능한 한 명백하고 확실히 만들어질 필요가 있다. 반면

---

27) (역주) rubric(설명 안내, 검사지 지문)은 일반적으로 학생과 교사와 학부모 등 관련된 모든 사람들에게 숙제/과제를 어떻게 준비하고 끝마친 숙제/과제를 어떻게 평가하는 지 그 방법을 알려주는 '설명 안내서'이다. 시험을 치를 경우에는 평가를 포함하여 시험에 관련된 사항을 전반적으로 알려 주는 '설명 안내'를 가리킨다. 이는 검사지 또는 시험지에서 시작 부분에 제시되므로, 여기서는 '검사지 지문(地文)'으로 번역해 둔다. 단, 제5장 4절의 평가와 관련되는 대목에서는 그 상황에 맞도록 '배점 방식 기본 설명서'로 번역할 것이다. instruction(유의사항, 일러두기)은 응시생에게 답변을 어떻게 할 것인지 그 지침을 알려 주는 내용이다. 검사지 지문 속에 이런 유의사항이 포함될 수 있다. 충분히 정보를 전달해 주기 위하여 검사지 지문은 상세해져야 하겠 지만, 혼동을 줄이기 위하여 답변을 적는 유의사항은 간략해질 필요가 있다.

에, 언어사용에서는 이런 특성들이 일반적으로 묵시적이다. 이런 이유 때문에 실세계에서의 언어사용 과제 및 검사 과제들 사이에서 검사지 지문은 상대적으로 합치점이 거의 없는 성격을 지닐 소지가 있다. 검사지 지문의 특징은 다음 사항들을 담고 있다.

① 그 검사의 구조. 즉, 그 검사가 그 자체로 어떻게 짜여 있는지에 대한 것
② 유의사항
③ 전체적으로 그 검사의 지속 범위와 개별 과제의 지속 범위
④ 이용된 그 언어가 어떻게 평가되거나 채점될 것인지에 대한 내용

검사지 지문은 평가 설계자들을 위한 도구이며, 응시생들을 위하여 가시적인 지문의 일부는 유의사항들과 평가 계발주체가 제공해 줄 다른 임의의 검사정보 자료이다.

　유의사항을 적어 놓을 경우에, 평가 설계주체는 참여자(=응시생)들을 위하여 각각의 검사지 지문 특징들에 대하여 설명을 얼마나 잘 해 놓았는지 살펴볼 필요가 있다. 한편으로, 유의사항은 간략하고 분명해질 필요가 있다. 다른 한편으로, 응시생들이 적어도 이들 모든 요소에 대하여 뭔가를 알고 있고, 따라서 그 평가가 무엇에 대한 것인지 짐작할 필요가 없게 된다면, 응시생들에게 더욱 공정해진다. 학습 관련 맥락에서는, 일부 정보가 실제 평가상황 이전에 제공될 수 있으며, 아마 심지어 학습자들과 더불어 만들어지거나 합의에 이를 수 있을 것이다. 반면에, 공식적으로 격식 갖춘 검사에서는 계발주체가 모든 정보를 제공해 준다. 특히 과제 계발을 위하여 유의사항들이 중요하다. 왜냐하면 응시생들이 과제들 및 그 과제에 대한 그들 자신의 수행을 어떻게 지각할 것인지를 유의

사항들에서 정해 놓기 때문이다.

　다음에 교실수업 말하기 시험을 위한 일반적인 유의사항에 대한 사례가[28] 주어져 있다.

영어 입말 상호작용 시험

　이 시험은 제14번 교실에서 실시될 것입니다. 시험 시간에 늦지 않게 입실하시기 바랍니다.

　시험은 한 번에 두 명의 학생을 대상으로 하여 실시됩니다. 대부분 짝끼리 상호작용을 담고 있기 때문입니다. 시험은 짤막한 예비 토론이 있고, 어느 그림이나 뉴스 기사에 대하여 이야기하기와 짝끼리 토론하기(역할 놀이)로 이뤄져 있습니다.

　시험 내용이 도전하기 어려운 것은 아닙니다. 따라서 전혀 긴장할 필요가 없습니다. 여러분이 이야기를 하는 경우에, 가끔 생겨나는 실수에 대해서도 걱정하지 마십시오. 가장 알맞은 낱말을 찾아낼 수 없다면, 그것을 다른 방식으로 풀어 말해 주면서, 그 문제를 중심으로 작업해 보시기 바랍니다. 여러분이 될 수 있는 대로 많이 말해 주는 것이 중요합니다. 평가에서는 여러분의 이해 가능성 및 유창성 수준이 가장 중요한 요인이 됩니다.

　짤막한 준비시간이 주어집니다. 여러분에게 스스로 그 검사 과제에 익숙해지도록 하기 위한 것입니다. 여러분의 준비시간을 시작하기 위하여 제 시간에 입실하여 기다리는 것이 중요합니다.

　이 유의사항은 아주 자세하다. 왜냐하면 교사와 학생들이 그 검사(=시험)와 교실에서 검사 준비에 대하여 이야기하였기 때문이다. 공식적으로 격식 갖춘 검사에서는 그 검사를 준비하는 방법과 그 검사에서 잘 실행하는 방법에 대한 정보가 좀 더 정교하게 될 수 있다. 가령, 응시생 준비 안내(Test Takers' Preparation Guide; CAEL, 2000)를 살펴보기 바란다.[29]

---

28) [원저자 주석] 원래 핀란드 어로 된 유의사항을 번역한 것이다.
29) (역주) 원문에 제시된 누리집은 다음 주소로 바뀌었다. http://www.cael.ca/edu/prepguide.
　　shtml

일반적인 유의사항 이외에도, 계발주체는 과제 유의사항을 마련해 둘 필요가 있다. 이것들은 과제 자료가 검사지/시험지 상에 제시된다면 씌어질 수도 있고, 검사관/시험관이 입말로 제시해 줄 수도 있다. 과제 유의사항은 응시생들에게 과제의 세부사항에 대하여 알려 준다. 한 가지 예로 앞에서 언급한 검사에서 그림 묘사/서술 과제를 위한 과제 유의사항은 다음과 같을 것이다.

그림에 대하여 이야기하기

주어진 그림을 놓고서, 될 수 있는 대로 아주 자세히 여러분의 짝에게 묘사/서술해 주십시오. 그러고 나서, 그 그림에 대하여 여러분 자신이 느끼는 인상을 이야기해 주십시오. 그림 속에 있는 사람들이 무엇을 생각하고 있는지, 그 그림이 묘사하는 사건 이전에 어떤 일이 일어났을 것인지, 이 사건의 다음 장면으로 어떤 일이 일어날 것 같은지 등입니다.

그런 뒤에, 여러분의 짝에게 그림을 보여 주고, 여러분의 묘사/서술내용 및 그림 자체에 대해서 두 사람이 모두 촌평(짤막한 평가)을 하십시오.

---

(2) 과제 자료

과제 자료task materials(시험문항 자료)라는 용어로써, 저자는 말하기 평가 동안에 검사 담화에 대한 내용·개요·시작점을 제공해 주기 위해서 응시생에게 제공된 임의의 글말 자료나 그림에 근거한 자료를 가리킨다. 과제(시험문항) 자료는

역할 놀이 카드, 식단표, 계획표, 토론을 위해 제안된 주제나 하위 주제, 짤막하게 씌어진 덩잇글, 그림과 그림 연결체

또는 어떤 것이든 상관없이 검사관/시험관이 응시생들에게 이야기를 산출하도록 제공한 자료를 포함한다.

과제 자료는 중요하다. 검사 설계주체(출제자)가 검사 동안에 그 이야기를 이끌어 가는 방식을 제공해 주기 때문이다. 동일한 이유로, 과제 자료는 계발에 시간을 많이 소비하게 된다. 우선 이야기를 산출하기에 충분할 만큼 영감이 일어날 필요가 있고, 충분히 구조화될 필요가 있어서 계발주체가 의도하는 그 이야기를 실제로 산출해야 하며, 충분히 예측될 수 없어서 응시생들이 이들 특정한 주제와 과제를 놓고서 자신의 수행을 미리 연습할 수 없어야 하기 때문이다.

그림 중심 과제들과 더불어, 계발주체는 기존의 그림들과 함께 작업을 하거나 새로운 그림을 그려 넣을 수 있다. 그렇지만 검사 실시 필요성을 기존의 그림과 부합시키는 일이 쉽지 않다. 기존의 그림들을 이용해 온 교사들은, 의도된 검사를 실시하기 이전에 몇 달 동안 어떤 것을 읽든지 그때마다 가능한 그림들을 눈을 크게 뜨고 찾아내어야 한다고 보고한다. 처음에는 좋은 선택으로 보이는 만화들이 문제를 일으킬 수도 있다. 종종 재미나는 이야기를 말하기 위하여 시각적 개념들이나 시각과 말 풍선의 결합으로 진행되기 때문이다. 검사상으로 그 만화를 다시 말해 주는 데에서 동일한 수준의 흥미에 도달하기 위해서는, 일반적인 말하기 기술을 넘어선 입말 창의성이 요구된다. 그리고 말 풍선이 포함된다면, 응시생들은 인용하여 보고하는 말하기에 능숙해질 필요가 있다. 또한 양질의 만화 이야기가 입말로 주어지는 경우에, 몇 개의 문장들로 이야기될 수도 있다.

응시생들이 검사를 위해 응시료를 내지 않는 교육환경에서는 저작권이 사실상 문제가 되지 않는다. 그렇지만 출간된 검사지에서는 문제가 된다. 이는 아주 자주 검사지에 들어 있는 그림들이 특별히 그 검사를 위해 그려지는 이유가 된다(저작권이 보호됨). 이 것이 검사 계발주체(출제자)로 하여금 그 그림의 모든 내용을 설계할 수 있도록 해 주므로, 사실상 이미 만들어진 그림들을 이용하는 일에 대하여 실행 가능한 대안이 될 수 있다. 물론 실제 도안이나 그림 그리기 또는 사진 작업은 예술가의 창의성을 요구한다. 검사 계발주체가 늘 그런 재능을 갖고 있는 것은 아니다. 검사 준비위원회에서는 흔히 전문화가를 고용한다. 한편 일선 교육환경에서는 미술담당 교사가 도움을 줄 수 있다.

검사 계발주체가 기존의 그림을 이용하든지 아니면 새롭게 그려 놓은 그림을 이용하든지, 실제로 그 검사를 이용하기에 앞서서 미리 시험 삼아 써 보는 일은 좋은 생각이다. 그림 연결체와 관련된 이야기를 말하는 일에 대하여, 서로 다른 사람들이 놀라 만큼 그림에 대하여 서로 다른 해석과 서로 다른 전략을 갖고 있을 수 있다. 미리 시험판을 써 본 뒤에, 과제 유의사항이나 검사관이 말해 주는 촉진내용prompts(도움내용)들이 수정될 필요가 있을 수도 있다. 예비 시험판은 또한 덩잇글에 근거한 과제 자료들에서도 유용하다. 이것들은 만들어 내기에 품이 덜 드는 경향이 있지만, 그 나름대로 넘어야 할 도전 요소들을 지닌다. 여기서 설계 고려사항에는 자료에 제시되는 언어가 포함된다. 즉, 그 덩잇글에 대한 격식성의 수준 및 어휘상으로 요구되는 수준이 고려되어야 하고, 응시생들에게 읽어 나가도록 요구되는 덩잇글의 분량이 고려되어야 하는 것이다. 제7장에 과제 자료에 대한 두 유형의 사례들이 제시되어 있다.

(3) 상호작용 개요

입말 검사에 그 검사 상호작용이 시작되도록 하기 위하여, 면접관으로서 또는 촉진자로서 검사관/시험관이 포함되어 있을 때마다, 검사 계발주체는 그들을 위하여 무엇을 실행하고 무엇을 말할지에 관하여 유의사항을 적어 둘 필요가 있다. 이 유의사항은 종종 아마 몇 가지 제안된 촉진내용들과 더불어, 그 검사에 대한 개요outline의 형태를 취한다. 그 검사에서 대화 상대방의 이야기를 안내해 주므로, 때로 '대화 상대방 얼개interlocutor frame'으로 불리는 그 개요는 중요하다. 검사 상황에서 검사관/시험관의 역할이 그 검사 담화를 구조화해 주며, 모든 응시생들에게 공정해지도록 그 구조가 모든 내용에서 비슷해져야 하기 때문이다. 다음에 앞에서 논의된 교실수업 검사로부터 나온 상호작용 개요에 대한 사례가 있다.

소요시간	단계	이야기 촉진내용(prompts)
2~3분	준비	인사하고 자리에 앉음. "안녕하세요? 오늘 어떻게 지내었습니까?" "오늘 검사 이후 시간에는 뭘 하려고 합니까?"(+후속 활동) 면접의 구조를 설명해 줌: "묘사/서사 과제, 토론, 역할 놀이"
4~5분	묘사/서사	"이 과제의 유의사항을 읽어 보았습니까? 질문이 있습니까? 시작하십시오."
2~3분	토론	그들이 스스로 시작하면 아무 말도 하지 않음. 그렇지 않다면, "이제 막 여러분의 이야기에서 끌어낸 주제를 토론하는 일을 시작하시기 바랍니다." 그 짝이 토론을 시작할 수 없다면, 몇 가지 질문으로 도움을 줌. 가령 "그러면 당신은 때로 X에 대해서 생각합니까?; X에 대하여 어떻게 생각합니까?; 여기 학교 생활에서 X가 관련된다고 생각합니까?" 한 명이 토론을 주도한다면, 끝에서 다른 학생에게 한두 가지 질문을 던짐. "아무개 군, 아무개 양, 토론을 해 주셔서 감사합니다. 이제 역할 놀이를 해 봅시다."
4~5분	역할 놀이	한 명이나 둘이 모두 완전히 어벙벙하여 조금도 진행이 이뤄지지 않는 것이 아니라면, 시험관은 촉진을 위해서 어떤 말도 하지 않음.
1분	마무리	"여러분 중 누구든지 실행 가능한 것으로 이와 같은 것에 대해 생각해 보았습니까?; 이와 같은 것이 여러분이나 또는 알고 있는 누군가에게 일어난 적이 있습니까?" 대답이 '예'라면, "얼마나 사실적으로 일어났습니까?; 무슨 일이 일어났습니까?" 대답이 '아니오'라면, "왜 일어나지 않았습니까?" "이번 여름 방학에 계획이 어떤 것이든 있습니까?" "감사합니다. 안녕히 계십시오."

이 개요는 아주 소략하다. 두 명이 짝을 이룬 과제가 대부분의 검사 담화를 구성하며, 응시생들이 이를 위하여 유의사항과 안내

지침을 읽어야 하기 때문이다. 더욱이 오직 한 명의 검사관/시험관이 있으므로, 대화 상대방 간의 비교 가능성은 전혀 문제가 되지 않는다. 단지 그 교사는 자신의 질문에서 일관되어야 할 필요만 있는 것이다.

대규모의 격식 갖춘 공식적 검사에서는, 대화 상대방의 기술 및 서로 다른 검사관들 사이에서의 비교 가능성이, 공정성에 대한 중심적인 관심사항이 된다. 검사 구조는 흔히 신중히 설계되고, 대화 상대방들도 질문 던지기 기법에서 훈련을 받으며, 그 제도를 위해 검사관으로서 임무를 시작할 수 있기에 앞서 자격시험을 치르고 인증을 받는다. 며칠 간 이뤄지는 초기 훈련기간은 일반적이다. 미국 국방부 언어 연구소Defense Language Institute에서 실시되는 것으로 입말 능통성 면접시험Oral Proficiency Interview의 경우에는 초기 훈련이 12일 동안 지속된다. 이런 훈련을 거치면서, 면접관들은 상호작용 개요를 숙지해 놓을 것으로 기대된다. 따라서 검사를 실시하는 동안에 힐끗 쳐다볼 검사에 대한 글말 내용을 필요로 하지 않는다.

다른 검사에서는 비록 일반적으로 너무 자주 이용하지 않도록 충고를 받거나 또는 특히 검사개요를 직접 읽지 않도록 충고를 받지만(입말 시험이 글말투로 시작되어 버리는 모순이 생김: 번역자), 대화 상대방(=응시생과 대화를 나눌 면접관)들이 검사 동안 간략한 개요를 갖고 있을 수 있다. 이는 검사가 구조화되어 있더라도, 한편 그 상호작용이 또한 참되게 상호작용적이어야 하는데, 이 상호작용은 두 화자가 모두 각자 상대방의 발화에 우선적으로 주의를 쏟아야만 가능하기 때문이다.

상호작용 개요를 준비하는 일은, 검사 계발주체로 하여금 그 검사 동안에 이뤄질 이야기를 상당히 자세하게 계획해 놓도록 만든다. 이는 그들에게 그 검사가 실제로 애초 계획에서 요구한 언어사용에 대한 종류의 표본을 산출할 것인지 여부를 점검할 좋은 기회를 제공해 준다. 미리 시험 삼아 예비 면접을 한두 번 실시해 보는 일도 가능하며, 상호작용 개요의 유용성이 실제 사용에 앞서서 점검될 수 있다. 따라서 실제 응시생은 실험용 쥐guinea pig처럼 행동할 필요가 없다. 반면에 면접관이자 대화 상대방은 개요를 이용하는 일을 배운다.

(4) 시행을 위한 자원과 절차

말하기 평가가 시행되는 방식은 그 시험 응시생들의 경험에 영향을 준다. 따라서 그 방식이 또한 검사되는 내용에도 관련을 지닌다. 공정성 및 비교 가능성에 대한 관심사항에서 보면, 응당 미리 시행절차가 계획되어야 한다. 그 목표는 관련된 응시생과 검사관/시험관 등 모든 참여자들이 무엇을 실행해야 하며, 언제 그래야 하는지를 알도록 확실히 해 두는 것이다.

대형 검사기관들은 흔히 시행에 대하여 글말로 유의사항을 제공해 주며, 보조 인력도 그 일을 위해 훈련될 수 있다. 교실수업 검사에서는 교사가 흔히 모든 준비과정에 책임을 진다. 만일 응시생들이 검사가 시작되기 전에 준비시간이 필요하다면, 이는 특히 교사가 그 검사(시험)를 실시하는 동안에 또한 이를 어떻게 실행할 수 있는지와 관련된다. 격식 갖춘 검사에서는 조건들의 표준화가 중요하다. 그 시행절차들도 그 검사를 위한 품질 제어절차의 일부로 점검이 이뤄질 것 같다.

평가가 준비되는 경우에 이용 가능해져야 할 자원들은 다음과 같다.

교실	가령, 면접실, 대기실, 언어 실습실
설비	녹음기, 녹화기, 역할 놀이 소품
지원 인력	가령, 면접관, 시행자/조교, 기술 보조인력
시간	즉, 다양한 사람과 자료 자원들이 몇 시간 동안 이용되어야 하는가

제시간에 필요한 모든 자원들이 이용될 수 있도록 확실히 해 두는 것이 실제 평가상황이 순조롭게 흘러가도록 도움을 준다. 말하기 검사(시험)가 흔히 개별적으로 또는 작은 모둠별로 시행되기 때문에, 시간 관리가 특히 중요하다. 이는 면접관과 응시생 이름이 들어 있고, 검사 시간이 적힌 검사 예정표에 의해서 도움을 받을 수 있다.

3.6. 요약

제3장에서는 말하기 과제(문항)의 초기 설계를 논의하였고, 평가(검사)를 실천으로 옮길 수 있기에 앞서, 평가 계발주체들에게 필요한 문서와 자료들을 개관하였다. 과제 설계는 중요하다. 그 검사에서 평가될 구성물을 좀 더 명확하게 만들어 주기 때문이고, 응시생들을 위하여 과제들이 그 이야기를 위한 맥락과 응시생들이 반드시 실행해야 하는 것에 대한 안내 지침을 언어로 제공해 주기 때문이다.

말하기 과제(문항)를 서술하고 범주화해 주는 방식으로 저자는 이야기의 유형과 의사소통 기능들을 논의하였다. 그리고 나서 그것들을 구체적인 과제들에 적용하는 서로 다른 방식들을 개관하였다. 이는 '개인별 과제·짝끼리 과제·모둠 과제'를 포함하며, '교육적 과제·실생활 과제'를 포함한다. 평가 계발주체는 필요한 정보의 유형에 따라 서로 다른 설계 방식을 선택할 것인데, 이는 아마 응시생들이 알아야 하는 과제에 의해서 안내될 것이다. 필요한 정보의 유형이라는 동일한 규칙이 또한 구성물 중심 평가가 이용되어야 하는지, 아니면 과제 중심 평가가 이용되어야 하는지를 결정해 놓는다.

말하기에 대한 녹음에 근거한 검사 및 직접 생생히 대면하는 검사에 관한 저자의 결론은 다음과 같다. 두 검사가 모두 장점을 지닌다. 비록 녹음에 근거한 검사의 과중한 계발 요구 부담이 있지만, 이는 다만 그 검사가 표준화되어 있어야 하며 서로 다른 장소에서 대규모 숫자의 응시생들에 의해 이용된다면 보상을 받는다.

과제 난이도에 대한 논의에서는 과제 난이도가 과제들의 직접적인 속성이 아니라, 그보다는 검사하기 및 채점하기라는 두 가지 일의 상호작용 결과임을 밝혔다. 검사하기는 대규모 숫자의 과제 특징들·응시생의 능력·대화 상대방인 면접관의 수행·과제가 수행되는 조건들 사이에서의 상호작용을 포함한다. 채점하기는 검사 담화의 모든 속성·채점 기준의 내용들·이들을 해석하고 응시생의 수행에 그것을 적용하는 데에서 채점자들의 수행 사이에서의 상호작용을 포함한다.

과제와 과제 계발에 대한 제3장의 논의에서는, 말하기 점수의 의미에 영향을 주는 요인들에 대한 앞부분의 절반을 다루었다. 나머지 절반은 채점 기준과 절차들로 이뤄져 있다. 이는 제4장의 주제가 된다.

　말하기 점수는 응시생들이 검사되고 있는 언어를 얼마나 잘 말할 수 있는지를 나타내 준다. 흔히 그 점수는 숫자의 형태를 띤다. 그러나 '수$_{excellent}$'나 '우$_{fair}$'처럼[1] 언어 범주로도 될 수 있다. 평이한 점수 표시 이외에도, 종종 각 점수가 의미하는 바를 서술해 주는 더 짧거나 더 긴 진술도 있고, 최저로부터 최고에 이르는 일련

---

1) (역주) 리컷(Likert)은 사람들이 자신이 없을 경우에 중간에다 찍는 경우가 있어서, 평가 점수의 단계는 중간이 없도록 언제나 짝수 단계로 이뤄져야 한다고 주장하였다. 우리가 초등학교 성적 통지표에 흔히 쓰고 있는 5 단계의 '수, 우, 미, 양, 가'는 일제시대에 일본 무사들이 쓰던 등급을 그대로 따온 것이라고 한다. 우리나라의 전통 교육에서는 유교 경전들을 대상으로 하여 배강(背講, 책을 안 본 채 암기하여 말함) 또는 면강(面講, 책을 보면서 시험관이 지적한 구절을 번역하여 대답함)의 형식으로 한문 구절의 뜻을 새기는 것으로 이뤄졌고, 평가는 다음 4단계였다.

단계	평가	의미
1	통(通)	완벽히 잘 통(通)하였음
2	약(略)	완벽하지는 않지만 대략(略) 통하였음
3	조(粗)	거칠고 성글게(粗) 조금만 통하였음
4	불(不)	전혀 통하지 못하였음(不)

때로 최고의 단계를 둘로 더 나누어, 대통(大通) 및 통(通)이나, 또는 순(純) 및 통(通)으로 나눈 경우도 있다.

의 진술문들이 채점 눈금을 구성한다. 제4장에서는 말하기 평가를 위한 채점 눈금의 본질과 계발을 논의할 것이다.

말하기 채점 기준이 여러 수준에 대한 승급 계열로 이뤄지므로, 어떤 의미에서 눈금은 제2 언어 습득SLA과 관련된다. 그렇지만 눈금들이 제2 언어 습득SLA 조사연구의 직접적인 응용은 아니다. 제2 언어 습득SLA 연구에 있는 목표가 평가 채점 눈금을 구성하는 것도 아니었고, 조사연구 결과들이 습득의 여러 수준을 상세히 서술하기에 충분히 분명한 것도 아니기 때문이다. 사실상, 언어 능력의 복잡성 및 그 능력의 일부로서 일반적으로 말하기의 복잡성이 참이라면, 대부분의 학습자 또는 모든 학습자들이 따를 수 있는 분명한 학습 경로를 어떻게 찾아낼 수 있는지는 확실한 것도 아니다. 노쓰(North, 1996)에서는 평가 채점 눈금을 계발하는 어려운 도전을

　　'불완전한 이론에 근거하여 복잡한 현상을 몇 개의 낱말들로 서술하려고 노력하는 일'

로 기술하였다. 더욱이 브륀들리(Brindley, 1998: 116)에서는 눈금 서술내용들, 즉 학습자들이 각각의 눈금 수준에서 실행할 수 있어야 하는 것, 또는 학습자들이 실행을 해 내야 하는 것이, 무엇을 서술해 주도록 의미하는지를 명시해 주기가 언제나 쉬운 일은 아님에 주목하였다. 따라서 눈금 해설descriptor(설명내용)들이 또한 언어학습에 대한 평가 계발주체의 신념 및 가정을 반영할 수 있다. 그럼에도 불구하고, 눈금이 어떻게 양질의 수행이 빈약한 수행과 차이나는지에 대한 평가 계발주체의 이해를 나타내므로, 눈금은 그 검사에서 평가될 구성물에 대하여 그들이 내린 정의의 일부를 형성하는 것이다.

4.1과 4.2에서는 말하기 채점 눈금에 대한 몇 가지 사례와 함께 시작한다. 4.3과 4.4에서는 눈금 계발의 방법을 논의할 것이다. 4.5에서는 제2 언어 습득SLA에 있는 일부 연구 및 말하기 평가를 위한 눈금의 계발을 뒷받침할 수 있는 언어 검사를 요약해 놓을 것이다.

4.1. 말하기 평가 눈금들의 사례

이 절에 있는 사례는 단지 사례일 뿐이다. 이 사례들이 이상적 모형을 제시하지도 않으며, 그렇게 간주해서도 안 된다. 오히려 이 사례들은 적어도 지금까지 출간된 평가 눈금에 비춰 기존의 실천 관행을 예시해 준다. 사례들을 논의하는 데에서, 저자는 각 사례가 계발된 실용적 목적을 서술해 놓고서, 그것들에 대한 비판과 옹호의 논의를 요약할 것이다. 또한 몇 가지 눈금에 관련된 용어도 설명할 것이다.

눈금은 언어학습에 대한 확고한 증거의 부족 때문에, 그리고 쉽게 이용할 수 있도록 하기 위하여 눈금 서술내용을 간결한 진술로 요약해야 할 필요성 때문에, 글로 적어 내기가 힘들다. 따라서 몇몇 시험 위원회에 의해 이용된 소수의 점수 눈금들이 실제로 출간되어 있다. 확실히 그런 위원회들에서는 점수들을 응시생들에게 통보하기 위하여 이용한 눈금을 출간한 바 있는데, 종종 채점할 경우에 고려되는 특징들의 목록이 함께 들어 있다. 해당 위원회에서는 그들의 눈금에 있는 잠재적 약점 때문에 공박당할 수 있다고 느끼거나, 아니면 채점자 지향의 눈금에서 이용된 언어가 일반 대중에게 적합하지 않다고 생각할 소지도 있다. 주요 목적과 목표를 달리 잡는 청중에 따라, 눈금들이 차이가 나는 것이 마땅하다. 실제로 하나의 눈금을 모든 목적에 적합해지도록 만드는 것이 아니라, 그보다 오히려 서로 다른 청중들을 위하여 서로 다른 내용을 만드는 것이 유용하다(Alderson, 1991; North, 1996).

채점자 지향의 눈금(기준)은 분명히 채점자들이 일관된 결정을 내리도록 도와준다. 응시생 지향의 눈금(기준)은 전반적인 수준, 즉 아마도 특정한 강점 및 약점에 대한 정보를 내어 준다. 반면에, 시행자 지향의 눈금(기준)은 전반적인 정보를 자세한 형태로 제시해 준다. 눈금 내용들 사이에 있는 차이점은, 채택된 용어·상세함의 양·응시생들이 무엇을 할 수 있고 그것을 얼마나 잘 할 수 있는지에 비춰 본 초점을 포함한다(Council of Europe, 2001). 다음에 있는 사례들은 이런 변이 모습을 잘 예시해 준다.

(1) 핀란드 자격인증 눈금

핀란드 자격인증 눈금Finnish National Certificate(국립 교육위원회National Board of Education, 2002 제정)은2) 여섯 등급의 수준을 지닌 총괄적 눈금이다. '총괄적 눈금holistic scale'은3) 응시생의 능력에 대한 전반적인 인상을 하나의 점수로 표현해 준다. 총괄적 눈금이 채점 기준으로 이용되

---

2) (역주) 271쪽에 있는 〈사례 6-3〉을 보면, 이 자격인증은 핀란드에서 학업 목적이나 취업 목적으로 이용됨을 알 수 있다.

3) (역주) 대립 용어는 discrete(영역별, 이산) 눈금, 또는 analytic(분석적) 눈금이다. 155쪽 이하에서는 뒤의 용어에 대하여 정의를 내리고 있다. 특히 외국어 교육에서는 언어 능력을 몇 영역으로 나누고, 각 영역마다 분석적으로 점수를 주므로, 엄격한 절대평가도 가능하다. 이 총서의 벅(Buck, 2001), 『듣기 평가』(케임브리지 대학 출판부, 66쪽)에 보면, 주로 행동주의 영향을 받은 '듣기-말하기' 언어교육(audio-lingual language teaching, 난삽한 한자어로 '청화 교육')에서 시행되었고, 1970년대 초반 오울러(Oller) 등에 의해 여러 가지 비판을 받았다. 총괄적 눈금은 통합적(integrative) 눈금으로도 불린다. 모국어 교육에서는 응시생의 응답 자료를 두루 훑어보고서 그 인상에 근거하여 모든 영역을 싸안아 총괄적으로 점수를 주는 경우가 흔하다. 이는 주로 숙련되거나 노련한 교사에 의해 주도되며, 직관적으로 상대평가와 더 잘 어울린다.

는 경우, 채점자들에게 학습자들의 수행에 있는 여러 가지 서로 다른 특질들에 유의하도록 요구되거나, 또는 오직 전반적인 인상에 주의를 기울이도록 요구될 수 있다. 〈표 4-1〉에 있는 눈금은 실제로 응시생과 교육 전문가들을 위하여 의도된 서술적 눈금이다. 이는 전문용어를 너무 많이 쓰지 않은 채 그 평가에서 쓰인 채점 눈금에 대하여 알려 준다. 그 평가에 대한 실제 채점 눈금은 출간되지 않았다.

〈표 4-1〉 핀란드 자격인증의 서술식 눈금(국립 교육위원회, 2002)

수준	해설(장점 및 단점에 대한 서술)
높음 6	외국어 강세(악센트)처럼 비-토박이다운 특징이 한두 가지가 있지만, 유창하게 말을 한다. 심지어 의미의 미묘한 느낌(어감)까지도 정확히 표현할 수 있다. 또한 다양하고 알맞은 관용표현을 쓴다. 복잡한 주제까지도 서술할 수 있고, 그 서술에서 하위 주제도 포함할 수 있으며, 서로 다른 관점을 발전시키고, 발표를 통해 적합한 결론으로 이끌어 간다.
5	어떤 표현을 찾아낼 명백한 필요성을 느끼지 않은 채 빈번히 유창하게 말한다. 전달은 자연스러움과 일관성과 알맞은 길이로 특성이 매겨진다. 심지어 복잡한 주제에 대해서도 분명하고 자세한 서술을 제시할 수 있다. 관용표현과 일상표현들을 이용할 수 있으며, 낱말의 느낌(어감)을 곧잘 제대로 표현할 수 있다.
4	익숙하지 않은 발화 상황에서 처리를 아주 잘해 낸다. 적어도 어느 정도까지 격식적·비격식적 말투 사이에 구분을 한다. 이해 가능할 정도로 의견을 제시하고 입증할 수 있다. 경치와 인상과 경험들을 이야기하고 서술할 수 있다. 언어 유창성의 단계에 이르지 못하였기 때문에, 일상 의사소통에서 오직 드물게만 (간접적으로 애둘러 말하거나 풀어서 말하는) 우회 표현을 이용할 필요가 있다.
중간 3	친숙한 발화 상황들을 대부분 잘 처리하며, 일상적인 언어사용 상황에서 주도권을 잡고 이야기를 개시할 수 있다. 발화는 아주 느릴 수 있고, 드문드문 부자연스런 멈춤이 있다. 모국어 또는 외국어의 구조와 어휘를, 현재 의사소통하는 목표언어로 전달함에도 불구하고, 이해가 가능하다. 발음이 목표언어의 표준 내용으로부터 명백히 벗어날 수 있다.
2	간단한 정보 교환이 필요한 정형화된 발화 상황들을 처리할 수 있다. 그럼에도 불구하고, 화자의 낮은 언어 유창성은 처리될 수 있는 사안들의 범위를 현저하게 제한시켜 놓는다. 전달내용(message)에 대한 성공적 의사소통이 되기 위해서는, 그 전달내용을 형성하는 과정에 대화 상대방이 기꺼이 그 화자를 도와줌을 전제로 한다. 발음은 목표언어의 기준으로부터 명백히 벗어날 수 있다. 따라서 대화 상대방으로부터 특별한 노력이 필요하며, 성공적인 의사소통을 지체시켜 놓는다.
1 낮음	당장 일상적인 필요성들을 처리하는 간단한 질문들을 묻고 대답할 수 있다. 간단한 공손 형식을 이용할 수 있다. 아주 단순한 말하기 과제를 처리한다. 그러나 의사소통은 느리고 아주 단편적이다. 이해되기 위해서는, 종종 비-언어적 수단에 호소할 필요가 있다.

핀란드 자격인증 눈금은 전체 능력의 범위를 왕초보로부터 아주 고급 수준의 학습자까지 벌려 놓는다. 그렇지만 이들 수준이

한 가지 검사(평가)에서 모두 다 감낭되는 것은 아니다. 오히려 세 가지 검사가 있다. 각 검사는 두 수준에 걸쳐 있다. 그 눈금의 한 가지 목적은, 잠재적 응시생들에게 목표 수준을 알려 줌으로써, 응시생들이 스스로 적합한 검사를 선택할 수 있도록 하는 것이다.

총괄적 눈금은 결정을 내리는 데에 실용적이다. 그것들이 오직 하나의 점수만 제시해 주기 때문이다. 채점자의 관점에서 보면, 총괄적 눈금은 채점을 신속하게 만들어 준다. 많은 기준을 담은 복잡한 격자표에서보다도, 읽고 기억할 내용이 훨씬 더 간단히 들어 있기 때문이다. 총괄적 눈금은 또한 한 수준 내에서 장점 및 약점에 대한 서로 다른 결합을 많이 허용해 준다는 점에서 융통성이 있다.

그렇지만 또 다른 반대의 측면도 있다. 개별 학습자들의 수행에 있는 장점 및 약점을 진단하는 데에는 실용적이지 않다(=두부모 나누듯이 간단히 이뤄지지 않는다). 더욱이 수준들 사이에 있는 차이점은, 노쓰(North, 1996)에서 '낱말 처리word-processed'로만 전락할 소지마저 있다.4) 즉, 수준들의 서술내용이 many(많이)·a few(조금)·few(거의 없다)와 같은 양화사 혹은 adequately(적합하게)·well(잘)과 같이 질을 나타내는 부사들에만 너무 의존하였고, 수준 간의 구체적 차이들을 꼭 집어 충분히 잘 표현해 주지 못하고 있다. 눈금 계발 과정 동안에 비판적인 논평 및 해당 눈금을 이용하는 시험판 시행은 실질적이다. 제4장의 더 뒤에서는 눈금 계발의 방법을 논의할 것이다.

---

4) (역주) 뒤에 있는 〈표 5-1〉을 보면, 이 총서의 편집자인 바크먼(Bachman) 교수가 언어능력 평가의 구성물을 크게 담화를 짜얽는(organizational) 능력과 상황에 맞춰 언어를 사용하는(pragmatic) 능력으로 나눈 뒤에, 다시 각자 하위로 양분하여, 문법 지식·텍스트 지식, 그리고 기능 지식·사회 언어학적 지식으로 나누었다. 이런 구성물의 얼개에서 살펴보면, 〈표 4-1〉은 담화 조직능력 아래, 문법 지식 아래, 낱말 지식만을 다룬다고 비판하는 것이다. 언어 사용능력이 복합적 부서들의 동시 작동이라면, 언어 평가에서는 마땅히 그런 부서들을 알뜰히 다 측정해 주어야 한다.

(2) 미국 외국어교육 협회의 눈금

'미국 외국어교육 협회ACTFL, American Council for the Teaching of Foreign Languages'의 말하기 눈금(ACTFL, 1999)도 또한 총괄적 눈금이다. 그러나 여기서 동일한 눈금이 채점자 및 평가점수 이용자들에게[5] 쓰인다. 이는 북미지역 학술기관, 특히 전문대학 및 일반 대학교에서 외국어 프로그램으로 이용된다. 그 눈금은 10개 수준을 지니며, 언어 학습의 초보 및 중급 단계에 초점을 모은다. 네 단계로 된 눈금이 있다. 최상급 수준·고급 수준·중급 수준·초급 수준이다. 아래 있는 세 단계에서는 각각 세 개의 하위 단계들로 더 세분된다. 그 목적은 미국 교육의 맥락에서 대부분의 외국어 학습자들이 분포하는 각 수준에서 발전(향상)을 보여 주려는 것이다.

수준 설명내용level descriptors은 학습자들이 처리해 낼 수 있는 상황을 언급하고, 그들이 실행할 수 있는 언어활동을 언급한다. 또한 그들의 언어사용에 대한 강점 및 약점도 서술해 준다. 해당 전략은 '관련부처 합동 언어 원탁회의ILR, Interagency Language Roundtable' 눈금으로부터 복제되었다(Clark and Clifford, 1988). 오늘날 이는 이런 그리고 대부분의 다른 말하기 유창성 눈금에 대하여 어머니 노릇을 한다. 어떤 점에서 수준별 설명내용들은 미국 외국어교육 협회ACTFL 면접 시험에 대한 개요를 정의해 준다. 왜냐하면 검사관들이 각 단계에서 언급된 기술들에 대한 증거가 필요하기 때문이다. 면접관의 질문 이외에, 그 검사에서는 면접관 및 응시생 사이에 여러

---

5) (역주) 가령, 회사 입사 때에 응시생들에게 ACTFL 점수를 제출하도록 할 경우에, 그 회사가 점수 이용자가 된다. 최근 우리나라 대학생들이 이른바 여러 자격증들의 획득에 골몰하는데, 취업 시 토익 점수가 몇 점 이상이거나 토플 점수를 제출하도록 하기 때문이다.

가지 역할 놀이들도 담고 있다.

미국 외국어교육 협회ACTFL의 눈금은 학습자 언어의 특징들을 언어사용의 구체적 맥락으로 서술해 준다는 점에서, '행동주의적 채점 눈금behavioural rating scale'이다(Brindley, 1998). 이는 '이론으로부터 도출된 분석적 눈금theory-derived analytic scales'과 대조된다. 후자는 의사소통 능력의 모형에 뿌리를 두고 있고, 특정 상황을 언급하지 않은 채 언어능력의 정도를 서술해 준다. 행동주의적 말하기 검사 눈금은, 흔히 서로 다른 수준에서 학습자들이 처리할 수 있는 서로 다른 종류의 과제들 및 그들이 그 과제들을 처리할 수 있는 기술의 정도를 서술해 준다. 따라서 그 눈금들은 수행을 서술하지만, 점수 해석은 흔히 응시생들의 심층 능력과도 관련된다.

미국 외국어교육 협회ACTFL 눈금은 설명내용을 사뭇 구체적으로 만들어 준다. 그러나 전반적으로 그 눈금 서술내용이 길다. 결국 한두 번 또는 다섯 번까지 읽어 보아도 금세 개념화해 두기는 어려운 것이다. 비록 5일 동안의 연찬회에서 면접관/시험관들이 훈련을 받지만, 오직 훈련이 끝난 뒤에 실습 면접을 (제대로) 거치고 나서야, 그 자격이 적합해질 뿐이다. 행동주의적 채점 눈금으로 이 점이 비판을 받아 왔다. 눈금 효과에 대한 증거가, 눈금 상에 있는 과제들의 순서 짓기와 언어 특징들을 위한 독자적인 이론적 근거나 경험적 근거로부터 나오는 것이라기보다는, 오히려 검사 그 자체로부터 나오기 때문이다(가령, Lantolf and Frawley, 1985; Bachman and Savignon, 1986; Kramsch, 1986; Bachman, 1990을 보기 바람). 1986년에 도입된 이후로, 그 장점은 미국에 있는 교사 및 학습자들이 언어지식보다는 오히려 분명히 (실제 상황에서 구현되는) 언어사용에 주목하기 시작했다는 사실을 포함한다.

<표 4-2> 미국 외국어교육 협회의 유창성 지침: 말하기 영역(ACTFL, 1999)

수준		설명내용(밑줄은 뒤친이가 그어 강조하였음)
최상급		최상급 수준에 있는 화자들은 격식적 환경 및 비격식적 환경에서 구체적 관점과 추상적 관점 양자 모두로부터 나온 다양한 주제를 놓고서, 대화에 충분히 효과적으로 참여하기 위하여 정확하고 유창하게 그 언어로 의사소통을 할 수 있다. 그들은 편안히 유창하고 정확하게 자신의 흥밋거리와 관심의 특정 분야들을 토론하고, 복잡한 사안을 자세히 설명하며, 길고 일관된 서사 이야기를 제공해 준다. 그들은 사회적 논제나 정치적 논제들처럼 자신에게 중요한 다수의 주제를 놓고서 자신의 의견을 설명해 주고, 자신의 의견을 뒷받침하기 위하여 구조화된 논거를 제공해 준다. 그들은 대안이 되는 가능성들을 탐구하기 위하여 가정을 구성하고 발전시킬 수 있다. 적합할 경우에, 그들은 자신의 논점을 부각시키기 위하여, 부자연스럽게 긴 주저거림이 없이 확장된 담화를 이용한다. 심지어 추상적으로 정교하게 가다듬기에 간여하는 경우에도 그러하다. 그런 담화는 일관적이더라도, 때로 목표언어의 유형보다 여전히 최상급 화자 자신의 모국어 유형에 의해 영향을 받을 수 있다. 최상급 화자들은 통사와 어휘 기제의 사용뿐만 아니라, 또한 고저 음조·강세·어조처럼 억양 자질을 통해서도 발언기회 얻어내기와 뒷받침 정보로부터 주요 주장 분리해 내기처럼 상호작용의 담화 전략들을 다양하게 구사한다. 그들은 실질적으로 기본구조의 이용에서 <u>오류 유형을 전혀 보여 주지 않는다.</u> 그렇지만 때때로 오류를 범할 수 있다. 특히 낮은 빈도의 구조, 격식 갖춘 말하기, 좀 더 글쓰기에 공통적인 어떤 복잡하고 높은 빈도의 구조들에서 그러하다. 오류가 실제 발생한다고 하더라도, 그런 오류들은 토박이 대화 상대방을 헷갈리게 하거나 의사소통을 방해하는 것은 아니다.
고급	상	고급-상 수준에 있는 화자들은, 느긋하고 자신에 차 있으며 언어 능력을 지니고서 모든 고급 수준의 과제들을 수행한다. 그들은 일관되게 자세히 설명할 수 있고, 모든 시간 틀(=모든 시제 활용)에서 완벽히 정확하게 서사 이야기를 말할 수 있다. 뿐만 아니라, 고급-상 수준의 화자도 최상급 수준과 관련된 과제를 처리하지만, 다양한 주제들에 걸쳐서 최상급 수준에서의 수행을 계속 유지해 나갈 수 없다. 그들은 자신의 의견을 뒷받침하기 위하여 구조화된 논의를 제공해 줄 수 있고, 가정을 구성할 수도 있다. 그러나 <u>오류의 유형이 나타난다.</u> 그들은 어떤 주제들을 추상적으로 논의할 수 있다. 특히 그들의 특정한 관심거리와 특정 영역의 전문지식과 관련된 것들이다. 그러나 일반적으로 다양한 주제들을 구체적으로 논의하는 것을 더 편안하게 여긴다. 고급-상 수준의 화자들은 풀어 말해주기, 완곡히 에둘러 말하기, 예증해 주기처럼, 자신감 있는 의사소통 전략들의 사용에 의해서 어떤 형식의 불완전한 운용을 보완해 주거나, 어휘에서의 제약을 보상하는 잘 발달된 언어 능력을 예시해 줄 수 있다. 그들은 의미를 표현하기 위하여 정확한 어휘 및 억양을 이용하며, 종종 발화의 대단한 유창성 및 수월성을 보여 준다. 그렇지만 다양한 주제를 놓고서 최상급 수준과 관련된 복합 과제들을 수행하도록 요구받는 경우에, 가끔씩 그들의 언어가 중단되거나 언어사용의 불완전성이 입증된다. 아니면, 가령 논증이나 가정을 해야 하는 위치에서, 대신에 서술이나 서사를 이용함으로써, 단순화를 통하여 그런 어려운 과제를 모두 피해 에둘러 전개해 나갈 수도 있다.
	중	고급-중 수준에 있는 화자들은, 다수의 의사소통 과제를 느긋하고 자신감 있게 다룰 수 있다. 그들은 직장·학교·가정·여가 활동들뿐만 아니라, 또한 현재의 사건·공공의 관심사항·개인적 관심거리·개인별 관심과 연관된 다양하고 구체적인 주제들을 놓고서 대부분의 비격식적인, 그리고 일부 격식적인 대화 주고받기에 능동적으로 참여한다. 고급-중 수준의 화자들은 완전한 설명을 제공해 줌으로써, 상(aspect, 완료·진행·지속 등)에 대한 양질의 제어력을 지니고서 주요한 여러 시제 틀(과거·현재·미래 등)에서 서사 이야기를 전개하고 서술하는 능력을 보여 준다. 서사 이야기 및 서술은 이어져 문단 길이로 된 담화에서 관련되고 뒷받침하는 사실들을 연관짓기 위하여 결합되고 한데 짜이는 경향이 있다. 고급-중 수준의 화자들은 정형화된 상황의 맥락 속에서, 또는 그렇지 않다면 그들이 친숙한 의사소통 과제 속에서 일어나는 사건들의 복잡성이나

예기치 않은 전환에 의해서 제시된 언어상의 도전거리들을 성공적으로, 그리고 비교적 쉽게 처리할 수 있다. 간접적으로 에둘러 말하기 및 풀어 말하기와 같은 의사소통 전략들이, 종종 이런 목적을 위해 채택된다. 고급 수준 과제를 수행하면서 고급-중 수준의 화자가 산출하는 발화는, 실질적 흐름(substantial flow, 수식적인 것을 **빼**고서 의사소통의 뼈대만 표현하는 경우임)으로 나타내어진다. 비록 전문성이나 관심거리의 특정한 영역의 경우만 제외한다면 본질적으로 주로 종 층위(generic)만을6) 담고 있지만, 그들의 어휘는 아주 확장되어 있다. 주도적인 언어 표현의 담화 구조는 비록 목표언어의 구조보다는 여전히 그들 자신의 모국어에 대한 입말의 단락 구조를 반영할 것이겠지만, 뒤로 물러가는 경향이 있다. 고급-중 수준의 화자들은 다양하게 친숙한 주제들을 놓고서 대화에 기여하고, 높은 정확성과 명확성과 상세함을 지니고서 그 주제를 구체적으로 다루며, 의도된 전달내용(message)을 부실하거나 혼동함이 없이 전달해 준다. 비-토박이 화자들을 익숙히 접해 보지 않은 토박이 화자들에 의해서도, 그 대화가 쉽게 이해된다. 최상급 수준에 관련된 기능이나 주제들을 수행하도록 요구된 경우에는, 발화의 품질 그리고/또는 분량이 일반적으로 감퇴될 것이다. 고급-중 수준의 화자들은 흔히 의견을 전달하거나 조건들을 인용할 수 있다. 그렇지만 확장된 담화에서 구조화된 논의를 일관되게 제공해 주는 능력은 결여되어 있다. 이 경우에 고급-중 수준의 화자들은, 여러 가지 지연 전략들을 이용하거나, 서사 이야기·서술·설명·일화에 의지하며, 단순히 최상급 수준의 과제들에 대한 언어상의 요구사항들을 회피하려고 시도할 수도 있다.

	하	고급-하 수준에 있는 화자들은 비록 가끔씩 다소 더듬거리더라도, 다양한 의사소통 과제들을 다룰 수 있다. 그들은 대부분의 비격식적 대화에 능동적으로 참여하며, 학교·가정·여가생활과 연관된 활동 및 다소 정도가 떨어지지만 현재 업무나 공적 관심사항이나 개인별 관심거리나 개인별 관련성과 연관된 활동들을 놓고서, 제한된 숫자 범위의 공식적 대화에도 참여한다. 고급-하 수준의 화자들은, 단락 길이의 담화에서 모든 주요한 시제 틀(과거·현재·미래 등)로 서사 이야기를 진행하는 능력을 보여 준다. 그러나 때로 상(완료·지속·진행 등)에 대한 제어력이 결여될 수 있다.7) 비록 때로 그들의 담화가 그 수준에 대해 최소한으로 되고 부자연스럽겠지만, 그들은 정형화된 상황이나 그렇지 않다면 친숙한 의사소통 과제의 맥락 속에서 일어나는 복잡성이나 예기치 않은 사건 전환에 의해 제시된 언어상의 도전을 적절하게 처리할 수 있다. 그런 사례들에서는 풀어 말하기와 간접적으로 에둘러 말하기와 같은 의사소통 전략들이 채택될 수 있다. 그들의 서사 이야기와 서술에서는 문장들을 담화 길이의 이어진 담화로 결합하고 연결시킨다. 더 충분한 설명에 대한 중압감을 받는 경우에는 그들은 더듬거리거나 (길게 말하지 않고 간단히 줄여 버리는) 최소 담화에 의존하는 경향이 있다. 그들의 발화는 전형적으로 단일한 단락보다 더 길지 않다. 주도적 언어(dominant language)의 구조는, 여전히 잘못된 동일 어원 낱말의 사용이나 축자적 번역의 이용이나 목표언어의 구조보다는 화자 자신의 모국어에 있는 입말 구조의 이용으로 두드러지게 나타난다. 고급-하 수준에 있는 화자의 언어가 비록 불규칙적이지만 실질적 흐름(전달내용의 뼈대)으로 나타낼 수 있겠지만, 한편 현저한 스스로 고치기 및 어떤 문법상의 조잡함과 더불어, 전형적으로 다소 부자연스럽고 머뭇거린다. 고급-하 수준의 화자들의 어휘는, 본질적으로 주로 종별/갈래(generic, 총칭표현)에 속한 것들이다. 고급-하 수준의 화자들은 자신이 의도한 전달내용(message)을 말해 주기 위하여, 부실하거나 혼동함이 없이 충분히 정확성·명백성·자세함을 지니고 대화에 기여한다. 비-토박이 화자들을 접해 보지 않은 토박이 화자들도, 비록 반복과 재진술을 통해서 성취될 수 있지만 그 대화를 이해할 수 있다. 최상급 수준과 관련된 기능을 수행하거나 주제를 처리하려고 시도하는 경우에, 그들 발화의 언어 품질이나 분량이 심각하게 퇴행할 것이다.
중급	상	중급-상 수준의 화자들은 대부분 정형화된 과제들과 중급 수준의 사교적 상황을 처리하는 경우에, 편안히 그리고 자신감 있게 대화를 할 수 있다. 비록 망설임과 오류가 뚜렷하겠지만, 그들은 업무·학교·오락·특정한 관심거리·능력의 영역과 관련된, 기본적 정보의 교환을 요구하는 복잡하지 않은 여러 가지 과제와 사교적 상황들을 성공적으로 처리할 수 있다. 중급-상 수준의 화자들은 고급 수준에 관련된 과제들을 처리하지만, 다양한 주제들을 놓고서 고급 수준에 있는 수행을 제대로 떠받쳐 나갈 수는 없다.

		일부 일관성을 지니고서, 중급-상 수준에 있는 화자들은 단락 길이의 이어진 담화를 이용하면서 주요한 시제 틀로 서사 이야기와 서술을 진행해 나간다. 그렇지만 이들 고급 수준의 과제들에 대한 그들의 수행은 의미나 통사 상으로 서사 이야기나 서술을 주요 시제 틀로 유지해 내는 일에서의 실패·이어진 담화의 해체·의미 연결 기제의 오용·어휘의 너비와 적합성에서의 감소·성공적으로 에둘러 말하기의 실패·심각한 분량의 머뭇거림과 같이, 파탄(중단의 특징을 하나 또는 그 이상 보여 줄 것이다. 가령 언어 기호 전환의 이용·잘못된 동일 어원 낱말·축자적 번역 등과 같이 비록 모국어에 영향 받아 오류가 생긴 언어가 여전히 뚜렷하고 의사소통에서의 간격도 생겨날 수 있겠지만, 중급-상 수준에 있는 화자의 발화들은, 일반적으로 비토박이 화자들을 접해 보지 않은 토박이 화자들에 의해서 이해될 수 있다.
	중	중급-중 수준에 있는 화자들은, 간단한 사교적 상황에서 덜 복잡한 다수의 의사소통 과제들을 성공적으로 다룰 수 있다. 일반적으로 대화는 목표언어의 문화에서 기본 생존에 필요한, 예측 가능하며 구체적인 말 주고받기에만 국한된다. 이는 자신·가족·가정·일상생활·흥밋거리와 개인적 선호사항뿐만 아니라, 또한 음식·장보기·여행·숙박처럼 신체적 필요성과 사교적 필요성을 포함한다. 중급-중 수준의 화자들은, 가령 직접 질문이나 정보를 위한 요구에 응답함으로써, 반사적으로 기능하는 경향이 있다. 그렇지만 그들은 길 방향·가격·서비스 등과 같이 기본적 필요성을 충족시켜 주는 간단한 정보를 얻어내기 위하여, 필요할 경우 다양하게 질문들을 던질 수 있다. 고급 수준에 있는 기능을 수행하거나 주제를 다루도록 요구되는 경우에는, 그들은 정보를 일부 제공하지만, 생각들을 이어 놓고, 시제와 상을 조절하며, 막연히 에둘러 말하기처럼 의사소통 전략을 이용하는 데에는 어려움을 지닌다. 중급-중 수준에 있는 화자들은, 문장 길이의 발화와 일부 문장의 열들을 만들어 내기 위하여, 부분적으로 알고 있는 요소와 대화상의 입력물을 결합하고 재결합함으로써, 그 언어 형태를 만들어 내어 개인적인 의미를 표현할 수 있다. 그들의 발화는 그들 자신을 표현하기 위하여 적합한 어휘와 적절한 언어 형식을 찾아감에 따라, 종종 멈춤·재형성·자기 수정을 포함할 수 있다. 그들의 어휘 그리고/또는 발음 그리고/또는 문법 그리고/또는 통사의 부정확성 때문에, 오해가 생겨날 수 있다. 그러나 중급-중 수준에 있는 화자들의 발화는, 일반적으로 비-토박이 화자들을 익숙히 접해 본, 따라서 이해심이 많은 대화 상대방에 의해서만 이해될 수 있다.
	하	중급-하 수준에 있는 화자들은, 간단한 사교적 상황에서 그 언어를 만들어냄으로써 복잡하지 않은 몇 가지 범위의 의사소통 과제를 성공적으로 다룰 수 있다. 대화는 목표언어의 문화에서 오직 생존에 필요한 일부 구체적인 말 주고받기와 예측 가능한 주제에만 국한된다. 일부 주제는 기본적인 개인 정보에 관련된다. 예를 들어, 자아·가족·어떤 일상 활동·개인적 취미뿐만 아니라, 음식 주문·간단한 구매 행위처럼 현장의 즉각적인 필요성에까지 걸쳐 있다. 중급-하 수준에서 화자들은 주로 반사적이며, 직접 질문이나 정보를 위한 요구에 기를 써서 대답하려고 애쓴다. 그러나 그들도 몇 가지 적합한 질문을 던질 수 있다. 중급-하 수준에 있는 화자들은 자신이 알고 있는 바 및 대화 상대방으로부터 듣는 바를 짤막한 진술로 결합하고 재결합하여, 자신이 전달하려는 개인적 의미를 표현한다. 그들의 발화는 전달내용에 형식을 입혀 놓으려고 애쓰는 동안, 적합한 언어 형태와 어휘를 찾아내려고 하면서 종종 머뭇거림과 부정확성으로 채워져 있다. 그들의 발화는 빈번한 멈춤 및 비효과적인 재형성과 자기 수정으로 성격이 규정된다. 그들의 발음·어휘·통사는 강력히 자신의 모국어에 의해 영향을 받는다. 그러나 반복이나 풀어 말하기를 요구하는 빈번한 오해에도 불구하고, 중급-하 수준의 화자들은, 일반적으로 비-토박이 화자들을 익숙히 아주 자주 접해 본 이해심 많은 대화 상대방에 의해서만 이해될 수 있다.
초급	상	초급-상 수준에 있는 화자들은, 중급 수준과 관련된 다양한 과제를 다룰 수 있지만, 중급 수준에 있는 수행을 제대로 유지해 나갈 수는 없다. 그들은 간단한 사교 상황에서 복잡하지 않은 여러 가지 의사소통 과제들을 성공적으로 처리할 수 있다. 대화는 목표언어의 문화에서 생존에 필요한 예측 가능한 몇 가지 주제들에만 국한된다. 가령, 기본적인 개인 정보, 기본적인 대상과 제한된 몇 가지 활동, 선호사항들 및 즉각적인

필요성들이다. 초급-상 수준의 화자들은 간단하고 직접적인 질문이나 또는 정보를 위한 요구들에 대답한다. 실행하도록 요구받을 경우에 그들은 오직 아주 적은 수의 정형화된 질문들만 던질 수 있다. 초급-상 수준의 화자는 학습된 구절에 크게 의존하거나, 이것들과 대화 상대방으로부터 듣는 바를 재결합하는 일에 크게 의존하면서, 자신이 전달하려는 개인적 의미를 표현할 수 있다. 대부분 짤막하며 때로 현재시제로 된 불완전한 문장으로 이뤄진 그들의 발화는, 표현을 잘하지 못하여 머뭇거리거나 부정확할 수 있다. 다른 한편으로, 이런 발화가 흔히 학습 자료 및 기억에 저장된 구절의 확장일 뿐이므로, 때로 놀랄 만큼 유창하고 정확하게 보일 수도 있다. 자신의 발화를 개인화하려고 노력하는 경우에, 발음은 물론 어휘와 통사에까지도 이들 화자의 모국어가 강력하게 영향을 줄 수 있다. 잦은 오해가 생겨날 수 있다. 그러나 반복이나 풀어 말하기로써 실행되는 초급-상 수준에 있는 화자의 발화는, 일반적으로 비-토박이 화자들을 계속 접해 온 이해심 많은 대화 상대방(≒해당 교사)에 의해서만 이해될 수 있다. 간략히 다양한 주제들을 다루며 중급 수준과 관련된 기능을 수행하도록 요구받는 경우에, 초급-상 수준의 화자들은 때로 이해 가능한 문장으로 대답할 수도 있겠지만, 문장 차원의 담화를 제대로 뒷받침하여 말할 수는 없을 것이다.

초급-중 수준에 있는 화자들은, 다수의 고립된 낱말들 및 그 언어가 학습되어 온 특정 맥락에 의해 제약된 암기해 둔 구절들을 이용하면서, 어려움을 지닌 채 최소한도로만 의사소통을 한다. 직접 질문에 대답을 할 경우에, 한 번에 오직 두세 개 낱말이나 또는 (드물게) 암기된 답변만 발화할 수 있다. 그들은 간단한 어휘를 찾아 나감에 따라, 자주 멈추거나 또는 그들 자신의 낱말과 대화 상대방의 낱말을 반복하려고 한다. 머뭇거림·어휘 결핍·부정확성·적합하게 대답 못하는 실패 등으로 말미암아, 초급-중 수준의 화자 발화는 심지어 비토박이 화자들을 익숙히 접해 온 이해심 많은 대화 상대방에 의해서라도 큰 어려움을 지닌 채 (일부만) 이해될 수 있다. 중급 수준과 관련된 기능을 수행함으로써 주제들을 다루도록 요청받는 경우에, 그들은 자주 반복하거나 자신의 모국어로부터 가져온 낱말에 의존하거나 침묵해 버린다.

초급-하 수준에 있는 화자들은, 실제 의사소통을 할 수 있는 능력을 지니고 있지 않다. 그들의 빈약한 발음으로 인하여 알아들을 수 없을 가능성도 있다. 적합한 시간과 친숙한 단서들이 주어지면, 서로 인사 정도를 나눌 수 있고, 자신의 신분을 말해 주며, 현장의 즉각적인 환경으로부터 나온 다수의 친숙한 대상들에 이름을 부를 수 있다. 그들은 중급 수준과 관련된 기능을 수행할 수도 없고, 그런 주제를 다룰 수도 없다. 따라서 말 주고받기에 참되게 참여할 수 없다.

---

6) (역주) 흔히 세계를 지각하여 표상하는 어휘의 층위는 어느 언어에서나 거의 다섯 층위로 이뤄져 있다고 한다. 어린이의 제일 먼저 습득하는 층위는 기본 층위(basic level)라고 부른다. 또는 일반적인 종별/갈래 층위(generic level)나 원형범주(prototype) 층위나 총칭 표현 층위로도 부른다. 이 층위의 어휘는 형태상으로도 매우 간단한 것으로 알려져 있다. 가령 우리말에 '말, 소, 나무, 연필' 등이다. 다음에 위로 두 층위(상위 층위 → 최상위 포괄 층위)로 나뉘고, 아래로 두 층위('하위-종 층위 → 개체 층위', 또는 '속 층위 → 개별 대상 층위'라고도 부를 수 있음)로 나뉜다. 앞의 예에서는 상위 층위가 '젖먹이동물, 식물, 필기구' 정도가 되고, 최상위 포괄 층위는 '만물'이나 '대상'이 된다. 이런 위쪽의 층위보다 더 중요한 것이 아래에 있는 두 층위이다. 하위-종 (또는 속) 층위는 '젖소, 조랑말, 소나무' 등이 된다. 개별 대상 층위는 구체적인 현장에서 우리가 5감각 기관으로 받아들이는 자극물들이다. 가령, 어제 우리 동네 들녘에서 보았던 하얀 색깔의 봉수네 황소, 제주도 관광에서 타 보았던 두 귀가 쫑긋 솟은 조랑말, 우리 동네를 지켜 주는 아름드리 커다란 노송 따위이다. 비록 처음에 개별 대상들로부터 자극을 받아들이지만, 처음 고정되어 나타나는 것은 기본 층위의 어휘로 알려져 있다. 이는 우리의 인지기구가 대상의 현저한 차이를 상대적으로 받아들여

154   말하기 평가

(3) '입말 영어 검사'의 눈금

'입말 영어 검사TSE, Test of Spoken English'의 눈금은 모든 영역에 걸친 총괄적 채점 눈금과 영역별로 나눈 분석적 채점 눈금을 결합해 놓았다(ETS, 2001b). 영역별로 나눈 '분석적 눈금analytic scales'이란, 다수의 기준들을 담고 있는데 흔히 셋에서 다섯 가지 정도이다. 이들 기준은 각각 서로 다른 수준의 눈금에 있는 설명내용descriptors을 갖고 있다. 그 눈금은 격자를 형성하고, 응시생들은 흔히 점수의 윤곽을 얻게 되는데, 그 기준들 각각에 대하여 하나씩 서술된다. 영역별 분석 눈금의 장점은, 채점자들에 제공하는 자세한 안내지침들이 있고, 응시생 수행으로부터 나온 특정한 장점과 약점에 대하여 풍부하게 알려 주는 정보를 담고 있다.

'입말 영어 검사TSE'의 눈금은 5수준을 지닌다. 이들의 수준은 각각 20, 30, 40, 50, 60으로 표시된다.[8] '입말 영어 검사TSE'의 눈금에

개념화한다는 일반 특징을 잘 드러내 주는 것이다.

7) (역주) 이 지적은 언어학에서 밝혀진 사실과 부합되지 않는다. 세계의 언어들을 관찰하면, 상(aspect, 相)만 있는 언어가 있고, 상과 시제가 있는 언어가 있다. 상이 없는 채 시제(tense)만 있는 언어는 아직 보고된 적이 없다. 따라서 언어 진화에서 시간 표현의 발달은 상(완료 : 미완료, 경험 : 미경험 등)이 먼저라고 생각한다. 상은 관찰자 및 사건과의 관계를 표현한다. 시제는 여기에다 다시 기준점이 도입되는데, 주로 화자의 현재 발화시점(utterance time)이 된다. 이를 수용하면, 더 낮은 수준으로 갈수록 상에 관련된 것이 먼저 제시되어야 할 듯하다. 그렇지만 이 설명내용은 형태론적 복잡성에 기준하여 등급의 상하를 나눈 것으로 이해된다. 영어의 상이 'have+과거분사'라는 복합 형태를 지니므로, 단순한 시제 형태소보다 더 늦게 발달된다고 판단한 듯하다.
  우리말에서는 상과 시제와 양태가 각각 독립된 형태소로 표시되는 것이 아니라, 하나의 형태소가 세 가지 문법 범주를 모두 다 표시해 줄 수 있다. 가령 '겠'의 경우가 대표적이다. 이 형태소의 기능은 "내가 그걸 다 먹겠다"의 경우처럼 화자의 의지를 나타내기도 하고, "햇빛이 비치면 얼음이 곧 다 녹겠다"의 경우처럼 아직 일어나지 않은 모습(미연상)을 나타내기도 하며(이를 미래 시제라고도 부름), "그 회사가 곧 망하겠다"의 경우처럼 추측의 양태를 가리키기도 한다. 이런 점을 고려한다면, 상에 대한 기준과 시제에 대한 기준이 영어에서와 달리 형태소의 복잡성 여부와 무관하므로, 한국어에서는 달리 적용되어야 할 것으로 보인다.

8) (역주) 여기서는 10점 단위로 수준이 표시되어 있지만, 응시생들에게 제공되는 최종

대해서는 세 가지 내용이 있다.

① 검사 시행자를 위한 눈금,
② 응시생과 일반인을 위한 눈금,
③ 채점자를 위한 눈금

검사 시행자를 위한 간단한 눈금에서는, 각 단계마다 하나의 문장으로 의사소통 능력만을 간단하게 서술해 놓았다. 이들 진술은 다음 〈표 4-3〉에서 왼쪽 난에 제시되어 있다.

〈표 4-3〉 '입말 영어 검사(TSE)'의 채점 눈금(ETS, 2001b: 29)

수준	검사 시행자를 위한 눈금	응시생을 위한 세부 설명(네 가지 능력)
60	의사소통이 거의 언제나 효과적임: 과제가 아주 만족스럽게 수행된다.	- 기능들이 분명하고 효과적으로 수행됨 - 청중과 상황에 대한 적합한 반응 - 의미 연결 기제들의 효과적인 사용과 함께 일관적임 - 거의 언제나 효과적인 언어 특징들의 사용: 의사소통

점수는 5점 단위로 표시된다고 언급하였다. 아마 각 수준에서 +/- 두 단계를 더 설정하여 채점을 한 것으로 보인다. 그런데 채점을 진행하기 전에 채점자들 사이에서 이뤄져야 할 가장 중요한 결정 사항이 있다. 미리 표본을 하나 뽑아 놓고서, 채점 참여자들 사이에서 영역별로 분석 점수를 매긴 뒤에, 각자가 매긴 점수들 사이에 편차를 넓게 잡을지, 아니면 좁게 잡을지에 대하여 합의를 해 두어야 한다. 가령, 어떤 이는 특정 문항의 답안에 대하여 35점을 주었고, 다른 이는 50점을 주었으며, 또 다른 이는 45점을 주었다면, 이들 사이에 크게는 15점이나 차이가 나고(35점과 50점 사이), 작게는 5점이 차이가 난다(45점과 50점 사이). 이 경우에 15점 차이를 동일한 점수 대역으로 볼 것인지, 아니면 다른 점수 대역으로 볼 것인지에 대하여 채점자들 사이에 합의를 이루어야 하는 것이다. 흔히 문항이 어렵다면 점수 편차의 폭이 커질 수 있고, 문항이 쉬운 것이라면 그 편차가 작아질 것이다.
이런 점수 편차 폭에 대한 합의가 이뤄진다면, 응시자들의 답변 내용을 두 사람의 채점자가 각자 점수를 매겨 나가게 된다. 즉, 전 세계에서 거둬들인 응시생들의 수행 내용의 녹음을 놓고서, 두 명의 채점자들이 각각 그 녹음을 들으면서 영역별로 채점(영역별 분석 점수)을 하는 것이다. 만일 두 채점자의 배점이 미리 합의된 편차 범위를 넘지 않는 경우에는, 서로의 평균 점수를 합산하여 둘로 나누어 최종 점수를 계산하는 것이다. 만일 미리 합의된 편차의 범위를 넘는다면, 그 문항에 대하여 제3의 채점자가 스스로 영역별로 채점을 하여, 세 사람의 점수들 중에 가장 근접한 두 사람의 점수를 합산하여 둘로 나눈 뒤에 최종 점수를 마련하게 된다.

		이 작은 오류들에 의해 영향을 안 받음
50	의사소통이 일반적으로 효과적임: 과제가 만족스럽게 수행된다.	– 기능들이 일반적으로 분명하고 효과적으로 수행됨 – 일반적으로 청중과 상황에 대한 적합한 반응 – 일부 의미 연결 기제들의 효과적인 사용과 함께 일관적임 – 일반적으로 효과적인 언어 특징들의 사용: 의사소통이 일반적으로 오류에 의해 영향을 안 받음
40	의사소통이 다소 효과적임: 과제가 다소 만족스럽게 수행된다.	– 기능들이 다소 분명하고 효과적으로 수행됨 – 청중과 상황에 대한 다소 적합한 반응 – 일부 의미 연결 기제들의 사용과 함께 다소 일관적임 – 다소 효과적인 언어 특징들의 사용: 가끔 의사소통이 오류들에 의해 영향을 받음
30	의사소통의 일반적으로 효과적이지 않음: 과제가 일반적으로 빈약하게 수행된다.	– 일반적으로 기능들이 불분명하고 비효과적으로 수행됨 – 일반적으로 청중과 상황에 대한 부적합한 반응 – 드물게 의미 연결 기제들의 사용과 함께 일반적으로 비일관적임 – 일반적으로 언어 특징들의 사용이 빈약함: 의사소통이 주요한 오류들에 의해 자주 방해를 받음
20	의사소통이 전혀 효과적이지 않음: 과제 수행 능력에 대한 증거가 전혀 없다.	– 기능들이 수행되었다는 증거가 전혀 없음 – 청중과 상황에 대하여 반응하는 능력에 대한 증거가 전혀 없음 – 의미 연결 기제의 사용이 전혀 없으며 비일관적임 – 언어 특징들의 사용이 빈약함: 주요한 오류들로 인하여 의사소통이 비효과적임

오른쪽 칸에 적힌 세부 내용은 응시생 및 일반 사람들을 위해서 의도되었다. 각 단계마다 네 가지 항목의 추가 진술이 있는데, 각각 응시생들의 ① 기능적 능력, ② 사회언어학적 능력, ③ 담화 능력, ④ 언어 능력을 서술한다. 그 눈금에 대한 가장 자세한 내용은, 주로 그 눈금을 이용하려는 채점자들을 위하여 의도되었다. 그것은 응시생의 언어가 서로 다른 점수대에서 무엇과 같을지에 대한 서술을 포함한다. 한 가지 예로, 전반적 특징들에 대한 자세한 점수대의 설명이 〈표 4-4〉에 있다.

<표 4-4> '입말 영어 검사(TSE)'의 전반적 특징과 각 점수대의 설명(ETS, 2001b: 30)

수준	전반적 특징	채점자를 위한 세부 설명(네 가지 측면)
60	의사소통이 거의 언제나 효과적임: 과제가 아주 만족스럽게 수행된다.	화자는 거의 노력을 들이지 않고서 자유롭게 정보를 자발적으로 말해 준다. 추가적인 적합한 기능들을 이용하면서 그 과제의 해결을 진행할 수 있다. - 토박이와 동일한 수정 전략 - 복잡한 표현 - 아주 강력히 설득력 있는 내용 - 청자는 이해하려고 따로 노력할 필요가 거의 없음
50	의사소통이 일반적으로 효과적임: 과제가 만족스럽게 수행된다.	화자는 때로 노력을 기울여 자발적으로 정보를 말해 준다. 일반적으로 말할 준비를 하려고 시간을 끌지는 않는다. - 언어상의 약점으로 약간 산만할 듯한 어떤 수정 전략을 요구할 수 있음 - 가끔 자연스럽지 않은 이상한 표현들이 관찰됨 - 일반적으로 강력히 설득력 있는 내용 - 청자의 이해 노력이 조금 요구됨
40	의사소통이 다소 효과적임: 과제가 다소 만족스럽게 수행된다.	화자가 노력을 들여 대답한다. 때로 제한된 발화 표본을 산출하며, 때로 준비에도 시간을 끈다. - 가령 어휘 그리고/또는 문법 등 언어상의 약점을 보충하기 위해 이용된 지나치게 산만하고 때로 비효과적인 수정 전략 - 적합한 내용 - 청자의 이해 노력이 일부 요구됨
30	의사소통의 일반적으로 효과적이지 않음: 과제가 일반적으로 빈약하게 수행된다.	화자는 훨씬 노력을 많이 들여 대답한다. 제한된 발화 표본을 산출하고, 종종 준비하느라고 시간을 끈다. - 지나치게 아주 산만하며 비효과적인 수정 전략 - 청자의 이해 노력이 많이 요구됨 - 언어상의 약점 때문에 과제가 충분히 수행되는지 여부를 말해 주기가 어렵지만, 기능은 확인될 수 있음
20	의사소통이 전혀 효과적이지 않음: 과제를 수행하는 능력에 대한 증거가 전혀 없다.	뚜렷이 화자 노력이 극단적으로 많이 들어간다. 화자는 말하기 촉진물을 그대로 반복하거나, 과제를 포기하거나, 침묵을 할 경우가 있다. - 과제를 수행하려는 노력이 실패로 끝남 - 심지어 청자의 이해 노력을 많이 요구하는 고립된 낱말이나 이해 가능한 구절만을 이용함 - 기능이 전혀 확인될 수 없음

그 눈금의 처음 두 가지 수준 사이에 있는 차이는 다음처럼 양화사에 근거한다.9)

---

9) (역주) '거의, 일반적으로, 다소'와 같은 기준은 너무 막연하여, 주관적이고 인상적인 채점을 하는 것처럼 느껴질 수 있다.

'거의 언제나 효과적임; 일반적으로 효과적임; 다소 효과적임; 일반적
으로 효과적이지 않음; 전혀 효과적이지 않음'

(almost always effective, generally effective, somewhat effective, generally
not effective, no effective)

이 범주들은 그것이 어떤 이론에서 도출된 분석적 눈금임을 나타
내는데, 해당 모형인 바크먼·파머(Bachman and Palmer, 1996)의 의사
소통 언어 능력Communicative Language Ability은 제5장에서 자세히 논의
될 것이다. 그 눈금의 가장 자세한 내용은 응시생 언어에 대한 실
제적 기술을 지닌 모형과 연결된다. 이것들은 채점자들이 일관된
채점 결정을 내리는 데에 도움이 된다.

　눈금의 세부설명에 있는 '과제tasks' 및 '기능functions'들은 검사/시
험 문제들을 가리킨다. '입말 영어 검사TSE'는 영어로 된 입말 의사
소통을 녹음하여 그것을 채점한 검사이다(녹음 매개 검사, ETS,
2001a). 이 검사의 12개 문항은 응시생들로 하여금

　　길 방향 일러주기, 의견 제시하고 뒷받침하기, 미래 사건이나 발전
　　에 대해 가정하기

와 같은 기능을 수행하도록 요구한다. 전세계로부터 가져온 녹음
된 수행내용은 주로 미국 교육 평가원ETS에 있는 검사 사무국에서
채점된다. 12개 문항의 답변들이 하나하나씩 점수가 주어진다. 응
시생에 제공되는 최종 점수는, 5점 단위로 어림셈을 해 놓은 과제
점수들에 대한 평균 점수이다(가령 20점, 25점, 30점, 35점 등).

(4) '유럽 공통 얼개'에 있는 말하기 눈금

'목표언어 성취 수준에 대한 유럽 공통 얼개CEF, Common European Framework of Reference'(Council of Europe, 2001)는10) 언어교육을 위한 자원이다. 이는 학습자·교사·평가자가 언어 학습을 위한 목표를 마련할 수 있도록 의도되었고, 그 목표에 이르도록 뒷받침해 준다. 이것의 일부로 말하기를 포함하여, 언어 능력에 대한 일정 범위의 '예시용 설명illustrative descriptors'들을 담고 있다. 설명들이 특정한 검사(평가)를 위하여 계발된 것은 아니지만, 평가에 특정한 기준을 만들어 내는 토대로 이용될 수 있다. 이런 기준을 마련하는 경우에, 설명내용이 그 기준들과 일치하는지 살펴보기 위하여, 그리고 어떤 기술이 아마 가장 자세한 '입말 영어 검사TSE' 눈금에 대한 구체적 모습으로 더 추가될 수 있는지를 알아보기 위하여, 의도된 검사(평가) 상황에서 서로 다른 수준에 있는 일부 학습자 수행내용들을 비교 분석하는 것이 도움이 될 듯하다.

제4장에서 아직 예시해 놓지 않은 유럽 공통 얼개CEF에서 두 가지 유형의 눈금은, 언어 특징들(〈표 4-5〉)에 초점을 모아 놓은 영역별 분석 눈금 및 과제에 특정한 눈금들이다(〈표 4-6〉). 대부분의 유럽 공통 얼개CEF 눈금처럼, 이것들도 6가지 수준을 지닌다. 기본 수준에 있는 두 개의 하위 수준(A1과 A2), 자립 수준에 있는 두 개의 하위 수준(B1과 B2), 능통성 수준에11) 있는 두 개의 하위 수준(C1과 C2)이다.

---

10) (역주) 여기서는 말뜻을 쉽게 알 수 있도록 책 이름을 풀어 번역해 둔다. 목표언어 학습에서 여러 수준들에 대한 기준을 논의한 책자이다. 영어 판본의 제목은 『여러 언어들을 위한 성취 기준의 유럽 공통 얼개(*Common European Framework of Reference for Languages: Learning, teaching, assessment*)』(Cambridge University Press)로 나와 있다. 독일어 판본을 놓고서 김한란 외(2010, 개정판), 『언어 학습, 교수, 평가를 위한 유럽 공통 참조기준』로 번역되어 있다. 이하에서는 『유럽 공통 얼개』라고 줄여서 부르기로 한다.

<표 4-5> 입말에 대한 (영역별) 분석적 기준 서술(유럽 위원회, 2001: 28~29)

수준	표현 범위	정확성	능통성	상호작용	일관된 연결
C2 (상+)	더 세밀한 의미의 어감을 정확히 전달하기 위하여, 강조해 주기 위하여, 중의성을 구별하고 제거하기 위하여, 착상들을 서로 다른 언어 형태로 수정해 놓는 대단한 융통성을 보여 준다. 또한 관용적 표현과 입말 표현에 대한 양호한 능력도 갖고 있다.	심지어 주의력이 다른 데에 가 있는 동안에도(가령 앞서 미리 계획하기, 상대방의 반응을 점검하기 등), 복잡한 언어에 대한 일관된 문법상의 통제력(구사 능력)을 여전히 유지해 간다.	자발적으로 자연스런 입말 흐름으로 자신의 생각을 길게 표현할 수 있고, 임의의 난점을 우회하여 피하거나 순조롭게 뒤로 물러나 버리지만, 대화 상대방은 그런 점을 거의 깨닫지 못한다.	명백히 노력을 들이지 않고서도 비-언어적 단서 및 억양 단서들을 선택하여 이용하면서 쉽게 기술적으로 상호작용을 이끌어 갈 수 있다.	다양한 수사학적 조직 유형과 광범위한 접속사, 그리고 다른 연결 기제들을 온전히 적합하게 사용하면서, 일관된 의미 연결이 이뤄지고 정합적인 담화를 만들어 낼 수 있다.
C1 (상-)	광범위하게 일반적이거나 학업적이거나 전문적이거나 여기와 관련된 주제를 놓고서 자신이 말하고 싶은 바를 막힘 없이, 스스로 분명히 적합한 모습으로 표현하기 위하여 스스로 수정을 선택하면서, 언어에 대하여 폭넓게 양호한 능력을 갖고 있다.	높은 정도의 문법적 정확성을 일관되게 유지한다. 오류들은 드물며, 오류가 일어나는 경우 집어내기 어렵고, 일반적으로 화자에 의해 스스로 고쳐진다.	거의 노력을 들이지 않고서 자발적으로 유창하게 자신의 생각을 표현할 수 있다. 오직 개념상으로 어려운 주제만이 언어의 자연스럽고 매끄러운 흐름을 방해할 수 있다.	발언권을 얻어내고 유지하기 위하여, 능숙하게 다른 화자들의 발언권에 기여하기 위하여 자기 발언권의 시작 부분을 개시하려고 적합한 구절을 이미 이용할 수 있는 범위의 담화 기능으로부터 뽑아낼 수 있다.	수사학적 조직 유형들과 접속사와 다른 연결 기제들에 대한 구사 능력을 보여 주면서, 분명하고 매끄럽게 흘러가며, 잘 구조화된 발화를 산출할 수 있다.
B2 (중+)	아주 눈에 띄게 낱말을 찾는 일이 없이 그렇게 실행하기 위하여 일부 복합 문장을 이용하면서, 분명한 서술을 제시할 수	비교적 높은 정도의 문법적 통제력(구사 능력)을 보여 준다. 오해를 일으키는 오류를 만들지 않으며, 자신의 실수를 대부	비록 관련 유형 및 표현들을 찾아내면서 머뭇거릴 수 있지만, 사뭇 고른 속도로 언어의 확장 연결체를 산출할 수 있다.	비록 언제나 아주 우아하게 실행하는 것은 아니지만, 담화를 개시하고, 적합한 경우에 자신의 발언기회를 차지하며, 필요하	비록 길게 말하는 경우에는 어떤 비약이 있을 수 있지만, 자신의 발화들을 분명하고 일관되게 의미가 연결된 담화로 이

---

11) (역주) 여기서는 proficient(능통한, 능대 능소의)이란 낱말을 쓰지만, 표 속에서는 fluency (유창성, 유려함)이란 낱말을 쓰고 있다. 이는 서구 언어에서 그리고 한문에서 자주 낱말 사슬(a chain of lexicon)을 만들어 놓는 방식이다. 번역자는 호이(Hoey, 1991), 『덩잇글에 있는 어휘 사슬 형성 유형(*Patterns of Lexis in Text*)』(Oxford University Press)에서 이를 배울 수 있었다. 49쪽의 역주 14)와 108쪽의 역주 14)를 보기 바란다. 그렇지만 우리말 작문에서는 이렇게 다양한 낱말들을 바꿔 놓기에 익숙하지 않다고 보아, 이 번역에서는 일관되게 '능통성'으로 번역해 둔다.

	있고, 대부분 일반적인 주제를 놓고서 관점을 표현할 수 있는 충분한 범위의 언어를 갖고 있다.	분 고칠 수 있다.	두드러지게 긴 멈춤은 거의 없다.	다면 대화를 끝마칠 수 있다. 상대방의 이해를 확인 점검하고, 남을 대화 속으로 끌어들이는 등, 친숙한 배경에 대한 논의를 도와줄 수 있다.	어 놓기 위하여 제한된 숫자의 연결 기제들을 이용할 수 있다.
B1 (중−)	가족·취미·관심 거리·직무·여행·현재 사건과 같은 주제를 놓고서, 일부 주저거림과 막연히 에둘러 말하기와 더불어, 자신의 생각을 표현할 충분한 어휘를 갖고서 잘 해 낼 만큼 충분한 언어를 갖고 있다.	합리적으로 정확히 자주 이용된 '정형화된 투식' 및 좀 더 예측 가능한 상황들과 관련된 유형들의 목록을 이용한다.	특히 자유롭게 산출된 더 긴 확장 연결체에서, 심지어 문법 계획·어휘 계획·수정을 위한 멈춤 따위가 아주 뚜렷이 나타나지만, 상대방 쪽에서 이해 가능하게 계속 진행하여 나갈 수 있다.	친숙하거나 개인적으로 관심 있는 주제들을 놓고서 얼굴을 마주보는 간단한 대화를 개시하고 유지하며 끝마칠 수 있다. 서로 간에 이해 여부를 확인하기 위하여 누군가 말한 내용을 다시 반복할 수 있다.	핵심 논점에 대하여 일련의 더 짧고 구별되는 간단한 표현들을 일직선의 연결체(선조적 연결체)로 이어 놓을 수 있다.
A2 (하+)	간단한 일상생활의 상황에서 제한된 정보를 지닌 의사소통을 하기 위하여, 미리 기억해 둔 구절들과 몇몇 낱말과 투식적 표현과 더불어, 기본적인 문장 유형을 이용한다.	간단한 구조들을 정확히 이용하지만 여전히 체계적으로(=늘 일관되게) 기본적인 실수를 저지른다.	심지어 멈춤·잘못된 개시 발화·고치기 따위가 아주 뚜렷이 나타나지만, 아주 짤막한 발화로 자신의 생각을 이해시킬 수 있다.	질문에 대답하고 간단한 진술에 반응을 할 수 있다. 자신이 따라가고 있지만 자연스럽게 대화가 계속 진행되도록 이해를 충분히 잘 할 수 없는 경우에, 대화 상대방에게 이를 알려 줄 수 있다.	낱말의 집단들을 '그리고, 그러나, 왜냐하면'과 같은 간단한 접속사로 이어 놓을 수 있다.
A1 (하−)	개인적 세부사항과 특정한 구체적 상황들과 관련된 낱말 및 간단한 구절들에 대한 아주 기본적인 목록만을 지니고 있다.	오직 기억된 목록 속에 있는 몇 가지 간단한 문법적 구조 및 문장 유형들에 대한 제한된 통제력만 보여 준다.	표현을 찾아내기 위하여, 덜 친숙한 낱말들을 발음하기 위하여, 의사소통을 고치기 위하여, 많은 멈춤과 함께, 아주 짤막하고 고립적이며 주로 미리 기억된 발화를 관리할 수 있다.	개인적 세부사항들에 대하여 묻고, 질문에 대답할 수 있다. 간단한 방식으로 상호 작용을 할 수 있지만, 의사소통은 전적으로 반복 및 풀어 말하기와 수정에만 의존한다.	낱말들이나 낱말의 집단을 '그리고, 그리고 나서'와 같이 아주 기본적인 일직선적(선조적) 접속사로 이어 놓을 수 있다.

다섯 가지 영역들을 갖고 있으므로, 〈표 4-5〉에 있는 눈금은 분석적이다. 영역별 분석 눈금이 학습자들이 실제로 '실행하는 바'를

서술함이 사실이라면, 이는 행동주의적 채점 눈금이다. 설명내용들은 특정 목적보다는 일반 목적을 위하여 씌어졌다.12) 따라서 그것이 가령 '사업상의 업무를 위한 불어'와 같이 전문적으로 특정한 말하기 평가에서 이용되었더라면, 아마 기능 및 언어사용 맥락이 그 검사(평가)에 알맞도록 수정되어야만 했을 것이다. '상호작용Interaction' 눈금은 상호작용 기술을 채점하는 경우에 낱말로 적어 놓기 위한 어떤 구체적인 제안을 제공해 준다. 반면에, 단일한 화자에 의한 긴 발언기회를 요구하는 과제(문항)들에 대해서, '일관된 의미 연결성coherence' 눈금도 어떤 유용한 개념을 제공해 줄 수 있다. 만일 이 눈금이 말하기 검사(평가)의 수행들을 채점하는 데 이용되었더라면, 아마 검사(평가) 계발주체는 응시생들이 다섯 가지 영역별 분석 점수들을 얻어야 하는지, 아니면 전반적 점수로 그 영역들의 결합 점수를 얻어야 하는지, 또는 둘 모두를 얻어야 하는지 여부를 결정해 주어야 했을 것이다. 또한 그들은 전반적인 점수를 도출하기 위한 규칙들도 구체적으로 적시해 주어야 한다. 그 결정은, 아마 그들이 해당 검사(평가)를 무엇을 위하여 이용하고 있는지의 목적에 달려 있을 것이다.

다음 〈표 4-6〉에 있는 눈금은 분명히 구체적인 종류의 이야기에 한정되어 있다. 이는 다만 유럽 공통 얼개CEF 눈금의 더 낮은 하위

---

12) (역주) 언어 교육의 갈래를 다음처럼 나눌 수 있다. 자세한 논의는 김지홍(2010), 『언어의 심층과 언어교육』(도서출판 경진, 102쪽)을 보기 바란다.

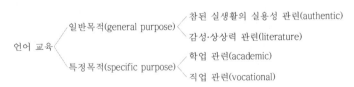

단계들만을 다룬다. 왜냐하면 이런 유형의 과제(시험)에서 더 높은 세 가지 수준은 학습자의 실행에 비춰 신뢰할 만큼 서로 간에 구별이 이뤄질 수 없다는 예상 때문이다. 각 수준의 세부설명descriptor은 여러 가지 진술을 담고 있다. 만일 이런 눈금이 실제 수행을 채점하기 위하여 이용되었더라면, 아마 평가 계발주체(출제자)는 응시생들이 각 수준에 부여될 기능들의 전부 또는 대부분 또는 일부에 대하여 증거를 보여줄 필요가 있었는지 여부를 결정할 필요가 있었을 것이다.

<표 4-6> 목표 지향 협동 과제를 위한 특정 눈금:
차 수리·문건 토의·사건 기획 등의 과제(Council of Europe, 2001: 79)

수준	세부 설명
C2	B2와 같음
C1	B2와 같음
B2 (중+)	- 믿을 만하게 세부적인 유의사항들을 이해할 수 있다. - 작업의 진행 과정에 따라 다른 사람에게 참여하도록 초대함으로써 도와주거나 그들이 생각하는 바를 말해 줄 수 있다. - 원인이나 결과에 대하여 사색하거나 서로 다른 접근법의 장단점에 가중치를 부여하면서 어떤 논제나 문제를 분명히 개관해 줄 수 있다.
B1 (중-)	- 비록 가끔 되물어 봐야 하겠지만, 말해진 바를 따라 실행할 수 있다. - 왜 어떤 것이 문제인지를 설명하고, 다음 실행할 것을 논의하며, 대안들을 비교하고 대조할 수 있다. - 다른 사람의 의견에 대하여 간단한 논평을 제시할 수 있다. - 일반적으로 말해진 바를 따라 실행할 수 있으며, 필요할 경우에 상호 이해를 확인하기 위해서 누군가 말해 놓은 바의 일부를 다시 반복할 수 있다. - 가능한 해법이나 다음 실행할 것에 대한 질문과 관련하여, 간략한 근거나 설명을 제시하면서 자신의 의견과 반응을 남들이 이해하도록 만들 수 있다. - 진행 방법에 대하여 다른 사람들에게 그들 자신의 의견을 제시하도록 초대할 수 있다.
A2 (하+)	- 자신이 이해할 수 없는 경우에, 아주 단순히 반복을 요청하면서, 불필요한 노력이 없이, 간단하고 정형화된 과제들을 관리하는 일을 충분히 이해할 수 있다. - 제안을 만들거나 제안에 반응하면서, 방향을 묻고 제시해 주면서, 다음 단계로 실행할 바를 논의할 수 있다. - 자신이 진행 내용에 따라 가고 있는지를 나타낼 수 있으며, 화자가 어려움을 겪는다면 언제 무엇이 필요한지를 상대방이 이해하도록 만들 수 있다. - 질문을 하며 대상을 제공하고, 간단한 정보를 얻으며, 다음 단계로 무엇을 실행할지 토론할 간단한 구절들을 이용하면서, 단순하고 정형화된 과제들을 의사소통할 수 있다.
A1 (하-)	- 신중하게 그리고 천천히 자신에게 전달된 질문과 유의사항들을 이해할 수 있고, 짤막하고 간단한 명령에 따라 진행할 수 있다. - 사람들에게 물건을 물어볼 수 있고, 사람들에게 해당 물건을 내어 줄 수 있다.

(5) 멜버른 의대생들을 검사하는 진단용 말하기 눈금

앞에서 본 모든 사례들은 언어 평가에서 수준과 눈금에 대한 언어적 정의를 담고 있다. 이번 사례는 여러 하위영역의 분석적 눈금이 있다는 점에서, 앞의 사례들과는 다르다. 그러나 그 눈금 수준은 오직 숫자로만 정의되어 있다.

멜버른 대학Melbourne University에 있는 의대 학부생을 위한 진단용 말하기 검사(Grove and Brown, 2001)는 의사소통 기술에 도움이 필요한 학생들을 찾아내는 데에 이용된다. 학업의 첫 해에서부터 계속하여 학생들은 임상 실습기간에 환자들과 의사소통을 하고, 작은 모둠 활동에서 협동하여 일을 해야 한다. 그 검사는 그들의 학업에 대한 요구사항들을 처리하는 데 도움을 주도록, 토박이 및 비-토박이 학생 둘 모두에 대하여 자세한 되점검을 제공하기 위하여 계발되었다.

그 검사에서 수행은 두 묶음의 기준들로 채점이 이뤄졌다. 하나는 언어 지향의 일반적 기준이고, 다른 하나는 과제(업무) 특정적 기준이다. 이 사례에 있는 기준들은 교육에 대한 주제를 놓고서 실행한 비격식적 토론 과제와 관련된다. 응시생들은 그것에 대한 자신의 의견을 제시하고 입증하며, 검사관과 그것들을 논의한다.

〈표 4-7〉에 있는 눈금은 수치로 된 점수이다(Linn and Gronlund, 1995). 여기서 눈금이 표제가 붙어 있지만, 각 눈금의 등급은 오직 숫자로만 확인될 뿐이다. 이는 채점자가 수치의 의미에 대하여 합의할 것으로 기대될 경우에 유용하다. 그렇지만 점수들의 해석은 흔히 채점자들에 따라 변동된다. 왜냐하면, 이런 의미에서 숫자는 애매하기 때문이다.

<표 4-7> 비격식적 토론 과제(문항)의 업무 특징적 눈금 수치(Grove & Brown, 2001)

영역별 눈금	검사의 유형		검사 문항 2: 격식 갖추지 않은 토론					
과제(업무) 특정 기준	참여의 적합성	– 상호작용의 유지	6	5	4	3	2	1
		– 상호작용의 개시 및 확장	6	5	4	3	2	1
	착상의 품질	– 사고의 완숙성 및 품질	6	5	4	3	2	1
	대인 상호작용 기술	– 참여 및 친근성	6	5	4	3	2	1
		– 비언어적 행위	6	5	4	3	2	1
	일관된 의미 연결 및 표현	– 착상의 명확성	6	5	4	3	2	1
		– 통사 결속 및 의미 연결성	6	5	4	3	2	1
	말투와 어감	– 격식성의 수준	6	5	4	3	2	1
		– 공손성의 정도	6	5	4	3	2	1
		– 직접성	6	5	4	3	2	1
		– 목소리의 색깔(tone)	6	5	4	3	2	1
언어사용 일반기준	언어 요소	– 구조의 범위 및 어휘	6	5	4	3	2	1
		– 표현의 깊이 및 명료성	6	5	4	3	2	1
		– 정확성	6	5	4	3	2	1
	산출 결과	– 발음	6	5	4	3	2	1
		– 억양, 강세, 가락	6	5	4	3	2	1
		– 목소리 음질 (quality 품질)	6	5	4	3	2	1

표에서와 같이 짝수의 등급이 있는 경우에, 채점자는 응시생이 각 눈금의 중심점에서 약한 쪽에 있는지 아니면 강한 쪽에 있는지를 결정해 주어야 한다. 이와 다른 대안은 홀수 눈금을 갖는 것이지만, 이런 방식의 난점은 중간 점수의 해석이 특히 다양해질 수 있다는 것이다(143쪽의 역주 1 참고). 일부 채점자들에게는 아주 광범위해지고, 다른 채점자들에게는 오히려 협소해진다. 그러므로 이런 눈금 수치의 서식이 말하기 평가(시험)에서 아주 일반적인 것

은 아니다. 더욱 정보가 깃든 채점 눈금에서는, 제4장의 더 앞 쪽에서 본 눈금 사례에서와 같이, 각 점수 수준에서 학생들이 어떻게 행동하는지를 서술해 준다. 이는 채점자 간의 더 큰 합치 및 더 많은 정보 되점검을 위하여 토대를 제공해 준다.

멜버른 의대생 검사의 경우에서는, 채점해 나가는 동안에 채점자들이 각 눈금의 의미에 대한 자세한 서술내용에 살펴봐야 한다. 이는 그 기준이 의미하는 의사소통 행위의 종류에 대한 사례들을 포함한다(Grove and Brown, 2001). 아쉽게도, 이들 세부 서술내용은 출간되지 않았다. 그럼에도 불구하고, 이런 서식은 새로운 채점 개념이 탐구되는 상황에서는 아마 유용할 것이다. 일단 해당 검사가 일정 기간에 걸쳐 이용된다면, 그 눈금이 더 개선되어 명시적으로 씌어질 수 있으며, 따라서 서로 다른 수준에 있는 수행내용들이 핵심적 특징들을 고려하면서 분석될 수 있을 것이다.

이 사례에서 이용된 채점 개념과 관련하여, '참여의 적합성, 착상의 품질, 대인 상호작용 기술'에 대한 업무 관련 기준들은 언어 검사를 위한 일반 기준보다 더욱 광범위하다. 해당 과제(업무)와 기준들은 점수를 이용할 멜버른 의대 교수들과 함께 계발되었다. 이것들이 의대생이 그 검사(평가) 밖의 실생활에서 만날 여러 가지 상황에서 중요하다고 찾아낸 종류의 개념이었다. 이는 해당 점수들이 서로 관련되도록 의도한 것이었으므로, 검사 계발주체(출제자)는 그 목적에 따라 채점 기준을 정의해 두었던 것이다.

4.2. 서술 과제에 대한 진단용 채점표

정의되지 않은 눈금 수치를 쓰는 대신에, 검사 계발주체와 채점자들이 또한 채점 목록을 통하여 진단용 채점 점수를 제시해 줄 수 있다. 이것들은 어떤 과제를 놓고서 성공적 수행을 서술하는 데 이용될 수 있는 특징들에 대한 자세한 목록이다. 성공적 수행이 언제나 이들 특징을 모두 지니는 것은 아니겠으나, 그런 특징을 다수 지닐 것이다. 이것들에 대한 목록이 채점자들에게 주어지는 경우에, 그들이 관찰하고 있는 수행에서 어떤 특징을 볼 수 있으며, 어떤 것을 두드러지게 빠뜨리고 있는지 신속히 주목할 수 있을 것이다. 채점 점검목록의 사례가 〈표 4-8〉에 제시되어 있다. 이 점검목록은 대화 상대가 응시생에게 그들이 일하는 작업실이나 일하는 곳을 서술하도록 요구한 서술 과제를 채점하기 위하여 계발되었다. 그 과제는 제7장에서 좀 더 자세히 논의될 것이다.

〈표 4-8〉 직장 서술 과제에 대한 채점 목록

	내용과 구조	예, 아니오	추가 의견
서술 내용과 구조	- 생업을 위해 자신이 하는 바를 말한다	Y N	
	- 어느 곳에 직장이 있는지 말한다	Y N	
	- 작업실이나 그 위치를 서술한다	Y N	
	- 작업실이나 장소 그 자체를 서술한다	Y N	
	- 핵심 도구와 활동을 찾아내어 확인한다	Y N	
	- 분위기나 느낌까지 서술한다	Y N	

	언어 요소	+ 또는 -	추가 의견
서술에 쓰인 언어	- 발화의 흐름	+ -	
	- 가락과 속도	+ -	
	- 발음	+ -	
	- 억양	+ -	
	- 강세	+ -	
	- 주저거림	+ -	
	- 어휘 사용의 범위	+ -	
	- 담화 표지, 디딤말	+ -	
	- 문법	+ -	
	- 다른 요소들로 무엇이 더 있는가?	+ -	

이 사례에서는 두 가지 유형의 점검목록이 이용된다. 첫 번째 유형은 '예'Y 또는 '아니오'N 서식이다. 이 목록에 있는 각 특징에

대하여, 채점자는 해당 수행에서 그 항목이 제시되었는지 아닌지 여부를 쐐기표 '✔'로 표시해 놓는다. 추가 의견(촌평)을 위한 칸은 서술내용의 각 측면에 대하여 특히 좋았던 것이나 특히 부실했던 것을 적는 데 쓸 수 있다. 두 번째 유형은 '+'⊞ 또는 '-'⊟ 서식이다. 채점자는 그 항목이 강점이라면 ⊞에 쐐기표 '✔'로 표시하고, 약점이라면 ⊟에 쐐기표로 표시해 놓는다. 아마 신속히 어떤 추가 의견(촌평)도 적어 넣을 수 있다. 가령, 응시생이 이용한 구절이나 소리의 인용처럼, 이들 기록이 더 구체적이면 구체적일수록, 응시자인 화자들에게 되점검을 내어 주는 경우에 추가 의견 기록들이 더욱 유용하게 될 것이다. 더욱 잘 배워 나가도록 응시생들을 도와주려면, 약점에 대한 추가 의견(촌평)이 특히 유용할 것이다. 한편 강점에 대한 추가 의견(촌평)도 학습자들에게 자신의 기술을 더 잘 깨닫게 만들어 주며, 자신의 언어 학습에 대하여 스스로 기분 좋게 느끼도록 해 준다.

채점 목록이 과제 수행의 여러 측면에 대한 긴 목록을 담고 있으므로, 이것들은 설계주체가 과제 및 수행내용들을 아주 잘 알고 있는 경우에만 계발될 수 있다. 실제적으로 이는 무엇이 수행을 성공적으로 만드는지 서술해 주는 식견을 지니고서, 과제들에 대한 학습자 및 전문가들의 수행내용을 분석하는 일을 뜻한다. 점검목록은 진단용 되점검을 제시해 주는 데에도 유용하지만, 유용성의 정도는 그 목록에 있는 특징들에 대한 지각에도 달려 있다.

채점 목록은 본질적으로 진단적이며 서술적이다. 이는 〈표 4-8〉에서처럼 있는 그대로 간단히 이용될 수 있지만, 종종 채점 눈금과 더불어 이용된다. 〈표 4-8〉의 첫 전반부에서처럼 이야기의 내용 및 구조를 구체적으로 보여 주는 점검목록은, 채점자로 하여금 과제 성취 및 의사소통 과제의 특정한 특성들에 초점을 모으도록 한다. 후반부에 있는 언어 지향의 점검목록은 좀 더 일반적이다. 따라서 계발주체는 검사(평가)의 목적에 따라서 과제에 특정한 눈금을 갖고 있거나, 아니면 총괄적 눈금을 갖고 있는 점검목록을 선택할 수 있는 것이다.

4.3. 말하기 평가 눈금의 계발에 대한 관심

(1) 몇 가지 수준의 눈금이 필요할까?

눈금으로 표시할 수준의 숫자는 눈금 계발에서 핵심 질문의 한 가지이다. 수준이 더 많이 있으면 있을수록, 더 구체적인 되점검이 있을 것이다. 가령, 교실수업의 학기 초반에서부터 시작하여, 학기 말에 이르기까지 걸쳐 있는 기간 동안의 발전(향상)을 더 쉽게 보여 주게 될 것이다. 그렇지만 눈금이 또한 측정에 대한 것이므로, 일관되게 채점자가 얼마나 많은 수준을 구별할 수 있는지를 묻는 것이 중요하다. 이를 점검하는 쉬운 방법은, 가령 동일한 수행을 두 번 채점하는 경우이다. 두 채점 행위 사이에 일주일의 간격을 두고서 채점자들이 스스로 두 번의 채점 결과가 서로 얼마나 잘 일치하는지를 살펴보는 것이다.13) 또 다른 점검 방법은 두 명의 채점자가 동일한 수행을 놓고 채점하여 서로 얼마나 잘 일치하는지를 살펴보는 것이다.14) 흔히 그 대답은, 수준의 숫자가 적으면 적을수록, 채점 결정이 더욱 일관적이 된다는 점이다. 타협점은 중간에 있는 어느 지점이다. 특정 과제를 지향하는 눈금은 흔히

---

13) (역주) 흔히 이를 채점자 내부(내적) 신뢰도 문제라고 부른다.
14) (역주) 이는 앞의 경우와 대립되며, 채점자 사이의 신뢰도 문제라고 부른다.

4수준에서 6수준을 지닌다. 두 경우 사이에서 최선책을 얻어내기 위하여, 학교에서는 두 유형의 눈금을 함께 쓰기로 결정을 내릴 수도 있다. 하나는 여러 학기와 여러 학년에 걸쳐서 외국어 학습에서 향상(발전)을 보고해 주기 위한 눈금이며, 다른 하나는 개인별 검사상으로 수행을 등급 매겨주는 눈금이다.

(2) 몇 개의 기준이 필요한가?

제4장에 있는 사례들은 모든 영역을 포괄하는 총괄적 눈금 및 영역별로 나눈 분석적 눈금을 담고 있었다. 만일 영역별 분석적 채점 기준을 이용하기로 결정이 내려진다면, 평가 계발주체는 얼마나 많은 기준이 들어가야 하는지 결정할 필요가 있다. 『유럽 공통 얼개 CEF』(Council of Europe, 2001: 193)에서는 4가지 또는 5가지 범주가 채점자들에게 인지 부담을 일으키기 시작하며, 심리적으로 7가지 범주가 상한임을 시사해 준다.15) 분석적 기준들이 개념상으로 자립적이어야 함이 또한 중요하므로, 적어도 5가지로부터 7가지까지 정도의 기준이 최대한도에 가까울 듯하다. 그렇지만 〈표 4-8〉 사례에서처럼, 개념상의 표제 아래 여러 기준들을 한데 묶는 일은, 채점자들에게 좀 더 상세한 채점을 해 나가도록 해 줄

---

15) (역주) 이는 동시에 점검하면서 판정할 수 있는 기준의 숫자를 의미한다. 이는 작업 기억(working memory)를 이용하여 이뤄진다. 특히 숫자를 처리하는 경우에는 7±2개씩 덩어리로 묶어 한꺼번에 처리하고 기억한다는 심리학자 밀러(Miller, 1956)의 주장이 나온 뒤에(48쪽의 역주 13), 이 기준이 여러 분야로 확대 적용된 바 있다. 글을 읽을 때에 문장의 처리는 대략 5개에서 7개 정도로 상정되는데, 킨취(1998; 김지홍 외 뒤침, 2010), 『이해: 인지 패러다임』 I , II (나남)을 보기 바란다. 그런데 분류학이나 개념에 대한 원형(prototype) 이론을 다루는 쪽에서는 개념의 위계가 대략 5개 층위로 이뤄지는데, 기본 층위를 중심으로 위로 두 층위(상위 및 최상위 층위)와 아래로 두 층위(하위 및 차하위 층위)로 구성된다. 하나의 개념이 동시에 다른 다섯 층위로도 연동될 수 있다는 뜻이다. 154쪽의 역주 6)을 보기 바란다.

수 있다. 이는 진단용 목적을 위해 유용하다.

(3) 수준의 정의에서 뭘 말해 주어야 하는가?

〈표 4-8〉 사례를 제외하고서, 제4장에 있는 모든 눈금이 수준에 대한 언어적 정의를 담고 있었다. 이것들은 채점자로 하여금 일관되게 채점을 할 수 있도록 이끌어 가고, 또한 응시생들과 점수 이용자들에게 점수의 의미를 설명해 준다. 점수 의미와의 이런 연관성 때문에, 눈금은 해당 검사(평가)의 구성물 정의와 긴밀히 관련된다. 눈금은 또한 과제(문항)들과도 직접 연결된다. 왜냐하면 과제(문항)가 유용해지기 위해서 그 과제들이 드러내는 말하기 기술의 종류들을 서술해 줄 필요가 있기 때문이다. 따라서 구성물·과제(문항)·기준들이 함께 계발될 필요가 있는 것이다.

유용해지기 위해서, 눈금 해설scale descriptors들이 구체화될 필요가 있다. 그렇지만 그것들이 또한 실용적이어야 한다. 만일 눈금 해설이 아주 길다면, 눈금을 암기하기가 어렵고, 그것을 일관되게 이용할 수도 없다. 또한 눈금 해설이 아주 자세하다면,16) 서술된 특징을 보여 주는 수행내용을 쉽게 찾아낼 수 없다. 그렇다면 채점자들이 가능한 둘 또는 세 가지 수준들 중에서 어느 등급의 수준을 부여해 주어야 하는지를 결정해 놓을 필요가 있다. 반면에 '수excellent'에서부터 '가poor'까지의 범위처럼,17) 오직 해설 없이 평가

---

16) (역주) 151~154쪽에 걸쳐 있는 〈표 4-2〉가 그러하다. 자세히 서술해 놓아 그 개념을 잡기가 편하겠지만, 다른 한편으로 너무 복잡하여 헷갈릴 소지가 많으며, 정확하고 일관되게 적용할 수도 없게 된다. 번역에서는 각 수준을 나누는 핵심사항에 밑줄을 그어 두었다.

17) (역주) 흔히 영어권에서는 5등급의 평가를 한다. 두 계열의 낱말을 쓰는데, 5를 excellent(뛰어남), 4를 good(좋음, 양호함), 3을 average(보통), 2를 below average(보통 이하), 1을 poor(모자람)이라고 부른다. 또는 excellent(뛰어남), very good(아주 좋음), good(좋음),

등급만 지닌 채 어떤 정의도 주어지지 않은 수준이나 눈금은 애매 모호함 때문에 어려움을 일으킨다. 만일 단 한 명의 채점자만 있다면, 그것이 실용적일 수 있다. 그러나 이것도 오직 채점자가 내적으로 일관된 점수를 준다는 조건에서만 그러하다. 흔히 이 점이 등급(수준)들에 대한 일부 언어적 정의가 전혀 없는 것보다 정의를 밝혀 주는 일이 훨씬 더 나은 까닭이다.

양질의 분명하고 구체적인 수준(등급) 설명을 계발하기 위하여, 평가 계발주체는 서로 다른 수준에 있는 응시생 수행내용들을 귀 기울여 들어야 하며, 어떤 특정 수준(등급)에서 어떻게 수행하는지에 대해 해설을 해 줄 필요가 있다. 흔히 이는 초벌 원고·예비 시행·수정을 두 번 이상 더 반복하게 된다. 눈금 계발 방법은 4.4절에서 논의된다.

(4) 상대평가인가, 절대평가인가?

상대평가 점수 및 절대평가 점수 사이에 있는 대조는[18] 점수가

---

fair(그런 대로 괜찮음), poor(모자람)이라고도 한다. 영어권에서는 중간 등급을 '보통'으로 부르거나 '좋음'으로 부르고, 이 등급의 위와 아래에다 각각 두 등급을 설정해 놓았다.

그렇지만 이런 5등급을 일제 때 자기 나라에서 싸움이나 일삼는 무사들이 쓰던 평가 어휘를 받아들여 '수, 우, 미, 양, 가'라고 불렀고, 광복이 된 뒤에도 우리는 이를 비판 없이 그대로 써 왔다. 한자의 뜻으로 보면 수(秀, 빼어남), 우(優, 넉넉함), 미(美, 아름다움), 양(良, 좋음), 가(可, 괜찮음)이다. 제일 낮은 등급조차 '가'(可, 옳을 가, 괜찮음)이므로 최하위 등급의 말로는 어긋난 점이 있다. 따라서 한자의 뜻으로 보면, 영어 낱말과 서로 대응이 될 수 없는 잘못된 번역임을 알 수 있다. 조선조 때 우리가 섰던 방식은 143쪽의 역주 1)을 보기 바란다.

18) (역주) norm-referenced(상대평가)와 criterion-referenced(절대평가)를 교육학에서는 잘못 번역하여 각각 '규준 참조, 준거 참조'로 쓴다. 성태제(2002), 『현대 교육 평가』(학지사)와 변창진 외 4인(1996), 『교육 평가』(학지사)에서는 '규준 기준, 준거 기준'으로 번역하였는데, 콧마루 준(準, 물저울 준)이 두 어휘에서 거듭 남발되어 있다. 규준(規準)의 '준'과 준거(準據)의 '준'이 모두 동일한 글자이며, 따라서 말뜻이 서로 구분될 수 없는 것이다. 일선 교육현장에서 쓰는 용어에도 미치지 못하는 부실한 말이다. 교육학 전공자들이 만일 이런 용어를 정확히 세우는 일에 골몰하지 않는다면, 다른 분야에 아무런 도움도 주지 못할 것임을 명심해야 한다.

해석되는 방식과 관련된다. 수행이 만일 어떤 직무를 수행하는 능력처럼 모종의 외적 기준에 근거하여 비교된다면, 그 해석은 절대평가criterion-referenced(절대기준에 근거한 것임)이다. 학습자 언어를 서술해 주는 일련의 수준에 대한 정의가 또한 수행내용이 평가되는 기준을 구성할 수 있다. 만일 학습자 수행이 서로 간에 또는 학년 말에 6학년 전체 학생들과 같이 어떤 정규분포를 보이는 집단에 의해 마련된 표준에 근거하여 비교된다면, 그 점수는 상대평가norm-referenced(정규분포에 근거한 것임)이다.

실제적으로 특히 학교 중심의 평가(검사)에서는, 절대평가 점수 해석 및 상대평가 점수 해석이 하나의 연속선을 형성하지만, 흔히 눈금에 대한 의도된 적용이 어느 쪽 방향에 더 가까이 있는지 말해 줄 수 있다. 많은 말하기 점수가 절대평가이거나, 적어도 그 연속선의 절대평가 극점에 가까이 다가가 있다. 학교에서 실시되는 많은 등급 부여 제도grading systems(채점 제도)들은 그 연속선의 상대평가 극점에 더 가까이 다가가 있다. 왜냐하면 학습자들의 기대된 수행에 근거하여 어느 특정 등급에서 평가가 이뤄지기 때문이다.

4.4. 말하기 평가를 위한 눈금 계발 방법

말하기 검사(평가)를 계발하는 경우에, 아마 품격 높은 평가 단체에 의해 이용된 기존의 눈금을 채택하는 일은 흥미로울 듯하고, 신뢰하여

---

norm은 정규분포에 근거한 평가이므로, 우리 교육현장에서 쓰는 '상대평가'이다. criterion은 평가기준을 세워 그 기준에 따라 점수를 주는 것이므로, 흔히 말하는 '절대평가'에 해당된다. 만일 원래 용어를 직역한다면 '정규분포에 근거한, 절대기준에 근거한' 정도로 되어야 할 것이다. 여기서는 일선 교육현장에서 쓰는 말을 따르기로 한다.

그 눈금이 적합하고 유용하며 잘 계발된 것으로 여길 수 있을 것이다. 그렇지만 눈금이 언제나 해당 검사(평가)의 목적과 평가될 구성물의 정의와 관련되는 것은 아니다. 더욱이 기존의 많은 눈금들이 양적 자료 또는 질적 자료에 대한 체계적인 분석도 없이 대체로 직관적 방법을 통하여 계발되어 왔다(Council of Europe, 2001: 207). 그러므로 비록 기존의 여러 가지 눈금들이 토대로 이용되었다고 하더라도, 아래에서 논의된 경험적 분석을 일부 이용하면서, 그것을 수정하는 일은 좋은 생각일 듯하다. 눈금 계발에 대한 좀 더 확대된 논의는, 유럽 위원회(Council of Europe, 2001: 205~216)를 살펴보기 바란다. 그 방법들은 또한 애초에 채점 눈금을 만들어 내려는 경우에도 응용된다.

양질의 능력 수준 해설skill-level descriptors들을 서술하기 위한 기본규칙은, 양질의 공적인 덩잇글을 서술하기 위한 규칙과 비슷하다. 규칙이 간략하고, 명백하며, 확정적이고, 다른 해설을 참고하지 않고서도 자족적으로 이해될 수 있어야 한다(Council of Europe, 2001: 205~207). ① 간결성은 눈금을 처음 읽는 사람들에게 그리고 평가 과정 동안 그 눈금을 이용하려는 평가자들에게 모두 쉽게 참고되도록 만들어 준다. ② 명백성은 전문용어가 특별히 들어 있지 않음을 뜻한다. 단순한 낱말 사용과 문장 구조는 그 해설을 독자들이 좀 더 신속히, 그리고 쉽게 이해하는 데 도움을 준다. ③ 확정성은 구체적인 상태로부터 나온다. 가령, 각 수준에 있는 학습자들이 실행할 수 있는 과제(문항)들을 이름 붙여 주고, 그리고 학습자들이 과제(문항)를 실행할 경우 인상을 심어 주는 방식을 서술해 주는 것이다. 기준 서술의 실패 사례는 다음과 같다(Council of Europe, 2001: 206).

'일정한 범위의 알맞은 전략들을 이용할 수 있다'

(Can use a range of appropriate strategies)

겉으로는 이런 해설이 수용될 수 있을 듯하다. 그러나 '전략들'이 정확히 무엇을 가리키고, 학습자들이 무엇에 '알맞을' 필요가 있으며, '일정한 범위'란 무엇을 의미하는 것일까? 독자마다 각자 나름대로의 대답을 지닐 듯하다. 또한 다음과 같은 한정어구들도

'소수의, 많은, 대부분, 제한된, 적당한, 좋은'
(a few, many, most, limited, moderate, good'

그런 사례에 해당한다. 눈금 계발의 좀 더 높은 상위 단계에서는, 특히 그 작업이 흔히 컴퓨터로 실행되는 현재 상황으로서는, 하나의 한정어구를 또 다른 한정어구로 대치하는 것이 매력적이다. 그렇지만 오직 구체적인 해설이나 사례들만이 평가자로 하여금 그 수준들을 일관되게 구분하고 분리해 놓도록 하는 데 도움을 줄 것이다. ④ 확정적인 공식화formulation(공식화 작업)는 또한 해설의 자족성을 뒷받침해 주므로, 따라서 독자들이 특정한 해설이 뭘 의미하는지 이해하기 위하여 인접 단계(수준)들에 대한 해설을 비교하여 읽을 필요가 없을 것이다.

채점의 눈금상 가장 낮은 수준은 흔히 부정적으로 표현된다. 이 수준의 학습자들이 실행할 수 있는 것보다 실행할 수 없는 것을 말하기가 더 쉽기 때문이다. 원칙적으로, 만일 채점 눈금의 목적이 단순히 평가자로 하여금 합의에 이르도록 하는 것뿐이라면, 부정적 표현의 공식화도 긍정적인 표현만큼이나 그 목적에 기여할 듯하다. ⑤ 그렇지만 그 기준이 만일 학습자들과 공유된다면, 그리고 특히 학습 목표에 대한 설명내용으로 쓰이는 것이라면, 긍정 표현의 공식화가 그 목적에 더 잘 기여할 것 같다. 때로 이는 학습자들이 자신의 제한된 언어를 갖고서 실행할 수 있는 바에 초점을 모음으

로써 달성될 수 있다. 가령, 쉽게 예측될 수 있는 일상상황을 처리하는 일이거나, 또는 기본적인 물건과 장소 그리고 색깔과 크기처럼 성질(속성)들을 이름 부르는 일이다. 때로 이는 긍정 표현의 해설에 수식어구를 더해 놓도록 도와줄 수 있다. 가령, 『유럽 공통 얼개 CEF』에서 입말 유창성에 있는 B1 수준을 위한 해설에 있는 것과 같다(Council of Europe, 2001: 129).

> '특히 자유롭게 산출된 더 긴 확장 연결체에서, 비록 문법 계획·어휘 계획·수정을 위한 멈춤 따위가 아주 뚜렷이 나타나더라도, 상대방 쪽에서 이해 가능하도록 의사소통을 계속 진행해 나갈 수 있다.'
> (Can keep going comprehensively, even though pausing for grammatical and lexical planning and repair is very evident, especially in longer stretches of free production)

눈금 해설을 놓고 작업하는 경우에, 서로 다른 눈금들에 대하여 독자(청중)를 고려하는 것이 중요하다. 때로는 서로 다른 독자(청중)들을 위해서 그 눈금을 다시 쓸 필요가 생기기도 한다. 앞에서 살펴본 '입말 영어 검사TSE' 사례에서처럼, 이는 단순히 다른 독자(청중)들보다도 일부 독자(청중)들에게 더 많이 말해 주는 것을 의미할 수도 있다. 또는 채점자들과 같은 독자(청중)들에게는 전문 기술적 개념을 이용하고, 응시생과 점수 이용자들에게는 비-전문적 개념을 이용하는 것을 의미할 수도 있다.

(1) 직관적 방법

눈금 계발에 대한 직관적인 방법은, 자료 수집에 근거하는 것이 아니라, 경험에 대한 원리 깃든 해석에 근거한다. 눈금은 오직 한 사람에 의해서만 계발되거나 또는 소위원회에서 계발될 수 있다. 계발주체는 흔히 가르치는 일 그리고/또는 자료 계발에서 관련된 능력 수준에 있는 학습자들을 대상으로 두드러진 경험을 쌓아 왔다. 그럴 뿐 아니라 계발주체는 기존의 눈금·교육과정 관련 문서[19]·교수 자료·여타 관련 자원 자료들을 참고할 수 있다. 그러고 나서 그 정보를 합의된 숫자의 수준에서 해설 초안으로 가다듬어 놓는다. 가장 작은 규모의 맥락에서는 해설이 한두 번 수정될 수 있다. 더 광범위한 노력으로는 위원회에서 아마 여러 차례 회합을 가질 것이며, 적어도 거시적 측면에서 모든 참여자들이 합의할 수 있는 눈금에 관해 쓸 만한 공식화 내용을 얻기 위하여 다른 전문가 그리고/또는 그 눈금의 시험판을 써 본 사람들과 상담을 한다. 앞에서 언급한 관련부처 합동 '언어 원탁회의ILR' 눈금처럼 영향력 있는 기관의 눈금들과 함께, 이것과 비슷한 계발 방법이 심지어 좀 더 긴 과정으로 계속 이어져 왔다(Clark and Clifford, 1988). 계발 주체들은 그 눈금이 안정적으로 되고 나서 의도된 목적을 위하여 이용되기 시작했을 때까지, 끊임없이 반복된 토론·수정·학습자 수행에 대한 눈금 적용을 통하여 그 눈금의 이해를 공유하기에 이르렀다. 새로운 채점자들은 그 눈금의 사용법을 위해 훈련을 받고, 또한 확실히 그 눈금에 대한 이해를 공유하도록 하기 위해서 그들의 채점 작업도 점검이 이뤄진다.

---

19) (역주) 우리나라에서는 교육과정 '해설서'가 같이 따라 다닌다. 영국에서는 국가 교육과정이 강제적으로 교과서 검정을 하는 데 동원되는 것도 아니고, 학교에서 한 해 동안 가르치는 내용을 직접 관할하고 지배하는 것도 아니다. 국가 교육과정을 공포하면서, 함께 '구현 얼개'(Framework)도 제시해 준다. 교육과정을 일선 학교에서 구체적으로 어떻게 구현해 나갈지를 자세히 예시해 놓은 내용이다. 이런 것들을 모두 curriculum document(교육과정 관련 문서)로 부르고 있다.

(2) 질적인 방법

눈금 계발에 대한 질적인 방법은, 전문가 집단으로 하여금 그 눈금과 관련된 자료를 분석하도록 요청하는 일을 포함한다. 작업하도록 요청 받은 자료는, 눈금 수준 해설이거나 서로 다른 수준에 있는 수행 표본들이 될 수 있다.

계발주체가 수준 해설을 놓고 작업을 하기로 결정한다면, 예상되는 눈금 이용자들의 집단에서 간단히 눈금을 구성해 놓는 서로 다른 진술들에 대한 묶음에 관하여 얼마만큼 합의해 줄지를 조사하는 일부터 시작할 수 있다. 이 기간을 위한 준비로 눈금을 구성 성분 진술문들로 나눠 놓음으로써, 그 진술들이 각각 단지 한 가지 활동이나 좁게 정의된 성취 수준만을 서술해 놓는다. 가령 다음과 같은 진술은 두 가지 서로 다른 진술이 될 것이다.

> '아주 짤막한 말 주고받기를 처리할 수 있다'
> (Can handle very short exchange)
> '인사와 호칭에 대하여 일상적으로 공손한 형태들을 이용할 수 있다'
> (Can use everyday polite forms of greeting and address)

그리고 나서, 전문가들에게 난이도에 따라 그 해설내용들을 등급으로 나눈 뒤, 아마 그 눈금만큼 수준별로 그 해설내용들을 묶어 주도록 요청한다. 그 결과는 어떤 해설이 모든 또는 대부분의 사용자들에게 긴밀히 적용되는지, 그리고 어떤 해설들이 혼란을 불러일으키는지를 나타내어 준다.

후속 토론에서는 전문가들에게 왜 개별 해설들을 어떤 특정 방식으로 해석했는지 설명해 주도록 요청하고, 그 눈금 진술에서 그들을 도와주거나 혼동시킨 낱말이나 구절들을 찾아내도록 요청할 수 있다. 또한 표현방식에 대해서도 수정을 제안해 주도록 요구할 수 있다. 더욱이 눈금 계발자는 전문가들이 합의할 수 없는 해설들을 폐기하려고 할 듯하다. 이런 방법은 합의 수렴에 대한 경험적 접근을 나타낸다. 이것이 『유럽 공통 얼개 CEF』를 위한 해설내용의 은행pool이 계발된 방식이다.

　수준에 대한 이해를 공유하는 또 다른 접근법은 수행 표본들을 이용하는 것이다. 이미 임의의 눈금이 존재한다면, 전문가들이 여러 사람의 채점자들에 의해 채점된 표본들을 놓고서 작업을 진행할 수 있다. 표본은 그 수준에 대한 강한 합치나 불일치 때문에 선택될 수 있다. 대안이 되는 방식으로, 전문가들에게 수준을 특히 잘 나타낸다고 생각하는 일부 검사 수행내용들을 함께 갖고 오도록 요청할 수 있다. 이 기간에는 수행 특징들을 그 눈금을 표현한 내용wordings들과 비교하기 위하여 그 수행들이 분석된다. 수정을 위하여 그 눈금에서 있을 수 있는 쪽지 또는 초안과 함께, 어떤 불일치 부분이든지 주목되고 논의된다. '국제적 영어 검사 제도 IELTS, International English Language Testing System'를20) 위한 말하기 눈금이 이런 방식으로 계발되었다(Alderson, 1991). 말하기 검사(평가) 수행이 녹화 또는 녹음 테이프로부터 관찰될 필요가 있으므로, 그 과정이 다소 시간을 많이 소모한다. 그러나 전반적인 수행을 한두 번만 관찰함으로써 그것을 용이하게 할 수 있고, 그런 다음에는 사리에

---

20) (역주) 영국문화원(The British Council)·케임브리지 대학(University of Cambridge Local Examinations Syndicate)·호주 대학 연합(International Development Program of Australian University and College) 등의 기관에 의해서 공동으로 계발되었다. 영국 연방 국가에 유학하려는 외국인을 대상으로 한 주관식 형태의 시험이다. 응시생의 말하기·듣기·읽기·쓰기의 4가지 영어 능력 측정하여 종합적으로 평가한다. 누리집은 http://www.ielts.org이다. 원문에 Testing Service(검사국, 평가원)로 되어 있지만, 이는 Testing System(검사 체제)의 잘못이다. 여기서는 원문을 고쳐 번역해 두었다.

맞게 선택된 2~3분의 발췌 부분만을 이용할 수 있다. 그렇지만 심지어 비록 전문가들이 곧 수행내용을 기억한다고 하더라도, 그 접근법이 기억에 근거한 합리화로 환원되어 버려서는 안 된다. 실제적으로 수행내용들을 관찰하고 분석하며, 그 근거 위에서 눈금 해설을 만들어 내거나 수정하는 것이 중요하다.

분석이 시작되기 이전에, 만일 동일한 수행내용이 아직 채점되지 않았다면, 채점 및 해설 집필이 모두 동시에 실행될 수 있다. 이런 접근법의 한 가지 변형으로, 우선 채점자들에게 바람직한 숫자의 수준을 지닌 눈금 수치상으로 일련의 수행내용들을 채점하고 나서, 왜 자신이 그런 점수를 주었는지 계발주체에게 말해 주도록 요구한다. 눈금 구성 주체가 만일 채점자들에게 각각 그 수행내용을 다시 검토하고서, 그 수행에서 어느 특정 수준에 속하게 하는 뭔가를 들을 때마다 녹음기를 일단 멈춘다면, 그 촌평은 좀 더 자세하고 구체적으로 될 것이다. 그런 뒤에 각 단계를 서술하기 위하여 채점자들이 이용하는 구절들이 수집되고, 눈금 계발을 위하여 이용된다(Brown et al., 2001).

또 다른 접근법의 변형으로는, 전문가들이 눈금을 갖고 시작하지 않는다. 그 대신에, 전문가들이 한 묶음의 수행내용들을 더 자잘한 덩어리들로 나눠 놓고서, 이들을 구별해 주는 특징들을 논의하는 것이다. 먼저 전체 묶음의 수행내용들을 더 낮은 집단과 더 높은 집단 둘로 나눠 준다. 그런 뒤에 두 개의 하위 집단을 대상으로 하여 이 구별을 다시 시행한다. 그 눈금에 얼마나 많은 수준이 필요한지에 따라, 아마 여전히 더 작은 집단들로 한 번 더 나눌 수 있다. 채점자들이 언급하는 특징은 수준 해설의 초안 속으로 들어가게 된다. 그런 다음에 그 해설 초안이 얼마나 잘 작동하는지, 그리고 서로 다른 수준에 있는 수행내용들을 정확히 서술해 주는지 여부를 점검하기 위하여, 어떤 전반적 수행내용이 채점되고 분석된다. 대안이 되는 방법으로, 채점자들에게 한 번에 한 쌍의 수행내용들을 비교하여, 어느 것이 더 나은지, 왜 그런지를 진술해 주도록 요청할 수 있다. 채점자들이 언급한 특징들에 대하여 간단히 다시 쪽지로 씌어지고, 이것들이 눈금 수준 해설들을 위한 자료로 이용된다(Pollitt and Murray, 1996).

(3) 양적인 방법

눈금 계발에 대한 양적인 방법21)은 통계 전문지식을 상당히 많이 요구한다. 비록 물론 개별 교사나 검사관들도 필요한 기술을 지니고 있겠지만, 흔히 공식적인 대형 검사나 조사연구 기관들에서 이런 양적인 방법이 가장 잘 이용될 수 있다. 양적인 연구에서 언급된 질문들은 흔히 눈금의 확인과 관련된다. 그 질문은 질적·양적 연구 기법들의 결합을 포함한다. 아마 대형 자료 묶음의 수집도 필요할 것이다.

한 가지 양적인 설계가 능통성에 대한 채점 눈금을 계발하면서

---

21) (역주) 인간을 연구하고 평가하는 데에 흔히 질적인(정성적, 해석적) 방법과 양적인 (정량적, 통계적) 방법이 둘 모두 쓰이고 있다. 이는 인간을 여타 동물과 유사하게 볼 것인지, 아니면 여타 동물들과 구분되는 독자적인 존재로 볼 것인지에 대한 근본적인 물음과 맞닿아 있다. 인간의 행위를 인문학의 전통에서는 인간의 행위를 고유하게 동기로부터 시작하여 과정을 거쳐 결과에 이르는 흐름을 설명해 주는 방식을 쓰는데, 이를 질적 방법, 해석적 방법, 정성적 방법이라고 부른다. 이런 방식을 채택하는 사회학을 미시 사회학(상호작용 사회학)이라고 부른다. 그렇지만 인간의 행동이 미리 결정된 본능과 비슷한 방식을 따른다고 보아, 그런 흐름들을 집단적으로 추적하여 연구하는 방식을 양적 방법, 정량적 방법, 통계적 방법으로 부른다. 특히 여기에는 거시 사회학 또는 사회 '과학'이란 딱지를 붙여 놓는다. 그렇지만 두 방식은 물과 기름처럼 배타적인 것이 아니라, 서로 상보적으로 작동하며 각각의 모자란 측면들을 드러내기 위하여 긴밀히 서로 협동해야 한다. 언어교육에서는 질적 방법이 양적 방법으로 확장되는 경우가 많다. 214쪽 역주 10도 참고 바란다.

풀춰(Fulcher, 1996)에 의해 이용되었다. 우선 그는 한 묶음의 수행 내용들에 대하여 담화 분석을 실시하였고, 그것들 속에 있는 일정 범위의 능통성(유창성) 특징들의 출현을 헤아려 보았다. 그런 뒤 응시생의 점수를 결정하는 데에 어느 특징이 유의미한지 판정하기 위하여, 다중 회귀multiple regression 분석법을 이용하였다. 그런 다음에 이들 특징이 수준 해설을 구성하는 데에 이용되었다. 한편 시간을 많이 소모하지만, 이 기법의 장점은 귀결되어 나오는 눈금이 추리된 경험이 아니라, 확고히 자료에 기초를 두었다는 점이다. 후속 연구인 풀춰(Fulcher, 1997)에서는 채점자들이 일련의 새로운 수행내용들을 채점하는 데에 그 눈금을 일관되게 이용할 수 있었음을 보여 주었다. 185쪽 이하에서는 풀춰의 눈금을 좀 더 자세히 논의할 것이다.

또 다른 조사연구 설계인 샬웁-드뷜(Chalhoub-Devill, 1995)에서는, 훈련 받은 채점자와 훈련 받지 않은 채점자들에게 영역별 분석 채점 기준표를 내어 주고, 아랍 출신의 학습자 여섯 명이 수행한 말하기 내용을 채점하도록 요구하였다. 그리고 나서 채점자 집단 각각에 대하여 어느 특징이 두드러졌는지 결정하기 위하여, 그녀는 다차원 척도법multidimensional scaling 및 선형 회귀linear regression 분석법을 이용하였다. 그 연구에서는 서로 다른 채점자 집단이 말하기 수행을 서로 다르게 채점을 하였음을 보여 주었고, 누구의 기준이 중요한지에 대한 질문과 검사(평가) 점수가 학습자 유창성에 대한 일반 사람들(비-검사자)의 지각내용과 일치하는지 여부에 대한 질문을 제기하였다.

평가 눈금을 계발하고 가다듬기 위한 고급 단계의 양적 접근이 '문항 반응 이론IRT, item response theory'이다.[22] 이는 확률 이론의 발전이다. 한편으로 이는 언어 검사에서 난이도의 눈금 위에서 문항들을 배치하기 위하여 자주 이용되지만, 다른 한편으로 유창성의 눈금 위에서 해설들을 배치하기 위해서도 응용될 수 있다. 조사연구자와 검사 계발자들이 자신의 필요성과 자료의 이용 가능성에 따라 선택할 수 있는 일정 범위의 문항 반응 이론IRT 모형들이 있다. 가장 간단하고 기본적인 모형은 화란의 수학자 조어쥐 롸슈(Gerorg Rasch, 1901~1980)의 이름을 따서 붙여졌다. 이 모형은 『유럽 공통 얼개 CEF』의 해설들을 척도로 나누는 데에 이용되었다. 약간 다른 맥락에서 밀라노뷔치 외(Milanovic et al., 1996)에서는 채점자들 서로 간에 말하기 눈금의 상이한 점수대들을 얼마나 명백히 구별할 수 있었는지를 알아보기 위하여 롸슈 모형을 이용하였다. 문항 반응 이론IRT 모형들의 응용이 언어 검사를 위해 매우 유용하지만, 반면에 단점은 상당히 큰 자료 묶음을 요구한다는 것인데, 이는 가장 널리 이용된 전국 규모의 검사나 조사연구 환경을 제외한다면 거의 이용되지 않을 듯하다.

4.5. 말하기 능력의 향상에 대한 조사연구

이곳에서는 일부 언어 검사(평가) 및 말하기 능력의 향상에 대한 제2 언어 습득SLA의 조사연구를 요약해 놓을 것이다. 이는 말하기에 대한 채점 눈금의 구성을 뒷받침해 줄 수 있다. 그 연구들에서는 초점 모은 이야기의 특징들에 비춰 논의가 짜여 있다. 먼저,

---

22) (역주) 문항 반응 이론에 대해서는 로어드(Lord, 1980; 이종성 뒤침 1990), 『문항 반응 이론과 응용』(대광문화사)과 베이커(Baker, 1985; 성태제 뒤침, 1991)『문항 반응 이론 입문』(양서원) 번역되어 있지만 읽어나가기 힘들다. 언어교육과 관련하여 매크너매뤄 (McNamara, 1996; 채선희·지은림·백순근·설현수 뒤침, 2003), 『문항 반응 이론의 이론과 실제: 외국어 수행 평가를 중심으로』(서현사)가 번역되어 있다.

말하기 평가에서는 다루기 어렵지만 중심 개념인 능통성fluency(유창성)과 함께 시작한다. 능통성이 화용 능력과 관련되므로, 이어서 화용 주제를 다루게 될 것이다. 마지막으로 학습자 문법에 대한 연구의 결과들을 간략히 다루게 될 것이다.

(1) 능통성(유창성)

다음에 능통성 눈금에 대한 사례가 낮은 단계에서부터 차례로 제시되어 있다.

<표 4-9> 학업 목적용 영어 검사(Test of English for Educational Purposes)의 유창성 눈금(Weir, 1993: 44)

등급	특 성
0(낮음)	발화가 끊기고 단편적이며 비일관적이다.
1	발화에서 머뭇거리고 몇 가지 암기된 언급과 응답을 제외하면 종종 불완전하다. 문장들이 대부분 연결되어 있지 않고, 발화 길이가 제한되어 있다.
2	통사 결속 기제들, 특히 접속사들을 이용하려는 발전된 시도에 대한 신호가 있다. 발화에서는 여전히 머뭇거리지만, 일관된 의미 연결·속도·발화 길이에서 좋아지고 있다.
3(높음)	가끔 머뭇거리지만 발화들이 고른 성격을 띤다. 아주 드물게 더듬거리더라도 다시 풀어 말해 준다. 막연히 에둘러 말하는 일에 의해서만 흐름이 방해를 받는다. 문장 사이에 접속사들이 담화 표지(늑화용 기능을 지닌 군말)로써 효과적으로 이용된다.

다음에 있는 또 다른 사례에서도 학습자 언어에 대하여 좀 더 구체적인 어떤 기술을 담고 있다(낮은 등급부터 제시됨).

<표 4-10> 자료에 기반한 능통성 눈금(Hasselgren, 1998; Fulcher, 1996에 근거함)

등급	특성
1(낮음)	화자들의 발화가 짧고, 흔히 하나의 단일한 낱말이다. 대화 상대방의 말을 이해하거나, 명확히 말해 주도록 요구받거나, 또는 자신의 발화에서 알맞은 낱말이나 형태를 찾아내려고 하는 경우에는 길게 멈춘다. 반복과 재시작이 흔하다. 때로 화자는 응답을 할 수 없고, 언어 표현의 결함 때문에, 가끔 전달내용이 말해지지 않은 채 포기되어 버린다.
2	화자들이 대화 상대방의 말을 이해하기 위하여 빈번히 도움을 필요로 한다. 그러나 일단

시작된다면, 일반적으로 전달내용이 확장됨이 없이 단순한 방식으로 가령 구체적인 사례들을 통해서 충족된다. 알맞은 어휘나 문법적 선택을 찾아내려는 경우에 여전히 멈춤이 일어난다. 때로 막연히 에둘러 말하며, 종종 공식적인 언급 도중에도 변환이 있다.

3	화자들이 흔히 대화 상대방의 말을 이해한다. 그 명제(≒발화된 내용)들을 더 잘 깨닫고 있는 듯하며, 이를 계획하는 데 시간을 쓴다. 맥락상으로 낱말 선택의 적합성이 더 중요해지며, 이들을 선택하는 데에 멈춤이 생겨날 터이지만, 그 결과 대화 상대방에게 어떤 호소력을 지닌다. 발화가 더 확장되는 경향이 있다. 'hm(흠)', yeah(예)' 같이 화용적 기능을 지닌 군말이[23] 대화를 좀 더 자연스럽게 만들어 준다.
4	오해가 드물다. 화자들이 명제 상으로 확신이 없음을 나타내기 위하여 책임 완화 표현을[24] 쓴다. 단일한 낱말로 된 발화는 거의 없는데, 가령, 의견에 대한 증거를 제공해 주면서 자신의 발화를 확장해 간다. 명제 내용을 계획하고, 자신을 어떻게 정확히 표현하고 자신의 견해를 제시할지 계획하는 데에 시간이 소요된다. 만일 그 명제나 형성 내용의 정확성에 화자가 스스로 만족스럽지 않으면 고쳐 말하기가 생겨난다.
5(높음)	화자들이 좀 더 자신감을 보여 주며, 명제에서의 불확실한 내용들은 덜 표현할 것 같다. 문법이나 낱말 선택 때문에 멈추는 일이 드물다. 고쳐 말하기는 주로 명제를 완전히 표현하기 위해서 생겨난다. 자신의 발화를 확장하고 자기가 주장하는 내용에 대한 증거를 뒷받침해 준다. 아주 신속히 대응한다.

---

23) (역주) 클락(Clark, 1996; 김지홍 뒤침, 2009), 『언어 사용 밑바닥에 깔린 원리』(도서출판 경진, 404, 414, 422, 424쪽)에서는 '1초의 한계(one second limit)'라는 표현을 쓴다. 침묵하여 멈춤 또는 공백이 심리적으로 느끼기에 1초 이내처럼 짤막할 경우에는 북미 화자들은 '어~(uh, eh)'라는 군말로써 그 공백을 채운다. 이는 화자 자신이 계속 발언권을 유지하겠으니, 발언권을 가로채 가지 말라는 뜻을 담고 있다. 그렇지만 심리적으로 느끼기에 1초 이상의 침묵 또는 공백이 생겨날 경우라면, '음~(uhm, ehm)' 따위의 군말을 써서 그 공백을 채운다. 이는 상대방으로 하여금 적합한 표현을 끄집어 낼 수 있도록 화자인 자신을 도와 달라는 의도를 담고 있는 것이다. 본문의 표에 있는 군말 표현 '흠(hm)'이나 '예(yeah)'는 상대방의 말을 들으면서 추임새를 넣는 것처럼 그의 말에 능동적이며 적극적으로 긍정적 반응을 보이는 것으로, 청자가 화자의 말에 주의를 기울이면서 따라가고 있음을 표시해 주는 것이다. 이런 것들을 화용/담화 표지의 기능으로 일컫고 있다.

24) (역주) 이 책 225쪽에서는 담화 표지를 다루면서 이런 기능을 다시 언급한다. hedge(책임 완화 표현, 책임 경감 표현, 추궁 대비 표현, 울타리 표현)는 어떤 표현(또는 명제)을 놓고 화자가 자신의 책임질 일을 회피하기 위하여, 그 내용의 정확성이나 확실성 따위를 약하게 표현해 주는 말이다. 가령, "잘은 모르겠지만, 아마도 그러하겠지만, 100% 정확한 것은 아닌데, 대략적으로, 추측하건대,…" 등과 같다. 화자 자신이 책임 질 바를 줄여 놓거나 또는 만일의 경우 추궁 당할 때를 대비하는 것이 1차 목적이다. 이런 동기를 고려하면서, 김지홍 뒤침(2011), 『언어와 권력』(도서출판 경진, 236, 461쪽)에서는 '추궁 대비 표현'으로 번역하였고, 이원표 뒤침(2004), 『대중 매체 담화 분석』(한국문화사, 5, 121쪽)에서는 '완화 표현'으로 번역하였다. 노양진·나익주 뒤침(1995), 『삶으로서의 은유』(서광사, 169쪽)에서는 '울타리 표현'으로 번역하였다. 때로는 자신의 주장을 더욱 강하게 확신하거나 상대방으로 하여금 믿게 하려는 목적이나 설득하려는 목적으로 동원되는 강한 표현 "하늘이 무너진다더라도, 엄격히 말하여, 100% 확신하건대, …" 등도 같이 거론하기도 한다. 테일러(Taylor, 1989; 조명원·나익주 뒤침, 1997; §.4-4), 『인지 언어학이란 무엇인가: 언어학과 원형 이론』(한국문화사)에서 사례들을 중심으로 하여 자세히 논의되어 있으므로, 참고하기 바란다.

능통성은 말하기 평가에서 다루기 어려운 논제이다. 이는 부분적으로 '능통성'이란 낱말이

'she is fluent in five language'
(그녀는 5개 국어에 능통합니다, 그녀는 5개 국어를 유창하게 말합니다)

에서처럼 일반적인 의미를 갖고 있지만, 학습자 발화를 특징 짓기 위하여 응용 언어학자들이 이 낱말을 쓰는 경우에는 전문적 의미를 지니기 때문이다. 그렇지만 심지어 전문용어에서도 유창성은 일정 범위(광의 및 협의)의 의미로 쓰일 수 있다. 가장 좁은 정의는 오직 몇 가지 특징만을 담고 있다. 전형적으로 멈춤·머뭇거림·말 속도들이다. 반면에 가장 넓은 용법은 '말하기 능통성speaking proficiency'과 실제적으로 같은 말이다.

능통성의 용어가 명확히 정의되지 않는다면, 그 용어로써 간단히 화자 또는 필자가 무엇을 의미하는지 분명치 않게 된다(Freed, 1995; Fulcher, 1996). 예를 들어, 에써(Esser, 1995)에서는 채점자들에게 능통성에 대한 서술내용을 주지 않은 채, 일련의 쌍으로 된 발화 표본들 중에서 더 유창한 수행내용을 뽑아내도록 요구하였는데, 채점자들이 제시한 정의 내용 및 채점한 방식 둘 모두에 대하여 서로 불일치되는 경향이 있었음을 찾아내었다.

능통성에 대한 정의는 흔히 '흐름이나 순조로움smoothness(미끄러움)·발화 속도·지나친 멈춤이 없음·방해스런 주저거림 표지가 없음·발화의 길이·연결성' 등을 가리킬 수 있다(Koponen, 1995). 그렇지만 이런 성격화는 복잡하다. 왜냐하면 그것들이 화자의 발화에 대한 단순한 기술뿐만이 아니라, 또한 그 발화에 대한 청자의 지각을

포함하는 기술이기도 하기 때문이다. 이 점을 예시하기 위하여, 'excessive pausing(지나치게 오래 멈춤)'이란 구절에서, '멈춤'은 학습자의 발화에 대한 어떤 특징인 반면, '지나치게 오래'는 청자의 판단에 근거한다.

능통성을 구성하는 한 가지 중심적인 부분은, 발화 속도 및 발화-멈춤 관계처럼 발화의 시간 측면과 관련되고, 머뭇거림·반복·스스로 고침처럼 서툰 증상을 드러내는 표지의 출현 빈도와 관련된다. 이것들은 기계에 의해서 그리고 채점자의 인상에 의해서 평가될 수 있다. 두 종류의 연구에서, 화자가 더 능통하면 할수록 말하기 속도가 증가하며, 발화 흐름에서 더 적은 멈춤 및 주저거림을 담고 있음을 드러내었다(Lennon, 1990; Freed, 1995). 또한 화자들은 의미상으로 합당한 곳에서도25) 일부러 멈춘다. 청자는 낱말을 더 듬거리는 것으로 지각하지 않고, 대신 의도적인 화자의 계획 아래 발화하고 있는 것으로 지각한다. 좀 더 능통한(유창한) 화자는 말을 더 많이 하는 경향이 있고, 발화의 구절도 더욱 길어진다. 이는 앞의 〈표 4-9〉에서 살펴본 능통성의 눈금에서 첫 수준들이 서로 차이 나는 방식이다.

기존 채점 눈금에 있는 능통성의 서술내용에 불만을 느끼고서, 풀춰(Fulcher, 1993·1996)에서는 능통성(유창성)에 대하여 좀 더 구체적인 기술을 만들어 내려고 하였다. 그는 몇 가지 발화 표본을 분석하였고, 그것들에 대한 채점자 해석을 요약하였으며, 새로운 능통성 눈금에 대한 초안을 마련하였다. 그의 해설은 각 수준마다 아주 길게 서술하여, 2백 자가 훨씬 더 넘는 결과가 되었다. 그렇지

---

25) (역주) 만일 일부러 강조하기 위하여 발화를 짧은 시간 동안 멈춘다면, 청자들이 긴장하여 더욱 주목하게 된다.

만 적어도 조사연구 환경에서 채점자들은 그 내용이 정보를 담고 있음을 깨달았고, 일련의 새로운 수행내용들을 채점하는 데 그 눈금을 일관되게 이용할 수 있었다(Fulcher, 1996). 풀춰의 눈금에 대한 요약판은 168쪽의 〈표 4-8〉로 제시된 바 있다.

시간 한계 속도와 멈춤 현상 이외에도, 능통성은 화자들이 쓰는 낱말 및

'really(정말이에요), I mean(제 말씀은), oh(오)'

처럼 특히 '담화 표지smallwords(작은말)'들을 이용하는 방식과도 관련이 있다(Hasselgren, 1998).26) 능통성의 어휘 측면에 더 초점을 모으기 위하여, 해쓸그뤼언(Hasselgren, 1998: 15)에서는 '담화 표지(작은말)'를 다음처럼 정의하였다.

'그 언어에 통달한 청자가 정상적으로 무엇을 일관된 발화로 지각할 것인지에 대해 이바지하는 표현들을 쓰는 능력이다. 일관된 발화는 부적절한 긴장감을 지니지 않은 채 이해될 수 있고, 편안한 진행 폭으로 실행되며, 지나친 머뭇거림에 의해 조각조각 나뉘거나 방해받지 않는다.'

(the ability to contribute to what a listener, proficient in the language, would normally perceive as coherent speech, which can be understood whithout undue strain, and is carried out at a comfortable pace, not being disjointed or disrupted by excessive hesitation)

---

26) (역주) 50쪽의 ③ '두 가지 사례'에서 이미 언급된 바 있다. 이는 대화 참여자들 사이에 상호작용을 드러내는 '담화 표지' 또는 '화용 표지'이다. 다시 225쪽 이하에서도 다뤄진다.

그녀는 이런 점에서 '담화 표지'들이 중요하다고 시사하였다. 왜냐하면 그게 화자들로 하여금 관련된 발언기회를 산출하며, 다른 화자들의 기여에 대한 관련성을 이해하도록 도와주기 때문이다. 그녀는 담화 표지(작은말)의 과제들을 다음과 같은 목록으로 요약해 놓았다(Hasselgren, 1998: 167).

① 담화 표지(작은말)는 의사소통이 이뤄질 내용 및 참여자들의 상호작용 몫에 그 내용이 어떻게 영향을 줄 것인지와 관련하여, 그 화자의 의사소통 의도를 표현한다.

② 담화 표지는 발화가 관련성을 지니는 덩잇말 맥락을 가리킨다.

③ 담화 표지는 더 앞서 나온 발화에 대한 인지적 노력을 드러낸다.

④ 담화 표지는 현저히 전념하는 정도 및 애매성을 드러냄으로써, 발화의 명료성을 풍부하게 해 준다.

⑤ 담화 표지는 의사소통의 성공에 대한 상태를 나타내고, 이를 인정하거나 확증하기 위한 호소, 또는 그런 일이 일어나도록 하는 데에 도움물을 나타낸다.

영국 및 노르웨이 중등학교에서 15살에서 16살 난 학생들의 세가지 집단을 연구하면서, 헤쓸그뤼언(Hasselgren, 1998)에서는 토박이 화자들이 고급 수준 및 초급 수준의 학습자들보다, 담화 표지들을 분명히 더 자주 썼고, 그들이 쓴 담화 표지의 범위는 특히 발언기회 중간에서 더 컸음(다양하였음)을 알아내었다. 더 유창한(능통한) 학습자들은 사용 빈도에 비춰서, 그리고 이용된 형식 및 용법의 다양성에 비춰서, 토박이와 더 비슷한 방식으로 담화 표지들을 썼다. 달리 말하여, 더 능통한 학습자일수록 자신의 이야기를 시작하기 위하여, 계속 진행해 나가기 위하여, 청자에게 자신의 이야기의 방향을 일러 주기 위하여, 이해하도록 호소하기 위하여, 흥밋거리·즐거움·만끽함을 나타내기 위하여, 정형화된 담화 표지들을 더 자주 썼던 것이다. 또한 아주 직설적으로 표현하기보다, 오히려 자신의 이야기를 좀 더 알맞고 부드럽게 표현해 주었다. 학습자 이야기에서 이들 특징을 관찰하는 일은 좀 더 구체적이고, 효과적인 능통성 눈금을 구성하는 데 도움을 줄 듯하다.

(2) 화용 기술[27]

1970년대에 언어 학습에 대한 의사소통 접근법CLT이[28] 부각된

---

27) (역주) 화용(Pragmatics)·담화(Discourse)·사회언어학(Sociolinguistics)은 영역이 서로 겹친다. 레빈슨(Levinson, 1983; 이익환·권경안 뒤침, 1992), 『화용론』(한신문화사), 이원표 (2001), 『담화 분석』(한국문화사); 봉빌렝(Bonvillain, 2002; 제4판, 한국사회언어학회 엮고 뒤침, 2002)『문화의 의사소통의 사회언어학』(한국문화사) 등을 읽어보기 바란다. 맨 마지막 책의 5장도 그러거니와, 폴스튼·터커(Paulston and Tucker, 2003) 엮음, 『사회 언어학: 필수 독본(*Sociolinguistics: The Essential Readings*)』(Blackwell)에서도 사회언어 학의 하위영역으로 '화용론'을 포함시키고 있다. 화용론은 특히 화행 이론(Speech Act Theory)이란 이름으로도 표현된다. 오스튼(Austin, 1962; 장석진 뒤침, 1987), 『오스틴 화행론』(서울대 출판부)과 써얼(Searle, 1969; 이건원 뒤침, 1987), 『언화 행위』(한신문화 사)를 읽어 보기 바란다. 언어교육과 관련하여 이들에 대한 포괄적 개관서로는 쿡(Cook, 1989; 김지홍 뒤침, 2003), 『담화: 옥스퍼드 언어교육 지침서』(범문사)를 읽어 보기 바란다. 여기서 화용 기술은 상대방의 이야기 진행 흐름에 맞춰 추임새를 넣는 일까지 포함하는 넓은 뜻으로 쓰였다.

28) (역주) 뤼춰드즈·롸줘즈(Richards and Rodgers, 2001 개정판; 전병만 외 3인 뒤침, 2003; 제III부), 『외국어 교육 접근 방법과 교수법』(케임브리지)를 참고하기 바란다. 의사소통 언어교육(CLT)이 미국으로 건너간 뒤에 여러 가지 방식으로 해석되었는데, 새뷔뇽 (Savignon, 2002) 엮음, 『의사소통 중심 언어교육에 대한 해석: 교사 교육의 맥락과 관심(*Interpreting Communicative Language Teaching: Context and Concerns in Teacher Education*)』(Yale University Press)을 보기 바란다. 이 흐름(CLT)의 가장 최근의 모습은 '과제 중심 언어교육(TBLT)'이며, 브뢴든·바이게잇·노뤼스(Branden, Bygate, and Norris, 2009) 엮음, 『과제 중심 언어 교육: 독본(*Task-Based Language Teaching: A Reader*)』(John Benjamins)은 이 흐름을 심층적으로 이해할 수 있도록 전체 4부로 나뉘어 22편의 글들이 모아져 있다. 쉬운 안내서로서 누넌(Nunan, 2004; 수정 확대 제2판, 2010), 『과제 중심 언어교육(*Task-Based Language Teaching*)』(Cambridge University Press); 윌리스 부부 (Willis and Willis, 2007), 『과제 중심 언어교육 실행하기(*Doing Task-based Teaching*)』 (Oxford University Press); 엘리스(Ellis, 2003), 『과제 중심 언어 학습 및 언어 교육(*Task-*

이래로, 언어를 사용하는 학습자의 능력이 핵심적 초점으로 주목되어 왔다. 그렇지만 제2 언어 습득SLA에 대한 초기의 많은 연구들에서는 학습자의 화용 습득보다는 통사 습득에 초점을 모았다(Kasper, 1996). 중간언어29) 화용론에 대한 연구가 1980년대 말엽과 1990년대에 나타나기 시작하였을 때, 대부분의 연구에서는 화용 기술의 향상보다는 제2 언어 학습자와 토박이 화자 사이에 있는 차이점들에 초점을 모았다. 최근에 캐스퍼(Kasper, 1996), 하우스(House, 1996), 바도뷔-하어리기(Bardovi-Harlig, 1999)에 의해 개시된 연구는 이를 변화시켜 놓기 시작하였다. 초기 발견내용들도 화용 기술의 제어력에 대한 다양한 수준을 구별하고 서술할 수 있음을 시사한다. '화용 기술'로 불리는 뭔가를 위하여 눈금을 사용하는 것이 아니라, 그보다 오히려 말하기 평가가 화용 영역에 초점을 모으는 것이 더 일반적이다. 예를 들면 『유럽 공통 얼개 CEF』에서는 화용 기술을 담화 능력과 기능적 능력으로 구성된다고 간주한다. 거기에서는 이를 위하여 여섯 가지의 예시적 눈금을 제안하였는데 다음 제목과 같다(Council of Europe, 2001: 123~129).

---

based Language Learining and Teaching)(Oxford University Press)을 읽어보기 바란다.
29) (역주) 셀린커(Selinker, 1972), "Interlanguage", *International Review of Applied Linguistics* 제10권 3호(209쪽~231쪽)에서 처음 쓰인 'interlanguage'(중간 언어)란 개념은, 목표언어로서 외국어와 학습자의 모국어 사이에 있는 차이로 인하여, 모국어 문법의 간섭 때문에 생겨나는 목표언어의 문법적 오류들을 총괄적으로 가리키는 말이다. 더 정확히 표현하면, 모국어에 간섭을 받아 결과되는 불완전한 중간 단계의 목표언어 체계이다. 중간 언어는 학습이 진전되면서 오류의 양이 차츰 줄어들고, 궁극적으로는 목표언어와 거의 일치하게 된다. 이런 상태에서는 그 학습자에게서 중간 언어의 존재가 없어진다.
예를 들면, 한국어에서 명사를 수식하는 말을 여러 개 쓸 경우, 연결어미 '-고'를 쓴다(착하고 예쁜 영이; ??착한 예쁜 영이). 영어는 이런 경우 결코 and라는 접속사를 쓰지 않는다(honest, pretty Mary; *honest and pretty Mary). 만일 한국어 문법의 영향으로 잘못된 '*honest and pretty'라는 표현을 썼다면, 이것이 중간 언어가 된다. 그렇지만 차츰 이런 표현이 영어 문법에 없음을 깨닫고서, 궁극적으로는 목표언어에 맞춰 해당 언어를 구사하게 된다. 이런 일 때문에 목표언어 학습은 중간 언어를 점차 줄여 가는 단계들이라고도 한다.

① 환경(상황)에 대한 융통성

② 발언기회 얻어내기

③ 서사 이야기에서 주제 전개하기

④ 통사 결속 및 일관된 의미 연결

⑤ 능통성(유창성)

⑥ 명제 상의 정확성

이제 제2 언어 습득SLA 조사연구에서 화용 기술의 발달에 대하여 말하는 바를 살펴보기로 한다.

하우스(House, 1996: 228)에서는 화용적 유창성의 개념을 놓고 작업하였다. 그녀는 이를 다음과 같이 정의하였다.

> '발화의 화용적 적합성과 계속 진행되는 이야기에서 순조로운(매끄러운) 지속성을 모두 결합해 놓은 대화 현상'
>
> (a dialogic phenomenon that combines both pragmatic appropriateness of utterances and smooth continuity in ongoing talk)

이 개념은 앞에서 논의된 유창성과 아주 긴밀히 관련되어 있다. 특히 해쓸그뤼언(Hasselgren, 1998)에서 썼던 의미에서 그러하다. 그렇지만 해쓸그뤼언은 '계속 진행해 나가기keep going' 및 '다른 화자들로 하여금 지속해 나가도록 하기keep other speakers going'에 초점을 맞추었다. 반면에 하우스는 특별히 화자 전환의 매끄러움 및 화자들이 자신의 이야기를 앞서 말해 놓은 것과 잘 이어지도록 만들어 주는 방식에 집중하였다. 하우스는 '실마리 화용표지gambits' 그리고 전략이나 정형화된 담화 표현들에 초점을 모은 고급 대화수업을 진행하는 동안에 고급 수준의 영어 학습자들 두 집단을 대상으로 연구를 하였다. 그녀는 이야기 '실마리 화용표지gambits'를 다음처럼 정의한다(House, 1996: 232).

> '담화 윤활유로서, 이는 상대방과의 접촉을 수립하고 유지하며 끝내는 데 쓰이고 … 이야기 마디들을 담화 속으로 접합시켜 놓는 데 도움을 준다.'
> (discourse lubricants, which are used to establish, maintain, and end contact … helping to cement segments of talk into a discourse)

이는 다음과 같은 표현들을 포함한다.

> *yeah*(예), *okay*(좋습니다), *hm*(흠), *listen*(들어 볼래요), *I mean*(제 말씀의 뜻은)

이것들은 발언기회를 이전의 내용이나 다음에 올 내용과 이어 주거나, 또는 현재 발언의 상호작용 내용을 분명히 해 주거나 수정해 준다. '전략strategies'이란 용어로는 대화 목표에 이르기 위한 화자의 지식 및 상호작용 구조의 조절을 가리킨다. 가령, 요청하기 위한 배경을 마련하려고 주제 도입 요소를 이용하는 일, 바라는 해당 사항이 실현되도록 부정적인 효과를 어떤 것이든 완화시켜 줄 '조미료sweetener'를 이용함으로써, 있을 수 있는 반대를 제거하는 일 따위이다. 하우스의 두 집단은 수업 상으로 실마리 화용표지 및 전략의 이용을 연습하였다. 게다가 한 집단은 그것들에 대하여 명시적인 유의사항도 받았다. 요청하기를 포함하는 역할 놀이 과제들을 내어 줌으로써, 학생들의 향상이 14주 수업의 시작 기간과 중간 기간과 마지막 기간에서 점검되었다.

하우스(House, 1996)에서는 그 수업 동안에 두 집단이 담화 기술에서 향상을 이루었음을 찾아내었다. 그들은 특히 발언기회 바꿈 및 관련된 실마리 화용표지들의 숙달에서 향상을 보였다. 즉, 이전의 발언기회로부터 현재의 발언기회까지 지속해 나가며, 다음 발언기회에서 화자의 반응에 호소하는 일이다.30) 명백한 유의사항을 전달받은 집단에서는 그 수업의 마무리 기간에서 더욱 다양한 범위의 실마리 화용표지 및 전략들을 이용하였다. 그렇지만, 이 범위도 영어 토박이 화자들의 목록에 비하면 범위가 훨씬 더 좁았다. 이는 화용적 유창성이 습득하기 어려운 기술임을 드러낸다. 그 수업의 마무리 기간까지 명백한 지시를 받은 집단에서는

'*you know*(아시다시피, 잘 알고 계시듯이), *really*(정말로요)'

와 같은 대인 상호간에 초점을 모은 실마리 화용표지들을, 암시적으로 지시된 집단보다 분명히 더 자주 이용하였다. 두 집단에서 모두 담화를 개시하는 정형화 투식들에 대한 제어력이 향상되었고, 명백한 지시를 받은 집단에서 자연스러움의 정도에서 더 많은 진전을 이루었다.

다소 놀랍지만, 어떤 집단에서도 두 번째 부분에서는 향상을 이루지 못하였다. 이는 다소 체면을 위협하는 의사소통을 대화 상대방이 개시한 뒤에, 대화가 순조롭게 계속 진행되도록 참여자 두 쪽 모두로부터 긴장 상황을 부드럽게 누그러뜨리는 말을 요구할 법한 대화 진행을 이해하고 반응하는 일이다. 따라서 이런 화용적 기술은 심지어 고급 수준의 영어 학습자들에게도 획득하기가 어려

---

30) (역주) 자신의 발언에 대한 반응을 다음 발언을 하는 화자로부터 이끌어내는 것으로 보인다.

운 듯하다. 하우스는 그 이유가 자신의 연구에서 제2 언어 학습자보다 외국어 학습자들에 초점을 모았기 때문일 것이라고 보았다. 이는 캐스퍼(Kasper, 2001)에 의해서 다시 관찰되었다. 오랜 기간 동안 목표언어 문화에서 생활하였던 참여자들은, 그 수업의 시작 기간부터 마무리 기간에 이르기까지도 가장 강력한 수행자였고, 그들과 다른 학습자들 사이에 있는 간격은 줄어들지 않은 채 그대로 남아 있었다. 더욱이 화용적 향상을 조사한 다른 연구들처럼, 하우스의 실험도 역할 놀이 환경에서 실시되었다. 이는 토론을 위하여 반드시 실생활에서처럼 비슷한 사회적 조건을 만들어 내는 것이 아니다 (Kasper, 2001). 따라서 그 결과는 신중하게 해석되어야 마땅하다.

화용 지식에 대하여 좀 더 긴밀히 문법과 관련된 측면들이 제2 언어 습득SLA 조사연구에서 더 많은 주목을 받아 왔고, 일부 유용한 경험적 결과들이 나왔다. 예를 들어, 쌜스버뤼·바도뷔-하어리기(Salsbury and Bardovi-Harlig, 2000)에서는 1년의 수업 기간 동안에 초보 영어 학습자 집단의 입말 산출에 들어 있는 양태 형태modal forms들의 출현을 관찰하였다. 그들은 이런 양태 형태들이 학습자들의 수행에서 일관된 습득 형태로 나타났음을 찾아내었다. ① *maybe*(아마도)가 처음 나타났고, ② 그 뒤 *think*(~라고 생각해)가 나타났으며, ③ 이어 *can*(할 수 있다)·*will*(을 것이다)·*would*(을 것 같다)가 나왔고, ④ 마지막으로 *could*(공손한 질문이나 가정법에 쓰이는 조동사)가 나왔다. 그렇지만 심지어 일부 맥락에서 학습자들이 이들 형태를 알았다고 해도, 가령 다른 화자에게 찬성하지 않는 경우처럼 그들의 표현을 상호작용상 부드럽게 만들 필요가 있었더라도, 그 형태들을 이용하지는 않았다. 문법 지식이 자동적으로 상호작용 상에서 관련된 방식으로 그 형태들을 이용하는 방법에 대한 화용 지식으로는 이어지지 않았던 것이다.

비슷하게 꺄륵꺄이넨(Kärkkäinen, 1992)에서도[31] 초급 영어 수준의 핀란드 학습자들이 가능성을 표현하기 위하여 *I think*(~라고 생각해)와 *I know*(내가 알기로는)를 이용하였다. 반면에 고급 학습자들은 *perhaps*(아마도)와 같은 양태 부사와 *might be*(그럴 가능성이 약하게 있다)와 같은 양태 동사를 아주 종종 선택하였음을 찾아내었다. 그렇지만 그녀의 자료에서 토박이 화자들은 더 자주 양태 동사와 양태 부사를 선택하였다. 꺄륵꺄이넨(Kärkkäinen, 1992)에서는 이러한 의미에서 토박이 화자들이 자주 사용하는 양태 동사의 의미나 다른 통사 형식보다도 *think*(~라고 생각해)처럼 명백한 구절의 화용적 의미를 더 쉽게 배운다고 결론 지었다. 따라서 어감을 부드럽게 만들어 주는 요소로 양태 동사를 사용하는 능력은, 영어에서 화용 지식의 고급 수준을 나타낸다. 다른 언어에서도 마찬가지로 화용 기술을 나타내는 비슷한 표지들을 찾아낼 수 있을 것으로 본다.

(3) 학습자 문법

거의 모든 말하기 기준은 총괄적 해설 눈금의 일부로서, 또는 영역별 분석 눈금의 기준으로서 문법을 고려하게 된다. 예를 들어, '미국 외국어교육 협회ACTFL' 해설에서는 서로 다른 수준에 있는 학습자들의 발화에 대한 문법 특징들을 언급하였다. '유럽 공통 얼개CEF' 영역별 분석 눈금에서도 '정확성'으로 불린 별도의 기준을 포함해 놓았다. 비록 그 검사(평가)가 여러 가지 영역별 분석 눈금들을 이용한다 손치더라도, 채점자는 또한 문법에 많은 관심을 쏟는 경향

---

31) (역주) www.forvo.com에서 발음을 찾아보면, 핀란드 사람 이름으로 세 가지가 등록되어 있는데, 모두 [꺄륵꺄이넨]처럼 발음된다.

이 있음을 여러 조사연구에서 지적한다(Brown, 2000; McNamara, 1996).

제2 언어 습득SLA에서 공통된 학습 순서를 다룬 많은 연구 작업에서도 문법에 초점을 맞추었다. 공통된 학습 순서가 자연적(≒선천적)으로 설명될 수 있는지, 아니면 양육(≒후천적)에 의해서 설명될 수 있는지 여부, 그리고 조기 언어 학습이 생애의 더 후반부에서 이뤄지는 언어 학습과 질적으로 다른지 여부에 대한 논쟁이 오래 전부터 있어 왔다. 이와는 달리, 좀 더 최근 이론에서는 사람들의 언어 학습이 용법에 바탕을 두고 있다고 제안한다. 달리 말하여, 모든 언어 학습이 궁극적으로 서로 다른 언어사용 유형들을 우리가 듣고 보는 빈도에 의해서 설명될 수 있는 것이다. 예를 들어, 엘리스 (Ellis, 2002)에서는 음운론·읽기·맞춤법·어휘·형태 통사론·정형화된 언어를 포함하는 광범위한 영역으로부터 나온 연구들을 요약해 놓고 있다. 이는 학습자들이 이런 영역에 있는 유형에 더 많이 노출될수록 그것들을 더 잘 알게 됨을 보여 준다. 이런 접근법은 언어 학습을 지배하고 있는 과정이 보편적임을 제안한다. 그러나 또한 서로 다른 언어사용의 경험으로 말미암아, 개별 언어사용자들의 능통성에 고유한(독특한) 변이가 있음도 시사해 준다. 학습자들은 서로 다른 언어 배경으로부터 나오며, 다른 언어를 알 수도 있고, 모를 수도 있다. 그리고 상이한 범위의 언어사용 상황들에 익숙하다. 이런 맥락으로 브롸운(Brown, 1996: 188)에서는 언어 지식에 대한 용법 중심 견해usage-based view를 다음처럼 요약해 놓았다.

'특정한 화자가 한 번이라도 산출하였거나 이해한 모든 언어 입력물과 산출물에 대한 늘 새로 갱신된 기억이며, 새로운 언어 경험을 겪어 나감에 따라서 그것들의 상호연결과 현저성이 항상 변경되고 갱신되는 기억'

(the constantly updated memory of all linguistic input and output that a particular speaker has ever produced or understood, a memory whose interconnections and saliences are constantly being changed and updated as new linguistic experiences are encoutered)

학습자 문법의 평가에 대한 자세한 논의는 퍼퓨뤄(Purpura, 출간 중)를 보기 바란다.

여러 사람의 연구에서는, 언어가 자연스럽게 학습되는지, 아니면 교육환경에서 습득되는지를 놓고서, 문법 학습에 대한 사뭇 안정된 어떤 연결체(순열)들을 확립해 놓았다(Ellis, 1989). 피너먼(Pienemann, 1998)에서는 자신의 처리 가능성 이론에서 이런 연결체(순열)들을 설명해 준다. 그는 학습자의 언어에서 어떤 특정한 순서로 형태들이 나타나는 이유가, 학습자들이 임의의 언어를 조절할 수 있도록 학습할 필요가 있는 심리언어학 처리 과정에 대한 어떤 함의가 깃든 계층이 존재하기 때문이라고 제안한다. 이런 일반적 처리 계층은 형태적 특징 및 문법적 특징에 대한 출현 순서를 예측하기 위하여,32) 어떤 특정한 언어의 구조와 상호작용한다. 그 진행 과정이 〈표 4-11〉에 제시되어 있다.

---

32) (역주) 여기서 제시된 〈도표 4-11〉이 학습자들이 습득하는 시간대별 문법 항목들을 반영하는 것은 아니다. 오히려 하나의 문장을 산출하기 위하여, 산출을 위한 작업기억 속에서 진행되는 계기적 연결 단계만을 드러내는 것이다. 그렇지만 외국인이 한꺼번에 동시에 이런 과정들을 다 익힐 수는 없을 것이다. 이 도표의 설명에서는 제시 순서대로 습득되는 것처럼 암시되어 있다. 그렇지만 번역자의 경험으로 짐작하건대 그렇지 않을 것으로 본다. 아마 ①이 먼저 암기에 의해서 습득되고, ④가 어순과 관련되므로 다음에 습득되어야 할 것이다. 그리고 작은 요소보다 큰 단위가 더 쉽게 습득될 것 같은데, ⑤가 습득된 다음에 가장 늦게서야 ②와 ③이 습득될 것으로 짐작된다.

<표 4-11> 문법 요소들의 처리 가능성에 구조(Pienemann, 1998)

처리 절차의 계층	제2 언어 구조	학습자의 제2 언어 산출
① 낱말의 통사의미값[33]) 접속 (즉, 실사 어휘에 대한 접속)	낱말(어간)	불변의 형태들
② 문법 범주 산출	형태소(어미)	복수, 확정성, 과거와 현재 등 시제 일치
③ 구절 산출	구절(성수 일치 및 시제 등)	성별 일치, 성별 표시, 복합시제 표시
④ 문장 산출	어순 및 구절 결합 정보	서술에서 주어-동사 일치, 수식 형용사 일치
⑤ 필요하다면 종속절도 산출	주절 및 종속절 관련성	종속절에서 어순의 재조직화

한 문장의 산출 과정은 ① 불변의 낱말 형태인 어간으로부터 시작하여, ② 복수와 확정성[34]) 및 과거와 현재 시제로, ③ 더 나아가 복합 시제 표시와[35]) 성별 표시 및 성별 일치에 이르기까지 진행한 다음에, ④ 주어-동사 일치와 ⑤ 주절 및 종속절 사이의 복합 어순이 뒤따르는데, 아주 친숙한 듯하다. 이것이 사실상 아주 오랜 동안 말하기 눈금에서 문법 진행이 서술되어 온 방식이다. 따라서

---

33) (역주) 이 용어는 켐픈·호이버스(Kempen and Huijbus, 1983), 「문장 산출 및 이름 붙이기에서의 어휘화 진행 과정(The lexicalization process in sentence production and naming)」, 『*Cognition*』 14(185~209)에서 처음 쓰인 것으로 알려져 있다. 언어심리학의 연구에 의해 우리가 머릿속에서 낱말을 처리할 경우에 장기 기억 속에 '음성·음운 정보'와 '통사·의미 정보'를 따로 저장해 둔다는 사실이 밝혀졌다. 여기서 lemma는 한 낱말에 대한 '통사·의미 정보값'을 가리킨다. 여기서는 줄여서 낱말의 '통사의미값'으로 번역해 둔다. '음성·음운 정보값'은 lexeme으로 불렸는데, 음운음성값으로 줄여 부를 수 있다.

화자가 임의의 의사소통 의도를 갖고 있으면, 궁극적으로 덩잇말이나 텍스트로 표현되어야 한다. 이때 문장을 구성하려면 맨 처음 해야 하는 일이, 관련 낱말의 통사의미값을 장기 기억 속에서 인출해 내는 것이다. 이는 그 낱말의 범주(명사나 동사 따위)와 필요한 하위 요소(논항이라 불림)들을 표시해 놓는다. 미시적으로 켐픈·호이버스(1983)에서는 이를 어휘의 통사의미값이 선택되고 나서(selection), 음운음성값이 활성화된다(activation)고 보았다. 이를 좀 더 확대하여 르펠트(Levelt, 1989; 김지홍 뒤침, 2007), 『말하기: 그 의도에서 조음까지』 I (나남출판, 30, 383쪽)에서는 통사의미값을 선택하고 나서 어휘 지시바늘에 따라 형태음운값을 인출하는 것으로 말한다. 한 낱말의 통사의미값이 요구하는 논항들을 채워 넣으면, 하나의 문장을 만들어 내게 된다. 그리고 관련 문장들을 이어 주면서 발화나 담화를 형성해 나간다.

34) (역주) 주로 영어의 정관사 the를 중심으로 한 개념이다.

35) (역주) 상(조동사 have+과거분사)과 시제와 조동사 양태(would, should, might 등)가 합쳐진 구성을 가리키는 듯하다.

어떤 의미에서 피너먼(Pienemann, 1998)의 이론은 기존의 실천 방식을 뒷받침해 준다.

4.6. 요약

제4장에서는 말하기를 위한 채점 눈금의 본질 및 계발을 논의하였다. 몇 가지 사례들과 함께 시작하였는데, 이는 언어로 정의된 눈금 및 수치 눈금을 포함하여, 일정 범위의 상이한 눈금 유형들을 예시해 주었다. 수행 특징들에 대하여 기본적으로 0/1 유형으로 된 '있음-없음' 해설을 제공해 주는 채점 점검표를 보여 주었다. 저자는 모든 영역을 아우르는 총괄적 눈금과 영역별로 나눈 분석적 눈금 사이, 일반 목적의 눈금과 특정 목적의 눈금 사이, 이론에 근거한 눈금과 관찰 행동상의 채점 눈금 사이를 구분해 놓았다. 또한 절대평가 점수해석과 상대평가 점수해석도 논의하였으며, 많은 말하기 눈금들이 절대 기준의 의미로 이용됨을 결론지었다. 눈금들은 언제나 어떤 목적과 청중을 위하여 씌어지고, 때로 서로 다른 청중들을 위하여 다시 씌어질 필요가 있음도 지적하였다.

다음으로, 말하기 눈금 계발을 위한 방법들을 요약해 놓았다. 『목표 언어 성취 수준에 대한 유럽 공통 얼개 *Common European Framework of Reference*』를 따라, 직관적 방법·질적(해석적) 방법·양적(통계적) 방법으로 구분하였다. 최선의 결과는 어떤 눈금을 계발하든지 간에, 이들 접근을 상보적으로 모두 결합함으로써 성취될 수 있을 것이다.

마지막으로 제2 언어 습득과 말하기 능력의 향상에 대한 언어 검사 연구로부터 나온 일부 경험적 발견내용들을 요약하였다. 그런 연구에서는 서로 다른 수준에 있는 학습자 발화를 서술하기 위한 어떤 근거를 제공해 주었다. 아마 더 중요한 것으로 검사 계발 주체가 눈금을 계발하는 경우에, 반드시 관찰해야 하는 학습자 언어의 특징들에 대한 어떤 제안이 있었다. 질적인 눈금 계발법의 절에서 시사하였듯이, 만일 계발주체들이 실제로 일부 언어 수행들을 분석하고 자신의 눈금을 수정하기 위해 그 결과들을 이용한다면, 이는 미래에 말하기를 위한 좀 더 구체적이며 사용자 친화적인 채점 눈금의 산출로 이끌어 갈 듯하다.

과제(문항)를 다룬 제3장과 채점 눈금을 다룬 제4장에서, 저자는 검사 계발 과정의 구체적 산출물과 관련된 조사연구에 초점을 모았다. 제5장에서는 간략히 실용적인 검사(평가) 계발작업을 언어 능력에 대한 이론적 모형들과 이어 주는 방법을 요약할 것이다. 이는 계발주체가 그들의 검사가 응시생들이 검사(평가) 이외의 실생활에서 실행하는 말하기의 종류와 어떻게 관련되는지를 설명하려고 할 경우에 도움이 될 것이다.

제5장 이론 모형

말하기 검사(평가)를 계발하는 경우에, 점수들이 그 검사 밖에 있는 실생활의 어떤 것과 관련되기를 바랄 것이다. 가령 응시생들의 전반적인 능통성 수준에 대하여 무엇인가를 말하고자 할 때처럼 검사(평가)가 오히려 일반 목적을 지니는 경우에는, 전반적 능통성overall proficiency에 의해 무엇을 의미하는지를 설명해 주고, 이것이 해당 검사(평가)와 어떻게 관련되는지 설명하는 데 도움되는 참고 얼개가 필요하다. 한 가지 가능성은 그 검사를 언어 능력에 대한 어떤 모형과 관련짓는 일이다. 우리의 검사(평가) 실시 맥락에서 필요한 유형의 설명에 따라, 한 가지 모형이나 여러 가지 모형을 선택할 수 있다. 제5장에서는 또한 검사(평가) 계빌작업에서 모형이 이용될 수 있는 방식들도 논의할 것이다.

모형이 말하기 검사(평가)를 참고하기 위한 유일한 선택 사항인 것만은 아니다. 가령, 아주 흔히 학습에 관련된 평가에서는 가르치는 교육과정의 일부 목표들을 구현해 준다. 교육과정 그 자체는 명시적으로든 암시적으로든 어떤 이론적 얼개 위에 바탕을 두거나, 아니면 언어 학습에 대한 견해들의 절충 결합에 근거를 둘 수 있다. 이것들도 또한 평가 동안에 채점되는 작은 언어 표본이, 어떻게 언어 능력에 대한 더 광범위한 그림과 관련되는지를 설명하는 데 도움을 줄 수 있다. 그러나 가르치는 얼개가 종종 교재나 교육과정 관련 문서curriculum documents들에서1) 명시적으로 정의되는 것은 아니다. 모형들이 검사(평가) 실시 작업을 위해 도움을 줄 수 있다. 왜냐하면 흔히 모형들이 명시적이면서 자세한 서식으로 제시되므로, 그들의 시각으로 검사(평가)의 구성물 정의를 개관할 수 있기 때문이다. 또한 바람직한 경우에 정의가 동시에 교육과정 관련 문서와 같이 다른 얼개들과도 관련될 수 있다.

---

1) (역주) 178쪽에 있는 역주 19)를 보기 바란다. 영국의 경우에는 교육과정 구현 얼개(Framework)를 참고하면서 단위 학교나 지방 교육청 관내에서 수석교사를 중심으로 하여 1년간 가르칠 학교별 교육 과정(scheme of work, 교과 과정)을 짜는 일로부터 시작하여, 교재에 해당하는 일련의 '과제 연속물'들까지 마련해 놓아야 한다. 과제 연속물을 마련하는 과정에서, 특정한 교재와 일반 도서들도 같이 채택될 수 있다. 관련 문서들은 일선 학교별로 어떻게 교과 과정을 짜고, 어떻게 분기별 진행 과정을 짰으며, 어떠한 일련의 과제 연속물들을 마련하였는지에 대한 모든 근거들을 담고 있는 문서이며, 교사들의 책무성에 대한 중요한 일부가 된다.
　　현재 우리나라는 국어 교과목이 국정 교과서 체제에서 갓 검인정 체제로 바뀌었지만, 대체로의 평가는 이구동성으로 국정 교과서 때보다도 질이 낮아졌지, 높아진 것이 아니라고 말한다. 이는 검인정 체제도 빨리 벗어나 교재의 '자유 발행제'로 전환되어야 함을 촉구함을 뜻한다. 검인정 교과서는 몇 천원에 지나지 않으나, 자습서는 만 몇 천원으로 책정하여 출판사의 이익을 뒷받침하도록 왜곡되어 있다. 만일 자유 발행제로 교재를 발간한다면, '교재 따로, 자습서 따로'가 아니라, 모두 한데 모아져 자습서의 내용들이 충실히 교재 속에 들어가게 된다. 그뿐만 아니라 교재를 가르칠 때에 같이 쓰일 '교구'까지도 출판사에서 제공할 수 있어서, 교사들이 더 많은 시간을 학습자들과 상호작용하는 데에 보낼 수 있는 장점이 있다.

2) (역주) 소쉬르는 이를 파롤과 랑그로 불렀고, 촘스키는 수행 능력과 언어 능력으로 부르기도 하였다. 영국 쪽에서는 후자를 특히 '언어 자각'이란 말로 불렀는데, 이에 짝을 맞추면 각각 언어사용에 대한 자각과 언어에 대한 자각이 된다. 번역자는 언어사용 능력과 언어 능력이라고 부르는데, 후자는 도구나 하인이고 전자는 도구를 사용하는(하인을 부리는) 주인이 된다. 다시 말하여 언어사용 능력은 언어 및 비-언어를 동시에 사용하는 더 포괄적인 능력이며, 의사소통 의도로 이어진다. 의사소통 의도는 궁극적으로 인간 정신의 표상인 '자유의지(free will)'에 뿌리를 내리고 있다.

5.1. 의사소통 능력과 (의사소통에 쓰이는) 언어 능력[2]

의사소통 능력이란 개념은, 협소하게 문법에만 초점 맞춘 언어 능력 이론에 반발하여, 응용 언어학 속에 도입되었다. 후자는 언어의 본성을 언어사용자와 무관한 하나의 (추상적) 체계로 분석한다. 그러나 의사소통 능력에서는 사용자 및 의사소통을 위한 언어의 사용을 강조한다. 언어 교실수업에서, 의사소통 혁명은 '참된 실생활authentic'의 학습 자료에 대한 광범위한 이용 및 의사소통 연습으로 이끌어 갔다.

현재 언어교육 및 평가에서 이용되는 의사소통 능력의 모형은, 대체로 사회생활에서 언어사용을 다룬 하임즈(Hymes, 1971) 이론에 근거한다.[3] 그는 사람들의 언어사용에서 규칙성을 이해하는 일과 관련된 네 가지 분석 층위가 있다고 제안하였다. 첫 번째 층위는 언어 기호에 비춰 보아 무엇이 가능한 것인지에 대한 것으로, 문법 층위에 해당한다. 두 번째 층위에서 분석 주체는 산출 시간 제약과 인지 처리 제약에 비춰 보아, 한 개인이 언어를 산출 또는 이해하기 위하여 무엇이 실행될 수 있는지를 살펴본다.[4] 세 번째 층위에

---

3) (역주) 미국에서는 추상적인 언어 능력 추구에 반발하여, 1970년대에 하임즈뿐만 아니라 또한 미국 애리조너 대학의 구드맨(Goodman)에 의해서 총체언어(Whole language) 교육의 주장도 있었다. 전자는 사회언어학 및 담화 교육쪽으로 확대되어 나갔고, 후자는 읽기 교육쪽으로 발전되어 나갔다.

4) (역주) 이는 오늘날 언어심리학에서 다뤄진다. 언어심리학은 크게 네 가지 하위 영역으로 나뉜다. 언어 산출과 언어 이해와 언어 습득과 언어 병리 현상이다. 개론서로서 이정모·이재호(1998) 엮음, 『인지 심리학의 제문제 Ⅱ: 언어와 인지』(학지사)와 조명한 외 11인(2003), 『언어 심리학』(학지사)를 읽어보기 바란다. 언어 산출은 르펠트(Levelt, 1989; 김지홍 뒤침, 2007), 『말하기: 그 의도에서 조음까지』Ⅰ, Ⅱ(나남출판)가 기본서이다. 언어 이해는 인간 기억이 '재구성된 결과'라는 바틀릿(Frederic Bartlett, 1886~1969)의 주장을 구현하는 구성주의 관점에서 '제약만족 이론'이라는 연결주의 시각을 구현해 놓은 킨취(Kintsch, 1998; 김지홍·문선모 뒤침, 2010), 『이해: 인지 패러다임』Ⅰ, Ⅱ(나남출판)을 읽어보기 바란다. 언어 병리 현상에 대해서는 잉그뤔(Ingram, 2007; 이승복·이희란, 2010 뒤침), 『신경 언어학: 언어처리와 언어장애의 신경과학적 이해』(시그마프레스)가

서는 다양한 언어사용 상황에서 무엇이 적합한지에 대한 사회적이며 상황 깃든 차원을 도입한다. 마지막 네 번째 층위로, 언어사용은 관례 및 습관에 의해서 실제로 실행된 바에 따라 모습을 갖춘다. 즉, 어떤 형식 내용들이 공동체의 화자들에 의해 우연히 공통되게 이용되지만, 비록 문법적으로 올바르고 의미가 해석될 수 있다고 해도,[5] 다른 사람들에 의해서는 이용되지 않는 것이다. 한 언어의 완벽한 사용자가 지닌 일부 언어 지식은, 그런 전형적인 그리고 비전형적인 말투의 측면이다. 비록 대체로 무의식적이지만 각각의 네 가지 차원이 사실상 모국어 사용자들이 익혀 둔 일련의 사용 규칙들에 의해 지배된다고 하임즈는 제안하였다. 그가 사회적 적합성 차원의 구분을

SPEAKING

(상황·참여자·목적·행위·분위기·도구·규범·갈래)

이라는 기억용 단어로 포착해 둔 내용은 이미 78쪽 이하에서 간략히 논의되었다.

하임즈Hymes의 이론은 원래 어린이들의 모국어 발달을 분석하기 위하여 제안되었지만, 그것이 도입된 이래 지속적으로 제2 언어와 외국어 맥락에서 널리 응용되어 왔다. 그 이론은 높은 수준의 추상적 모습으로 작동된다. 그렇지만 종종 그렇게 적용된 것이 아니라,

---

나와 있다.

5) (역주) 젊은이들에게 격려해 주는 인사말로서 번역자는 "열심히 하렴!, 부지런히 하게!"라고 말한다. 그렇지만 미국말로는 "Don't work hard!"가 그들의 관례적인 표현 방식이다. 또한 우리나라의 가게에서 할인 상품은 20%라고 붙여 놓는다. 20%를 깎아 준다는 뜻이다. 그렇지만 중국에서는 같은 뜻의 타절(打折) 또는 절가(折价) 80%라고 써붙인다. 80%를 깎아 준다는 뜻이 아니라, 80%로 판다는 뜻이다. 이런 표현상의 차이는 문화권마다 다른 것들이 아주 많을 것으로 짐작된다.

좀 더 구체적인 이론적 모형을 통해서 적용되어 왔다. 오늘날 언어 검사에서 가장 빈번하게 이용된 의사소통 모형은 바크먼·파머(Bachman and Palmer, 1996)의 언어 능력에 대한 모형이다.6) 이는 바크먼(Bachman, 1990)의 의사소통 언어 능력(CLA, Communicative Language Ability)에 대한 후속 발전내용이다.

바크먼·파머(Bachman and Palmer, 1996)에서는 언어사용을 언어사용자와 그들의 맥락 사이에 있는 상호작용으로 간주한다. 다음 〈그림 5-1〉에서와 같이 이는 다섯 가지 구성부문들을 포함하는 것으로 가정된다(Bachman and Palmer, 1996: 63).

<그림 5-1> 언어사용의 구성부문들 간 관련성

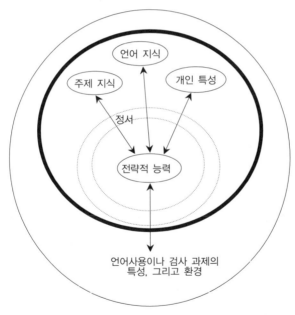

---

6) (역주) 여기서 인용하는 것은 1996년 나온 책자(377쪽)이다. 그런데 최근 510쪽에 달하는 바크먼·파머(2010), 『실용적인 언어 평가(*Langauage Assessment in Practice*)』(Oxford University Press)가 나왔다. 조만간 쉬운 용어로 충실히 번역될 필요가 있다.

여기서 ① '언어 지식'은 사용자의 기억 속에 있는 다양한 종류의 언어 지식을 가리킨다. ② '주제 지식'은 사용자가 언어사용 상황에 갖고 오는 상이한 주제들에 대한 지식이다. ③ '개인별 특성'은 성별·나이·모국어처럼 그 사람의 기본 특성을 뜻한다. 실제 언어사용에서는 지식 범주와 개인별 특성이 두 가지 구성부문에 의해서 매개된다. ④ '전략적 능력'은 사용자의 상위 인지 조직력과 해당 상황에 대한 점검을 가리킨다. ⑤ '정서 요인'은 그 상황에 대한 사용자의 감정적 반응으로 이뤄진다. 위 〈그림 5-1〉에 언어사용에 대해 상정된 구성부문들 사이의 관련성이 제시되어 있는데, 한편 이 그림에서는 굵은 선으로 된 두 번째 큰 원으로 나타낸 개인 언어사용자가 중심이 된다. 또한 개인 및 언어사용 맥락 사이에 있는 상호작용도 그려져 있다.

바크먼·파머(Bachman and Palmer, 1996)에서 언어 능력에 대한 개념은 '언어 지식' 및 '전략적 능력'이라는 두 부분으로 이뤄져 있다. 이들 가운데 언어 지식은 좀 더 구성적이며 정태적이다. 반면에 전략적 능력은 능동적이고 역동적이다. 〈그림 5-1〉에서 보여 주듯이, 이는 언어사용 환경과 상호작용하는 경우에 개인 내부에서 일어나는 상호작용에서의 핵심 측면들을 찾아 확인한다. 전략적 능력 아래 다시 세 가지 상위 인지 구성부문이 찾아진다. 첫 번째는 무엇을 실행할 것인지를 결정하는 일을 포함하며, '목표 설정goal-setting'으로 이름 붙여졌다. 두 번째는 그 상황을 평가하고 그것을 처리해 내는 자원들로서, '평가assessment'로 이름이 붙여졌다. 세 번째는 자신이 갖고 있는 것을 이용하는 방법을 결정하는 일로, '계획 짜기planning'라고 이름이 붙었다.

바크먼·파머(Bachman and Palmer, 1996)의 언어 지식에 대한 분석은, 의사소통 능력뿐만 아니라 또한 더 앞서 출간한 다중특성-다중방법연구로부터 나온 경험적 결과에 대한 이론에 근거한다(Bachman and Palmer, 1982). 거기에서 이들이 다수의 검사 방법을 통하여 문법적·화용적·사회언어학적 능력을 검사하는 과제들을 계발하였다. 이들은 그 결과가 이용된 검사 방법보다는 검사된 능력에 의해서 더욱 분명하게 변이가 이뤄졌음을 찾아내었다. 문법(형태·통사) 능력 및 화용(어휘·문장연결·조직화) 능력이 긴밀히 관련되지만, 한편 사회언어학적(어투에 대한 민감성·자연스러움·문화상의 참고내용) 능력은 더욱 독자적이었다. 이들 결과는 언어 지식의 구성부문들을 제시하는 방식에 영향을 주었다. 다음 〈표 5-1〉을 보기 바란다.[7]

〈표 5-1〉 언어 지식의 영역(Bachman and Palmer, 1996: 68)

조직화 지식 발화나 문장이나 텍스트가 조직되는 방식	문법 지식(개별 발화나 문장들이 조직되는 방식) – 어휘 지식 – 통사 지식 – 음운, 철자 지식
	텍스트 전개 지식(발화나 문장들이 텍스트를 형성, 전개하기 위해 조직되는 방식) – 문장들을 이어 놓는 지식 – 수사학이나 대화를 짜얽는 지식
화용적 지식 발화나 문장이나 텍스트가 언어사용자의 의사소통 목표 및 언어사용 환경의 특징과 관련되는 방식	기능적 지식(발화, 문장, 텍스트가 의사소통 목적과 관련되는 방식) – 생각 형성 기능에 대한 지식 – 행위 조종 기능에 대한 지식 – 발견 기능에 대한 지식 – 상상 기능에 대한 지식
	사회언어학적 지식(발화, 문장, 텍스트가 언어사용 환경의 특징과 관련되

---

7) (역주) 원래의 책자에서는 '과제(시험) 특성'이란 제목으로 다섯 부문으로 나뉘어져 있는데, 이 중에서 ③ ⅰ) '언어 특성'의 하위 항목들이 〈표 5-1〉에 해당한다.

과제 (시험) 특성	① 시험 환경의 특성		
	② 시험 지문(유의사항)의 특성		
	③ 입력물(시험 내용)의 특성	ⅰ) 언어 특성	조직화 지식
			화용적 지식
		ⅱ) 주제 특성	
	④ 예상 답변의 특성		
	⑤ 입력물과 답변 사이의 관계		

언어 지식의 구성부문은 앞 목록의 모습으로 제시되어 있지만, 이 목록에는 세 가지 범주의 층렬이 있다. 두 가지 주요 범주는 조직화 지식 및 화용적 지식이다. 이것들 가운데 조직화 지식은 발화나 문장이나 텍스트가 조직되는 방식에 초점이 모아진다. 반면에 화용적 지식에서는 한편으로 언어 형태(발화·문장·텍스트)와 다른 한편으로 사용자의 의사소통 목표와 언어사용 환경 사이에 있는 관련성에 집중한다.

바크먼·파머(Bachman and Palmer, 1996)에서 구분한 조직화 지식의 두 가지 하위 영역은 문법 지식 및 텍스트 전개 지식이다. 전자는 어휘·통사·음운·철자로 이뤄지며, 후자는 문장들을 이어주기와8) 수사학적 또는 대화상의 짜임으로 이뤄진다. 기능적 지식의

---

8) (역주) 담화(덩잇글, 덩잇말)를 조직하는 방식은 먼저 문장이나 발화 사이를 이어주는 것이 있다. 이를 cohesion(통사 결속, 문장 이어놓기)으로 부른다. 대표적으로 지시표현(대명사, 영 대명사 이용 등)과 어휘 사슬 형성이 자주 쓰이는데, 생략·대용표현·접속사도 쓰인다. 이보다 좀 큰 단위를 단락이라고 부르는데, 단락을 엮는 방식을 흔히 수사학적 전개 방식이라고 부른다. 이렇게 엮인 전체 덩잇글이나 덩잇말은 참여자의 배경 지식과 관련을 맺어야 한다. 이를 추론 또는 정교화라고 부른다. 어떤 이는 뒤의 두 방식을 coherence(의미 연결, 일관된 개념 연결)이라고 부르기도 한다. 심리학에서는 더러 지엽적(local) 연결성과 전반적(global) 연결성으로 부르기도 하며, 바크먼·파머처럼 cohesion과 coherence를 모두 합쳐서 textual knowledge(텍스트 전개 지식)로도 부를 수 있다. cohesion과 coherence의 어원은 모두 'stick together(함께 붙다)'이다. cohesion(통사 결속, 문장 이어놓기)은 문장이나 발화를 함께 붙여 놓는다는 뜻이다. coherence(의미 연결, 일관된 개념 연결)는 단락들을 모두 붙여 놓기 위하여 참여자의 배경 지식을 끼워 놓는다는 뜻이다.

학교 문법에서는 cohesion을 응집성으로, coherence를 통일성으로 번역하였지만 잘못이다. 응집성이란 말은 엉길 응(凝)과 모을 집(集)으로 이뤄진 낱말로, 한 점에 모여 엉긴다는 뜻이다. 우리말에서는 일상적으로 '문장 전개(展開, 펼쳐서 열어 나가다)'라는 말을 쓴다. 응집은 이와 정반대의 방향을 가리킨다. 말이나 글을 펴고 늘여 나가는 것이지, 결코 한 점에 모아 놓는 것이 아니다. 번역자는 cohesion을 통사 결속이란 말

'기능'들은 언어사용을 통하여 사람들이 이뤄 놓는 기능들을 가리
킨다. 따라서 기능적 지식 구성부문은, 언어사용의

　　생각 형성·행위 조종·발견·상상

기능들을 찾아 놓는 데에서 핼러데이(Halliday, 1976)를 따르고 있
다. 생각 형성 기능을 지니는 발화는 사람들의 실세계 경험을 표현
해 준다. 사람들 주위에 있는 세계에 영향을 주기 위해 이용된 언
어는 행위 조종 기능을 지닌다. 상상 기능은 심미적 목적이나 우스
갯소리 목적을 위한 창의적 언어사용으로 이뤄진다. 사회언어학
적 지식 구성부문은 언어 형태와 언어사용 상황 사이에 있는 관련
성에 초점을 모은다. 이는 지역 방언과 사회 방언, 언어 투식(어투,
260쪽 역주 5 참고), 자연스런 또는 관용적인 표현, 문화적 참고사항,
비유법에 대한 언어사용자의 지식으로 이뤄진다. 이런 구성부문
은 언어사용자의 지식에 대하여 하임즈Hymes가 제시한 네 번째 차
원(언어사용 관례와 습관 층위)과 아주 가깝다. 그 언어를 사용하는
공동체에 의해서 그 언어가 관습적으로 어떻게 이용되는지를 아
는 일이다.

　　개념적으로 바크먼·파머(Bachman and Palmer, 1996)에서는 기술로
서 읽기·쓰기·듣기·말하기의 통념을 거부하고, 대신 그것들이 언
어사용에 대한 활동language use activities으로 간주되어야 한다고 논의

로 써 왔는데, 통사론에서 쓰는 결속 현상과 서로 관련지을 수 있기 때문이다. 쿡
(Cook, 1989; 김지홍 뒤침, 2003), 『담화: 옥스퍼드 언어교육 지침서』(범문사)를 보기
바란다. 번역자는 coherence를 일관된 '의미 연결'이나 '개념 연결'이란 말로 번역해
왔다. 이는 추론 과정을 포함하는데, 반드시 해석자의 배경지식이 추가되어야 한다.
그런데 학교 문법의 용어인 통일성은 단락들이 연결된 상태를 놓고서 평가한 결과로
나온 속성이다. 연결 그 자체를 가리키는 것은 아니다.

한다. 그들의 '언어 지식'에 대한 개념은, 모든 언어사용 모습들과 관련된 지식의 구성부문들을 찾아낸다. 이는 그들의 언어 능력에 대한 개념이 말하기 평가를 분석하기 위해 부적합함을 의미하는 것이 아니다. 오히려 언어 능력 모형에서 찾아낸 지식 및 전략이 모든 종류의 말하기 상황에서 잠재적으로 관련됨을 의미한다. 그들의 언어 능력에 대한 개념은 사실상 말하기 평가를 위하여 안내 얼개로 아주 유용하다. 특히 특정한 평가절차에서 무엇이 평가되도록 의도되고, 무엇이 그러지 않았는지에 대한 정의와 더불어, 계발주체를 뒷받침해 주기 위하여 유용하다. 바크먼·파머의 모형을 이용하는 이런 유형의 사례들은 제6장에서 제시될 것이다.

언어 능력 모형의 유용성과 검사 계발을 위한 다른 구성부문의 모형은 범주에 대한 그것들의 유용성에 달려 있다. 바크먼·파머 (Bachman and Palmer, 1996)의 언어 능력에 대한 개념은, 언어사용에 있는 차원들을 이름 붙여 놓는다. 그것은 평가 계발주체들에게 그들의 과제와 평가 기준이 그 차원들에 비춰 얼마나 원숙히 잘 구현되어 있는지를 점검하도록 도와준다. 그것은 과제를 언어사용 상황으로 간주하며, 검사 계발주체들로 하여금 검사 과제들을 실생활의 비-검사 언어사용 과제들과 비교하도록 하는 일이 크게 도움이 될 수 있다. 만일 그 과제(시험 문항)가 너무 제한적이라면, 아마 또 다른 과제가 추가될 수 있다.

의사소통 능력의 구성부문 모형에 대한 주요한 제한점은, 언어사용 상황을 놓고서 언어 특징들에 대한 그들의 강조점 및 의사소통에 대한 그들의 정태적 견해와 관련된다. 널리 인정되듯이, 언어 지식은 언어사용의 큰 그림 속에서 오직 하나의 구성부문일 뿐이지만(〈그림 5-1〉을 보기 바람), 그것에 대한 자세한 정의가 다만 그것 쪽으로만 주의하게 만든다. 결과적으로, 다른 지식 유형들 및 의사소통에 있는 상호작용들이 강조를 덜 받을 수 있다. 특히 이것들이 본질적으로 언어사용자의 머릿속에서 일어나고, 직접 관찰의 범위를 벗어나 있기 때문에 그러하다. 언어사용자의 상위 인지 과정 및 정감적 반응들에 대한 추론이, 자신의 행동과 내성적 보고에 근거하여 이뤄질 수 있다. 그렇지만 그 모형은 여전히 본질적으로 (외형적인) 개별 언어사용자에만 초점을 모으고 있다. 그렇다면 이것이 의미하는 바는, 평가 계발주체가 바크먼·파머(Bachman and Palmer, 1996)의 언어 능력 모형과 다른 얼개들(역동적으로 순간순간 상황에 대처하는 인지 모형: 뒤친이)을 함께 이용하고 싶어 할 수 있다는 것이다.

5.2. 활동 이론: 언어 학습에 대한 사회문화적 접근

최근 제2 언어 습득SLA 영역에서는, 개인을 지향한 언어 이론 이외에 그 대안이 되는 이론에 강한 흥미가 일어나고 있다. 특히 사회문화적 이론과 관련된 이론이다. 원래 러시아 심리학자 뷔고츠키(Lev Vygotsky, 1896~1934)에 의해 1900년대 초기에 제시된 것이다.9) 사회문화적 이론에서는 심리학에 대한 알맞은 대상이 개인

---

9) (역주) 때로 마르크스주의 심리학자로 불리는 뷔고츠키(Vygotsky)는, 인간이 정신이 '기본 정신 기능'에서 '고등 정신 기능'으로 발달된다고 보았다. 전자는 주의·감각·지각·기억·의지 등 생물학적 원시 기능이며, 후자는 범주 인식·논리적 기억·추상적 사고·자발적인 선별 주의와 같이 복잡한 사고 기능이다. 아동은 사회문화적으로 영향을 받아 고등 정신을 키워나간다. 즉, 주위에 있는 부모와 교사 등의 어른들과 이야기를 나누거나 교육을 받으면서 상호작용을 통해 차츰 고등 정신 쪽으로 성장해 나가는 것이다. 이런 인지 발달은 '현재의 발달 수준(actual developmental level)'과 '잠재적 발달 수준(potential developmental level)'이 두 극점으로 설정되고, 이들 사이에 '근접 발달 영역(ZPD, zone of proximal development)'이 걸쳐 있다. 잠재 발달 수준은 어른들이 도움으로 문제나 과제를 해결하는 수준이며, 근접 발달 영역은 아동이 스스로 모험하여 이룰 수 있는 문제나 과제들이 속한 영역을 가리킨다. 유명한 미국의 제2 언어학자 크뢰션(Krashen)의 'i+1' 단계 과제는 이를 수용한 것이다.

의 인지라기보다는, 오히려 인간 행위라고 제안한다. 행위와 사고는 분리될 수 없다. 그리고 행위가 사회 속에서 일어나므로, 이것이 연구 대상의 일부가 되는 것이다. 달리 말하여, 뷔고츠키에게는 사회적 상호작용이 인간 인지의 발달에서 근본적인 역할을 맡고 있으므로, 인지가 개인별 개념보다는 응당 사회적 개념으로 연구되어야 하는 것이다. 문화는 사회문화적 이론에서 중심적 위치를 차지한다. 문화는 산술 기호, 음악과 미술, 그리고 무엇보다도 언어와 같이 인간의 의미 산출 작업에 관한 모든 수단을 포괄하는 듯이 보인다. 행위 주체들의 공동체 중에서 일련의 공유된 습관들로서 문화는 물리적·화학적·생물적 환경만큼이나 객관적이라고 간주된다. 사람들이 사회적 실천에 참여함으로써 한 세대에서 다음 세대로 문화(그리고 문화와 더불어 언어)를 실어나른다. 사람들이 언어를 익히는 일도 문화적 활동들에 참여함으로써 이뤄진다. 랜톨프·파블렌코(Lantolf and Pavlenko, 1998: 143)에서는 다음처럼 언급하여, 사회문화 이론의 전반적 본질을 성격 지워 준다.[10]

뷔고츠키의 '사고와 언어'는 세 가지 번역본이 출간되었다. 신현정 뒤침(1985), 『사고와 언어』(성원사); 데이비드 켈로그·배희철·김용호 뒤침(2011), 『비고츠키 생각과 말』(살림터); 윤초희 뒤침(2011), 『사고와 언어』(교육과학사)이다. 이밖에도 뷔고츠키 책이 두 권 더 번역되어 있다. 조희숙·황해익·허정선·김선옥 뒤침(2000), 『비고츠키의 사회 속의 정신: 고등 심리과정의 발달』(양서원)과 Wertsch(1985; 한양대 사회 인지 발달 연구 모임 뒤침, 1995), 『비고츠키: 마음의 사회적 형성』(정민사)이다. 영어로는 6권으로 된 뷔고츠키 전집이 나와 있다. 하버드 대학의 교육학자 부르너(Bruner)가 서문을 쓴 뤼버·카어튼(Reiber and Carton, 1987) 엮음, 『뷔고츠키의 저작 총서(The Collected Works of L.S. Vygostsky)』 I~VI(Plenum Press)이다.

10) (역주) 사회학에서는 인간을 연구하는 방법을 크게 양적인 연구와 질적인 연구로 나눈다. 양과 질에 대한 일상언어의 가치 판단을 피하기 위하여, 전자는 통계적 방법으로 부르고, 후자는 해석적 방법이라고 부른다. 일본에서는 난해한 번역어를 만들어 전자를 정량적(定量的, 양을 결정하는) 접근법으로 부르고, 후자를 정성적(定性的, 성격을 결정하는) 접근법이라고 부른다. 182쪽의 역주 21을 보기 바란다.
질적 접근 또는 해석적 접근의 극단적 입장에서는, 인간에 관한 일은 오직 1회적이며 유일한 것이므로, 결코 일반화하거나 규칙을 포착해 내려고 해서는 안 된다고 본다. 오직 그 사건에 대한 해석이나 추측만이 가능할 뿐이라고 주장하는 것이다. 즉, 자유

'조사연구에 대하여 전통적인 실험적 접근으로부터 실천하는 것이
아니라, 그보다는 오히려 훨씬 더 발견적이고 해석적이며 역사적인
관점으로부터 연구의 대상들에 접근하게 되는 것은, 이상적으로 만
들어 놓은 추상적 내용이 아니라, 바로 실재하는 개인들에 관한 이
론이다.'

(it is a theory of real individuals rather than idealised abstractions that
approaches its objects of study much more from the hermeneutic
[interpretative] and historical standpoint than it does from the
traditional experimental approach to research)

현행 사회문화적 이론의 공식적 모습은 '활동 이론activity theory'이다
(Lantolf, 2000). 그 이름이 암시하듯이, 이 이론은 정신 행동mental
behaviour을 일련의 행위action로 여긴다. 그것은 행위의 모든 측면에
관심을 갖는다. 즉, 한 사람이 '무엇을' 실행하는지에 대해서뿐만
아니라, 또한 그 사람이 그리고/또는 그 사회 환경에 있는 다른
개인들이 목표를 지니고서 '어떻게' 행동하며, 그 사람이 '어디'에
서 행동하고, 그런 활동이 '언제' 일어나며, '왜 그러한지'(또는 그
활동의 밑에 깔려 있는 동기와 목표가 무엇인지)에 관심을 갖는 것이다
(Lantolf and Pavelenko, 1998). 그 개인이 어떤 목적을 달성하기 위하
여 의도적으로 행위할 경우에, 활동은 중요한 것으로 간주된다.11)

의지를 지닌 인간과 인간 행위에 특수성과 개별성만이 있다고 보는 것이다. 그렇지만
이런 극단론을 벗어나서, 언어를 바라보는 쪽에서는 랑그와 파롤의 측면을 구분한
소쉬르의 전통에 따라 인간의 머릿속에 공통성과 특수성을 모두 함께 지닌다고 본다.
따라서 해석적(질적) 접근뿐만 아니라 통계적(양적) 접근법이 서로 긴밀히 협동해야
인간과 사회의 본질을 더욱 분명히 잘 드러낼 수 있다는 입장으로 귀착된다.

11) (역주) 여기서 영어 낱말들에 대하여 구분을 해 둘 필요가 있다. behaviour, action,
act, activity가 함께 쓰이고 있다. 먼저 이들이 모두 자유의지를 지닌 인간의 의도
(intention)에 의해서 실행된다는 점이 공통적임을 파악해야 한다. 인간의 움직임과

그 초점은 개인에게 있는 것이 아니라 활동에 있는 것이다. 이런 활동은 개인의 동기와 목표는 물론, 그 개인이 따르고 있는 활동 체계의 문화에 근거한 규칙들에 비춰서 분석이 이뤄진다. 사회문화적 관점에서는 화자가 내재화한 '남들의 목소리voices of others'를 갖고 이야기한다.12) 이는 언어가 문화적으로 매개되고, 직접 접촉이나 독서·텔레비전·영화를 통한 간접 접촉에 의한 남들과의 경험을 통하여 학습된다는 믿음 위에 수립되어 있다. 생각하는 일도 사고가 내재화된 발화로부터 발달된다고 여기는 만큼, 비슷하게 사회적인 것으로 여겨진다.

활동 이론 및 사회문화적 접근은 개념상으로 아주 추상적이다.

관련해서 본능(instinct)에 의해 조종되는 여타 동물들과 달리, 크든 작든 어떤 의도에 의해서 움직임이나 사건이 일어난다. 여기서는 이런 모든 것들을 포괄하는 최상위 용어로 activity(활동)를 쓰고 있다.

behaviour(행동)는 외부에서 관찰 가능한 경험 자료를 가리킨다. 우리말에서는 행동이 행동거지(행동의 시작과 멈춤)란 말을 쓰므로, 눈으로 시작(들 거, 擧)과 멈춤(그칠, 止)을 확인할 수 있다는 점에서, behaviour를 '행동'으로 번역해 둔다. 나머지 낱말들에서는 공통적인 것은 act이며, 여기서 action과 activity가 파생되어 나왔다. act는 구체적이든 추상적이든 간에 낱개의 행위(단위 행위, 단일 행위, 행위의 최소 단위)를 가리킨다. 특히 act는 머릿속에서 일어나는 사고 행위도 가리킬 수 있고, 입을 통해 발화되어 나온 최소 덩이인 발화 행위를 가리킬 수도 있다. 이런 특성 때문에 번역 용어를 '행위'라고 선택하였다. 이제 이를 바탕으로 하여 action이 나오는데, 이는 act가 두 번 이상 이어져 있는 '일련의 행위'를 가리킨다. activity는 일련의 행위인 action 들이 지닌 상위의 포괄적 속성을 가리킨다. 따라서 최상위 용어로 간주할 수 있는데, 인간의 모든 활동을 싸안으므로, '인간 활동'으로 번역할 수도 있다.

상호작용 사회학을 개척한 미이드(G.H. Mead, 1938), 『행위의 철학(*The Philosophy of Act*)』(University of Chicago Press)에서는 최초로 인간 행위들에 대한 깊은 사색과 관찰을 한 바 있는데, 행위가 촉발되는 단계들이 복합적으로 다음처럼 일어나는 것으로 보았다. '자극 → 충동 → 인지 → 숙고/해석 → 목표 계획/조작 → 행위 완료' 그는 최상위 용어로 'act'를 썼다. 비록 본문에서 언급되지 않았지만 conduct(행실)와 deed (품행)라는 말도 쓰는데, 흔히 도덕적인 평가가 깃들어 있으므로 우리말에서 '행실'이나 '품행' 정도의 뜻으로 번역할 수 있다. 보다 자세한 논의는 클락(Clark, 1996; 김지홍 뒤침, 2009), 『언어 사용 밑바닥에 깔린 원리』(도서출판 경진)의 36쪽 이하에 적어놓은 역자주를 읽어보기 바란다.

12) (역주) 바흐친이 쓴 용어이며, 크뤼스티바에서 중요하게 다뤄졌다. 이는 담화 교육에서 '서로 얽힌 텍스트 속성(intertextuality)'으로 발전하였다. 페어클럽(Fairclough, 2003; 김지홍 뒤침, 2102), 『담화 분석 방법』(도서출판 경진)의 §3-5를 읽어보기 바란다.

따라서 평가 계발주체가 바크먼·파머의 언어 능력과 같은 의사소통 모형을 이용하는 것과 동일하게, 평가를 위한 참고 얼개로 그것들을 구현해 내기는 어렵다. 그렇지만, 평가를 위한 그것들의 함의를 살펴보는 것은 중요하다. 적잖이 그것들이 활동으로서 현재 평가에 대한 일부 정통 학설에 도전하기 때문이다.

주요 도전은 개별 화자에 대한 현행 평가방식에 놓인 강조점을 향해 있다. 사회문화적 이론에서는 어떤 상호작용이든지 문화적 규범에 의해 지배된 협동 행위joint action로 간주한다.13) 반면에 말하기에 대한 대부분의 현대 평가의 밑바닥에 깔려 있는 논리는, 응시생들의 수행이 고립된 채 평가될 수 있다는 것이다. 검사관(면접관)은 담화 환경에 대해 책임이 있고, 그 환경은 모든 응시생들에 대해 가능한 대로 일정하게 유지되어야 한다. 응시생들은 채점이 이뤄질 언어의 표본을 산출하게 된다. 흔히 검사(면담) 상호작용이 실제로 공동으로 구성됨이 인식되지만(가령 Lumley and Brown, 1997; Brown and Hill, 1998), 반면에 채점은 여전히 개인별로 주어지며, 그 검사의 표준화를 향상시키기 위하여 평가 주체의 훈련에 대한 요구가 이뤄진다. 검사(평가) 실시에 대하여 좀 더 사회문화적으로 적합한 접근을 얻어내는 한 가지 방식은 좀 더 개별화를 허용하는 것이다. 즉, 격식 갖추고 조직화된 공식 검사(평가)에서, 과제(문항)들의 선택을 제공해 주는 일을 하며, 그리고 평가에 대한 '수행 자료철portfolio' 접근을 택함으로써, 평가를 위하여 참여자들이 자신의 실제 언어사용 활동에 대한 표본들을 갖고 올 수 있도록 해 주는 것이다. 응시생

---

13) (역주) 클락(Clark, 1996; 김지홍 뒤침, 2009), 『언어 사용 밑바닥에 깔린 원리』(도서출판 경진)는 언어 사용이 '협동 행위'의 한 갈래임을 전제로 하여 씌어져 있다. 그 책의 제10장에서는 협동 원리를 작동시키는 원리로서, 기본적으로 생명체들의 협동에는 공평성의 원리가 작동하고, 언어로 주고받는 의사소통에는 체면의 원리가 작동한다고 보았다. 후자는 자율성 및 자존심을 높이거나 낮추는 원리로 다시 나뉘어진다.

들이 오직 자신이 참여한 활동에 대한 문화적 유형들만을 알 것으로 기대하는 것은 합리적이다. 그러므로 어떤 근본적인 수준으로 사회문화적 접근은 또한 문화적 적합성을 평가 기준으로 이용한다는 개념에 도전을 한다. 일반적으로 활동 이론에서는 평가도 또한 하나의 활동이라는 사실을 강조하고, 참여자들도 1차적으로 평가를 그렇게 해석할 것이다. 가령, 어딘가에로 운전하여 가는 방법을 놓고서 말로 길을 안내해 주기나 환자에게 처방을 내리기처럼, 어떤 실제 언어사용 상황을 응시생들에게 모의하도록 요구할 수 있다. 그러나 응시생들은 자신이 평가를 받고 있음을 알기 때문에, 이것이 그 의사소통을 놓고서 또 다른 일련의 기대와 기준을 부과해 놓는다. 이는 곧 응시생들에게 좋은 점수를 받는 전략들의 종류에 대하여 일러주는 것이 공정성을 위한 중요한 이유가 된다.

5.3. 과정으로서의 말하기

교육 및 평가 작업에 이용되어 온 말하기에 특정적인 모형이, 과정으로서 말하기에 대한 바이게잇(Bygate, 1987)의 모형이다.[14] 사실상 이는 교사 교육을 위해 계발되었다. 학습을 뒷받침해 주기 위하여 교사들이 교실수업 활동들을 계획하도록 도와주려는 것이다. 이 모형은 사회적으로 지향하기보다는 좀 더 개개인 쪽으로 지향하며, 학습자 말하기를 하나의 (심리적)과정으로 간주한다.

이미 66쪽의 (5) '처리조건과 상호교환조건'에서 언급하였듯이,

---

14) (역주) 이 책은 김지홍 뒤침(2003), 『말하기: 옥스퍼드 언어교육 지침서』(범문사)로 나와 있다. 227쪽에서는 '구성부문 관점'과 대립되는 '절차적 관점'으로 부른다.

바이게잇(Bygate, 1987)에서는 사람들이 말을 하는 두 묶음의 조건으로부터 결과되는 말하기의 특정한 속성을 고려한다. 처리조건 및 상호교환조건이다. 처리조건에 비춰 보면, 말하기는 동시에 가동되는 행위들을 요구한다.[15]

'낱말들이 판단됨과 동시에 발화되며, 이해됨과 동시에 발화된다.'
(원문 11쪽)

(the words are being spoken as they are being decided and as they are being understood)

상호교환조건은 화자가 자신의 청자들에게 맞춰야 하며, 청자들의 반응에 따라서 자신이 말하는 바를 조절해야 함을 의미한다.

바이게잇은 말하기를 화자 내적인 처리로 본다. 그러므로 분석의 첫 층위는 세 가지 처리 단계이다. 즉, 계획·선택·산출 단계이다.[16] 이들 주요 표제 아래, 그는 구성부문의 모형에서 찾아진 지식 및 전략 구성부문을 배치한다. 또한 그는 지식 및 기술 사이에 기본적인 구별을 한다.[17] 지식은 학습자로 하여금 이야기를 진행

---

15) (역주) 흔히 이를 산출 과정에 관련된 여러 층위(다중 층위)들의 가동 모습으로 부를 수 있다. 자세한 논의는 김지홍(2011), 「르펠트의 언어 산출 모형에서 몇 가지 문제」, 한국언어학회, 『언어』 제36권 4호(887쪽~901쪽)과 김지홍(2012), 「언어의 산출과 이해에 대한 '다중 처리' 모형」, 한국 일본어교육학회, 『일본어 교육』 제62집(1쪽~20쪽)을 읽어보기 바란다.

16) (역주) 이는 인간 행위에 일반적으로 적용되는 단계이다. 계획하고, 그 계획에 맞는 항목을 선택하고, 그 항목들을 밖으로 내보내는 단계이다. 그렇지만 여기에 추가되어야 할 중요한 마지막 단계가 하나 더 있다. 말하기는 반드시 상대방 청자가 내가 산출한 발화를 이해하였는지를 확인 점검해야 하는 것이다. 이 마지막 단계에 대한 스스로의 평가에 따라서 기존의 발화를 이어나갈지 아니면 수정해 줄지를 결정하게 된다.

17) (역주) 이런 이분법은 흔히 '이론과 실천', '생각과 행동' 등으로 불러온 것과 크게 다르지 않다. 양명학에서는 이 둘이 충실히 합쳐진 상태를 '양지(良知)'라고 부른다. 이런 이분법은 때로 진·선·미 삼분 영역을 다뤄온 희랍 전통에 따라 감성이나 판단 영

할 수 있게 해 주는 것이다. 기술은 학습자들이 상호작용에 능동적으로 간여하는 경우에 포함된 능동적 구성부문이다. 그는 기술 연습의 중요성을 강조하지만, 화자가 말을 하는 경우에 두 가지가 모두 필요함을 인식한다. 말하기에 대한 바이게잇의 모형을 요약한 표가 다음 〈그림 5-2〉로 제시되어 있다.18)

〈그림 5-2〉 입말 기술에 대한 요약(Bygate, 1987: 50)

영역 단계	지식	⇄	기술
계획	정형화 투식에 대한 지식 { 정보 전달용 투식 상호작용 투식 담화 상태에 대한 지식	⇄	전달내용(message) 계획 { 정보 계획 상호작용 계획 상호작용 관리 기술 { 논의거리(agenda) 관리 발언기회 얻어내기
선택	어휘 구절 문법 자원	⇄	의미(난관) 타개하기 { 명확성 기술 타개 절차의 기술
산출	산출 기제 이용 문법 규칙 발음 규칙	⇄	산출 기술 { 촉진하기 보충하기 정확성 기술
			⇩ 실 제 발 화

역을 크게 부각시키지 않는다고 비판받을 수 있다.

18) (역주) 범문사에서 번역 출간된 '옥스퍼드 언어교육 지침서(12권)'에서는 제2 언어 또는 외국어 교육에서 학습자들이 먼저 '정형화된 투식(routines)'들을 익히도록 한다. 그리고 나서 그 투식을 그대로 적용하기 어려운 상황에서 여러 가지 방식들을 이모 저모 시도하면서 난관을 타개해 나가도록 하는 단계를 상정하고 있는데, 이를 '의미 타개(negotiation of meaning)'로 부른다. 더 쉽게 말하여, 먼저 모방을 하고 나서, 이를 토대로 변형을 가함으로써 창조를 하는 셈이다.

상호작용 말하기 상황에서 '계획' 단계를 가동하기 위하여, 바이게잇은 학습자들이 정형화된 정보 전달용 투식routines 및 상호작용 투식들을 알 필요가 있으며, 마음속으로 지속되는 대화에 대하여 심상을 계속 수립해 놓을 필요가 있다고 제안한다. 정보 전달용 투식은 종종 '이야기하기·묘사하기·비교하기'와 같은 정보 구조에서 일어나게 된다. 상호작용 투식은 '안내 상황·전화 대화·수업'과 같이 화자들이 상이한 유형의 상황에 속하는 것으로 알고 있는 전형적 발언순서turn 구조이다. 학습자들이 이런 지식을 이용할 필요가 있는 기술은 각각 '전달내용message 계획 기술' 및 '상호작용 관리 기술'이다. 전자에서는 정형화된 투식들에 대한 기본 지식이 학습자들로 하여금 무엇이 일어날 것 같은지 예측하고, 그들의 기여내용과 상호작용을 미리 계획할 수 있도록 해 준다. 후자는 바이게잇이 내용에 초점을 맞춘 논의거리agenda(화제) 관리 및 상호작용에 초점을 맞춘 발언기회 얻어내기로 나눠 놓았다.

'선택' 단계에서는 자신이 말하려고 하는 바를 어떻게 말할지 선택하기 위하여 학습자들이 어휘·구절·문법에 대한 자신의 지식을 이용한다. 바이게잇에 따르면 이와 관련된 기술은 의미의 타개 negotiation of meaning와[19] 관련되어 있다. '명확성 기술explicitness skills'은 청자가 알고 있을 것으로 화자가 추정하는 것에 비추어서, 학습자들로 하여금 자신의 표현을 선택할 수 있게 해 준다. 반면에 '타개 절차의 기술procedural skills'은 가령 '강조·반복·분명히 말해 주도록

---

19) (역주) negotiation(타개, 협상)은 진행 과정에 문제나 난관이 있음을 전제한다. negotiation of meaning(의미의 타개)란 말은 화자가 청자에게 전달내용의 의미를 전달하는 데에 문제나 난관이 있으며, 나름대로 이를 여러 가지 방식으로 시도해 보면서 타개하거나 해결해 나가는 과정이다. 이 타개의 과정은 기계적인 과정이 아니다. 구체적인 문제 상황에서 여러 가지 해결책을 어림짐작으로 이것저것 시도해 볼 수밖에 없다. 그러는 과정에서 이런 시도가 그 자체로 학습자에게 중요한 전략으로 하나씩 자리 잡게 된다.

요구함' 등을 통하여 이해가 일어나도록 보장해 주는 데에 도움이 된다. 계획 활동 및 선택 활동은 다 함께 상호작용 기술로 불릴 수 있다. 그것들이 대화에서 화자가 다른 사람들과 어떻게 관계되는지를 다루기 때문이다.

'산출' 활동은 말하기의 시간제약 속성과 긴밀히 관련된다. 여기서 요구되는 지식은 조음이며, 문법 및 발음 규칙에 대한 화자의 지식이다. 관련된 기술은 촉진하기facilitation와 보충하기compensation이다. 화자는 구조를 간단히 만듦으로써 자신의 발화를 촉진하거나, 또는 생략·정형화된 표현·군말과 주저거림 기제들을 이용함으로써 쉽게 만들 수 있다. 학습자들은 자신의 발화에 대한 이런 측면을 놓고서 되점검을 얻는 것이 유용함을 깨달을 수 있다. 왜냐하면 스스로 말하기를 어떻게 더 쉽게 만들 수 있는지를 살펴보는 데 학습자들에게 도움을 줄 것이기 때문이다. 차례로 '보충하기 기술'은 촉진하기와 아주 비슷하지만, 자신의 이야기에서 뭔가 잘못되었을 경우에 화자에 의해서 이용되거나, 또는 있을 수 있는 난점을 납득시키기 위하여 뭔가를 하지 않는 한 그들이 대신 다른 무언가 실행되어야 하겠다고 생각할 경우에 화자에 의해 이용된다. 보충하기 기술은 정형화된 표현·스스로 고침·고쳐 말하기·확대나 축소를 통한 반복·머뭇거림에 대한 쉬운 이용 따위를 포함한다. 마음속으로는 화자가 그 말하기 상황이 아주 힘들게 느꼈으며, 그 상황에서 잘 극복해 내기 위해 많은 노력을 해야 되었던 경우라 하더라도, 이들 표현이 화자로 하여금 유창한 듯이 보이도록 만들어 준다.

바이게잇은 제1 언어(모국어) 화자와 제2 언어 화자들에게서 말하기의 처리조건 및 상호교환조건을 동일한 것으로 간주하지만, 학습자들이 자신의 지식 및 기술에 있는 결함gaps(공백)들을 보충해 주기 위하여 특별한 전략이 필요함을 인식한다. 패어취·캐스퍼(Faerch and Kasper, 1983)를 따라, 그는 학습자 의사소통 전략을 달성하기 전략 및 축약하기 전략으로 나눠 놓았다. 학습자들이 달성하기 전략achievement strategies을 이용하는 경우에, 즉석에서 대치하여 변통함으로써 자신의 언어 결함을 보충해 준다. 가령

풀어 말하기, 짐작하기, 그들이 알고 있는 다른 언어로부터 낱말과 구절을 빌려오기, 청자로 하여금 의미 만들기에 협동하도록 참여시키기

등으로 그렇게 한다. 축약하기 전략reduction strategies을 통해서, 자신의 언어 자원에 따라 화자는 애초에 말하려고 의도한 것을 변경한다. 전략들은 학습자로 하여금 의사소통이 효율적으로 되도록 만들어 준다. 학습자 수행에서 여러 전략의 흔적은 학습자가 능동적으로 의미 만들기에 몰두하였다는 증거를 제공해 준다. 그렇지만 바크먼·파머(Bachman and Palmer, 1996)에서와 비슷하게, 바이게잇(Bygate, 1987)에서도 전략들은 말하기를 위하여 요구되는 지식·기술과는 다른 별개의 차원에서 작동한다고 인식한다.[20] 따라서 〈그

---

20) (역주) 더 쉽게 표현하면, 언어에 대한 부서와 언어를 사용하는 부서가 따로 있는 것이다. 전자를 오직 언어에만 관련된 부서이므로, 언어 부서로 부른다면, 후자는 언어만이 아니라 그림이나 노래나 행동 등의 표현 방법뿐만 아니라 또한 이들을 작동시키는 다른 모든 부서들과 관련되는 '범용(凡用)' 부서이다. 때로 '일반 인지 부서'라고도 부르기도 한다. 전략은 일반 인지 부서들을 이용하면서, 목표를 수행해 나가는 과정에서 생겨나는 현장 문제를 해결하는 일과 관련되어 있다. 이런 까닭에 '상위 인지 능력'이라고도 부른다. 여기서 말하는 별개의 차원이란 '일반 인지 부서'와 '상위 인지 능력'과 관련된 부서의 작동들을 가리키는 것이다.

매우 소략하게 볼 경우, 상대방과 의사소통을 하려면 먼저 화자가 상대방과의 공통 기반 및 정보간격을 가늠해야 한다. 여기서 가늠된 정보간격이 전달할 만한 가치가 있다고 판단될 적에, 비로소 의사소통 의도가 생겨난다. 의사소통 의도를 결정하기까지의 과정도 간단치 않지만, 이제 순식간에 진행되는 이 의도로부터 말로 표현하기까지의 과정도 복잡한 과정들이 동시에 가동된다.

만일 일직선의 모습으로 차례차례 서술한다면 다음과 같은 단계들을 거쳐야 한다.

림 5-2〉에서는 전략들이 포함되어 있지 않으며, 이는 말하기에 대한 바이게잇(Bygate, 1987)의 견해만을 요약해 놓고 있다. 그럼에도 불구하고, 전략 사용에 대한 되점검은 특히 학습과 관련된 평가에서 유용하다.

사실상, 전반적으로 말하기에 대한 바이게잇(Bygate, 1987)의 접근은, 특히 말하기의 학습관련 평가를 위하여 유용할 것이다. '계획·선택·산출' 기술 또는 '상호작용·산출' 기술 속으로의 조직화는, 학습 활동들을 조직하고 그것들을 계발하는 과제를 선택하기 위한 분명한 토대를 제공해 준다. 그렇다면 평가 과제들도 또한 이런 토대 위에서 선택될 수 있으므로, 그 결과들이 추가 학습을 뒷받침하기 위하여 이용될 수 있는 것이다.

그 의도는 상대방에게 전달하기 위하여 두 가지 방식으로 표현될 수 있는데, 행동으로 표현해 주거나 아니면 말로 표현해 주는 것이다. 물론 많은 경우에 두 방식이 서로 맞물려 있다. 여기서 의사소통 의도를 말로 표현하는 선택을 하였을 때에, 서술관점과 표현방식이 결정되어야 한다. ① 서술관점은 한 사건의 결과를 책임질 수 있는 주체를 주어로 내세우느냐, 아니면 행위주가 없이 자연세계의 일처럼 나타내어(책임질 주체를 감추어) 피동 또는 수동 표현으로 나타내느냐의 결정이다. ② 표현방식은 다시 그 말을 직접 표현방식으로 쓸지, 아니면 간접 표현방식으로 쓸지를 결정하는 일이다. 후자의 경우에는 다시 우회적으로 표현할지, 아니면 비유적으로 표현할지를 결정하는 일이다. 언어 표현방식에는 적어도 세 가지 선택이 있는 것이다. 직접 표현, 우회 표현, 비유 표현이다. 비유 표현은 다시 크게 환유와 은유로 나뉜다. 어떤 선택을 거쳐 특정한 표현의 발화를 하든지 간에, 마지막 단계로 나의 의도를 담고 있는 발화를 청자가 듣고서 즉석에서 제대로 이해하였는지 여부를 확인 점검해야 한다. 만일 제대로 이해하지 못하였다고 판단되면, 다시 반복하거나 수정하거나 아니면 포기하여 새로운 표현의 산출로 넘어가야 한다.

따라서 화자이든 청자이든 간에 중요한 것은, 본래 의도를 확립하고 간취하는 일이다. 청자로서도 만일 화자의 의도를 제대로 가늠하였다면, 다음에 그 화자가 무슨 말과 행동을 할지에 대해서 상당한 정도로 예측할 수 있는 것이다. 따라서 이런 흐름에서 보면, 범용 처리 부서란 언어 표현의 선택 부문을 빼고, 나머지 모든 일들을 다 맡고 있는 부서임을 알 수 있다. 그리고 의사소통 의도가 '주인'이라면, 이를 전달해 주는 심부름꾼인 언어 표현은 '하인'이나 '도구'에 지나지 않는다. 의사소통 의도는 또한 상위의 의지와 관련이 있으며, 궁극적으로 복합 속성의 '자유의지(free will)'와 맞닿아 있을 것이다. 보다 자세한 내용은 김지홍(2010), 『언어의 심층과 언어교육』(도서출판 경진)에 있는 제2장 「언어와 언어 사용에 대한 자각」과 제3장 「담화교육에 대하여」를 읽어보기 바란다.

바이게잇의 모형을 이런 방식으로 이용하는 한 가지 사례가 해쓸그뤼언(Hasselgren, 1998)에 제시되어 있다. 그녀는 유창성을 풍부히 해 주는 담화 표지smallwords(작은말)들에[21] 대하여 응시생들이 쓰는 바를 관찰함으로써, 그들의 말하기 기술의 장점과 약점에 대한 구체적인 되점검이 학습자들에게 제공될 수 있다고 시사한다.

well(그런데, 글쎄)·*sort of*(일종의)·*you know*(잘 아시다시피)

와 같은 표현으로써 말할 준비시간을 벌어 놓는 일은 도움이 되는 계획 기술이다. 한편

you know(잘 아시다시피)·*you see*(보시다시피)·*really*(정말이에요)

와 같은 표현으로 대화 상대방을 인정하는 일은, 일관된 사교적 대화를 구성하는 데 도움이 된다.

well(그런데, 글쎄)·*anyway*(어쨌거나, 하여간)·*right*(옳아요)

과 같은 표현들도 대화의 정보 구조를 뒷받침해 줄 수 있다. 촉진하기·보충하기 기술은 가령

You mean…?(… 을 뜻하는 거예요?)·*a kind of*(어떤 종류의)·*what*

---

21) (역주) 앞에 있는 194쪽 이하에서는 하우스를 인용하면서 실마리 화용표지(gambit)로 불렀다. 머카씨(McCarthy, 1998; 김지홍 뒤침, 2010), 『입말, 그리고 담화 중심의 언어교육』(도서출판 경진) 제3장에서는 담화 표지(discourse marker)로 부른다. 얼굴을 마주보는 의사소통에서 인간관계를 부드럽게 해 주는 상호작용 전략으로 채택되어야 하므로 입말에서 중요한 기능을 하는 것으로 본다.

(뭐, 뭐랄까)

과 같은 표현을 통하여 입증될 수 있다. 한편

kind of(일종의)·*loads of*(다수의)·*I think*(~라고 생각해요)

와 같이 전적으로 책임지는 일을 하지 않으려고[22] 신호하는 애매한 표현들도, 다른 해석을 위한 소지를 허용해 줌으로써 의미의 타개에 도움이 된다.

5.4. 검사(평가) 설계에 모형을 응용하기

임의의 검사 계발작업에서 첫 번째 단계는 검사(평가)가 계발되고 있는 상황을 대상으로 하여 왜 평가가 필요한지를 분석해 놓는 것이다. 계발주체가 평가될 구성물을 정의한 경우에, 다음 단계에서는 이론 모형이 도움이 될 수 있다. 이런 모형은 표현할 낱말들을 제시해 주고, 검사(평가)의 종합적 속성을 평가하기 위한 기준을 제공해 줄 수 있다. 제5장의 마지막 절에서는 이를 위하여 모형들을 이용하는 몇 가지 사례를 논의할 것이다.

---

22) (역주) 원문은 lack of total commitment(완전한 전념/몰두의 결여)라고 씌어 있다. 그러나 그 사례들을 보면 화자가 빠져 나갈 구멍을 마련하고 전적인 책임을 모면하기 위하여 쓰이는 것들이므로, hedge(책임 완화 표현)와 같은 부류의 것으로 판단된다. 186쪽에 있는 역주 24)를 함께 참고하기 바란다.

(1) 이론상의 닻으로 역할하는 모형

흔히 말하기 평가는 이론적 모형들의 타당성 연구를 위해서 계발되는 것이 아니라, 오히려 추가 학습을 위한 되점검 제공, 학업 성적 발급, 훈련이나 고용을 위한 사람 선발과 같이 '응용' 목적을 위하여 계발된다. 따라서 개별적인 말하기 평가가 이론 모형의 모든 측면을 구현하기 위해 의도되는 일은 드물다. 그렇지만 그 검사가 이용되고 있는 실용 목적을 위하여, 말하기의 어느 특징이 관련되는지 서술해 주기 위한 이론적 닻으로서 모형을 이용함으로써, 검사 계발주체(출제자)는 계발(출제)과 무관한 사람들에게 자신의 평가의 본질을 서술해 줄 수 있다.

더욱이 하나의 이론적 관점이 그 검사의 구체적인 특징들을 설명해 주기에 충분치 않다는 의미에서, 종종 충실하게 여러 가지 응용 목적들이 적용된다. 따라서 자연스럽게 검사(평가)들을 모형과 관련짓는 일에 대한 절충 접근이 많은 검사 계발주체들에게 다가온다. 가령, 말하기에 대한 바크먼·파머(Bachman and Palmer, 1996)의 구성부문 관점을, 바이게잇(Bygate, 1987)의 절차적 관점과 결합해 놓는 일에 의해 제공된 다중 관점은, 계발주체로 하여금, 동료와 응시생들과 같이 서로 다른 청중(독자)들에게, 해당 평가에 대하여 제대로 그 내용을 설명할 수 있도록 해 준다.

임의의 검사를 위하여 이론적 닻으로서 모형을 이용하는 일의 한 가지 사례는, 영어를 안 쓰는 나라로부터 온 이민 교사들에 대한 호주 검사Australian test이다. 그 검사는 영어 기술 평가ELSA, English Language Skills Assessment로 불리며, 네 가지 모든 기술에서 학교 내 의사소통 요구사항들을 처리하는 이민 교사들의 능력을 평가한다(McDowell, 1995). 그 계발주체들은 바크먼(Bachman, 1990)의 의사소통 언어 능력CLA로부터 출발하는 일을 선택하였다. 그리고 학교에서 교사들의 언어사용에 대한 문법적·텍스트 전개적·발화 속에 깃든23)·화용적 제반 특징들에 비추어 검사될 기술들의 정의 내용을 꾸며 놓았다. 입말 하위 검사에서는 화용 능력을 강조해 두었다. 이를 촉진하기 위하여

'모종의 상호작용 의사소통을 위한 토론의 장을 제공하고, 따라서 언어 투식(어투)의 후보에 대한 제어력과 다른 화자들을 상대하는 적합성 및 민감성에 대한 그 후보의 감각을 판정하기 위하여'(McDowell, 1995: 21쪽)

후보자들을 짝 지워 평가하는 결정이 내려졌다. 그 검사(평가)는 응시생들 사이에 역할 놀이 및 두 명의 응시생과 대화 상대방과 평가자들 사이에서의 집단 토론을 포함한다. 수행내용들은 네 가지 영역으로 채점되었다. 상호작용의 의사소통·이해 가능성24)·적

---

23) (역주) illocutionary(발화 또는 언어 표현 속에 속뜻으로 깃들어 있는)이란 용어는 95쪽에 있는 역주 8)에서 언급된 옥스퍼드 대학의 일상언어 철학자 오스튼(Austin, 1911~1960)의 화용 행위(speech act)에서 나온 용어이다. 그는 언어의 본질이 사용임을 깨달고, 사용은 행위를 통해 일어나므로, 언어사용 행위를 화용 행위라고 불렀고, 처음으로 화용 행위가 세 단계로 이뤄짐을 주장하였다. 화용 행위를 때로 언어 표현 행위로 번역하여, 때로 이를 줄여 '언표 행위'라고도 부른다. 세 단계는 다음과 같다.

  ① locutionary act(발화 행위, 언표 행위)
  ② illocutionary force(발화 속에 또는 언표 속에 깃든 힘)
  ③ perlocutionary act(발화 또는 언표 속뜻을 알아차리고 실천을 완료하는 행위)

  ②를 쉽게 표현하면, '말속에 깃들어 있는 힘' 또는 '말속에 깔린 속뜻'이다. 어떤 발화 행위도 축자적으로만 쓰이는 것이 아니라, 많든 적든 어느 정도 속뜻이 깃들어 있다. 청자는 그 속뜻을 재빨리 알아차리고서 반응하고 실천해 주어야 한다. 이럴 경우에라야 그 화용 행위가 만족스럽게 일어났다고 평가한다. 화용 행위의 참값은 옛날부터 써 온 '대응 진리설'에 의해 따지는 것이 아니라, 이런 행위들을 적합하게 수행해 주는지 여부에 따라 '만족성 원칙'에 의해 수립되는 것이다. 뒤에 이런 생각은, 68쪽에 있는 역주 28)의 그롸이스(Grice, 1913~1988)에 의해서 '의사소통 의도' 또는 '화자의 의미'를 찾아내는 일로 재구성되었다.

합성·정확성이다. 이들 기준은 후보자들의 언어사용에 대한 속성들에 초점을 모으며, 오직 의사소통 언어 능력CLA 모형과 간접적인 관련성을 지닐 뿐이다.

관련된 다른 사례는 호주의 초·중등학교 체제에서 제2 언어로서 영어ESL 학습자들의 언어 학습을 서술하기 위하여, 제2 언어로서의 영어ESL 등급 눈금bandscales에 대한 계발이다(McKay, 1994). 이런 작업에서 이용된 의사소통 언어 능력CLA의 내용은 바크먼(Bachman, 1990)의 내용 및 바크먼·파머(Bachman and Palmer, 1996)의 초고본 내용이었다. 평가의 실용적 맥락과 호주 교육정책의 좀 더 추상적인 맥락 얼개가 또한 그 작업에 대하여 중요한 효과를 지녔다. 머카이(McKay, 1995: 44, 미국 발음은 '머캐이')에서는 명시적으로 그 작업에서 바크먼·파머(Bachman and Palmer, 1996) 모형에 대한 '약한' 해석을 이용하였다고 진술하였다. 즉, 그것을 절대 규칙이 아니라 일반적인 안내지침으로만 이용한 것이다. 그 계발주체들은 평가 활동을 위한 얼개를 집필하였다. 이는 가르치는 맥락에 대하여 특징적인 배경지식에 대한 기대내용들을 구체화해 주었고, 교사들의 실생활 환경과 부합된 중요한 평가 활동들을 찾아내었으며, 평가를 구현하기 위한 안내지침을 진술하였고, 평가될 언어사용의 주요 측면들을 제안하였다(McKay, 1995: 46~47). 그렇지만 과제 특징과 평가 기준들은 모두 의사소통 언어 능력CLA 모형이 아니라, 오히려 학교 및 학생들의 필요성에 의해서 도출되었다.

---

24) (역주) 다른 사람들이 쉽게 이해할 수 있도록 후보자가 제대로 말을 해 주었는지를 살펴보는 것이다. 메를 스웨인(Merrill Swain) 교수는 이를 '이해 가능한 산출물(comprehensible output)'이라고 부르고, 이에 대한 압박이 학습자들로 하여금 더 정확히 표현하도록 이끌어 감을 밝혔다. 90쪽에 있는 역주 4)를 보기 바란다.

(2) 배점 범주들의 자원이 되는 모형

검사 계발에서 모형들에 대한 하나의 구체적인 응용은, 채점 기준들에 대한 조직화 내용 및 표현 용어들을 알려 주기 위하여 모형들을 이용하는 것이다. 가령 155쪽 이하에서 논의되었듯이, 이는 '입말 영어 검사TSE'와 함께 실행되어 왔다(ETS, 2001). 전반적인 채점 기준은 의사소통 효율성이지만, 한편 네 가지 영역별 분석 기준은

기능적 능력·사회언어학적 능력·담화 능력·언어학적 능력

이다(Douglas and Smith, 1997). 따라서 그것들은 바크먼(Bachman, 1990)에 있는 의사소통 언어 능력CLA의 네 가지 주요 영역을 따르고 있다. 그렇지만 기능적 능력의 정의는 약간 수정되었는데, '입말 영어 검사TSE'에서 검사(평가)된 발화행위 기능들에 대한 응시생들의 실행내용을 가리키며, 언어사용에 대한 핼러데이Halliday의 더 광범위한 기능 얼개를 가리키지는 않는다. 이는 화용 행위의 의미에서 의사소통 기능이 '입말 영어 검사TSE'에 있는 중심적인 조직화 원리이기 때문이며, 대략적으로 말하여 그것들이 기능적 능력의 영역이나 의사소통 언어 능력CLA에 있는 지식에 속하는 것으로 간주될 수 있기 때문이다. 따라서 '입말 영어 검사TSE'의 배점 방식은 이론적 얼개·과제(문항) 설계·채점 절차 사이에 연관을 맺어 준다. 그 눈금은 155쪽 이하에서 이미 논의되었다.

(3) 검사에 근거한 모형 창조

대부분의 검사 계발주체는 자신의 검사(평가)를 기존의 이론 모

형들과 관련지어 놓지만, 또한 특히 검사 계발작업이 상당수의 전문가 집단을 이용할 수 있을 만큼 충분히 대규모라면, 검사에 특정한 이론 모형을 만들어 내는 일도 가능하다. 이것이 '외국어로서 영어 검사TOEFL'의 차세대인 'TOFEL 2000'을 계발하는 사례로 실행되었다. 미국 교육 평가원ETS에서 운영하는 토플 누리집(www.toefl.org)을 보기 바란다. 계속 진행 중인 이 작업에 대하여 출간된 보고서는, 현재 배경 조사의 시작 단계, 그리고 모형 및 얼개 계발 단계를 포함하지만, 아직 검사 원형에 대한 어떤 분석도 담고 있지 않다. 그 검사에서는 '읽기·쓰기·듣기·말하기'를 고립적으로도 평가함은 물론 또한 서로 결합한 모습으로도 평가할 것이지만, 밑바닥에 깔린 이론적 모형은 그 평가의 모두 부분들에 대하여 동일하다.

'토플 2000' 모형은 미국 교육 평가원에 있는 검사 계발 협력체인 토플 검사관 위원회TOEFL Committee of Examiners에 의해 만들어졌다. 그것이 만들어진 뒤에 그 모형은 '검사관 위원회 모형COE Model'으로 불렸다(Chapell, Grabe, and Berns, 1997). 이는 학업 맥락에서 의사소통의 언어사용을 정의한다. 그 모형의 두 가지 주요 부분은 '내적인 운영'과 '맥락'이다. 췌이플·그뢰입·번즈(Chapell, Grabe, and Berns, 1997: 2)에 따르면, 그 모형은 특히 하임즈(Hymes, 1971)와 커낼·스웨인(Canale and Swain, 1980)과 바크먼(Bachman, 1990)으로부터 나온 강력한 영향력과 더불어

'기존의 조사연구 및 인지심리학·응용언어학·언어 검사에서의 조사 연구자들에 의한 현재 가정들'

에 대한 요약을 나타낸다. 그 모형은 다음 〈그림 5-3〉에 제시되어 있다.

<그림 5-3> 학업 맥락에서 의사소통 언어사용에 대한 '검사관 위원회' 모형

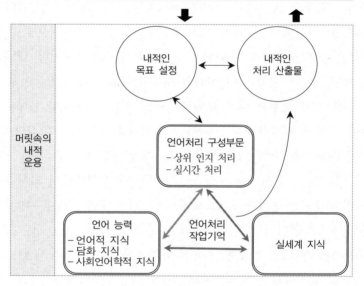

검사관 위원회COE 모형에서, 맥락은 두 가지 상호작용 요인으로 이뤄진다. 상황 및 수행이다. '토플 2000'의 경우에 상황은 진학하여 학업하는 일이다. 가령, 강의를 듣거나 연구실 면담 약속이다. 이 모형에서는 학업 상의 언어사용에 영향을 줄 것으로 기대되는 특징들을 다음처럼 개관해 놓는다.

- 환경(물리적 장소)
- 참여자(개인별 역할 및 그들의 역할)
- 과제(특정 목적을 지닌 한 도막의 일이나 어떤 활동)
- 덩잇글/덩잇말(과제를 완성하는 데 이용된 언어의 유형)
- 주제(전달되고 있는 내용 정보)

수행은 그 맥락에 대한 언어사용자의 기여내용으로 간주된다. 이는 언어와 그 상황에 있는 언어사용자의 행위로 이뤄진다. 집필자들은 이들 변인이 새롭다고 주장하지는 않지만, 오히려 그들은 기존의 이론적 지식으로부터 특정한 환경인 영어로 학업상의 의사소통을 하는 일에 적용되는 새로운 모형을 세우는 선택을 하였다.

　언어사용자의 능력은 상호 관련된 내적 운용으로 간주된다. 이는 〈그림 5-3〉에서 아래 글상자에 들어 있는 일정 범위의 처리 구성부문들을 나타낸다. 그 처리는 내적 목표 설정과 더불어 시작된다. 이는 '맥락'에 대한 개인별 지각내용과 반응에 의해서 동기가 마련된다. 핵심이 되는 내적 운용내용은 언어처리의 작업기억 속에서[25] 일어난다. 이는 언어처리 구성부문·언어 능력·담화 지식과 사회언어학 지식·실세계 지식이 들어 있는 곳이다. 이런 상

---

25) (역주) 작업 기억(working memory)은 초기에 1/4초 전후에서 작동하는 단기 기억과 관련하여 논의되었다. 원래 단기 작업기억으로서 논의가 시작된 배들리(Baddeley, 1986), 『작업 기억(*Working Memory*)』(Clarendon Press)에서는 ① 말소리 순환회로 (articulatory loop)와 ② 공간 시각적 그림판(visuo-spatial sketch/scratch pad)이 ③ 중앙 처리기(central executive)에 맞물려 있는 모습으로 상정되었다. 그 뒤 20년 넘게 발전된 작업기억에 대한 종합 논의로는 배들리(2007), 『작업기억·사고·행위(*Working Memory, Thought and Action*)』(Oxford University Press)에서 읽을 수 있다. 배들리는 구체적 사건 (episodic) 기억에 대한 논의가 더 진전되어야 할 것으로 본다. 최근에는 장기 기억의 일부를 작업기억으로 빌려 쓴다고 보는데, 이를 특정 영역의 지식들에 대한 인출구조를 기억하고 있는 장기 작업기억(long term working memory)라고 부른다. 장기 작업기억은 특히 킨취(Kintsch, 1998; 김지홍·문선모, 2011 뒤침), 『이해: 인지 패러다임』 I, II (나 남)에서 언어처리와 관련하여 중요하게 논의된다.

호작용 처리 과정의 결과가 '내적 처리 산출물'이다. 이는 그 상황에 대한 언어사용자의 표상이나[26] '지금까지의' 활동이며, 낱말과 행위로 이뤄진 외현적인 수행으로 이끌어 간다(Chapell, Grabe, and Berns, 1997: 10~17).

이들 구성부문은 어떤 언어사용 상황에서든지 상호작용하는 것으로 간주된다. 그것들의 상호작용을 위한 조직화 원리는 '듣기·말하기·읽기·쓰기' 기술이 아니라, 그보다는 상황의 맥락이다. 따라서 '상황'은 검사(평가) 계발주체가 정의하려고 착수한 맥락에 대한 기본 단위로 선택되었다. 만일 그 모형이 심각하게 고려된다면, 이런 제안은 그 검사가 틀림없이 상황에 근거한 과제들이나 검사 부문들로 통합기술을 검사(평가)할 것임을 의미한다. 그렇지만 계발주체들은 또한 전통적인 네 가지 기술 구분도 유용한 것으로 본다고 진술한다. 따라서 네 가지 기술들을 개별적으로도 그리고 통합된 모습으로도 검사하려고 의도하는 것이다(Jamieson et al., 2000).

검사관 위원회COE 모형은 상황 구성부문과 내적 구성부문을 의사소통의 능력에서 확인하지만, 이것들이 '토플 2000'에서 평가된 구성물을 정의하기에 충분치 않다. 그 모형에서는 명시적으로 의사소통을 개인 및 맥락 사이에 있는 상호작용으로 보므로, 이 점이 '토플 2000'의 계발주체들을 북미 학업(≒대학 및 대학원 진학) 맥락들의 본질을 검사하도록 이끌어 간다. 그 모형은 그들로 하여금 핵심 상황들을 찾아내고서, 이것들에 의해서 요구된 능력을 목표 설정, 언어 처리, 언어·사회언어학·담화 능력에 비추어 가정하도

---

26) 외부 자극물이 감각기관을 거쳐 들어오면서 일정 부분 재구성되어 파악된다는 뜻으로 쓰인 representation(표상)이란 용어는 처음 칸트(1781)『순수이성 비판』에서 나왔다. 오늘날 인지과학에서는 머릿속에서 작동되는 무의식적 내용과 의식적 내용을 모두 가리키기도 하고, 또는 우리가 스스로 의식할 수 있는 의식적 내용이나 인지 내용만 가리키기도 한다. 느슨하게 쓰이면, 의식·인지·인식·표상 등이 서로 교체될 수 있다.

록 안내한다. 그러고 나서 그들은 관련된 과제(≒문항) 서식들을 구성하고, 이것들을 위한 배점방식 기본 설명서scoring rubric를[27] 계발한다(Chapell, Grabe, and Berns, 1997: 21~25). 그렇다면 이것이 목표 설정, 언어 처리, 언어·사회언어학·담화 능력도 배점방식 및 점수 보고 기제에 등장해야 함을 의미하는 것인지 여부는, 검사관 위원회COE 모형에 구체적으로 언급되어 있지 않다.

달리 말하여 검사관 위원회COE 모형이 '토플 2000' 계발에 이용된 방식은 비록 심도에서 차이가 좀 있겠지만, 제5장의 더 앞쪽에서 논의된 대로 검사를 일반적 모형에 닻을 내리게 하는 실천내용과 마찬가지로 크게 차이가 나는 것은 아니다. 언어 검사에서 이론 계발에 대하여 검사관 위원회COE 모형이 기여하는 바는, 비록 주요 초점이 여전히 개인별 언어사용자에 모아져 있지만, 개인 지향의 처리 접근들 및 의사소통 언어사용에 대한 좀 더 사회적 지향의 맥락에 근거한 접근들을 명시적으로 연결해 놓는 것이다. '토플 2000'에서 실용적 검사 계발에 대한 기여는, 실제 검사 계발작업에서 이런 연결의 구현에 대한 조언인 것이다.

5.5. 요약

제5장에서는 의사소통의 언어 능력에 대한 일정 범위의 모형들을 개관하였고, 평가 계발주체들이 자신의 작업을 구조화하는 데 이용할 수 있는 말하기를 개관하였다. 평가가 계발되고 있는 맥락의 필요성에 따라, 단일한 모형을 이용하거나 여러 가지 상이한

---

27) (역주) 132쪽의 역주 27)을 보기 바란다.

모형을 결합하여 이용할 수 있다. 그렇지만 실용적 평가 맥락들로부터 나온 사례들에서는, 이론적 모형들이 사뭇 추상적인 차원에서 오직 평가 계발을 위한 조직화만 제공해 줌을 보여 주었다. 구성물 정의와 과제 및 채점 기준을 위한 자세한 안내지침들을 포함하여, 그 검사(평가)의 구성을 안내해 주는 규칙들은, 검사 실시 상황과 매우 구체적으로 묶여 있을 필요가 있다. 이것이 제6장의 주제가 된다.

제6장 검사 명세내역 계발

어떤 검사(평가)의 계발을 검사 명세내역을[1] 적어 놓으면서 시작하는 것이 유용하다. 이것이 제6장에서 논의하게 될 내용이다. 6.1에서는 검사 명세내역에 대한 개관을 하는데, 그것의 목적과 내용을 제시한다. 6.2에서는 명세내역에 대한 세 가지 사례를 제시한다. 외국어로서의 영어EFL 교실수업에서, 홀로 말하기 검사를 위한 것과, 대학 입학시험을 위한 것과, 성인들에 대한 능통성 검사를 위한 것이다. 그 검사들의 목적은 서로 다르며(성취·선발·자격인증), 응시생의 모집단도 그러하다. 그럼에도 불구하고 명세내역의 구조는 아주 비슷하다.

---

1) (역주) specification을 가리키는 말로 세부 내용, 상세 해설, 명세 내역, 명시 내역, 명시표 등을 쓸 수 있다. 즉, 해당 내용을 좀 더 자세히 들여다보는 일이다. 앞에서는 구성물이나 구성부문을 자세히 풀어주는 '해설' 정도로 번역하였다. 여기서는 빈 칸에 내용을 자세히 채워 넣은 일을 뜻하므로, 붙여쓰기를 하여 '명세내역'이란 용어를 쓰기로 한다.

6.1. 명세내역: 무엇을?, 왜?

말하기 평가를 계발하는 사람은 누구나 그 평가에서 어떤 종류의 말하기에 초점을 모을 것인지, 그 평가가 어떻게 실행될 것인지, 채점 기준이 무엇이 될 것인지에 대한 착상을 갖게 될 것이다. 이들 착상에 대하여 씌어진 내용은 '검사 명세내역test specifications'또는 짤막하게 '명세표spec'라고 불린다. 명세내역은 ① 그 검사에서 평가될 구성물(들)에 대한 계발주체의 정의와, ② 과제들에 대한 자세한 정의들과, ③ 비교 가능한 과제들의 계발(≒문항들의 출제)과, ④ 공정한 채점의 실시를 안내해 주는 채점 기준들을 담고 있다. 명세내역은 그 평가가 왜 어떤 구성물들에 초점을 모으는지, 그 과제(≒문항)와 기준이 그 구성물들을 어떻게 운용하는지에 대한 논리적 근거를 적어 놓고 있다.

언어 검사 문헌에는 검사 명세내역의 구조 및 목적을 설명해 주는 여러 가지 얼개들이 있다(가령 Lynch and Davidson, 1994; Alderson et al., 1995; Bachman and Palmer, 1996). 검사 명세내역의 세부 내용을 위해서 서로 다른 얼개들에서 제공해 주는 권고사항은 거의 동일하다. 가장 자세한 내용들의 목록은 올더슨 외(Alderson et al., 1995: 11~20, 38)에서 찾아진다(김창구·이선진 뒤침, 2013: 38). 이에 따르면 명세내역은 다음 사항을 정의해 주어야 한다.

①그 검사의 목적
②응시생들에 대한 서술
③검사 수준
④구성물의 정의(그 검사를 위한 이론적 얼개)
⑤적합한 언어 수업이나 교재에 대한 서술

⑥ 나뉘어 있는 절sections 및 쪽의 숫자

⑦ 각 절 및 각 쪽의 소요 시간

⑧ 각 절 및 각 쪽에 대한 가중치weighting

⑨ 목표언어 상황

⑩ 덩잇글이나 덩잇말 유형

⑪ 덩잇글이나 덩잇말 길이

⑫ 검사될 언어 기술

⑬ 검사될 언어 요소

⑭ 검사 과제(≒평가 문항)

⑮ 검사 방법

⑯ 검사 내용 기본 설명서rubric(132쪽의 역주 27 참고)

⑰ 채점에 대한 기준

⑱ 각 수준에서 전형적인 수행내용에 대한 서술

⑲ 각 수준에 있는 후보들이 실세계에서 실행할 수 있는 바에 대한 서술

⑳ 표본 시험지

㉑ 과제(≒문항)를 놓고서 학생들이 수행한 표본

그렇지만 올더슨 외(Alderson et al., 1995)에서는 또한 명세내역들의 상이한 세부사항들이 서로 다른 독자층의 필요성을 위하여 알맞게 맞춰져야 하고, 가장 자세한 명세내역들이 오직 검사 계발주체 및 타당성 인증 주체에게만 필요할 것이라고 언급한다.

린취·데이빗슨(Lynch and Davidson, 1994)와 올더슨 외(Alderson et al., 1995)에서는 앞에서 언급된 모든 내용들이 하나의 문서인 '검사 명세내역'으로 모아져야 함을 제안한다. 바크먼·파머(Bachman and Palmer, 1996)에서는 동일한 내용을 크게 서로 다른 두 가지 문서로

나눠 놓도록 제안하였다. ① 그 검사(≒평가, 시험)에 대한 배경 정의를 담고 있는 '설계 진술design statement'과 ② 그 검사의 구조를 구체화해 주고 또한 검사 과제의 명세내역들을 담고 있는 '검사 청사진text blueprint'이다. 이것들은 각 과제에 대하여 그 목적·구성물·환경·시간 배당·유의사항·포함된 언어 특징들을 정의해 준다. 이 책에서 제시된 것으로 또 다른 접근법에서는, 명세내역들을 어떤 단일한 문서로 보지만, 독자적인 하나의 단원체modular[2) 문서이다. 그 내용은 다른 명세내역들의 모형과 동일하지만, 개념상으로 세 가지 단원체로 묶여 있는데 다음과 같다.

구성물 명세내역·평가 명세내역·과제 명세내역

그 장점은 각각의 단원체마다 검사(평가) 계발의 한 가지 개념 부분에 초점을 모은다는 것이다. 특정 검사의 계발주체가 어떤 모형의 명세내역을 따르기로 결정하든지 간에, 주요한 점은 명세내역들이 그 검사의 밑바닥에 깔려 있는 원리들에 대한 기록을 구성한다는 것이다. 명세내역들이 검사(평가)의 계발을 안내해 주며, 점수이용과 타당화에 대한 정보를 제공해 주는 것이다.

---

2) (역주) 머릿속에서 독립적이며 자족적으로 움직이는 인지 부서들의 최소 단위를 가리킨다. 언어철학자 포더(Fodor, 1983), 『정신의 단원체 속성(*The Modularity of Mind*)』(MIT Press)에서 본격적으로 논의된 개념으로, 단원체들 사이에 서로 간섭이 없다는 점을 '캡슐 속에 들어 있다(encapsulated, 알껍질로 싸여 있다)'고 표현한다. 단원체들은 입출력의 한 방향 흐름으로만 연결되어 있다. 가령, 촘스키 언어학에서는 세 가지 단원체를 다룬다. 기본이 되는 통사 단원체가 활성화되면 그 정보를 받아서 '논리형식(LF)'로 불리는 의미 단원체와 '음운 형식'(PF)로 불리는 음운 단원체로 흘러들어 가며, 이들 단원체에서 처리가 끝나면, 다시 다른 인지부서들로 그 정보들을 전해 준다. 207쪽의 〈표 5-1〉에 인용된 바크먼·파머의 모형은 조직화 지식의 단원체 및 화용적 지식의 단원체로 이뤄졌다고 말할 수 있다. 언어심리학에서 언급하는 단원체에 대해서는 이정모 외 11인(1989), 『인지 과학』(민음사)에 있는 조명한 「언어처리 이론으로서의 단원성의 문제」를 참고하기 바란다.

개별 검사나 평가에 대한 자세한 명세내역들이 아주 흔히 출간 되는 것은 아니다. 그렇지만 이것이 명세내역이 씌어지지 않았음 을 의미하지는 않는다. 대형 검사(평가) 조직에서는 명세내역들이 필요하다. 왜냐하면 계발의 각 부분을 놓고서 작업하는 다수의 사 람들이 있으며, 그들이 모두 동일한 목표를 향하여 작업하고 있음 을 확실히 해 놓을 필요가 있기 때문이다. 교사 한 사람만이 진행 하는 교실수업 평가에서는, 같은 이유로 명세내역이 꼭 필요한 것 은 아니다. 그렇지만 명세내역들이 유용하다. 검사 계발(≒시험 출 제)을 좀 더 초점이 모아져 있도록 만들고, 평가를 교수·학습에 연 결 짓는 데 도움을 주기 때문이다. 교사가 검사 계발(≒시험 출제)을 다 끝내 놓았고 이미 어떤 검사(≒시험)를 이용하였다고 하더라도, 사실상 이런 목적을 때문에 사후에라도 그 명세내역을 써 놓는 것 은 가치가 있다.

명세내역을 써 놓는 일에 대하여 가장 중요한 실용적인 장점은 명세내역들이 계발주체로 하여금 검사 부분들이 서로 잘 들어맞 는 일관된 체제를 만들어 낼 수 있게 도와줄 것이라는 점이다. 만 일 계발주체가 이전에 말하기 검사(≒시험)를 전혀 집필해 보지 않 았다면, 과제(≒문항) 및 눈금에 대한 초안과 더불어 명세내역을 쓰는 일이, 검사 이용(≒시험 실시)에 깃들 모종의 문제들을 피하는 데 도움을 줄 것이다. 예를 들면, 치우치게 오직 한 가지 종류의 말하기 수행만을 모으는 일이나, 또는 검사(시험) 실시 뒤에 수행 내용들에 대해서 채점 기준이 제대로 작동하지 않는 사태를 피할 수 있다. 만일 계발주체가 이전에 말하기를 검사하였지만 자신이 이용한 검사들에 대하여 명세내역을 쓰지 않았다면, 더 뒷단계에 서 이들 명세내역을 쓰는 일은 장래의 시행을 위하여 그 검사를 수정할 수 있게 도와줄 것이며, 장차 새로운 평가를 계발하는 경우에 체계적으로 자신의 실천 경험을 이용할 수 있게 해 준다.

명세내역 집필을 위한 두 번째 부류의 장점들은, 자신의 평가를 위하여 계발주체가 이론적 토대를 깨닫는 일과 관련된다. 명세내역 집필로 평가 계발작업을 시작하는 것은, 계발주체들로 하여금 평가 이면에 있는 말하기의 개념을 놓고서 의식적으로 시작에서부터 주의력을 모으도록 도와줄 것이다. 더 뒷단계에서는 명세내역의 집필이 평가에서 암시적인 말하기 이론을 더욱 명시적이고 관찰 가능하게 만드는 데에 도움을 줄 것이다. 두 경우에서 모두 계발주체들은 그들 자신의 자료를 통하여 그들 자신의 맥락에서 입말 평가에 대한 이론 및 실천 사이에서 구체적인 연관을 만들게 될 것이다. 이는 일련의 자료에 근거한 통찰력과 더불어, 그들로 하여금 말하기를 평가하는 일에 대한 실천적이며 이론적인 논의에 참여하도록 도와준다. 이는 어떤 착상이 실천에서 어떻게 작동하며, 그것들이 적용되는 경우에 어떤 관심사항들이 생겨나는지 알게 됨을 의미한다.

일단 계발주체들이 그들 자신의 검사나 평가를 위해 명세내역을 써 놓았다면, 만일 교사나 검사 전문가일 경우에 그 검사나 평가에 대하여 동료들과 더불어 정보를 담고서 이야기하기가 더 쉬움을 깨닫게 될 것이다. 이런 방식으로 명세내역들은 말하기 평가에 흥미를 지닌 다양한 사람들 사이에 서로 협력할 수 있도록 뒷받침해 준다. 누군가가 자신의 검사를 위하여 명세내역을 써 놓은 일도 또한 그 집필자로 하여금 다른 사람들의 명세내역들에 대하여 더 정보를 많이 갖춘 독자가 되도록 만들어 준다. 그들은 다른 사람의 명세내역과 그들 자신의 현재 내용에 대하여 모두 관련된 질문들을 더 잘 할 수 있을 것이다.

명세내역들은 언제나 평가의 이용을 통하여 끊임없이 개선되어

나가는 '작업 중인 문서working document'로 간주되는 것이 최선이다. 그것들은 또한 그 평가가 어떻게 개선되어 왔고, 어떤 수업들이 다양하게 향상을 이뤄 왔는지에 대한 역사적 기록을 위한 토대가 될 수 있다. 그 문서는 또한 검사 계발 이론에 대한 가치 있는 정보를 제공해 줄 것 같다. 변화의 원인과 결과에 대한 자료는 검사 계발과 이용의 이면에서 작동 중인 힘(요인)들을 알아내는 통찰력에 대한 한 가지 잠재적 기반인 것이다. 이는 기존의 언어 검사 문헌에서 제대로 문서화되어 있지 않은 영역이다.

6.2. 단원체의 명세내역

단원체의 명세내역은 전형적으로 네 가지 부분들 중에서 세 가지로 이뤄진다. 그 출발점은 구성물 단원체이다. 이는 평가될 기술들을 정의해 준다. 이는 긴밀히 과제 및 평가 명세내역들과 연관된다. 수의적인 선택 사항은 계발 역사에 대한 단원체이다. 단원체 명세내역의 구조가 〈표 6-1〉로 제시되어 있다.

'구성물construct 명세내역'에 있는 생각은, 평가된 기술들의 추상적인 정의와 과제와 기준들에 대하여 그 구체적 구현 사이에 있는 관련성을 정의하는 것이다. 이런 방식으로 구성물 명세내역들에서는 '맥락 속에서' 그 구성물을 정의하게 된다. 그것들에서는 평가상황, 다시 말하여 말하기 상황으로서 그 검사의 목적 및 그 본질을 서술하고, 과제와 채점 기준들에 대한 개관을 제공하며, 그러고 나서 평가될 말하기 기술들을 분명하고 구체적인 방식으로 서술한다. 제5장에서 논의되었듯이, 기존의 말하기 모형이나 다른 관련된 참고 얼개들과 이런 기술을 관련짓는 일은 그 정의를 좀

<표 6-1> 단원체의 명세내역

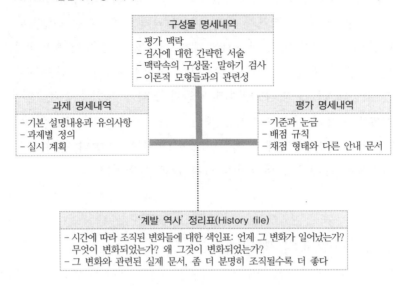

구성물 명세내역
- 평가 맥락
- 검사에 대한 간략한 서술
- 맥락속의 구성물: 말하기 검사
- 이론적 모형들과의 관련성

과제 명세내역
- 기본 설명내용과 유의사항
- 과제별 정의
- 실시 계획

평가 명세내역
- 기준과 눈금
- 배점 규칙
- 채점 형태와 다른 안내 문서

'계발 역사' 정리표(History file)
- 시간에 따라 조직된 변화들에 대한 색인표: 언제 그 변화가 일어났는가?
  무엇이 변화되었는가? 왜 그것이 변화되었는가?
- 그 변화와 관련된 실제 문서, 좀 더 분명히 조직될수록 더 좋다

더 유기적으로 구조화해 놓을 것이다. 그 결과는 말하기에 대한 '충분히 근거를 지닌grounded' 요약 정의이다. 일단 구성물 명세내역이 쓰어졌다면, 평가 계발 과정에 있는 모든 것들을 이끌어 나간다. 과제와 평가 명세내역은 물론, 모든 과제와 기준들이 반드시 구성물 명세내역과 일치되어야 한다. 또한 구성물 명세내역은 타당성 입증validation을 위하여 중요한 기록이 된다.

'과제task(시험 문항) 명세내역'은 평가가 구성된 과제에 대한 정의와 더불어, 그리고 응시생들에게 주어질 그 검사(평가)에 대한 정보와 유의사항의 명세내역과 더불어 시작한다. 이것들은 제3장에서 개관되었다. 과제 명세내역은 또한 문항 유형과 평가될 기술들을 포함하여, 각 과제들에 대한 자세한 정의를 포함한다. 대규모의 검사(평가) 제도에서는 또한 실제적으로 그 명세내역이 무엇을 의미하는지 보여 주기 위하여 일반적으로 표본 문항들이 제공된

다. 마지막으로 과제 명세내역은 시행을 위해 요구된 자원들에 대한 평가와 실제 시행 과정에 대한 개관을 포함한다. 이것은 말하기 상호작용 검사에서 특히 중요한데, 거기에서는 시행이 개별적으로 이뤄진다. 모든 응시생들에게 공정해지기 위해서, 시행절차가 응시생들 모두에게 비슷해져야 하는 것이다.

'평가assessment 명세내역'은 채점 기준을 정의하고, 채점 과정 동안에 기준들이 이용되는 방식을 구체화해 준다. 채점 기준은 제4장에서 논의되었다. 대규모 검사에서는 평가 설계가 또한 채점자 훈련 및 채점 과정에 대한 점검을 위한 절차들도 포함한다. 이것들은 제8장에서 논의될 것이다. 소규모 검사에서는 간단한 평가 계획만으로 충분하다. 기준들이 구성물 및 과제 명세내역들과 부합되도록 계발되는 것이 중요하다. 검사(평가)가 계발되고 있는 동안에 흔히 기준들은 여러 차례 고쳐지고 다시 씌어지는 것처럼, 이는 반복 과정이다. 기준들에 대하여 계속 이어진 내용들의 사본을 보관해 두고, 그 과정을 '계발 역사' 정리표로 기록해 두는 것이 유용할 것 같다. 몇 차례의 변경 내용 뒤에는 그 변경의 근거를 잊어버리기 쉽다. 따라서 추가 계발을 놓고서 논의하는 경우에, 계발 날짜를 표시해 놓은 실제 사본을 보관해 두는 일이 시간과 노력을 절약해 줄 수 있다.

'계발 역사 정리표history file'는 평가절차에서 변경 사항들에 대한 기록이다. 이는 검사 실행 교재에서 논의되는 것처럼 검사 명세내역들에서 표준화된 부분이 아니다. 실제적으로 검사 계발작업에 대한 역사적 기록들은 흔히 서로 다른 계발 단계들로부터 나온 초안 과제·기준·명세내역 정의들에 대하여 뒤범벅이 된 잡동사니로 이뤄진다. 그렇지만 간단한 색인표로써, 이것이 그 검사를 위한 계발 역사 정리표로 바뀔 수 있다. 색인표는 다만 '언제(변화가 일어났고)·무엇(이 변화되었으며)·왜'로 이름을 붙인 세 가지 칸을 포함할 필요가 있다. 이는 만일 그 계발에 대하여 좀 더 확장된 설명을 해 줄 필요성이 생겨난다면, 그 문서를 정리표로 조직하고 만드는데 도움이 될 것이다. 변화와 그 효과를 분석하는 일은, 언어 학습자에게 학습일지가 유용하듯이, 그와 비슷한 의미에서 검사 계발주체들에게 도움이 된다. 그것은 자기 점검 및 질적 향상을 장려해 준다. 어떤 서식으로 되어 있든지 간에, 계발 역사 정리표는 평가 작업을 외부인에게 제시할 경우에 그리고/또는3) 계발주체가 작업 과정에서 쌓아 놓은 전문지식을 공유하는 경우에 유용한 자원을 제공해 준다.

제6장의 나머지 부분에서는 명세내역들 중 첫 번째 단원체인 구성물 단원체를 집필하는 일을 다루게 될 것이다. 저자는 세 가지 사례를 제시하며, 그 계발주체들이 자신들의 정의를 산출한 과정을 서술할 것이다. 이런 명세내역 집필 단계는 물론 과제와 평가 명세내역들을 제공해 준다. 그러나 이것들이 그 자체로 큰 주제가 되므로, 제7장과 제8장에서 따로 나누어 논의할 것이다. 여기서는 명세내역 집필 과정에 대한 개관으로부터 시작하여 사례들을 세 가지 계속 제시할 것이다. ① 교실수업의 기말 시험, ② 대학 입시 에서의 언어 시험, ③ 일반 목적의 능통성 시험이다.

---

3) (역주) A and/or B는 둘 모두 선택될 수도 있고, 그 중 어느 하나만 선택될 수도 있음을 가리키는 약속이다. 이를 포괄적 선택이라고 부른다. 콰인(Quine, 1976; 수정본 제8판), 『수리 논리학(*Mathematical Logic*)』(Harvard University Press)을 보기 바란다. 희랍어에서는 이런 기능의 낱말이 있지만, 영어에서는 이를 가리키기 위한 고유한 낱말이 없기 때문에 만들어 낸 약속에 지나지 않는다. 32쪽의 역주 7)을 보기 바란다.

6.3. 구성물 명세내역 집필

구성물 명세내역들을 집필하는 목적은 자세하고 맥락에 맞는 구성물의 정의를 제공해 주려는 것이다. 다음 단계들은 그것을 집필하기 위한 뒷받침 질문들을 제시해 준다. 이 질문들이 특히 처음으로 명세내역들을 집필하는 사람들에게 유용할 수 있다. 저자는 집필 과정을 맥락에 대한 구체적 세부사항들로부터 출발하고, 정의에 대한 좀 더 추상적인 공식 작업 쪽으로 작업해 나가도록 권고한다. 왜냐하면 이런 방식으로 정의 및 실제 평가절차 사이에 있는 연결점이 더 공고해지기 때문이다.

(1) 평가 맥락 서술해 놓기

이 단계는 평가에 대한 일반적이며 개괄적인 질문들을 담고 있다. 이것들에 답변함으로써, 계발주체는 외부 사람들에게 자신의 평가에 대한 맥락을 설명해 줄 수 있고, 스스로를 위해서도 그 맥락을 분명하게 만들어 줄 것이다.

① 이 평가의 목적이 무엇인가(전반적인 능통성을 평가하는가, 수업 목표에 대한 학생들의 성취도를 평가하는가, 말하기에서 강점과 약점을 진단하는가 등)?

② 어떤 종류의 제도적institutional(기관적) 맥락에 평가가 배치될 것인가?

③ 응시생들은 누구인가?

④ 응시생들의 제2 언어(≒목표언어) 학습 배경은 무엇인가?

⑤ 검사관(면접관)들은 누구인가?

⑥ 검사관과 응시생들 사이에는 어떤 종류의 관련성이 있는가?

⑦ 누가 그 점수를 살펴보며, 그 점수 결과를 어떻게 이용하는가?

(2) 평가절차들을 성격 지워 놓기

이 단계에서는 평가절차 그 자체에 대한 일반적인 질문을 포함한다. 대부분의 평가 맥락에서는 그 절차가 어떻게 되어야 할 것인지에 대하여 광범위한 기대들이 있는데, 아마 요구사항들도 있을 것이다. 또한 이용 가능한 자원들에 비춰 보아 무엇이 가능할지에 대하여 실천상의 제약들도 있을 것이다. 그 검사는 이들 매개변인들 속에서 계발되어야 한다.

① 그 검사가 어떻게 시행되어야 하는가?

② 그 검사가 개별적으로 응시생들에게 시간이 얼마나 걸려야 하는가?

③ 그 검사가 어떻게 조직될 것인가?

④ 그 검사가 어떤 종류의 과제들을 포함할 것인가?

⑤ 그 수행내용들이 언제 그리고 어떻게 평가될 것인가?

(3) 구성물을 서술해 주기

구성물 정의를 집필하는 데에서, 이 단계는 평가될 기술들을 서술해 주는 데 도움이 되도록 그 계발주체가 학습자 언어에 대하여 주의하여 초점을 맞춘다. 답변들도 또한 그 검사를 위하여 채점기준을 만들어 내고 수정해 나가는 데에 유용하다.

① 이 검사나 평가절차에 비춰 보아, 이들 학습자들에 대한 '말하기'

가 무엇인가?

② 이런 종류의 말하기에 이르기 위하여 어떤 종류의 과제들이 이용되어야 하는가?

③ 이들 과제에 대한 양호한 수행내용을 어떻게 성격 지워 놓을 것인가?

④ 이들 과제에 대한 빈약한 수행내용을 어떻게 성격 지워 놓을 것인가?

⑤ 이들 과제를 놓고서 평균 수행내용은 무엇과 같을 것인가?

⑥ 말하기를 하위 기술들로 이뤄진다고 간주하는 것이 이 평가를 위해 유용한가?

⑦ 언어 이외에도 응시생들에게 다른 어떤 기술들이 요구되는가?

(4) 구성물 서술내용을 모형 및 얼개와 관련짓기

이전 단계의 결과로, 그 계발주체는 채점 기준 및 과제들에 대하여 그들 자신의 계획에 근거한 구성물 정의를 놓고서 초안을 지니게 된다. 다음에, 그 구성물 정의들을 이론적 모형과 여타 관련 얼개들 쪽으로 가리켜 주도록 이들 착상을 이용해야 하고, 그 정의를 평가하고 수정하는 데 이런 모형과 얼개들을 이용해야 한다.

① 이 검사를 위하여 언어 능력과 말하기를 정의하는 어떤 모형이나 접근법이 관련되는가?

② 이 특정한 검사를 위하여 이들 모형의 어떤 측면들이 관련되는가? 이 과제와 채점 절차에서 그 측면들이 어떻게 다뤄지는가?

③ 그 모형의 어떤 측면들이 그다지 관련성이 없는가? 왜 그러한가?

이용될 특정한 모형의 선택은, 비록 계발주체들이 동료 교사와 상담하거나 교재들을 참고할 수 있겠지만, 대체로 그 계발주체에게 익숙한 모형들의 범위에 의해 이끌어진다. 선택된 모형들과 더불어, 어떤 측면의 말하기가 이런 특정 평가절차에 포함되는지를 살펴보는 것이 중요하다. 그러나 그 속에서 어떤 측면이 다뤄지지 않는지를 말해 주는 일도 똑같이 중요하다. 두 진술이 모두 무엇이 평가되는지를 정의하는 데 도움이 된다. 임의의 단일한 검사(평가)를 갖고서 말하기의 모든 측면을 제대로 평가하는 일은 불가능하다. 그 평가가 무엇이 되었든지 간에, 그렇게 모든 것을 포괄하는 구성물 정의는 이용된 구체적인 과제들의 묶음과 쉽사리 알맞게 어울리지 않는다. 반면에, 제대로 정의된 검사에 근거한 구성물을 과제와 기준들에 관련짓는 일이 분명 합리적으로 쉬울 것이다.

(5) 구성물 정의에 대한 요약

앞에 있는 단계들은 계발주체들에게 그들 자신의 검사(평가) 관련 착상들을 표현할 낱말들의 자원은 물론, 또한 자신이 실행하고 있는 바를 말해 줄 방법을 알고 있다는 안도감을 제공해 준다. 구성물 정의 과정에 대한 이 마지막 단계에서, 계발주체는 위에 있는 질문들에 대한 자신의 답변을 개관하고, 무엇이 평가되고 어떻게 평가되는지에 대하여 그 내용을 분명히 표현된 진술로 요약해 주어야 한다. 이런 작업을 지원하는 일부 도움물은 다음과 같다.

① 소수의 간단한 구절로 표현하여, 이 평가절차가 무엇을 평가하려는 목적을 지니는가?
② 이들 특정한 절차에서 말하기와 관련된 어느 측면·기술·능력들

이 다뤄지지 않는가?

③ 평가될 바를 서술해 주는 각각의 핵심 구절에 대하여, 응시생 수
　행내용들에서 그 착상이 어떻게 반영되는지를 서술해 준다.

위에 있는 질문들의 묶음에 대한 산출물로서 씌어진 덩잇글 이외
에도, 제6장의 나머지 부분에 들어 있는 사례들에서는 덩잇글에
대한 추가 절을 두 부분 담고 있다. 시작 부분에는 그 사례들에
대한 어떤 배경 정보가 있다. 각 사례의 마지막 부분에서는 구성물
정의에 대한 간략한 논의를 포함할 것이다.

　다음에 제시된 세 가지 사례들은 마지막 산출물과 함께 시작하
는데, 곧 구성물 정의이다. 이것 다음에 앞에서 서술된 단계들에
대한 요약이 뒤이어진다. 뿐만 아니라, 저자는 명세내역 집필 맥락
에 대한 어떤 배경 정보 및 구성물 정의에 대한 간략한 논의도 함
께 제시해 놓을 것이다.

〈사례 6-1〉 교실수업의 기말 시험

(가) 구성물 정의

이 검사의 목적은 영어로 자신의 생각을 표현하고, 대화 상대방들의 기여를 고려하며, 그 논의에서 그 발언내용의 기여를 이용하고, 상호작용의 창출에서 협동하는 응시생들의 능력을 평가하려는 것이다. 사회적(≒사교적) 적합성은 명시적으로 평가되지 않는다. 그들 자신의 생각을 표현하는 능력은 다음 항목들에 반영된다.

① 이해 가능한 발음
② 관련 어휘에 대한 지식
③ 합당한 시간 안에 관련되고 의미 있는 발화 덩이들로 반응해 주는 능력
④ 문법에 대하여 충분히 정확한 지식

대화 상대방의 발언차례를 고려하고 발언내용을 이용하는 능력과 상호작용의 창출에서 협동하는 능력은 다음 항목들에 반영된다.

⑤ 구절 표현과 문법과 강세를 통하여 알려진 주제와 새로운 주제를 신호해 주는 일
⑥ 이전 발언내용으로부터 나온 낱말과 구절들에 대한 반복 및 고치기
⑦ 이전 발언내용과 담화 진행 과정에 견주어 본 발언내용의 관련성
⑧ 자발적으로 이야기를 하고, 정교하게 만들어 주려는 자발성과 능력

(나) <사례 6-1>에 대한 배경

이 사례는 한 사람의 교사가 전체 학생을 검사하는 교실수업 평가 맥락으로부터 나왔다.[4] 이 교사는 (중등 교육기간) 4년 동안에 걸쳐서 1년에 한 차례 학년 수료를 위한 말하기 평가를 실시해 왔다. 시작 부분에서 이 교사의 평가 계발(출제)은 수업의 연속이었다. 그녀는 써 보고 싶은 다양한 평가 서식들을 알고 있었고, 그 평가가 근거한 교과과정을 계발하였다. 이 교사가 혼자 유일한 평가 집필·시행·평가 주체였다. 따라서 면접관들 사이에서의 합치는 불필요하였다. 4년 동안의 수업에서 이 교사는 나이가 다른 세 집단을 놓고서 다양한 말하기 평가를 실시해 보았다. 이 교사는 서로 다른 과제(평가 문항) 유형들이 작동하는 방식에서, 그리고 말하기에 대한 교실수업 평가를 실시하면서 만나게 된 종류의 문제들로부터 유익한 경험을 얻었다. 또한 더 큰 범위까지 자신의 평가 계발을 구조화하여, 자신의 평가에 대하여 고유한 기술 및 품질을 계발할 수 있어야 함을 깨닫게 되었다. 시작을 위하여, 이 교사는 앞에서 서술된 과정을 이용하였다. 아래 있는 덩잇글들은 앞에서 개관한 한 묶음의 질문들을 놓고서, 이 교사에 의해서 정확한 것으로 수용된 반응들에 대하여 저자가 요약해 놓은 내용이다.

(다) 평가 맥락

이 평가는 실업계 종합 고등학교 마지막 학년의 마지막 학기에 학생들에게 주어졌다. 학생들은 나이가 15~16살이었고, 외국어로

---

4) (역주) 이는 제7장에 있는 <사례 7-10>에서 다시 다뤄진다. 301쪽 이하를 보기 바란다.

서 영어를 7년 동안 배워 오고 있었다. 해마다 주당 평균 2시간의 영어 수업을 들었다. 방과 후에 대부분의 학생들은 매일 팝 음악과 수입된 TV 프로그램과 영화들을 통해서 영어를 접하였다. 그러나 영어가 그 나라에서 공용어는 아니며, 학생들은 교실수업 밖에서 실생활 목적을 위하여 영어를 거의 사용하지 않는다.

평가 점수는 학습자와 교사 모두에 의해서 이용된다. 학습자들은 자신의 말하기 기술에 대한 되점검으로 점수를 이용하며, 교사는 학습자들의 향상 단계를 평가할 뿐만 아니라, 또한 자신의 수업 지도안의 성공 여부도 평가한다. 그렇지만 아마 관련된 모든 이들에게 가장 중요한 것으로, 그 결과들은 또한 학생들이 졸업 인증 자격에서 따야 하는 영어 점수를 위해서 가치가 있다. 학생의 최종 등급 판정을 할 경우에 그 점수가 낙제시키기 위한 유일한 근거가 될 수 없지만, 학생들은 자신의 등급을 향상시킬 수 있다. 이 교사에 따르면, 실제로 이런 향상이 글쓰기 기술이 취약한 일부 학생들에게서 나타났다.

(라) 이 평가에 대한 간략한 서술

이 평가는 말하기 기술을 격식 갖추지 않고 지속적으로 평가하는 시험에 대한 격식 갖춘 보완 평가이며, 마지막 해의 봄에 실시된다. 이 평가는 학생들을 3년 동안 가르쳐 오고 있는 영어 교사에 의해 시행된다. 이 평가는 대화 상대방이자 교사인 평가자에 의해 주도되는 짝끼리 면담이며, 대부분 정상적인 영어 수업 동안에 (수험생들만 따로 불러내어) 별개의 교실에서 실시된다. 교사는 수업 상황과 검사 상황을 모두 책임진다. 학생들이 익숙히 독립적으로 작업해 오고 있으므로, 교사는 두 상황이 모두 잘 작동되도록 할 수 있다.

전체 학급을 대상으로 하여 그 수업을 시작한 뒤에, 다시 그 수업을 끝마치려고 교실로 되돌아오기 전에 교사는 두 번의 검사를 시행할 수 있다. 매년 한 학급에 20명 정도의 학생이 있으므로, 5번의 수업 시간이 소요될 것이다. 아마 완전한 평가 과정을 시행하기 위해서 수업 시간 말고도, 별도의 평가 시간이 들어갈 수 있다.

짝 지은 응시생들에게 이 평가는 대략 15분이 소요되고, 네 단계의 과제를 담고 있다. 준비 활동·두 학생 사이의 서술 및 토론 과제·역할 놀이·마무리 짓기이다. 이런 평가를 위한 교사의 상호작용 개관은 제3장에서 논의되었다. 과제 유형은 제7장에서 논의될 것이다.

평가상황이 녹화되며, 교사는 나중에 그 녹화 테이프로부터 나온 수행내용들을 채점한다. 평가는 영역별 분석적 모습으로 주어진다. 평가된 특징은 발음의 명료성·어휘·문법·유창성이다. 각 특징들에 대한 점수가 5점 눈금 위에서 표시되는데, 제8장에서 논의될 것이다.

(마) 구성물에 대한 서술적 정의

이는 말하기 상호작용에 대한 검사이다. 여기서 외국어로서의 영어가 그 자체로 목적이 아니라, 그보다 의사소통의 수단이 된다. 상호작용은 실세계에서 생기는 문제를 다루는데, 참여자들은 일상생활에서 또는 다른 교과목에서 이를 배웠다. 학생들의 말하기 기술은 다음과 같은 범위로 반영된다.

① 자신의 생각을 영어로 표현할 수 있다
② 대화 상대방의 기여내용을 그 토론에서 이용할 수 있다

③ 상호작용을 만들어 가는 데에 협력할 수 있다

평가 문항들은 실시간 상호작용으로 이뤄져야 한다. 둘 사이 대화가 반쯤 구조화되어 있거나 느슨하게 구조화될 수 있다. 무엇보다도 반드시 응시생들에게 자신의 생각을 표현하고, 대화 상대방의 발언에 대하여 반응할 기회를 주어야 한다. 길고 짧은 발언기회들이 모두 유도되어야 하고, 학습자들은 서로 다른 맥락에서 말할 기회를 얻어내어야 한다. 학생들은 자발성과 이야기하는 능력을 보여 주어야 한다. 그러나 만일 일부 학생이 이것과 관련하여 어려움이 있다면, 교사가 도움을 제공해 줌으로써 적어도 모든 참여자들로부터 모종의 수행이 기록될 수 있도록 해야 한다.

양호한 수행은 명확한 발음·관련된 어휘·충분히 정확한 문법에 비춰서뿐만 아니라, 또한 정보 구조화와 내용의 관련성에 비춰서 포괄적으로 스스로를 표현하는 응시생들의 능력을 반영해 줄 듯하다. 그 수행은 학생이 정확히 자신을 표현할 수 있으며, 또한 필요할 경우에 정밀하게 말할 수 있다는 증거를 보여 줄 것이다. 양호한 수행은 응시생들이 대화 상대의 발언을 이해하고, 부합되는 토론을 만들어 내기 위하여 이 발언에 대하여 자신의 발화를 나름대로 어울리게 맞춰 내는 방법을 알고 있음도 보여 줄 듯하다. 뛰어난 수행들에서는 확장된 어휘 지식과 구절 지식, 그리고 의사소통의 효과에 기여하는 억양 윤곽을 지닌 발화의 자연스런 속도를 보여 줄 듯하다. 대화 상대의 발언에 대한 몰이해의 증거도 거의 또는 전혀 없으며, 실세계에서 말해진 덩잇말에 대하여 정상적인 내용을 벗어난 비부합의 증거도 없다.

최악의 경우에, 나쁜 수행은 전혀 언어 능력의 증거를 거의 보여 주지 못할 듯하다. 응시생들이 많은 낱말을 말하는 것도 아니고,

대화 상대방의 발언을 이해하였다는 신호를 거의 보여 주지도 않을 것이다. 전형적으로 나쁜 수행은, 관련된 구절이나 답변의 시작을 통하여 어휘 항목의 일부 제어력에 대한 증거와 대화 상대방의 발언을 일부 이해한다는 증거를 보여 줄 수 있겠지만, 긴 멈춤으로 인하여, 또는 응시생이 그 토론을 지속하거나 자신이 표현하고 싶은 종류의 내용으로 발언기회를 완성해 놓는 능력의 부재로 인하여, 그 상호작용의 성격은 비-일관성incoherence으로 규정될 듯하다. 발음이 많은 주의력을 요구할 수 있겠지만, 또한 상대적으로 분명하며, 따라서 쉽사리 능력이 떨어지는 응시생의 수행에 대한 최선의 특징으로 된다(≒발음에만 신경 씀).

이 평가에서 평균적인 수행내용이 대부분 일관된 토론을 산출할 듯하지만, 가끔은 화자가 비-일관적인 발언을 하거나, 자신의 발언내용과 이전 화자의 발언내용 사이에서 말뜻이 통하지 않는 연결을 산출할 것 같다. 비록 의사소통에서 거의 또는 완벽히 단절됨이 일어나진 않겠지만, 막연한 낱말 어림짐작 그리고/또는 분명한 문법 오류들도 응시생들의 이야기를 통하여 모두 감지될 듯하다. 발음 특히 가락과 강세에 관련되는 것은 학습자에게 익숙해지도록 연습을 요구할 것 같다.

이 평가에서 아주 중요한 하위 기술은 낱말과 구절에 대한 지식이다. 물론 언어사용이 언제나 낱말과 구절을 포함하지만, 이것이 말하기 평가이기 때문에, 응시생들은 평가 담화에 관여함에 따라 낱말과 구절들을 사용하기 위해 합당한 시간 안에 인출할 수 있어야 한다. 이는 이 평가에서 유창성으로 불리는 내용의 일부를 구성한다. 그렇지만 이 평가에서 이것이 유창성의 의미에 대한 모든 것은 아니다. 이해 가능한 의미 덩이를 산출해 내는 능력, 그리고 그 담화와 관련하여 기여를 하는 능력과 관련된 다른 부분들도 있다. 유창성(≒능통성)의 정의는 응당 그 검사의 미래 발전에서 더 많이 주목을 받아야 하겠지만, 현재 상태의 애매성에도 불구하고, 유창성이 잘 제어되든지 안 그러든지 간에 둘 모두 교사에게는 응시생 발화의 두드러진 특징이 되기 때문에 고려사항에서 제외되어서는 안 된다.

이 평가상의 수행내용들이 문법적 정확성에 비춰 보아 다양하다. 그 수행의 일부에서는 실제로 일관되게 통달된 구조를 전혀 보여 주지 않는다. 다른 수행들에서는 가령 오직 한 가지 시제의 이용을 지닌 단순한 구조만 담고 있다. 일부 수행내용들은 일정 범위의 구조들을 담고 있겠지만, 오류들이 들어 있다. 반면에 다른 수행들에서는 자발적으로 산출되고 정확히 이용된 점차 광범위한 구조들을 보여 준다. 문법적 정확성은 교과과정에서 중요한 학습 목표이며, 따라서 이 평가에서 채점 기준으로도 포함되어 있다.

발음의 명료성은 이 평가에서 중요한 하위 기술이다. 왜냐하면 그것이 전반적인 이해 가능성에 영향을 주기 때문이며, 응시생들이 일단 자신의 기술에 대하여 되점검을 얻는다면 계속 향상시킬 수 있는 발화의 한 측면이기 때문이다.

언어 관련 능력들 이외에도, 그 검사에서는 상호작용의 지향·자신감·이야기하려는 자발성을 필요로 한다. 이것들은 일반적으로 인성과 응시생의 의사소통 기술과 관련된다. 이 평가에서는 또한 어떤 창의성과 갑자기 새로운 생각을 낱말로 집어넣는 능력을 요구한다. 더욱이 그 결과는 어느 정도 짝 사이에서 상호작용의 적절성에 달려 있다. 이는 응시생들이 이 평가 자체를 위하여 자신의 짝을 선택할 수 있어야 하는 이유가 된다. 이 평가에 관한 한, 이들 추가 요인을 평가로부터 배제하는 방법이 거의 없다. 이것들을 처리하는 최선의 수단은 평가하는 동안에 잠재적인 문제들에 대한 자각뿐인 것이다.

(바) 언어 능력의 모형에 대한 관련성

의사소통과 언어 기술에 초점이 주어진다면, 이런 평가를 위한 구성물 얼개로 관련된 모형들은 바크먼·파머(Bachman and Palmer, 1996)의 의사소통 언어 능력CLA과 바이게잇(Bygate, 1987)의 말하기 모형이다. 의사소통 언어 능력CLA과 관련하여, 비록 사회언어학적 지식의 명시적 평가는 포함되어 있지 않지만, 이 평가는 문법 지식을 다루며, 덩잇말 전개 지식·기능적 지식·사회언어학적 지식을 다룬다. 문법 지식은 이 평가 수행에서 응시생들이 만드는 모든 발언기회로 드러나며, 세 가지 기준을 통하여 평가된다. 어휘·문법·발음이다. 덩잇말 전개 지식은 자신의 생각을 구조화하는 응시생들의 능력으로 입증되며, 그들의 기여내용을 관련되게 만들어 준다. 이는 비록 문법도 또한 일관성에 기여하지만, 대부분 유창성(능통성)과 어휘의 일부로 평가된다. 만일 평가 수행에서 일관성에 어떤 문제가 있다면, 이는 유창성과 어휘 점수에 가장 영향을 많이 줄 것 같다.

기능적 지식functional knowledge은 기능에 대하여 직접적인 부각 사항이 거의 없기 때문에 이 평가에서는 대신 간접적으로 평가된다. 이 평가의 상호작용 과정에서, 응시생들이 서술은 물론 해석과 의견과 그것들에 대한 이유를 제공해 줄 것으로 기대되지만, 이것들을 표현하는 능력은 언어 기능과 관련된 별개의 추상적으로 진술된 기능을 통해서가 아니라, 그보다는 어휘·문법·발음·유창성을 통하여 평가된다.

사회언어학적 지식은 어떠한 상호작용이든 그것이 한 측면이 되므로 응시생들의 수행 속에 들어 있지만, 가령, 서로 다른 과제에서 격식성의 정도를 달리 바꿔 놓는 일처럼, 명시적으로 평가되는 것은 아니다. 학생들은 지도받은 교실수업 상호작용을 위하여 적합히 공손하고 익숙한 언어 투식(어투)을5) 사용할 것으로 기대된다.

말하기에 대한 바이게잇(Bygate, 1987)의 모형에 비춰 보면, 이 평가에서는 응시생들이 언어 지식 및 그 지식을 이용하는 기술을 모두 갖고 있도록 요구한다. 말하기와 관련된 것으로 바이게잇이 정의한 지식의 세 가지 측면은 '문법·발음·어휘'이다. 이것들이 모두 수행 내용에 제시되어야 하며, 모두 별개의 기준을 통하여 평가된다. 그 기준은 지식뿐만이 아니라 또한 지식을 이용하는 기술도 포함한다. 따라서 성공적인 달성 전략이 특히 어휘나 문법상으로 응시생들의 점수를 향상시켜 줄 것이며, 의미를 타개하는 능력은 어휘 및 유창성 점수로 보상을 받게 될 것이다. 사실상 준비시간이 자세한 계획 짜기나 예행연습보다는 오직 숙달만을 위해서 이용되므로, 정보 계획 짜기는 이 평가에서 중심적인 초점이 되는 것이 아니다. 학생들이 스스로 구조화해야 하는 짝끼리 상호작용으로 이 평가가 이뤄지므로 목록 관리도 어느 정도 평가된다. 그렇지만 그 평가 단계의 차원에서 교사는 이 평가의 진행을 관리하는 책임이 있다.

(사) 논의

이 평가(검사)에 대한 구성물 정의는 의사소통을 지향하고 있다.

---

5) (역주) register(말투, 언어 투식)은 핼러데이 (1985)『입말과 글말(*spoken and Writter Language*)』(Oxford University Press)을 보면, Benson and Greaves(1984), Martin(1984), Ure(1984) 등이 참고문헌으로 올라 있다. 언어 사용 상황이 바뀜에 따라 달라지는 언어 변이체 또는 기능상으로 달라지는 언어 변이체(functional varieties of language)이다. 우리말에서 '말투'가 공손하다, 불손하다, 부드럽다, 딱딱하다고 느끼는 것들이다. 글말을 포함시키기 위하여 '언어 투식'으로 번역하였다. 더 줄여서 '어투'라고도 부를 수 있다. 초기에는 화계(話階)로 번역된 적이 있다. '격식성·공식성·친밀성' 등의 자질을 이용하여 하위분류가 이뤄진다. 일본말 '사용역'은 말투의 사용 결과만을 일부 가리킬 뿐이며, 말투가 달라지는 동기를 결코 포착해 내지 못한다. 그렇지만 이 용어의 실체를 잘 깨닫지 못한 사람들이 맹목적으로 부족한 일본말을 따라 써서 안타깝다.

그 평가의 중심적인 부분들이 짝을 이룬 학생들 사이에서 실행된다. 한편 교사는 그 평가(검사) 토론을 시작하고 끝을 내며, 그 평가(검사)의 한 단계로부터 다음 단계로 그 짝을 안내해 나간다. 과제들과 구성물 정의 사이에 있는 관련성은 아주 조화롭다. 그 정의에서 구체화된 언어 기술의 종류가 이런 유형의 구조화된 상호작용 검사에서 나올 것으로 생각할 수 있다.

비교하여 말하면, 구성물 서술 및 가시적인 채점 기준 사이의 관련성은 좀 더 복잡하며, 아마 문제점이 있다. 그 기준에서 발음·어휘·문법·유창성이 언급되지만, 한편 구성물 정의에서는 발언내용의 관련성 및 상호작용에서 협력과 관련된 다양한 특징들을 받아들인다. 교사는 추가 평가(검사) 실시 기회와 관련하여 그 기준들을 수정하는 일을 고려할 수도 있다. 교사가 학생들의 의사소통 기술을 놓고서, 학생들에게 내어 주는 되점검도 새로운 기준을 위한 제안내용을 제공해 줄 수 있다.

〈사례 6-2〉 대학 입시에서의 언어 시험

(가) 구성물 정의

이 평가(검사)는 학업 맥락에서 영어로 응시생들의 입말 능통성을 평가한다. 목표는 전일제 대학 학업을 위하여 입학에 충분한 입말 유창성을 지닌 촉망되는 학생과, 자신의 학업을 뒷받침하기 위해서 입말 영어로 교습을 받을 필요가 있는 학생과, 영어로 입말 상호작용을 하는 데에 상당량의 교습을 받아야 할 학생들 사이를 구분해 주려는 것이다. 그 기준은 특히 대학 학업 상황에서 이해하는 능력 및 스스로 이해가 이뤄지도록 하는 능력이다.

이해 능력ability to understand은 다음 항목들에 반영되어 있다.

① 녹음된 촉진물에 반응하여 응시생이 답변한 발언의 내용 및 형식이 관련성이 있는지 여부
② 그 반응의 내용이 표준 반응으로부터 다소 벗어났다 하더라도, 그 촉진물과의 적합한 연결 여부

스스로 이해가 이뤄지도록 하는 능력ability to make oneself understood(남들이 자신의 발화를 이해할 수 있도록 말해 주는 능력)은 다음 항목들에 반영되어 있다(90쪽 역주 4와 229쪽 역주 24의 '이해 가능한 산출물' 참고).

③ 분명한 발음
④ 인식 가능하고 효과적인 억양 유형
⑤ 문법에 대한 충분히 정확한 지식

⑥ 학업 맥락 및 사회적 맥락을 위하여 관련된 어휘의 지식

⑦ 합당한 시간 안에 관련되고 의미 있는 언어 덩어리들로 반응하는 능력

학업 영어 맥락the context of academic English은 다음을 통하여 구현된다.

⑧ 학업 맥락 속의 과제들에 대한 설정

⑨ 비-평가의 일상적인 학업 의사소통에서 참여자들의 공유 지식에 대한 모의로, 응시생과 채점자 사이에 공유된 맥락을 만들어 주는 과제 자료의 제공

(나) 이 사례의 배경

이 사례의 평가(검사)는 대학 입학시험으로, 캐나다 학업 영어 평가Canadian Academic English Language Assessment, CAEL이다(CAEL, 2002). 그 계발은 캐나다 대학 공동체에서 미국 교육 평가원(ETS, 2002)에서 만든 '외국어로서의 영어 시험TOEFL'에 대하여 대안이 되는 평가(검사)를 찾을 필요성을 개진하였을 때에 시작되었다. 그 계발 과정은 학업 목적을 위한 영어EAP 교사들 및 대학의 다양한 학부들에서 가르치는 교수들 사이에 협동 작업으로 이뤄졌다. 이 작업은 첫 해의 강의에서 실제 언어 수행의 요구사항들에 대한 분석에 근거하였다. 계발주체들은 한 대학의 모든 학부와 학과로부터 강사 및 학생들을 면담하였고, 강의를 관찰하였으며, 평가(검사)·언어 실습실·논술 과제·학생들의 공책들을 분석하였다. 그 분석의 결과는 평가 명세내역 및 과제(문항)들에 대한 초안으로 모아졌다(Fox et al., 1993).

말하기를 포함하여 모든 평가 부문들의 명세내역을 집필하면서,

계발주체들은 린춰·데이븟슨(Lynch and Davidson, 1994)의 반복적 명세내역의 집필 모형을 따랐다. 이는 그들이 명세내역들과 과제 계발(=문항 출제) 사이에 여러 번 재순환 과정을 거쳤으며, 서로에 비춰 보아 정의와 과제들을 수정하였음을 의미한다. 아래에 있는 논의에서는 기존의 명세내역들로부터 이용 가능한 정보를 논의할 것이다. 이는 제6장에 있는 다른 두 가지 사례 〈6-1〉〈6-3〉처럼 구성물에 대한 서술적 정의를 포함하는 것은 아니다.

(다) 평가 맥락

캐나다 학업 영어 평가CAEL와 비슷하게, 입말 평가OLT, Oral Language Test의 목적은 다음과 같다.

① 전일제 학업의 언어적 요구사항들을 충족시킬 수 있는 학생들을 찾아냄
② 학업 프로그램의 시작에서 특정 학생들에게 추가적인 언어상의 도움이 필요하다면, 별도로 그들을 학업 목적의 영어EAP 학점 강의를 듣도록 배치함
③ 다음 학기의 학업에 대한 준비로 전일제 영어 수업이 필요한 학생들을 찾아냄

네 가지 기술이 각각 따로 캐나다 학업 영어 평가CAEL에서 평가되며, 입말 기술 강좌에 대한 학생들의 필요성 및 관련 결정들을 내리기 위해 말하기 점수가 이용된다.

응시생들은 영어로 강의가 이뤄지는 대학에서 전일제 학업에 입학하려고 준비하는 학부생 및 대학원생들이다. 따라서 응시생

들은 두 가지 아주 동질적인 모집단을 나타내고, 전형적으로 나이가 20~30살이다. 각각 두 집단 속에서 언어사용을 위한 그들의 장래 필요성이 아주 한결같지만, 그들의 언어 학습 배경은 아주 다양하다. 아무도 영어가 자신의 모국어가 아니다. 반면에 일부 학생들은 부분적으로 또는 전체적으로 영어로 교육을 받았다. 일부는 영어를 외국어로 배울 것이며, 강의실 밖에서 실생활 목적을 위하여 영어를 사용할 수도 있고 그렇지 않을 수도 있다(≒불어를 씀).

채점자들은 그 대학에 근무하는 영어 강사들 및 제2 언어 또는 외국어로서의 영어 교육을 전공하는 응용언어학 석사과정의 대학원생들이다. 학생들 자신의 언어 강의 수강이 끝날 무렵에 평가(검사)를 시행하는 경우에는, 직접 그들을 가르친 교사는 배제되어 그 학생들의 수행을 평가하도록 허용되지 않는다.[6]

캐나다 학업 영어 평가CAEL는 세 단계의 과정으로 실시된다. 첫 단계에서는 학생들이 평가(검사)를 위해 등록하고, 그 평가의 구조 및 내용에 대한 정보를 얻는다. 다음 단계는 입말 평가OLT를 치르는 일을 포함한다. 이 부분을 완결하면, 응시생들에게 그 평가의 나머지 부분을 치르도록 자격이 부여된다. 그 평가가 캐나다에서 실시되든, 아니면 외국에서 실시되든 간에 동일한 과정이 뒤이어진다. 등록 이외에도, 입말 평가OLT의 구조에 대한 정보는, 안내 광고물로 이용 가능하며, 정보 자료 및 연습 평가(검사)는 누리집을[7] 통해 얻을 수 있다.

---

6) (역주) 이런 방식은 옛날부터 우리 문화에서 서로 피한다는 뜻으로 '상피(相避)' 제도라고 불려 왔다. 채점의 객관성을 높이려는 조치이다.

7) (역주) 원래 캐나다 카알튼(Carleton) 대학교의 언어학 및 응용 언어 연구 학부(slals)에 있던 누리집은 폐쇄되었다. 대신 주소가 http://www.cael.ca로 바뀌었다.

(라) 과제(문항) 설계

입말 평가OLT에서는 학업 관련의 언어사용에 초점을 모으며, 다섯 종류의 과제(문항)를 담고 있다.

① 참여자들이 등록하는 동안에 미리 받은, 어떤 주제에 대하여 짤막한 입말 발표
② 강의로부터 얻어낸 정보를 알려 주기
③ 짤막한 글말 문서로부터 얻어진 정보를 알려 주기
④ 강의 교재에서 토론을 위한 덩잇글을 큰 소리를 내어 읽기
⑤ 다른 화자가 말해 주는 입력물을 들으면서 모둠 학습거리를 풀어 나가고, 어떤 주제에 대하여 자신의 애초 생각을 설명해 주기

이는 대략 25분 길이로 되어 있고, 모둠별 시간의 형태를 취하거나 언어 실습실에서 스스로 접속하는 형태로 되어 있다. 언어 실습실이 구비되지 않은 곳에서 시행하려면, 그 평가(검사)가 두 대의 녹음기가 있는 방에서 개인별로 시행된다. 한 대는 과제(문항)를 들려주는 녹음기이고, 한 대는 응시자의 수행을 녹음하기 위한 것이다.

과제 설계 또는 문항 출제는, 비록 환경이 녹음에 근거하여 제한이 있지만, 캐나다 학업 영어 평가CAEL가 처음 계발되었을 때에, 그 계발 주체들이 실시한 첫 해에 요구되는 학생들의 의사소통 필요성에 대한 분석에 의해서 이끌어졌다. 응시생들은 질문을 묻고 대답할 수 있어야 하며, 자신의 시각과 분석을 제시할 수 있어야 한다. 과제(문항)들이 각각 적어도 읽기·듣기·말하기의 결합을 요구한다는 점에서 그 과제들은 통합되어 있다(≒'통합 과제'로 불리며, '단독 과제'와 대립됨). 과제(문항)에 근거한 구성물 정의는 제3장에서 이미 살펴보았다.

(마) 채점 설계

수행내용들이 과제(문항)별로 영역마다 분석적으로 채점되었다. ① 발표는 이해 가능성을 놓고서 채점되었다. ② 정보 알려 주기 과제는 사실의 정확성 및 응답의 관련성에 근거하여 채점되었다. ③ 큰 소리 내어 읽기는 쉬움 및 이해 가능성을 놓고서 채점되었다. ④ 발표를 위한 초기(애초) 생각은 유창성 및 유의미성에 근거하여 채점되었다. 그 기준들은 응시생 수행내용을 분석한 뒤에 선택되었다. 그 기준들의 공통된 목적은 학업 상으로 관련된 과제들에서 응시생들의 의사소통에 대한 효과를 평가하는 것이다. 과제 점수 이외에도, 채점자들은 또한 10점에서부터 30점까지 5점 간격으로 전반적인 인상에 대한 점수도 매겼다. 두 가지 점수는 그 검사에 대한 총점으로 합산되었다. 채점 절차는 제8장에서 좀 더 자세히 논의된다.

말하기에서 의사소통 효과에 대한 총점은, 입말 평가_{OLT}의 주요한 산출물이며, 응시생들에 대한 결정을 내리는 데에 이용된다. 영어 프로그램에 학생들을 배치하기 위해서는, 그들의 말하기 기술에서 가장 취약한 측면에 대한 진단 정보가 이용될 수 있다. 이것들은 응시생이 길게 응답하는 과제를 놓고서 채점자들이 즉석에서 적어 놓은 쪽지에 근거를 둔다. 보고하는 일에서 가장 유용한 측면들은

발음·억양·통사·어휘 선택·머뭇거림

이었음이 찾아졌다. 진단 체계에서는 강점보다 오히려 약점에 초점을 모은다. 이는 역효과로 보일 수 있다. 그렇지만 이는 평가(검사) 맥락의 필요성에 기여한다. 그 평가가 그처럼 능통성을 공식적으로 인증하는 것(≒자격증 수여)이 아니라, 자신의 학업을 이수하기 위하

여 언어적 도움이 필요한 학생들을 찾아내는 데 이용하려는 것이다. 이런 목적을 위하여, 그 결과들이 자신이 가르치는 학생들의 필요성을 교사에게 알려주고, 학생들의 학업에 대한 안내를 제공해 주므로, 약점에 대한 확인이 강점에 대한 확인보다 더 중요한 것이다.

(바) 언어 능력의 모형에 대한 관련성

캐나다 학업 영어 평가CAEL는 주제별 검사이며, 그 설계와 근거가 활동 이론 위에 세워져 있다(Lantolf, 2000. 또한 이 책 213쪽 이하의 논의를 보기 바람). 그 평가(검사)의 글쓰기 부문을 논의하면서, 폭스 (Fox, 2001)에서는 계발주체들이 그 평가상으로 응시생들의 글쓰기를 어떻게 두 가지 활동 차원에서 대화적인 상호작용이 되도록 고려했는지를 서술해 준다.8) 한 가지 차원에서는 응시생들이 그 과제(문항)들과 상호작용을 하는데, 이는 응시생들로 하여금 그 평가의

---

8) (역주) 상호작용 대화는 상대방에게 맞춰 가는 일이 1차적이다. 이런 일의 최고급 단계는 상대에 대한 설득인데, 특히 사회적 상호작용으로서 글 읽을 이와 협동하는 설득력 있는 글쓰기에 대해서는 McComiskey(2000; 김미란 뒤침, 2012)『사회과정 중심 글쓰기』(도서출판 경진)을 읽어 보기 바란다. 그 요체는 먼저 상대방에게서 찾을 수 있는 긍정적 가치를 먼저 서술해 주고 나서, 다음으로 글쓴이가 느끼는 부족한 점들을 개진해 나가도록 하는 것이다. 즉, 상대를 먼저 인정하고 나서, 다음 내 자신의 요구를 서술하는 모습으로 설득력을 갖추라는 것이다.
 이런 '설득' 방식은 공자(公子)가 쓴 노나라 역사를 풀이한 좌구명『춘추 좌전』에서도 아주 허다히 찾아진다. 가령, 기원전 537년(노나라 소공 5년)에 보면, 초(楚) 임금은 조회를 온 이웃 진(晉)나라 사신들을 욕보이고자 하여, 초나라 대신들에게 의견을 물었다. 아무도 대답하지 못하고 있을 때, 위계강(薳啓疆)이 자기 임금을 설득하는 방식이 바로 그러하다. "진나라 사신들을 욕보이십시오! 그러나 진나라와의 전쟁에 대한 대비가 잘 갖춰져 있어야 합니다. 진나라에서 설욕하려고 공격해 올 역량은 이러저러합니다. (자세한 군사 역량의 나열 분석은 생략함) 우리 초나라에서 만반의 대비가 갖춰져서, 우리 초나라 여러 대신들로 하여금 적국에 사로잡혀 가지 않게 하고, 임금님 마음을 시원하게 할 수 있다면, 어찌 진나라 사신들을 욕보이지 못하겠습니까?"
 이런 건의에 초나라 임금은 곧 스스로 "내 잘못이오!"라고 인정하였다. 분명히 겉으로는 욕보이라고 건의하였다. 그렇지만 속뜻은 그러면 초나라가 곧 패망한다고 말한 것이다.

서로 다른 부분들로부터 나온 정보를 통합해 놓도록 요구하고, 이 것들과 과거에 경험한 다른 덩잇글 사이에서 대화를 해 나가도록 요구한다. 다른 차원에서는 글을 쓰는 응시생들이 채점자와 상호작 용을 하는데, 응시생들은 기대된 과제를 얼마나 잘 실행할 수 있는 지 채점자에게 보여 주게 된다.

폭스(Fox, 2001)에서는 이들 두 차원의 중요성을 강조한다. 만일 임의의 평가(검사)에서 수립해 놓을 어떤 공통된 배경을 응시생인 집필자와 채점자인 독자에게 제공해 주기 위하여 과제(문항)들이 연결되어 있고 맥락이 제대로 들어가 있다면, 그 덩잇글들의 적합 한 속성에 대한 그들 각자의 기대가 변화할 것임을 시사해 준다. 필자와 독자 쪽에서 모두 덩잇글들이 그 과제(문항) 자료와 연결되 고 이것이 얼마나 잘 실행되는지에 비춰서 평가될 필요가 있음을 이해하게 될 것이다. 이는 평가 응시 차원 및 활동과 해석에 대한 평가 차원이 좀 더 긴밀하게 맞물려 정렬됨을 의미한다. 이런 해석 세계는 또한 응시생들이 그 평가(검사) 이외의 상황에서 마주치게 될 글쓰기 활동들과 아주 긴밀히 관련된다.

비록 폭스(Fox, 2001)에서는 말하기를 논의하지 않았지만, 앞에 서 논의된 근거로부터 말하기 평가 계발도 비슷한 논리를 따름을 알 수 있다. 입말 평가OLT에 있는 주제는 그 평가의 나머지 부분에 서와 같이 동일하다. 다수의 과제(문항)들에서 풍부한 자원 자료를 제공해 주며, 가령 그 자료로부터 나온 구절과 구조들을 다시 사용 하여 그 평가의 답변으로 이것들을 그들의 기존 지식과 결합해 줌 으로써, 응시생들이 과제(문항)들이 만들어 내는 사회적 환경에 간 여하도록 기대된다. 따라서 비록 응시생인 화자들과 채점자인 청 자가 동일한 시공간을 공유하지 않지만, 그 과제(문항) 자료들에서 공유된 맥락이 그들 사이에서 '암묵적 협력'을 만들어 내는 것이다

(Fox, 저자에게 보낸 개인 편지에 따름).

(사) 논의

입말 평가OLT의 구성물 정의는 그 평가의 목적과 서식에 의해 분명히 영향을 입는다. 그것은 활동 이론Activity Theory(앞의 211쪽 이하를 보기 바람)의 사회문화적 접근법을 강조하는데, 그 평가의 주제별 지향과 거기에 있는 맥락이 핵심적인 행위 주체인 화자와 채점자를 위하여 공유된 배경을 제공해 준다는 견해의 밑바닥에 깔려 있다. 그 정의는 과제(문항)와 기준들과 아주 긴밀히 짜여 있으며, 이는 앞에서 살펴본 논의에 반영되었다. 과제와 기준들에 대한 좀더 자세한 사례들은 제7장과 제8장에 포함될 것이다.

(가) 구성물 정의

이 평가의 목적은 검사 언어에서 효과적으로 상호작용을 하는 응시생들의 능력을 평가하려는 것이다. 응시생들은 일정 범위의 서로 다른 상황에서 적합하게 언어를 사용할 수 있어야 한다. 또한 익숙한 주제를 놓고서 분명하고 일관되게 발표를 할 수 있어야 하고, 일반적인 관심 주제는 물론 그들 자신의 업무내용에 대해서도 토론할 수 있어야 한다.

상호작용을 효과적으로 하는 능력은 구성물 정의에서 최상 층위에 있는 해설내용이다. 이는 말하기에 대한 다음 네 가지 측면들로 이뤄진다.

(가-1) 서로 다른 상황들에 대하여 언어를 적합하게 이용하는 능력이며, 이는 다음 능력에 반영되어 있다.

① 상황에 따라서 고정된 구절·관용구·구조의 격식성에 대한 정도를 다양하게 변화시켜 말하는 능력
② 다양한 공손 표현 관례들을 사용하는 능력(인사·호칭 형태·책임 완화 표현)
③ 적어도 두 가지 언어 투식(어투, 260쪽의 역주 5 참고)에 대한 적합한 사용으로, 격식적 말투와 비격식적 말투의 사용 능력

(가-2) 발표presentation(제시)의 명확성이며, 이는 다음 능력에 기반

하고 있다.

④ 덩잇글의 수준과 개별 발화의 수준에서 모두 남들이 쉽게 이해될
수 있는 순서로 정보를 조직한다.
⑤ 담화 표지·반복·중요한 논점을 강조하고, 청자에게 덩잇글 구조
를 더욱 두드러지게 만들어 놓기 위한 강세 이용

(가-3) 일반적인 주제와 직무에 관련된 주제를 토론하는 능력이
며, 이는 다음 능력에 반영되어 있다.

⑥ 자신의 의견을 정확하게 표현할 뿐만 아니라 또한 구체적으로 만
들고, 사례를 들어 근거를 제시함으로써, 그것들을 정교하게 만
들어 놓는 능력
⑦ 대화 상대방의 기여내용을 고려하면서, 이것에 자신의 발언내용
과 형식을 묶어 놓는 능력
⑧ 한 사람의 기여내용의 효과를 늘여 주는 전략을 이용하는 능력.
예를 들면, 몸짓·큰소리·가락을 이용하는 일, 도입 단계와 주어
진 응답을 채택하는 일, 그 자신의 기여에 대한 참고내용과 구조
를 명백하게 신호 보내 주는 일 등

(가-4) 앞에서 구체화된 능력들에 대한 선결 조건은 다음과 같다.

⑨ 그 언어의 어휘와 구조에 대한 양호한 지식, 비교적 신속히 그 지
식에 접속하는 능력
⑩ 남들이 들어 이해 가능한 발음
⑪ 대화 상대방의 발언내용을 이해하고 반응하는 능력

만일 응시생이 이들 능력의 어떠한 측면에서라도 최소 문턱값(임계값) 이하로 떨어진다면, 평가 문항(검사 과제)들의 요구사항을 적합하게 충족시켜 주는 일이 심각하게 위협받는다. 어휘 선택의 정교함·문법 구조의 정확성·고정된 구절로 표현하는 일에서 맥락에 대한 예민함 등은, 이 평가에서 다뤄진 기술 층위를 통하여 학습자의 향상을 신호해 준다.

(나) 이 사례의 배경

이 사례의 평가는 핀란드 자격인증Finnish National Certificates으로서 어른 언어 학습자들에 대한 일반 목적의 능통성 시험이다. 그 평가 제도에는 세 가지 검사 수준과 10가지 종류의 검사 언어가 있다. 여기서 초점은 고급 수준의 검사 중에서 말하기 하위 검사이다. 비록 언어들 간에 과제 유형에서 사소한 차이점이 있지만, 모든 평가(검사) 언어에서 동일한 명세내역을 이용한다. 이는 그 검사 명세내역들이, 특정 분야의 언어를 쓰는 특정 조원team들이 선택할 수 있는 대안내용이 담겨 있기 때문에 가능하다. 한편 또한 모든 평가(검사)들에 대하여 구성물 명세내역 및 대부분의 평가 명세내역들은 동일하다.

고급 수준의 말하기 평가(검사)의 계발은 명세내역 집필로부터 시작되었고, 초안 잡는 일과 초안 과제(문항)들에 대한 초기 예비 시행이 뒤이어졌다. 그렇지만 그 평가의 계발과 이용 과정을 통해 명세내역과 과제들은 지속적으로 향상되고 개선되었다.

(다) 평가 맥락

핀란드 자격인증FNC에서 고급 수준의 검사는 일반 목적의 능통성 검사이다. 말하기 하위 검사는 두 부분으로 이뤄진다. 하나는 녹음에 근거한 부분이고, 다른 부분은 생생하게 직접 말해 주는 부분이다. 그 검사는 임의의 언어에서 자신의 능통성 수준에 대한 되점검을 얻고자 하는 어른들이나, 또는 교육 목적이나 취업 목적을 위하여 언어 기술에 대한 자격인증이 필요한 어른들이 응시한다. 그 인증은 핀란드에 있는 일부 교육기관에 의해서뿐만 아니라 또한 일부 국립 관공서에 의해서도 인정을 받는데, 이는 취업자에게 외국어로 말하는 능통성을 보증 받게 해 준다. 많은 고용자들이 이 자격인증을 취업 지원자의 언어 기술을 입증해 주는 한 가지 방식으로 인정해 준다.

응시생들은 아주 이질적인 언어 배경 및 문화 배경으로부터 오며, 그들이 언어 기술을 배운 방식들도 아주 다양하게 변동할 듯하다. 대부분은 자신의 인문계 그리고/또는 실업계 교육의 일부로 어떤 격식 갖춘 언어교육을 받았겠지만, 또한 일부 그 평가(검사) 언어가 일상적인 의사소통 도구로 쓰이는 나라에서 살았거나 일을 해 왔을 수도 있다. 응시생들의 나이는 범위가 17세에서부터 80세까지에 걸쳐 있고, 대략 평균 35세이다. 일부 응시생들은 자신의 일터에서 평가(검사) 언어인 영어를 쓰지만, 나머지 사람들은 그러하지 않다. 응시하려고 등록할 때 그들은 안내 책자에 있는 평가(검사)에 대한 일반적인 설명에 근거하여 자신의 검사 수준을 미리 선택하였다. 만일 최근에 언어 강의를 수강하였다면, 강사에게 도움을 요청할 수도 있다. 고급 수준을 위한 서술에 따르면, 그 평가는 언어 기술이 전문직 일감들을 나타내는 것처럼 도전적 과제에 어울리는 어른들에게 적합하고, 서로 다른 상황에서 요구하는 내용들에 따라 자신의 언어사용을 조절할 수 있는 사람들에게 적합하다고 조언한다.

(라) 그 평가에 대한 간략한 서술

그 평가(검사)에서 녹음에 근거한 부분은 3~4가지 과제(문항)를 담고 있지만, 생생하게 직접 말해 주는 부분은 2~3가지 과제(문항)를 담고 있다. 두 부분이 모두 15분 정도의 길이이다. 녹음에 근거한 과제(문항)들에는 다양하게 모의된 상황에서 대응하는 일과 약식으로 발표를 하는 일mini-presentation이 들어 있다. 반면에 얼굴을 마주 보며 말하는 과제(문항)에서는 사회적 문제들에 대한 주제별 토론이 들어 있다. 생생한 평가(검사)는 응시생의 직업이나 교육 배경에 대한 토론과 더불어 시작하지만, 또한 응시생이 미리 준비할 수 없었던 다른 주제들도 다루게 된다.

녹음에 근거한 평가(검사)는 녹음기로 녹음되며, 생생한 평가(검사)는 녹화된다. 그 수행내용들은 평가(검사)를 치른 뒤에 녹음/녹화 테이프 내용들로부터 이중으로 채점된다. 영역별 분석적 평가는 발음·언어 흐름·어휘와 문법들에서 실시된다. 뿐만 아니라, 두 가지 영역에 특정적인 채점 기준이 있다. ① 생생한 녹화 부분에 대한 상호작용 기술과, ② 녹음에 근거한 평가의 마지막 과제인 약식 발표에 대한 덩잇말 전개의 조직 방식이다. 분석적 점수들은 말하기에 대한 총계 점수로 합산되며, 이는 그 인증서에서 응시생들에게 알려진다.

채점자들은 성공적으로 채점 훈련을 끝마친 언어 교사이거나 평가 전문가들이다. 모든 응시생들이 동등한 대우를 받기 위하여, 응시생들을 직접 가르친 교사나 개인적 친분이 있는 사람은 배제되어 채점자가 될 수 없다.

(마) 구성물에 대한 서술적 정의

이 평가(검사)에서는 아주 격식 갖춘 것으로부터 격식이 없는 것에 이르기까지 일정 범위의 사회적 맥락들에서 그 평가 언어로 상호작용을 효과적으로 하는 응시생들의 능력을 평가한다. 이는 전문적 사안 및 일반적 관심의 주제들을 놓고서 토론하는 응시생들의 능력을 평가하고, 남들과 상호작용하는 능력은 물론 발표를 하는 능력까지도 평가한다. 응시생들은 자신을 분명히 표현해 주어야 하고, 그 상황에 자신의 언어사용을 적합하게 만들어 주어야 하며, 일관된 입말 담화의 창조에 기여해야 한다. 혼잣말 과제들도 이해 가능성을 지원하기 위하여 그들의 발표내용을 구조화하는 응시생들의 능력을 평가한다. 그 평가에서는 고급 수준의 능통성에 대한 세 가지 수준을 구별해 놓는다. 서로 다른 상황에 대한 언어의 적합성·어휘 사용범위·문법적 정확성이 이들 수준을 구분하는 데에 중요하다.

말하기에 대한 이런 광범위한 정의를 평가하기 위하여, 그 과제들은 반드시 아주 다용도로 마련되어야 한다. 구조화된 과제와 개방된 과제가 모두 포함되는 것이 중요하다. 그 검사의 주제들에서 응시생의 직업뿐만 아니라 또한 그들의 직업과 직접 관련되지 않는 다른 주제 사안들을 포함해 놓는 것도 중요하다. 비록 사사로운 상황이나 격식을 갖춰 아주 중압감이 높은 상황이 만들어내기 어려울 수 있겠지만, 격식성에 대한 수준들에서의 변이 또한 응당 포함되어야 한다.

그 평가상으로 뛰어난 수행은 언어사용과 더불어 응시생의 재능을 반영해 준다. 의미가 일관되고 쉽게 이해될 수 있으며, 어휘 사용범위가 인상적이고, 그 과제(문항)들에 포함된 상황들과 관련하여 무심결에 입말 문법의 규준으로부터 벗어난 증거도 없다. 응시생은 자연스럽게 이음말collocation(연어)과 관용구들을 쓰며, 낱말 및 구절들을 놓고서 놀이를 할 수 있다. 토박이 청자에게 약간 이상하게 느껴지는 한두 가지 구절이 있을 수도 있겠지만, 그럼에도 불구하고 맥락에서 온전히 이해될 수 있다.

고급 수준의 평가에 대한 요구사항을 충족시키지 못하고 그 이하로 떨어진 수행내용들은 정상적인 말하기 속도보다 더 천천히 말해지며, 응시생들의 가락과 억양 유형에 익숙해지기 힘들 수도 있다. 직접 말해 주는 생생한 평가에서는 분명히 그 토론이 잘 흘러가도록 하기 위하여 대화 상대방의 도움을 필요로 한다. 녹음에 근거한 부분에서는 한두 가지 촉진물이 대답되지 않은 채 남겨질 수도 있다. 응시생들은 자신의 전달하려고 의도한 의미를 표현하는 데에 분명히 어려움을 지닌다. 최소한 받아들일 수 있는 수행내용은, 아마 어떤 어휘나 문법상의 어려움을 띠겠지만, 어떤 수준에 있는 검사의 과제(문항)들을 모두 처리하는 능력을 보여 준다. 직접 말해 주는 생생한 부분에서는, 난관 타개하기를 통하여 불명확한 의미가 점차 명확히 만들어진다. 녹음에 근거한 부분에서는 일부 응시생의 기여내용들이 온전히 이해 가능하고 관련되지만, 다른 내용은 지엽적으로 불충분하게만 이해될 수 있다.

비록 직접 말해 주는 생생한 평가에서 응시생들이 어떤 주제를 더 높은 추상화 수준으로까지 확장해 가기가 어려움을 깨달을 수 있지만, 평균 수행내용들은 그 평가의 모든 과제들을 적합하게 처리하는 능력을 보여 준다. 응시생들은 때로 대화 상대방으로부터 나오는 추가적인 도움이나 세부 탐사를 요구할 수도 있지만, 다른 경우에는 쉽게 상호작용의 창조에 기여한다. 문법이나 어휘에 대한 제어력이 전형적으로 강하지만, 다른 부분이 더 약하거나 어휘력이 고르지 않을 수 있다. 즉, 응시생들의 기여가 어떤 영역들에서는 분명하고 자연스럽지만, 반면에 다른 영역에서는 대조되어 놀라울 정도로 막연히 어휘의 어림짐작이 있을 수도 있는 것이다. 발음은 비록 거의 노력을 들이지 않지만 이해 가능하다. 전형적인 문제로 가락과 억양이 포함되거나, 아니면 몇 가지 개별 소리에 대한 다소 엉뚱하게 잘못된 발음이 있다.

(바) 언어 능력의 모형에 대한 관련성

앞에 있는 단락들에서 언급된 다수의 언어적 특징들이 사실이라면, 그 평가와 가장 관련된 모형은 의사소통 언어 능력CLA이다. 그 모형의 모든 부분들이 어느 정도 그 평가에서 다뤄진다. 문법 지식은 응시생이 만드는 모든 발언내용에 반영되며, 발음·어휘· 문법의 채점 기준에서도 작동된다. 덩잇말 전개 지식은 발언기회들 내부에 있는 그리고 발언기회들 사이에 있는 그 평가 담화의 일관성에 반영되며, 그 평가의 두 부분 모두에서 긴 발언기회의 구조화 내용에 반영된다. 이를 반영하는 기준은 담화 기술discourse skills 및 담화 전개 조직textual organisation이다. 기능적 지식은 녹음에 근거한 평가에서 명시적으로 검사되며, 그 평가를 통해서 모두 묵시적으로도 검사된다. 그렇지만 기능적 능력을 위한 별도의 기준은 들어 있지 않다. 그것은 '적합성 및 담화 기술'로 불리는 기준의 일부로 평가된다. 이는 또한 사회언어학적 능력도 다루게 된다. 특히 이것은 여러 상황에서 반응하는 녹음에 근거한 과제에서 검사되는데, 거기에서 서로 다른 상황에 대한 격식성이 변동된다. 직접 말해 주는 생생한 평가에서는, 사회언어학적 능력이 좀 더 묵시적으로 검사된다. 한 가지 상호작용 맥락과 면접관 한 사람이 영향을 미치는 관계만이 있기 때문이다.

바크먼·파머(Bachman and Palmer, 1996)에서는 전략적 능력 속에서 세 가지 구성부문을 구별해 놓는다. 목표 설정·평가·계획이다. 평가 과제들에 의해 부가된 제약들 속에서 응시생들은 자신의 목표를 마련하도록 기대된다. 언어로써 필요한 것과 그들이 갖고 있는 것과 그들이 얼마나 잘 실행하였는지를 평가할 수 있도록 기대될 뿐만 아니라, 또한 준비와 수행 동안에 평가되는 담화에 대한 그들의 기여를 계속 이어가도록 기대된다. 따라서 비록 평가상황에서 가능한 정도까지에 불과하지만, 전략적 능력의 모든 측면들이 평가 구성물에 포함되어 있다. 전략적 능력은 직접적으로 평가되지 않지만, 그것이 채점에 영향을 줄 가능성이 아주 높다.

이 평가에서 말하기의 구성물은 바이게잇(Bygate, 1987)의 처리조건 및 상호교환조건과 간접적으로 관련된다. 유능한 화자의 양호한 수행과 자신을 표현하는 데에 어려움을 지닌 약한 응시생 사이에 있는 차이를, 실시간으로 언어를 처리하는 능력에 있는 차이로 설명하는 일이 또한 가능하겠지만, 이것에 대한 직접적인 증거를 제공할 수 있는 평가는 거의 없을 것이다. 그 평가는 완전히 상호교환 담화 및 모의되고 좀 더 계획된 혼잣말 담화를 모두 담고 있다. 비록 난관타개 기술이 명시적으로 평가되지 않지만, 의미를 타개하는 기술도 추가 점수로 보상을 받게 된다. 합리적으로 대규모 어휘와 통사 구조들에 대한 양호한 제어력과 이해 가능한 발음이, 수용될 수 있는 수행내용들에 대한 최소한도의 요구조건들로 간주되지만, 바이게잇이 지적하듯이, 이들 지식 구성부문이 말하기에 대한 필요조건의 자원이지만 충분조건의 자원은 되지 못하는 것이다. 전체적으로 보아, 그 구성물 정의는 그 분위기(색깔)와 지향 방식에서 사회문화적이라기보다는 인지적이다.

(사) 논의

앞에서 본 두 가지 구성물 정의들과는 달리, 이것은 그 평가에서 측정될 기술에 대한 더 낮은 하한선을 정의해 준다. 이 하한선 아래에서는 수행이 실패로 간주된다. 이는 그 평가가 전체적 능력의 연속체를 가리키기 위한 것이 아니라, 오직 고급 수준의 학습자들을 위한 것이기 때문이다. 이는 채점 기준에서 분명한 정의를 요구하는 것이다.

6.4. 요약

제6장에서는 말하기 평가를 위한 구성물 명세내역을 집필하는 과정을 살펴보았다. 출발점은 말하기 평가를 위한 명세내역에서 어떤 종류의 말하기가 평가될 것인지, 이것이 어떻게 실행될 것인지, 그리고 수행내용의 어떤 측면들이 평가될 것인지를 정의해 주는 것이었다. 저자는 말하기 검사에 대한 계발주체들이 왜 명세내역을 집필해 놓아야 하는지에 대하여 세 가지 이유를 제시하였다.

① 실용적 이유: 명세내역 집필이 부분들끼리 서로 잘 들어맞는 평가 체계를 만들어 내는 데 도움을 줄 수 있다.
② 이론적 이유: 명세내역 집필이 평가자로 하여금 자신이 실행하고 있는 바에 대하여 이론적인 토대를 살펴보도록 만들어 줄 것이다.
③ 교육적 이유: 명세내역 집필이 평가자로 하여금 입말 평가를 초점이 모아진 방식으로 논의할 수 있게 해 줄 것이며, 다른 검사 계발주체들의 경험을 더 잘 이용할 수 있게 해 줄 것이다.

저자는 명세내역에 대한 단원체의 접근을 제안하였는데, 적어도 '구성물·과제·평가'에 대한 명세내역들로 구성된다. 단원체의 구조는 명세내역 집필 과제를 초점 모은 덩어리들로 나누어 놓는다. 이는 그 평가의 필요성과 그 평가 계발주체의 필요성에 가장 잘 들어맞는 어떤 순서로도 작업이 이뤄질 수 있다. 그 명세내역들은 또한 계발역사 정리표를 포함할 수도 있는데, 시간별로 그 평가에서 수용된 계발내용들이 기록된다. 이는 그 평가에 대한 개선을 설명해 주는 데 유용하지만, 또한 아마 더 중요한 것으로 평가 계발주체들로 하여금 그들 자신의 활동을 되돌아볼 수 있게 해 주는 자원이 된다.

구성물 명세내용에 대한 집필 사례가 세 가지 예시되었다. 〈6-1〉〈6-2〉〈6-3〉. 이들은 5단계의 집필 과정을 담고 있었고, 각 평가에서 초점 모은 바에 대하여 구체적인 언어적 서술을 산출해 놓았다. 과제(문항)들을 다루는 제7장과 채점 절차들을 다루는 제8장에서는 이들 명세내역과 관련된 몇 가지 과제(문항)와 기준뿐만 아니라, 과제와 채점 절차에 대한 다른 사례들에 대해서도 논의할 것이다.

제7장 **말하기 과제(문항)의 계발:** 19가지 사례

　논의를 구체적으로 만들어 주기 위하여 제7장에서는 말하기 과제들에 대한 사례들과 함께 시작할 것이다. 제6장에서 살펴보았듯이, 평가 설계는 평가의 목적을 분석하는 일로부터 출발한다. 그 점수가 무엇을 위해 이용될 것이며, 점수를 이용하는 사람에게 어떤 유형의 정보가 필요한 것인가? 이는 구성물 정의 및 과제와 기준의 선택을 모두 이끌어 간다. 만일 주로 언어활동들에 비춰서 목적을 정의한다면, 평가 계발주체들은 서로 다른 유형의 이야기나 또는 과제들에 대한 주요 설계 원리로 언어 기능들을 이용하는 일을 결정 내릴 수 있다. 만일 어떤 특정한 말하기 상황이나 어떤 전문직 역할을 처리하는 응시생들의 능력에 대한 정보를 얻을 필요가 있다면, 평가 계발주체들은 과제 설계에서 이것들을 주요한 범주로 이용할 것이다. 만일 발음 기술이나 어떤 문법 초점들에 대한 지식과 같이 응시생들의 언어 제어력에 대한 측면들에 대하여 정보를 얻어낼 필요가 있다면, 큰 소리 내어 읽기나 문장 완성하기처럼 아주 구조화되어 있는 과제들을 이용할 수 있는데, 거기서 응시생들이 말하게 될 바를 정확히 제어할 수 있다. 이런 모든 유형의 과제들이 아래에서 예증될 것이다.

7.1. 말하기 과제의 사례

(1) 서술 과제

다음에 서술 과제에 대한 사례가 두 가지 제시되어 있다.

〈사례 7-1〉 일대일 면담에 대한 상호작용 개요

여러분이 일하는 작업실이나 공간을 나에게 서술해 주십시오.

〈사례 7-2〉 면접시험에서 짝끼리 과제에 대한 상호작용 개요

평가의 이 부분에서는 본인이 응시생 여러분에게 각자 그림 한 장을 내어 줄 것입니다. 그 그림을 서로 상대방에게 보여 주어서는 안 됩니다.

각각 다음 그림을 내어 준다

A	B
학생 A에게 내어 준 그림	학생 B에게 내어 준 그림

여러분의 그림 내용을 서로에게 서술하여 주고 나서, 여러분의 그림에서 무엇이 같고 무엇이 다른지에 대하여 이야기하십시오. A 학생이 먼저 시작하십시오.

[학생 A와 B가 대략 2분 동안 자신의 그림에 대하여 서술해 주고 토론을 한다. 필요하다면 추가 도움을 제공해 준다. 가령, "배경을 먼저 서술하시오, 도시를 서술하시오, 세계의 어느 부분이… " 대략 2분이 지남.]

수고하였습니다.

(Heaton, 1991: 95에서 가져옴)

서술 과제는 모든 종류의 말하기 검사에서 아주 일반적이다. 그것들은 1:1 면담에서도 그리고 짝끼리 활동에서도 이용될 수 있다. 또한 녹음에 근거한 평가 실시에도 적합하다. 앞의 〈사례 7-1〉은 1:1 면담을 위한 대화 상대방의 각본으로부터 뽑아온 인용이다. 특히 실제로 응시생들이 자신이 알고 있는 어떤 것을 얼마만큼(이해될 수 있고 효율적으로) 잘 서술할 수 있는지를 알아내는 데에 검사관들이 관심이 있다면, 서술 과제가 얼마만큼 자세하게 될 수 있는지를 예시해 준다. 간략한 촉진물(=제시된 그림)에 대한 대답으로, 응시생이 훨씬 더 긴 서술을 제시해 주어야 한다. 그 응시생들에게 서술하도록 요구한 대상은, 응시생이 자신의 이야기에서 언급하는 어떤 것으로부터 서술 과제가 생겨날 수 있으므로, 응시자마다 변동될 수 있다. 평가 계발주체들이 결정을 내려야 할 필요가 있는 것은 모두 나란히 주어지는 과제들에 대한 제약들이다. 그것이 응시생들이 막 있었던 작업실이나 장소에 대한 물리적 서술뿐인가, 아니면 같이 근무하는 사람에 대한 서술들도 또한 충분할 것인가, 또는 모든 응시생들이 아마 작업 공간(≒근무 사무실)의 서술과 같이 근무하는 사람에 대한 서술을 모두 제공해 줄 필요가 있는가? 이런 설계 결정이 면접관인 대화 상대방이 실행할 바를 안내해 준다.

수행내용들을 판단하기 위한 기준은, 서술되고 있는 바를 실생활에 있는 듯이 청자가 훨씬 비슷하게 그려 줄 수 있는지 여부이다.

만일 평가 계발주체들이 서술내용들을 제어하고자 한다면, 앞의 〈사례 7-2〉에서처럼 그림들을 제공해 주는 것이 아주 일반적인 대안이 된다. 이는 모든 응시생들이 동일한 주제 영역을 토론할 것이며, 대체적으로 그들의 수행에서 동일한 어휘를 이용할 것임을 의미한다. 그렇지만 그 과제에서 의사소통이 덜 참된 모습이 될 수 있다. 왜냐하면 검사관들이 응시생이 서술하기로 되어 있는 바를 '알고 있으므로', 따라서 실제 질문할 필요성이 전혀 없기 때문이다. 이것이 〈사례 7-2〉에서 응시생들이 각각 서로 다른 그림을 받은 이유가 된다. 서로 다른 그림이 응시생들로 하여금 의사소통을 할 필요성을 제공해 주는 것이다. 서술 과제들을 설계하는 데에서 계발주체들은 그림들이 필요하게 될 것인지 여부를 신중히 살펴볼 필요가 있다. 그림들을 만들어 내는 일이 서술 과제들의 계발작업을 강도를 높여 더 힘들게 만든다. 그러나 특히 짝끼리 과제에서는 그림 촉진물들이 계발주체로 하여금 과제 담화의 내용을 제어하게 해 주고, 그 과제의 규모와 시간 길이를 계획할 수 있게 해 주는 것이다(322쪽의 명세내역 참고).

(2) 서사 이야기 과제

다음에 서사 이야기 과제에 대한 사례가 한 가지 제시되어 있다.

〈사례 7-3〉 녹음에 근거한 평가에서 응시생의 평가지

이제 아래에 있는 그림 6장을 살펴보기 바랍니다. 그림들에서 보여 주는 이야

기를 본인에게 말해 주십시오. 1번 그림으로부터 시작하고, 계속 6번 그림까지 진행해 나갑니다. 그림들을 1분쯤 살펴보면서, 그 이야기에 대하여 생각해 보십시오. 본인이 여러분에게 이야기를 하도록 요구하기 전에는, 그 이야기를 시작하지 말기 바랍니다.

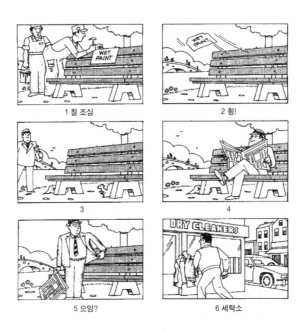

그 그림들이 보여 주는 이야기를 본인에게 말해 주십시오. (60초)

(ETS, 2002에서 가져옴)

다음에 서사 이야기 과제에 대한 또 다른 사례가 있다.

〈사례 7-4〉 얼굴을 마주 보며 짝끼리 상호작용을 하는 평가

'학생 A의 평가지'
[축구 경기가 있던 날]
여러분이 각자 일련의 그림을 갖고 있습니다. 짝과 함께 축구 경기를 보러 가고 있는 두 명의 십대에 대하여 어떤 이야기를 만들어 보십시오.

여러분은 그 이야기의 시작으로부터 나온 그림을 한 장 갖고 있을 뿐만 아니라, 그 이야기의 후반부를 말해 주는 그림들도 함께 갖고 있습니다. 여러분의 짝이 갖고 있는 그림들에는, 그 이야기의 전반부가 들어 있습니다.

여러분의 첫 번째 그림을 될 수 있는 한 아주 자세히 서술해 주십시오.

여러분은 스티브와 앤의 기분이 어떨 거라고 생각하십니까?

이제 그 이야기의 전반부를 말해 주는 여러분 짝의 이야기에 귀 기울여 들어 보십시오.

그런 다음에, 여러분 짝에게 여러분이 그 이야기의 나머지 부분을 말해 주십시오. 이야기의 주인공인 앤이나 스티브가 그 일이 일어난 뒤에 자기들의 친구에게 그 사건을 말해 주는 것처럼, 그 이야기를 여러분 짝에게 말해 주십시오.

여러분은 아래 그림 6 7 9 에서 앤과 스티브의 기분이 어떨 거라고 생각합니까?

학생 A의 그림

축구 경기가 있던 날

여러분이 각각 일련의 그림을 갖고 있습니다. 짝과 함께 축구 경기를 보러 가고 있는 두 명의 십대에 대한 이야기를 만들게 됩니다.

여러분의 짝은 그 이야기의 시작 부분으로부터 나온 그림을 한 장 갖고 있습니다. 여러분은 그 이야기의 전반부를 말해 주는 나머지 그림들을 갖고 있습니다. 그렇지만 여러분의 짝은 후반부의 이야기를 말해 주는 그림들을 갖고 있습니다. 첫 번째 그림을 놓고서 여러분의 짝이 서술해 주는 내용을 귀 기울여 잘 듣기 바랍니다.

이제 될 수 있는 한 아주 자세하게 그 이야기의 전반부를 여러분 짝에게 말해 주기 바랍니다. 이야기 속의 주인공들인 앤이나 스티브가 그 일이 일어난 뒤에 자신의 친구한테 그 사건을 말해 줄 것처럼, 그 이야기를 짝에게 말해 주십시오. 여러분은 아래 그림 ③④⑤에서 앤과 스티브의 느낌이 어떨 거라고 생각합니까? 그렇다면, 이제 그 이야기의 후반부를 말해 주고 있는 여러분의 짝에게 귀 기울여 잘 들어 보기 바랍니다.

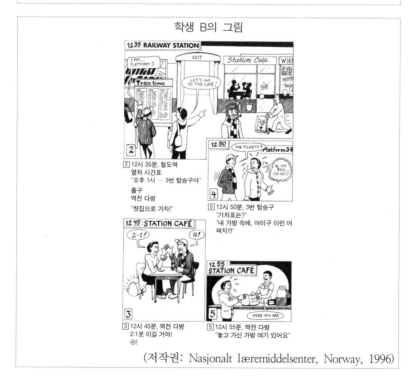

학생 B의 그림

(저작권: Nasjonalt læremiddelsenter, Norway, 1996)

서사 이야기 과제들은 또한 말하기 평가에서 자주 이용된다. 그
것들은 응시생들이 과거 시제이든 현재 시제이든 보통 하나의 얼
개로 일련의 사건 연결체들을 얼마나 잘 말할 수 있는지를 보여
준다. 아주 종종 그 과제들이 그림 연결체에 바탕을 두는데, 거기
서 그림들의 내용이 말해질 바를 이끌어 간다.

대안이 되는 다른 방식은 응시생들에게 자신에게 일어난 어떤
사건을 말해 보도록 요구하는 것이다. '내게 일어난 일what happened
to me'에 대한 이야기가 실생활에서 아주 일반적이지만, 한편 그것
들은 흔히 친분 쌓는 말하기(사교적 잡담)에 속하며, 평가상황에서
복제하기가 어렵다. 참여자들이 서로 잘 알고 있는 교육환경에서
작업을 할 수 있지만, 심지어 이런 경우라고 하더라도 적합성이
완벽하지 않다. 사적인 이야기는 종종 화자들이 검사에서 토론하
기에 부끄럽게 여길 당황스런 세부사항들을 드러내거나, 또는 그
렇지 않다면 그것들이 한결같지 않아서 화자가 그 내용이 말할 가
치가 없는 것으로 여길 것이다.

따라서 그림에 근거한 사건 연결체들이 일반적이지만, 제3장에
서 논의하였듯이, 좋은 사건 연결체들의 선택은 어려운 일이다.
사건 연결체들이 충분한 이야기를 산출할 수 있게 해야 하고, 응시
생들이 자신이 알고 있는 바를 보여 줄 기회들을 제공해 주어야
하는 것이다. 특히 응시생들로 하여금 서사 이야기의 본질적 특징
들에 대한 그들의 제어력을 보여 주도록 해야 한다. 즉,

① 먼저 사건 배경을 마련해 놓고,
② 주인공들을 찾아내어 일관되게 그들을 가리켜 주며,
③ 주요한 사건을 찾아내고,
④ 일관된 연결 모습으로 그 사건들을 말해 주어야 한다.

그림 연결체들이 이용되는 경우에는 언제나 실제로 그 평가를 이용하기 전에 의도된 대로 잘 작동되는지를 점검하기 위하여, 그것들을 시험적으로 미리 실시해 보는 것이 좋은 생각이다.

287쪽에서 본 〈사례 7-3〉에서 서사 이야기는 혼잣말이다. 그 평가가 녹음에 근거하므로, 응시생들은 청자로부터 어떤 되점검도 받지 않고서 하나의 긴 확장 연결체로서 그것을 말해 주어야 한다. 이와는 대조적으로 〈사례 7-4〉에서는, 서사 이야기가 구성되고 있는 동안에 비록 한 명의 학생이 언제나 주된 화자가 되지만, 어떤 상호작용을 만들어 낼 것 같다. 정보 간격은 사실상 응시생들이 완성해 놓는 두 개의 과제가 있음을 의미한다. 즉, 시작할 즈음에 오직 그 이야기를 부분적으로 알 뿐이므로, 응시생들이 스스로 그 이야기가 뜻이 통하게 만들어 놓고 나서, 함께 그것을 이야기해 주는 것이다. 이는 과제 문항 계발주체들에 의해 의도된 대로 어떤 상호작용을 필요로 한다. 그 과제는 14~15세의 노르웨이 학생들을 위한 자발적 말하기 평가에서 가져온 것이다. 그 평가는 대체로 두 명의 응시생들 사이에서 실시된다. 이 점은 거기 씌어진 유의사항들이 아주 자세한 이유다.

(3) 유의사항 일러 주기 과제

다음에 유의사항 일러 주기 과제에 대한 사례가 있다.

〈사례 7-5〉 일대일 면접을 위한 상호작용 개관

여러분에게 종종 식료품들을 사는 단골 가게가 있습니까?

[그렇지 않은 경우에라도, 필요하다면 응시생으로 하여금 다른 물건들을 구입하기 위한 어떤 가게를 생각하게 하시오.]

우리가 여러분의 집 앞에 서 있다고 생각해 보십시오. 그곳으로부터 그 가게에 가는 방법을 본인에게 말해 주십시오.

다음에 유의사항 일러 주기 과제의 또 다른 사례가 있다.

<사례 7-6> 얼굴을 마주 보며 짝끼리 하는 상호작용 평가

'학생 A의 평가지'
강아지에게 밥 주는 일
여러분이 당장 집에 갈 수 없는 사정이 생겼습니다. 여러분의 강아지가 밥을 먹어야 합니다. 여러분의 짝이 대신 강아지에게 밥을 주겠다고 합니다.
여러분의 짝에게 정확히 어떤 일을 할지, 무엇이 필요한지, 그것들을 어디에서 찾을지를 말해 주십시오. 여러분이 필요한 것을 아래 그림에서 찾아내십시오.
　　– 공원에서 빨리 뛴다.
　　– 먹어!(여러분은 ①, ②, ③이 필요하다)
　　– 마셔!(여러분은 ④가 필요하다)
　　– 걸어!(여러분은 ⑤가 필요하다)
　　– 다시 집으로 가! 강아지 발바닥과 마루를 닦는다(여러분은 ⑥이 필요하다)
　　– 물을 더 마실래?
그리고 나서 짝이 할 일들을 정확히 이해하는지 점검한다. 짝에게 다음의 주요 내용들을 개관하도록 요구한다.
　　– 어떤 일을 할지
　　– 무엇이 필요한지
　　– 어디에서 찾을지
(짝에게 그 내용을 제대로 파악하도록 도와준다)

강아지 밥 주기
① 개 사료
  콘플레이크
  소금
③ 병따개
⑤ 개 목줄
②개 밥그릇
④개 물그릇
⑥발 닦는 걸레

'학생 B의 평가지'
강아지에게 밥 먹이는 일
여러분은 여러분 짝의 강아지를 돌봐 줄 예정입니다. 짝이 여러분에게 정확히 유의사항을 알려 줄 것입니다.
신중히 잘 들으면서 여러분이 이해하지 못하는 것이 있다면 물어 보십시오. 마지막에는 여러분이 이해하고 있는 할 일들을 점검해 보십시오. 다음 사항들을 여러분의 짝에게 말해 보십시오.
  - 여러분이 해야 될 일
  - 여러분에게 필요한 것들
  - 그것들을 어디에서 찾을지
(저작권: Nasjonalt læremiddelsenter, Norway, 1996)

명령과 유의사항을 내어 주는 주된 목적은 그 전달내용을 상대방에게 전달하여 그것이 확실히 이해되도록 해 놓으려는 것이다. 이는 화자와 청자 사이에 짤막한 교환을 뜻하는 경향이 있다. 먼저 유의사항을 일러 주는 주체가 주된 화자이며, 청자는 이해에 문제가 있는 경우가 아니라면 보통 오직 동의만 한다. 만일 청자가 꼭 유의사항 내용들을 기억해야 한다면, 보통 그것들을 유의사항 일러 주기 연결체가 끝날 무렵에 반복하게 된다. 따라서 유의사항 일러 주기는 특히 대면하는 생생한 평가에서 잘 들어맞는다. 가끔씩은 지도maps를 이용하여 녹음에 근거한 평가로도 쓴다. 그런 경우 상호작용이 분명히 포함되지 않으며, 채점은 주어진 유의사항 내용들의 정확성 및 이해 가능성에만 초점이 모아진다. 대조적으로 상호작용 검사에서는 화자들 사이에 있는 상호작용이 또한 평가내용에 포함되는 경향이 있다. 앞의 〈사례 7-6〉에 있는 과제에서는, 유의사항을 일러 주는 주체와 청자들에게 그들의 몫을 맡도록 이끌어 주는 유의사항들과 더불어 이를 신중하게 구현하고 있다.

(4) 대비 과제와 대조 과제

다음에 비교 과제와 대조 과제에 대한 사례가 주어져 있다.

〈과제 7-7〉 짝끼리 이뤄진 면접에서 짝끼리 과제를 위한 상호작용 개요

'보호복'(비교하고 대조하며 짐작하기)
면접관인 대화 상대방: 평가의 이번 부분에서는 여러분에게 각각 약 1분 동안
　　　　　　　　　　이야기할 기회를 줄 겁니다. 여러분 짝이 말을 한 뒤에 간략히
　　　　　　　　　　촌평을 하십시오.
　　　　　　　　　　먼저, 여러분이 각각 똑같은 내용을 담은 한 묶음의 사진들을
　　　　　　　　　　살펴보게 됩니다. 그 사진에서는 '보호복'을 입고 있는 사람들
　　　　　　　　　　을 보여 줍니다.

[동일한 묶음의 사진들을 응시생 각자에게 건네 줌]
　　　　　　　　　　A 학생, 먼저 시작하십시오. 여러분이 이들 사진 두세 장을 비
　　　　　　　　　　교하거나 대조하였으면 좋겠습니다. 그 사람들이 어떤 종류의
　　　　　　　　　　옷을 입고 있는지를 말하고, 왜 보호가 필요한 것인지를 생각

해 보십시오.

이를 위하여 약 1분 정도가 주어짐을 잊지 마십시오.

좋습니까? 그러면, A 학생, 이제 시작해 보겠습니까?

응시생 A: [요구된 대로 말하는 데에 대략 1분이 걸림]

대화 상대방: 수고했습니다. 이제, B 학생, 누가 더 크게 보호될 필요가 있는지 말해 주겠습니까?

응시생 B: [대략 20초가 소요됨]

대화 상대방: 수고했습니다.

학생 그림

소방관 장비

차폐 실험실의 연구자

낙타와 상인

산악 자전거 경주자

외과 의사

(UCLES, 2001b)

비교하기와 대조하기를 요구하는 과제들은 보통 서술하는 과제보다 더 어렵다고 간주된다. 왜냐하면 그것들이 유사점과 차이점에 대한 분석과 논의를 요구하기 때문이다. 이는 비교 형태의 이용과 복잡한 문법 구조를 요구한다. 그렇지만 그 과제 요구사항들은 또한 비교되는 대상들에도 달려 있다. 앞의 〈사례 7-7〉에서는 보호복의 주제가 다소 추상적인데, 융통성 있게 각 응시생이 어떻게 해석하는지에 따라, 그리고 사람들이 입고 있는 것을 서술하고 왜 그런 보호가 필요한지를 서술하라는 검사관의 유의사항에 따라 그러하다. '무엇what'과 '왜why'의 결합이 그림들에서 이야기의 길이를 늘여 놓으며, 그것이 과제 요구사항의 수준에 더해진다. 이는 그림들에 대한 효과적 이용을 만들며, 응시생들로 하여금 어느 정도 깊이 그 주제를 다루도록 이끌어 간다.

비교 과제가 언제나 그림들에 근거하는 것은 아니다. 또한 도시와 시골 공동체에 있는 삶의 질처럼 응시생들에게 그들이 알 것으로 기대되는 개념들을 비교하도록 요구할 수 있다. 특정 전문지식의 평가에서는, 가령 어떤 문제에 대한 상이한 처방의 장점과 단점처럼, 서로 다른 두 가지 종류의 작업에 대한 필요사항을 비교하도록 요구할 수도 있다.

앞의 〈사례 7-7〉에 있는 과제는 두 명의 응시생들에 의해 완성되며, 이는 둘 모두의 관심을 유지하도록 설계되었다. 응시생 B는 먼저 5장의 사진에서 어떤 두세 장의 사진을 A가 선택하는지 관찰한다. 그리고 나서 B에게 서로 다른 관점으로부터 그 사진들을 비교하도록 요구한다. 이는 짝끼리 검사에서 특별히 설계된 고려사항이다. 더욱이, 〈사례 7-7〉을 뽑아온 캐임브리지 고급 영어 인증Cambridge Certificate of Advanced English에서 이 과제는 동일한 종류의 또 다른 과제에 뒤이어진다. 거기에서는 응시생 B에게 먼저 발언기회를 갖도록 하고, 응시생 A는 더 짤막한 두 번째 발언기회를 갖는다. 이는 두 명의 응시생이 모두 자신의 능력을 보여 줄 동일한 기회를 지녀야 하므로, 공정성을 기하기 위하여 실행되는 것이다. 292쪽에서 살펴본 〈사례 7-6〉에 있는 노르웨이에서 만든 검사도, 다른 대부분의 말하기 검사에서 그렇게 하듯이 공정성을 기하기 위해 동일한 실천을 따랐다.

(5) 설명 과제와 예측 과제

다음에 설명 과제와 예측 과제에 대한 사례가 주어져 있다.

〈사례 7-8〉 녹음에 근거한 평가에서 응시생 평가지

다음 도표는 미국에서 1990년 서로 다른 다섯 가지 직업에 근무하는 사람들의 숫자 및 2005년 예상 숫자를 보여 줍니다.

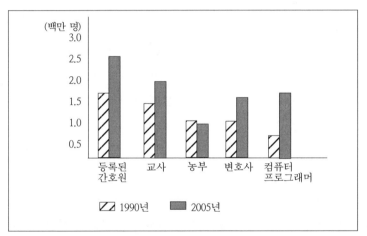

(1) 이 도표에 주어진 정보에 대하여 말해 주십시오. (60초가 소요됨)
(2) 이 도표에 제시된 변화에 대해 몇 가지 이유가 있을 텐데 여러분은 무엇이라고 생각합니까?

(ETS, 2002)

도표의 내용을 설명하거나 과정을 설명하는 것은 많은 전문직 환경과 학업 환경에서 아주 일반적인 과제이다. 그 과제에서 수행을 잘하려면, 화자들은 그 배경을 마련해 놓고, 정보의 일부를 찾아내거나, 일관된 순서로 그것들을 설명 제시하여 변화 과정에 있는

단계들을 찾아내 주어야 한다. 응시생들은 또한 중요한 부분이나 단계들의 유의미성을 설명해 줄 필요가 있다. 따라서 청자들이 그 설명이 무엇에 대한 것이고, 왜 그런 설명이 주어지고 있는지를 이해하게 된다. 설명하는 일은 명백히 한 사람의 주요 화자만 있다. 화자가 말을 하는 동안에 청자가 꼭 반응을 해야 되는 것은 아니라는 점에서, 거의 혼잣말 기능을 지닌다. 이것이 설명 과제가 녹음에 근거한 평가 시행에 적합한 이유가 된다. 예측은 자주 설명 과제와 함께 제시되며, 그것들도 또한 거의 혼잣말이 될 수 있다.

그렇지만 예측에서 짐작을 담고 있으므로, 얼굴을 마주 보는 환경에서 좀 더 상호작용적으로 될 수 있다. 짐작의 불확실성이 상대방과 타협할 소지를 허용하기 때문이다. 앞의 〈사례 7-8〉에서 예측의 범위는 그 도표에 주어진 정보에 의해서 명백히 제약되어 있다. 상호작용 상황에서는, 가령 참여자들이 경제와 생태환경에 대하여 세계의 다른 곳에서는 이것이 뭘 의미할 수 있을지에 대하여, 그리고 세계 모든 곳에서 발전(경제개발)이 비슷할 것인지 여부에 대하여 계속 토론을 할 수 있다.

앞의 〈사례 7-8〉에 있는 과제는 입말 영어 검사Test of Spoken English에서 가져온 것이다. 이는 성인들을 위한 검사이며, 많은 응시생들이 대학 입학을 위하여 응시한다. 그 과제 문항은 인지 상으로 어려운 것이지만, 이런 환경에서는 적합할 것 같다. 학교 시험에서는 도표의 인지적 복잡성 및 도표와 관련된 과제가 (완전히 확정되어 수용된 것이라기보다 오히려) 하나의 논의거리가 된다. 왜냐하면 그 과제의 의도가 아마 응시생들의 인지 능력이나 도표 해석과의 친숙성보다는, 오히려 그들의 언어 능력을 평가하려는 것이기 때문이다. 만일 도표들이 학교 시험에서 쓰인다면, 어떤 종류의 도표들을 응시생들이 읽을 수 있을 것으로 기대하며, 그 도표들이 얼마나 많은 설명을 요구하는지를 살펴보기 위하여, 다른 교과목들에 있는 교재를 점검하는 것도 좋은 생각일 듯하다. 수학 교사들이 또한 가능한 도표 과제들의 수준별 적합성에 대하여 촌평을 제시해 줄 수 있다. 직접 도표를 설명해 보도록 요구하기에 앞서서, 어떤 학생과 더불어 또는 심지어 또 다른 교사와 더불어 하는 예행연습이, 도표에 있는 정보를 이해하기 위해 응시생들에게 필요한 준비시간의 양을 보여 줄 수 있다.

앞의 〈사례 7-8〉에 있는 과제는 또한 말하기 과제들이 점차 낡게 될 수 있음을 보여 준다. 만일 과제가 지속적으로 이용되었다면, 2005년 주위의 시간대에서 그 도표를 갱신할 필요가 있었을 것이다. 설명 과제들에 대한 도표는 흔히 사회적 논제를 다루는 잡지나 책자에서 찾아질 수 있다. 그것들 속에 있는 정보의 유형은 전형적으로 시간 축과 관련된다. 이는 흔히 교사가 만든 시험들에서는 문제가 되지 않는다. 과제 내용들이 보통 해마다 변하게 되기 때문이다.[1] 그렇지만 격식 갖춘 평가에서는 과제 자료의 낡은 속성이 문제의 소지가 될 수 있다.

어떤 경우이든지, 만일 도표가 이용된다면 계발주체들이 읽을 때마다 적합한 도표들에 대하여 눈을 크게 뜨고 살펴볼 필요가 있다. 앞에서 언급한 다른 그림 사례들에서와 같이, 평가에서 실제로 사용하기 이전에 그 과제를 시험적으로 미리 시행해 보는 것이 좋은 생각일 것이다. 도표들을 놓고서 점검해야 할 특정한 초점은 복잡성이다. 중압감을 주는 검사 상황 아래에서는, 많은 도표들이 너무 복잡하여 응시생들이 잘 이해하지 못하기 때문이다. 적합한 도표들은 뒷받침된 설명을 위하여 자료를 제시해 주기에 충분한

---

1) (역주) 말하기 수업에서는 통계 자료의 진실성이나 타당성을 익히려는 것이 아니라, 해석 방법과 말해 주는 방법을 배우려는 것이기 때문이다.

정보를 담고 있다. 그러나 너무 많은 정보를 담지 말아야 하며, 응시생들이 해석하기에 충분히 쉬워야 한다. 미리 그 초안 과제를 살펴보지 않은 동료 교사가, 설명을 위한 미래 전망 도표의 적합성 여부를 점검해 줄 수도 있다.

(6) 결정 내리기 과제

다음에 짝을 이룬 응시생들을 위한 결정 내리기 과제에 대한 사례가 있다.

〈사례 7-9〉 짝을 이룬 면접에서 두 명의 응시생들을 위한 과제 카드

'무역 박람회(trade fair) 참여'
여러분의 회사가 무역 박람회에 참여하도록 초청을 받았는데, 여러분의 회사가 그 해의 가장 바쁜 기간 동안에 열리게 될 것입니다. 여러분은 이 무역 박람회에 직원이 파견되어야 하는지 여부를 결정하도록 요청을 받았습니다. 함께 다음을 의논하고 결정을 내리기 바랍니다.
 - 무역 박람회에 참여하는 일의 장점과 단점은 무엇인가?
 - 몇 명의 직원이 무역 박람회에서 가장 유용하게 회사를 대표할 수 있겠는가?
(UCLES, 2001c)

결정 내리기 과제는 여러 가지 관점으로부터 결정과 관련된 논제를 토론하고 나서, 결정을 내리는 일을 담고 있다. 말하기 평가에서 결정이 내려져야 할 논제들은 흔히 양도 논법(≒흑백논리)처럼 명백한 것이 아니므로, 서로 다른 해결책을 옹호하거나 반대하는 논의들이 필요하게 된다. 화자들은 관심사항에 대하여 자신의 의견을 펴고, 타협하여 결론에 이르기 전에, 서로 다른 관점들을 공표하기 위하여 자신의 의견들을 입증하게 된다. 그들은 토론을 따르면서 그들 자신의 발언내용을 다른 사람들의 발언내용과 묶거

나 관련지을 필요가 있다. 결정 내리기 과제는 근본적으로 상호작용적이다. 만일 이런 과제의 내용이 녹음에 근거한 평가에서 이용된다면, 그 과제가 어떤 의견을 개진하고 그것을 입증하는 것으로 된다. 게다가 상호작용은 서로 다른 관점들 사이에서 타협점을 찾고, 다른 사람의 의견을 고려해 가는 일을 포함한다.

결정 내리기 과제를 계발하기 위하여, 과제 설계주체들은 응시생들과 관련된 논제를 찾아내어, 응시생들이 그 논제들을 토론할 수 있게 해 줄 필요가 있다. 앞의 〈사례 7-9〉는 케임브리지 경영 영어 인증Cambridge Business English Certificate에서 가져왔고, 성인을 위한 검사이다. 그 과제의 내용 및 인지상의 복잡성은 이런 목표의 응시생을 위하여 마련되었다. 중등학교 연령의 응시생들을 대상으로 한다면, 그런 과제에서는 학급의 수학여행을 위한 목표 장소를 선택하거나, 무인도에 가지고 갈 물건 다섯 가지를 결정하면서, 의견란advice column에 글을 쓴 나이 어린 학생에게 조언해 주는 일을 포함할 수 있을 것이다. 앞의 〈사례 7-9〉에서와 같이, 그것이 몇 가지 촉진물이 들어 있는 토론을 이끌어 나가는 데 도움이 된다. 따라서 그 과제가 모든 응시생들에게 분명해지며, 결론에 이르기 전에 어떤 토론이 필요함을 그들이 이해할 수 있는 것이다.

(7) 역할 놀이와 모의하기

역할 놀이는 그 평가의 목표 집단이 아마 평가 이외의 상황에서 마주칠 수 있는 서로 다른 종류의 의사소통 상황을 모의한다. 그것들은 두 명의 응시생들 사이에서 또는 응시생과 평가관 사이에서 이뤄질 수 있다. 다음 〈사례 7-10〉은 중학교junior secondary school2) 학생들(15~16살)을 대상으로 한 짝끼리 상호작용으로부터 가져온 것이다.

따라서 전문직에 특징적인 것이 아니라 오히려 아주 일반적이다.

〈사례 7-10〉 짝끼리 상호작용 과제*

'학생 A의 평가지'
핀란드에 거주하는 어느 영국 외교관과 그의 가족이 여름 3개월 동안 그리스 다도해를 여행할 계획입니다. 그들은 4살과 9살 난 자신의 아들들을 돌봐줄 젊은 핀란드 사람을 찾고 있습니다. 그 외교관의 부모님이신 롸잇(Right) 씨 부부가 여러분을 대상으로 면접을 하고 있습니다. 이 취업 면접에서 될 수 있는 한 좋은 인상을 심어 주려고 노력하십시오.

롸잇 씨 부부에게 다음 사항들을 말해 주십시오.
  - 여러분이 왜 이 일을 원하는지
  - 어린이를 돌보는 일에 관한 여러분의 경험에 대하여
  - 여러분의 언어 기술에 대하여
  - 여러분이 헤엄을 아주 잘 칠 수 있다는 사실
다음 사항들을 물어 보기 바랍니다.
  - 그 일의 성격에 대하여
  - 돌봐 주는 시간에 대하여
  - 급료와 자유 시간에 대하여
  - 배를 운항할 기회에 대하여

'학생 B의 평가지'
여러분은 부인/남편이 있는 영국 외교관입니다. 여러분은 4살과 9살 난 아들들이 있습니다. 휴가 기간에 그리스에 여행을 가려고 합니다. 여러분은 숙식을 하면서 집안일을 거들어 줄 핀란드 사람이 한 명 필요하며, 그 사람을 지금 면접하고 있습니다.

---

2) (역주) 나라마다 좀 차이가 있으나, 의무 교육 기간을 12년으로 볼 경우에, 초등학교가 1학년에서 6학년까지이고, 중학교가 7학년에서 10학년까지이며, 고등학교가 11학년에서 12학년까지이다. 여기서 중학교를 junior secondary school로 부르거나 middle school로 부르고, 고등학교를 senior secondary school로 부르거나 high school로 부른다. 114쪽에 있는 역주 20)도 참고하기 바란다.

다음의 항목들로 시작하기
- 여러분 자신을 소개한다(여러분은 롸잇 씨 부인/남편이다 Mr/Mrs Right)
- 면접을 받는 사람의 이름을 물어 본다.
물어 볼 항목
- 그 사람이 왜 이 일에 응모하였는지
- 그 사람의 경험
- 헤엄치는 실력
- 언어 기술
약속할 항목
- 즐거운 일
- 아름다운 경치
- 높은 급료
- 좋은 성격을 지니고 제대로 행동하는 어린이
- 내일 응모자에게 결과를 알려 준다
여러분에게 또 다른 선약이 있다고 말하면서 정중하게 그 면접을 끝낸다.
작별 인사를 잊지 말기 바란다.

(*핀란드어로 된 내용을 번역하였음)

대부분의 역할 놀이 과제와는 달리, 앞의 〈사례 7-10〉에서는 학생 B에게 보통 겪어 보지 못하였을 것 같은 역할을 맡도록 요구하고 있다. 이는 그 평가에서 커다란 어려움을 만들어 낼 수 있다. 왜냐 하면 보모 역할을 할 수 있는지 여부가 그 수행에 부당하게 영향을 줄 수 있기 때문이다. 그러므로 부담이 높은 시험에서는 응시생에 게 익숙하지 않거나 비슷하지 않을 역할을 흔히 검사관들이 맡게 된다. 이 과제를 자신의 학생들에게 이용한 교사는, 자신의 교실수 업 경험으로부터 학생들이 이전에 이를 실행해 보았고, 이 과제에 친숙하였음을 깨달았다. 그럼에도, 학생들이 역할을 더 쉽게 맡을 수 있도록 만들기 위하여, 이 평가지에 있는 이런 역할에 대한 유 의사항들은 아주 자세하다. 이 과제는 제6장에서 〈사례 6-1〉로 논 의된 평가로부터 나온 것이다(252쪽 이하).

역할 놀이 과제는 임의의 검사에서 의사소통을 좀 더 융통성 있게 만들어 주는 한 가지 방식이다. 왜냐하면 검사관에게 말하는 것이 아니라, 응시생들이 새로운 역할을 맡고 자신의 의사소통 짝에 대하여 새롭게 모의된 역할 관계를 맡기 때문이다. 그들의 수행은 새로운 역할과 상황의 요구사항들에 대하여, 알맞게 잘 맞춰 내는 자신의 능력을 보여 준다. 그 상황이 목표 청중(늑응시생)과 그 평가의 목적에 관련되는 한, 이는 검사관을 위하여 유용한 정보를 제공해 준다. 그 정보가 단순히 응시생들의 언어 자원에 대하여 어떤 새로운 관점을 알려 주거나, 또는 그 평가에 있는 다른 과제들로부터 구별되는 다른 기능들의 이용을 그 과제가 포함할 수도 있다. 채점 기준에 따라, 이야기가 또한 과제나 상황에 근거한 관점으로부터, 모의되고 있는 상황을 처리하는 능력으로 평가될 수도 있다.

상황 모의 과제들은 가상의 의사소통 상황을 행위로 보여 주는 일을 포함한다는 점에서, 역할 놀이와 아주 비슷하다. 다음에 있는 〈사례 7-11〉은 학업 영어에 대한 녹음에 근거한 검사인 캐나다 학업 영어 평가의 입말 검사CAEL Oral Language Test로부터 나왔다. 이는 제6장에 있는 〈사례 6-2〉에서 소개되었다(262쪽 이하).

캐나다 학업 영어 평가의 입말 검사CAEL OLT에 있는 모의는 아주 확장되어 있다. 이 과제에서 응시생들은 그들이 어느 강의를 듣고 있다고 가정해야 한다. 그 평가지에는 강의 시간으로부터 나온 '사회에서의 폭력성 문제'에 대한 유인물이 들어 있다. 응시생들은 녹음내용으로부터 강사가 작은 모둠 발표과제를 학생들에게 내어 주는 강의로부터 가져온 듣기 도막(일부 발췌)을 듣게 된다. 그 강사의 이야기는, 그 강의실에서 과제 활동이 이미 각각 세 명으로 된 모둠으로 나뉘어져 있음을 명백히 해 준다. 녹음은 작은 모둠 토론의 시작 부분과 더불어 지속된다. 거기에서 모둠원이 된 응시생들은 그 모둠에 있는 다른 두 사람의 모둠원이 발표 시간을 위하여 자신의 발표를 제시해 주는 것을 듣게 된다. 그러고 나서 그 응시생으로 하여금 남아 있는 주제들 중 하나를 선택하고, 그것에 대하여 이야기하도록 요구한다.

〈사례 7-11〉 녹음에 근거한 평가

'응시생의 평가지'
이 과제에서는 여러분에게 모둠 토론에 참여하도록 요구하게 될 것입니다.

유인물: 사회에서의 폭력성 문제
여러분의 모둠에서는 사회에 있는 폭력의 다음 측면들 각각에 대하여 입말 발표를 하게 될 것입니다. 모둠 구성원이 각자 아래 목록에서 한 가지 주제를 선택해야 합니다.
다음 목록으로부터 여러분의 주제를 뽑으십시오.

주제	세부사항
영화에서의 폭력	어린이에 대한 악영향, 남녀 관계에 대한 악영향
가정에서의 폭력	어린이에 대한 악영향, 더 나이가 많은 사람들과의 문제
학교에서의 폭력	학습 상의 악영향, 고등학교에서의 무기(총기류) 통제
길거리 상의 폭력	일반 시민에 대한 악영향, 경찰 치안 유지비 등

그 과제를 위한 듣기 입력물로부터 가져온 전사된 인용 도막
여러분 모둠 구성원들이 토론을 시작하는 것을 귀 기울여 들어 보기 바랍니다.

Female: okay so ehh . I dunno about you but ehh the topic I'd really like to do I think is violence in the movies
Male: okay
Female: emm I think you know . it's something that occurred to me it's you know this eh this recent Star Wars . eh movie
Male: mhmm yeah
Female: that is coming out and eh . and you know you think of how often . people are troubling each other shooting each other
Male: that's true
Female: you know it's like . violence is the only . [solution to a problem]

Male: [it seems like it] . yeah
Female: and I . worry about that you know you . think of all the kids that watch that in cartoons you know
Male: sure
Female: movies and I'm sure that there has been some research that suggests that this isn't a problem . but I think .. I think it IS a problem and I'd really like to look into that . eh and it's not only kids it's also the way genders are . are displayed like you know the male/female relationships you know ...

여성: 그래요, 그래서 어, 난 당신 의견에 대해서는 잘 모르겠지만, 어 내가 실제로 실행하고자 하는 주제가 제 생각으로는 영화에 있는 폭력성이거든요.

남성: 좋습니다.

여성: 음 저는 당신이 알고 있다고 생각하거든요 . 그게 제게 떠오른 어떤 건데요 그게 잘 아시다시피 이 어 이 최근에 별들의 전쟁(Star Wars) . 어 영화 말이에요

남성: 으음 예 그래요

여성: 그게 상영되고 있거든요 그리고 에 . 그리고 잘 아시다시피 생각해 보세요 얼마나 자주 . 사람들이 서로 간에 괴롭히는지 서로 간에 총을 쏘는지 말이에요

남성: 옳은 말씀이에요

여성: 잘 아시다시피 그게 뭐 . 폭력만이 유일한 . [그 문제에 대한 해결책] 같거든요

남성: [그런 것 같아요] . 예 그래요

여성: 그리고 제가 . 그것에 대해 걱정스럽거든요 아시다시피 생각해 보세요 . 모든 꼬마들이 그걸 아시다시피 만화로도 다 보거든요

남성: 틀림없이 그래요

여성: 영화들 말이에요 허고 이게 문제가 아니라고 제안하는 어떤 조사연구도 분명히 있다고 봐요 . 그러나 제 생각에는 .. 저는 그게 분명히 문제라고 봐요 그리고 실제로 그걸 살펴보고 싶거든요 . 어 허고 그게 꼬마들만이 아니에요 그게 또한 성별이 어 아시다시피 남녀 관계와 같은 것이 보여지는 방식이란 말이에요 아시다시피 말이에요...

(저작권: CAEL, 2000 허락을 받고 게재함)

캐나다 학업 영어 평가의 입말 검사CAEL OLT에 있는 구성물 정의는 맥락 중심context-based이며, 학업에 필요한 말하기 기술과 관련된다. 앞의 〈사례 7-11〉에 있는 과제는 모둠 토론에 대한 듣기와 반응하기, 자신의 고유한 말로 생각을 정교하게 다듬거나 확장하기, 논점을 뒷받침하기 위하여 자신의 고유한 경험으로부터 어떤 이야기를 말해 주기를 검사한다(CAEL, 2000). 녹음 상으로 목소리들의 비-격식적인 모양새는, 응시생들에게 자신의 수행에서도 비슷하게 입말다운 이야기를 하도록 초대하며, 격식 갖춘 발표 모양새가 필요한 것이 아님을 보여 준다.

캐나다 학업 영어 평가의 입말 검사CAEL OLT의 내용에 있는 모든 과제들이 하나의 단일한 주제와 관련되므로, 이런 과제에 대한 새로운 내용을 집필하는 경우에 평가 계발주체들이 이를 고려할 필요가 있다. 그들은 대학 강의를 시작하는 데 적합한 주제를 찾아내고, 그것에 대하여 모둠작업 과제 실습지를 집필할 필요가 있다. 그러고 나서 녹음 테이프 속에 집어넣을 자료를 계발할 필요가 있다. 너무 글말다운 이야기를 피하려면, 모둠 구성원 역할을 할 화자들을 위하여, 말을 해야 하는 실제 개개의 발화 행들보다는, 오히려 전반적인 토론 개요만 적어 놓을 수 있다.

다음 단계로 아마 몇 번 연습을 한 뒤에 토론 흐름을 자연스럽게 만들어 주면서 녹음이 이뤄질 것이다. 한 명의 화자는 '해당 강의의 강사'로 역할을 하고, 나머지 두 사람은 모둠 구성원으로서 남성과 여성의 역할을 맡는 것이 바람직할 것이다. 그런 뒤 응시생 검사지와 녹음 원본이 한데 합쳐진다. 평가에서 실제 이용하기에 앞서서 예비 시험판이 시행된다. 서로 다른 녹음에 근거한 모의 과제에 대하여 비슷한 일반적 과제 구조가 만들어져서, 이 사례에서와 같이 실제 내용들로 많이 채워질 필요가 있을 것이다.

모의는 또한 얼굴을 마주보면서 실시되는 평가에서도 이용될 수 있다. 이는 직업 영어 검사Occupational English Test와 같이 전문직에 특징적인 언어 검사에 아주 전형적인데(McNamara, 1996을 보기 바람), 전문직 의사소통을 영어로 처리하는 의학 전문가들의 능력을 검사해 준다. 모의는 검사관들이 평가 사건(≒의사의 환자 진료 따위)을 표준화하고 제어할 수 있게 해 준다. 이는 특정 목적의 평가에서뿐만 아니라, 또한 다음 〈사례 7-12〉에서 보여 주듯이 전문직 상으로 특정한 학습 환경에서도 유용하다.

〈사례 7-12〉 교사의 활동 계획

'수업 1단계'
평가 활동을 소개한다. 짝을 이룬 학생들이 제지 공장과 원목 처리 설비에 대한 견학을 하게 된다(≒한 명은 공장장, 다른 한 명은 방문객임).
학급 전체 학생들에게 '바람직한 공장 견학을 하려면 어떻게 해야 하는가?'를 살펴보도록 요구한다.
　－10분간 여러분 스스로 생각해 본다. 메모를 해 둔다.
　－작은 모둠별로 작업을 한다. 마음 속에 전개할 지도를 그려 놓는다.
칠판 위에 결과를 요약해 둔다.
공장 견학 녹화물을 관람한다.
이 공장 견학에 대하여 좋은 점이 어떤 것이었나? 어떤 것이 더 잘 실행될 수 있었는가?
학생들에게 함께 작업할 짝을 선택하도록 한다.
짝의 이름을 적도록 하고, 그 검사를 시행하기 위한 도표를 마련한다.

'수업 2~4단계'
학생들은 다음 사항을 하게 될 것이다.
　－교실수업에 가져온 자료들에 근거하여 그들의 제지 공장과 원목 처리 설비에 대한 생산 도표를 만든다(≒공장장이 안내해 줄 내용이 됨).
　－모국어 수업들에서 학습한 얼개를 따르면서, 독자층(≒공장을 돌아보면서 설명을 들을 방문객) 분석을 실행하고, 그들이 제시할 두 가지 견학에 대

한 원고를 미리 계획한다.
- 발표(≒공장 안내 설명)를 위해 예행연습을 함으로써, 씌어진 쪽지에 따라 읽어 나갈 필요가 없도록 미리 숙지하게 한다.
- 되점검을 위하여 교사에게 그들의 산출 도표와 원고를 제시하고, 토론에 근거하여 바꿔 나간다.
- 시간(15분) 및 견학 여행의 적합성을 점검하기 위하여 현장에서 예행연습을 한다.

'수업 5단계'
모의된 공장 견학 여행을 실시한다. 짝을 이룬 학생들이 공장장과 방문객으로 행동한다. 교사는 짝마다 2~3분 정도 관찰하면서 모둠 사이를 돌아다닌다. 각각의 견학 여행 뒤에 즉시 학생들은 자기평가 서식과 급우평가 서식을 채워 놓는다.

'수업 6단계'
전체 학급 학생들을 대상으로 하여 일반적으로 되짚어보는 토론을 실시한다. 학생들에게 자신의 메모 내용들을 살펴보고, 필요한 경우에 설명을 추가해 놓도록 요구한다. 급우의 되점검을 수집한다.
각각의 짝과 함께 짤막하게 되점검 토론을 실시한다.

앞의 〈사례 7-12〉에 있는 평가 설계는 상황 중심이다. 학습자들은 미래의 원목 기술자와 제지 기술자들이다. 따라서 공장 견학 실시(≒공장 안내)는 그들에게 관련된 과제가 된다. 그들의 준비 및 수행에서는, 학습자들이 모의 상황에 자신의 언어사용을 적합하게 맞춰 줄 필요가 있다(발표 과정에서 고려해야 할 방문객들의 전문지식, 할당된 이용 가능 시간, 소음 수준 등). 비록 모의 과제이지만, 그 과제는 실제 조건 아래에서 이해될 수 있도록 내용을 전달해 주는 능력에 비춰 보면, 비교적 요구수준이 높으며(정보 구조화하기, 방문객에 맞춰 말해 주기, 소음보다 더 높은 소리로 말해 주는 이해 가능성), 전문직 어휘의 이용을 요구한다. 그렇지만 학생들은 짝끼리 작업을 하며, 실제 평가상황 전에 방문객 없이 그 공장 견학 여행을 미리 연습해 보도록 허용된다. 이는 일상적인 비-검사 상황에서 동료들 사이의 협력을 모의하는 것이다. 자신과 급우를 평가하도록 하는 요구도 건설적인 급우평가와 자기평가/반성에서 기술들의 향상을 장려해 준다.

앞의 〈사례 7-12〉처럼 학습과 관련된 평가에서 과제 계발은 교사를 안내자의 역할과 의사소통 상담자의 역할에다 놓게 된다. 교사는 모의 과제와 평가 기준을 계획해 놓아야 한다. 그렇지만 두 설계를 모두 개방적으로 놔둠으로써 세부사항들이 학생들과 협력하여 결정될 수 있다. 교사가 또한 학생들을 위하여 자료를 제공해 줌으로써, 과제와 과제들로부터 나온 수행내용들의 중요한 특징들을 뽑아낼 수 있다. 앞의 〈사례 7-12〉에서는 난상제안 활동과 수업 1단계에서 공장 견학의 녹화물이 이 목적에 기여한다. 〈사례 7-12〉에서 보여 주듯이, 학습에 관련된 평가는 그 강좌에 대한 학습 목표들과 함께 혼합된다.

모의하기와 역할 놀이는 평가 계발주체들로 하여금 그 과제들에서 평가되고 있는 기술들을 정의하는 서로 다른 방식들을 이용하도록 해 준다. 그들은 어휘·문법·발음과 같이 언어학적으로 지향된 개념들을 선택할 수도 있겠지만, 또한 그 전달내용을 이해시켜 주기나 적합한 전략들을 사용하기와 같이 의사소통 지향 개념들을 이용할 수도 있다. 아니면 그 상황과 화자 역할을 주요한 개념으로 선택할 수도 있다. 〈사례 7-12〉의 맥락에서는 영어로 공학 기술에 대한, 특히 공장 견학을 실시하는 일과 관련된, 응시자들의 언어 기술에 대하여 이야기하거나, 305쪽에서 살펴본 〈사례 7-11〉의 맥락에서는 학업 영어로 응시생들의 기술에 대하여 이야기할 수도 있다. 이런 융통성은 분명히 말하기 평가 과제로서 모의와 역할 놀이들이 지닌 장점이다.

(8) 상황 과제들에 대하여 반응하기

상황 과제들에 대하여 반응하기에서는 모의의 어떤 특징들과 기능에 근거한 의사소통 과제들을 결합시켜 놓는다. 다음 〈사례 7-13〉에서는 한 가지 그런 과제의 시작 부분을 보여 준다.

〈사례 7-13〉 녹음에 근거한 평가

'응시생들의 평가지'
이 과제에서는 다음에 서술된 상황들에 대하여 영어로 적합한 대답을 제시해 주도록 여러분에게 요구합니다. 우선 여러분에게 그 상황의 서술을 죽 읽어볼 시간을 얼마간 주게 될 것입니다. 즉
   "상황 1을 살펴보기 바랍니다."
라는 지시문을 듣게 될 것입니다. 그리고 나서
   "이제 답변을 말해 주기 바랍니다."
라는 촉진물을 듣게 될 것이고, 이어 휴지가 뒤따르게 됩니다. 이 휴지 기간 동안에 여러분은 답변을 해 주어야 합니다. 휴지 시간의 길이는 각 과제 뒤에 괄호 속에 표시되어 있습니다.

'상황 1'
영국인 동료가 여러분과 함께 일을 하고 있고, 여러분과 작업실을 공유하고 있습니다. 어제 여러분의 감독관이 여러분에게 말하기를, 여러분의 영국인 동료가 영국에 개인적인 전화를 하기 위하여 여러분의 전화를 이용해 온 것으로 믿는다고 했습니다. 여러분의 감독관이 여러분에게 요청하기를, 비록 시내 전화는 무관하지만, 오직 회사의 공무로만 전화를 이용케 하는 회사 정책에 대하여 여러분의 동료에게 알려 주도록 하였습니다. 여러분은 동료에게 뭐라고 말하겠습니까? (30초)

'상황 2'
여러분이 암스테르담 공항에서 어떤 친구를 만나려고 합니다. 런던으로부터 출발한 그 비행기가 1시간 연착될 듯하며, '도착 정보 안내판'이 고장나서 더 이상 작동하지 않습니다. 여러분이 공항 직원에게 찾아가 여러분의 친구가 탄 비행기

여러 상황에서 대응하는 작은 모의내용은 녹음에 근거한 평가와 직접 말해 주는 생생한 평가에서 모두 이용될 수 있다. 더 긴 상황을 다루는 장점은, 일정 범위의 언어사용 상황을 몇 분 속으로 맞춰 집어넣을 수 있음에 따라, 응시생들의 기술에 대하여 검사관이 좀 더 융통성 있는 인상을 얻는다는 것이다. 주요한 설계 고려사항은 검사관들이 알고 싶어 하는 상황 및 기능에 대한 종류이다. 그 상황에서는 〈사례 7-13〉에서와 같이 응시생들의 이야기를 복잡한 상황에 알맞게 맞춰 내고, 순조롭게 그들의 전달내용을 이해시키기 위하여 전략을 이용하는 응시생들의 능력을 검사하기 위하여, 사회적 복잡성(≒다양한 대인 관계)을 포함시킬 수 있다. 이런 유형의 언어사용은 면접 유형 토론에서 다뤄 내기가 아주 어렵다. 그 과제에서 보통 소수의 상황을 담고 있으므로, 검사관이 너무 여러 차례 믿을 만하게 역할을 바꾸기가 어렵다는 점에서, 어쨌건 그것은 녹음에 근거한 검사에서가 더 알맞다. 평가 밖에 있는 어떤 일상적인 의사소통 상황에서도 일반적으로 그렇게 신속한 연결에서 역할과 맥락을 많이 변경하도록 요구하지 않을 것이라는 점에서, 이는 인위적이다. 그러나 또 다른 관점에서는, 이미 시도된 평가 실시 상황을 효율적으로 이용하게 만들어 주는 한편, 의사소통에 비춰 보면 상황 서술내용들을 응시생들에게 아주 현실적으로 만들어 주는 것이다.

(9) 구조화된 말하기 과제

구조화된 말하기 과제는 응시생들이 말하게 될 내용을 아주 긴밀하게 제어하기 때문에 '구조화된' 것으로 언급된다. 큰 소리 내어 읽기와 문장 반복에서는, 검사관들이 정확히 응시생들이 말하게 될 바를 알고 있다. 단답형 질문과 고정된 구절 과제에 반응하기에서는, 받아들여질 수 있는 답변들의 짧막한 목록이 명시될 수 있다. 구조화된 말하기 과제는 전형적으로 언어 특징들, 특히 발음과 문법을 평가하는 데 쓰인다. 단답형 질문과 고정된 구절에 대한 반응은 또한 전반적인 이해와 이해 가능성을 평가하는 데 쓰일 수 있다.

다음에 큰 소리 내어 읽기 과제의 사례가 있다.

〈사례 7-14〉 전화를 통하여 이뤄진 검사

'응시생의 평가지'
[A 부분 : 읽기] 지시된 대로 문장을 읽어 보기 바랍니다.
1. Traffic is a huge problem in Southern California.
   남부 캘리포니아에서는 교통이 큰 문제이다.
2. The endless city has no coherent mass transit system.
   이 끝없이 너른 도시에 일관된 대중교통 환승 제도가 없다.
3. Sharing rides was going to be the solution to rush-hour traffic.
   여럿이서 함께 차를 타는 것이 출퇴근 교통 체증에 대한 해결책이 될 수 있었다.
4. Most people still want to drive their own cars, though
   그렇지만 대부분의 사람들은 여전히 자신의 차를 혼자 타고 싶어 한다.
                                              (저작권: Ordinate, 2002)

다음에 큰 소리 내어 읽기 과제의 또 다른 사례가 있다.

〈사례 7-15〉 녹음에 근거한 검사

'응시생의 평가지'

가끔씩 여러분의 학업 내용에서 여러분은 가령 원래 자료로부터 인용하기 위하여 또는 읽기의 어느 부분을 가리키기 위하여 큰소리를 내어 읽을 필요가 있습니다. 이 과제에서는 여러분에게 앞에 있는 과제에 대하여 말해 놓은 신문 기사를 읽도록 요청할 것입니다.

캐나다 프린스 에드워드 섬(PEI) 대학 진학생들이 재정 후원을 받다

샬럿타운(Charlottetown). 프린스 에드워드 섬에서는 2만 불 장학금을 포함하여 대학 진학생들을 돕는 새로운 주민 발의안을 제안하였다.

각각 6백불의 장학금이 프린스 에드워드 섬 대학에 다니는 8백 명의 3학년 4학년 학생들에게 지급될 것이다. 홀런드 대학(Hollland College)에 다니는 4백 명의 학생들에도 자격이 주어질 것이다.

지방 정부에서는 또한 대학원생들이 고용되지 않거나 불완전 고용의 경우에 최대 60개월까지 학자금 대출에 대한 이자를 연기해 줄 것이라고 발표하였다.

(저작권: CAEL, 2000)

큰 소리 내어 읽기는 발음과 이해 가능성에 대한 상이한 측면들을 검사한다. 검사관들은 그들이 알고 싶어 하는 억양 윤곽의 종류, 강세와 가락 유형, 개별 소리들을 포함할 수 있도록 그 덩잇글을 설계할 필요가 있다. 그 덩잇글은 흔히 아주 긴 것은 아니다. 〈사례 7-15〉에서처럼 녹음된 전화로 이루어진 검사 상의 유의사항들에서는, 실제적으로 응시생들에게 자의적인 순서로 그 문장을 하나씩 읽도록 요구한다.3) 따라서 문장 수준을 넘어선 어떤 말하기 특징들도 이 과제에서는 평가되지 않는다. 〈사례 7-15〉는 좀 더 상황에 근거한 과제이며, 이런 유형의 큰 소리 내어 읽기는 때로 직접 말해 주는 생생한 검사에도 포함된다. 가령, 외국어 교사

---

3) (역주) 원문 recorded telephon-mediated test는 응시생에게 시험지가 발송된 후 전화를 통해 검사가 이루어지며, 또한 미리 녹음된 유의사항이 응시생에게 들려지고, 그 응시생의 답변이 다시 전화로 녹음된 뒤에 전문가에 의해 평가가 시행되는 듯하다. 그렇지만 시험 문제가 응시생에게 미리 공개되므로, 공정성이 어떻게 유지되고 제어될지 궁금하다.

들을 위한 호주의 검사들에서는, 역할 놀이의 일부로 큰 소리 내어 읽기 부분을 담고 있다. 거기서 응시생은 자신의 전문직 역할에서 교사로서 학생들에게 읽어 준다(Brown, 2003, 사적인 편지에 따름). 이런 후자 유형의 검사에서는 큰 소리 내어 읽기가 특정한 기술로 평가되는데, 왜냐하면 이것이 그 검사의 목표 상황에서 필요한 기술이기 때문이다. 발음이 어떤 말하기 과제의 일부로도 평가될 수 있기 때문에, 큰 소리 내어 읽기는 두 가지 맥락에서 적합한 선택 사항이다. ① 응시생들의 이야기에 대한 예측 가능성이 분명히 하나의 논제가 되는 녹음된 평가에서와, ② 큰 소리 내어 읽기의 전반적 기술이 그 평가의 목표 상황에 관련되는 경우들에서이다.

사실적인 단답형 질문들도 흔히 녹음에 근거한 평가에서 이용된다. 때로 또한 직접 말해 주는 생생한 평가로서의 역할 놀이에서도 이용된다. 흔히 응시생들은 그 과제에서 요구한 정보를 담고 있는 덩잇글을 읽고 나서, 그들이 답변해야 하는 질문들을 듣게 된다. 〈사례 7-16〉에서는 관광 여행 및 환대를 다루고 있는, 녹음에 근거한 일본어 평가로부터 가져온 그런 과제를 한 가지 보여 준다.

〈사례 7-16〉 녹음에 근거한 평가

'응시생의 평가지'
여러분에게 교외 기차 여행에 대한 정보를 물었습니다. 아래 있는 세부사항들로부터 그 질문에 대답을 하기 바랍니다.
　　　하루 종일 여행이 가능한 카드 $3.00
　　　3시간 여행이 가능한 카드 $1.50

(Brown, 1993에서 가져옴)

'녹음 전사내용으로부터 가져온 인용'
[지시하는 주체] 여러분에게 교외 기차 여행에 대한 정보를 물었습니다. 먼저

여러분 검사지에 있는 정보를 읽어 보기 바랍니다. 그러고 나서 질문을 받게
될 것입니다.
[5초]
[고객] Kippu wa ikura desu ka?
　　　(그 기차표 값이 얼마입니까?)
[15초]

(Brown, 1993에서 가져옴)

짤막한 답변을 요구하는 질문은 그 질문내용에 대한 이해 및 관련
정보를 답변으로 내 주는 능력을 평가한다. 이것과 좀 더 확장된
모의하기 사이에 있는 차이점은, 질문과 답변이 제약되어 있으며,
질문에 대답하는 데 필요한 정보가 흔히 과제 자료들에서 제공된
다는 점이다. 만일 덩잇글이 목표언어로 씌어진다면, 그 과제는
오직 정보를 찾아내는 일과 그것을 입말 형태로 전달하는 일만을
요구한다. 〈사례 7-16〉에서와 같이 만일 정보가 평가 언어 속에
들어 있지 않다면, 또한 응시생들이 이용할 올바른 낱말들을 찾아
낼 필요가 있다. 그 과제에서는 단순히 그 정보를 보고하는 일을
요구할 수 있거나, 또는 〈사례 7-16〉에서처럼 응시생들이 약간 기
다란 설명을 제시해 줄 필요가 있다. 이 경우에 기차표 값의 두
가지 범주를 명시해 주는 것이다. 답변들은 흔히 언어의 정확성과
내용의 정확성, 그리고 아마 그 상황에 대한 적합성을 놓고서 평가
된다.

고정된 구절들에 반응하는 일은, 녹음에 근거한 평가에서 자주
이용되는 또 다른 구조화된 과제이다. 그 과제는 흔히 관례적인
공손한 의사교환에 대한 응시생들의 지식을 평가한다. 가령, 인사
하기·고마움 표현·사과하기·동의하는 표현·공손한 거부 표현 등
이다. 이런 과제 유형의 두 가지 사례가 다음에 주어져 있다.

〈사례 7-17〉 관광 여행 및 환대를 위하여 녹음에 근거한 일본어 평가

'검사 정보지로부터 가져온 인용'
이 부문에서는 정형화된 공손 표현들을 이해하고 이용하는 능력을 검사합니다.
응시생들은 일본어로 6개의 표현을 듣게 될 것입니다. 가령 인사하기, 고마움
나타내기, 사과하기, 불평하기 등입니다. 이는 일본 고객을 상대하는 경우에
다양한 업무 상황에서 이뤄질 듯합니다.

　표현: Okurete sumimasen
　　　　(늦어서 죄송합니다)
　　　　Kireina machi desu ne!
　　　　(여기가 참 아름다운 마을이잖습니까!)

(Brown, 1993에서 가져옴)

〈사례 7-18〉 녹음에 근거한 평가

'표본 테이프의 전사물'
먼저 여러분이 영어를 말하는 경우에 다양한 상황에서 이뤄질 것 같은 다수의
표현들을 듣게 될 것입니다. 일부는 질문이고, 일부는 답변입니다. 각각의 경우
다음의 자연스런 방식으로 대답을 하십시오. 다음에 예들이 있습니다.

Sorry to keep you waiting
(기다리게 해서 미안합니다)
That's all right
(괜찮습니다)

이제 준비가 되었습니까? 다음에 첫 내용이 있습니다

1. Where've you been? We started ten minutes ago.
   (당신은 어디에 있었습니까? 우리는 10분 전에 출발하였습니다.)
2. It's hot here.
   (여기는 덥군요)
3. Didn't you see the red light?
   (빨강 불을 보지 못하였습니까?)

(Weir, 1993: 49)

응시생들의 답변은 흔히 이해 가능성 및 적합성에 대하여 평가된다. 기본적인 사교적 공손성이 어떤 언어에서이든지 말하기 기술의 중요한 측면이기 때문에, 이런 과제 유형은 종종 초급 및 중급 기술 수준을 위하여 녹음에 근거한 능통성 평가에 포함된다. 흔히 고급 수준에서는 정형화된 표현 대신에 상황 과제에서 더 복잡한 반응하기가 이용된다. 촉진물을 계발하기 위하여, 과제 설계주체는 어떤 사교적인 정형화 표현formulae들을 중요하게 검사해야 하는지를 고려해 둘 필요가 있다. 그런 뒤에 짝 지워진 표현(흔히 인접쌍으로 불림)의 첫 번째 발화를 적고 녹음해 두어야 한다. 다른 녹음된 과제들에서와 같이, 답변 횟수의 적합성이 점검될 필요가 있으며, 동시에 평가 계발주체들이 그 과제가 이끌어 낼 것 같은 일정 범위의 답변들을 표본으로 만들 수 있다.

7.2. 과제 설계에서 실용적 논제

(1) 평가내용 선택하기

무엇을 평가할지에 대한 선택이 과제 설계에서 실용적인 논제이지만, 그것은 또한 직접 제6장에서 논의된 대로 구성물 정의의 문제와 연결되어 있다. 실제로 이는 평가 계발주체(출제자)들이 그 평가에 대하여 생각하고 이야기하는 경우에 이용하는 개념들을 선택하는 일을 뜻한다. 이 책에서 저자는 구성물을 정의하기 위한 세 가지 주요 얼개를 언급하였다. ① 언어적으로 지향한 얼개, ② 의사소통을 지향한 얼개, ③ 상황에 근거한 얼개이다.

언어적으로 지향한 얼개의 정의에서 계발주체들이 이용하는 개념은 전형적으로 어휘·문법·발음이다. 만일 계발주체가 이런 얼개를 선택한다면, 그들은 이 개념들을 과제를 계획하는 데 이용한다. 이를 가령 사과하기나 설명하기와 같이 기능을 계획하는 일과 결합할 수도 있고, 다뤄진 주제 영역들과도 결합할 수 있다. 이런 방식으로 언어사용이 종종 학습 자료들에서 분석되므로, 이것이 교사들에게 가장 익숙한 접근이 될 수 있다.

과제를 계획하는 의사소통 지향 개념은 제7장에 있는 〈사례 7-1〉에서부터 〈사례 7-9〉에서 논의된 개념들을 담고 있다. 첫 번째 수준의 정의는 과제에 있는 전반적인 의사소통 활동들이다. 가령, 서사 이야기 말해 주기나, 의견을 개진하고 방어하기이다. 그렇다면 주요한 계획하기 개념들은 이런 큰 거시기능macro-function의4) 의사소통을 성공적으로 만들어 주는 특징들이다. 예를 들어, 서사 이야기를 놓고서는 그 과제에서 반드시 장면을 설정하고, 주인공들을 확정해 주며, 일관되게 그들을 가리키고, 주요한 사건을 찾아내며, 일관된 연결체로 그 사건들을 말해 주는 일이 필요하다. 의견을 개진하고 방어하는 데에는, 그 과제에서 반드시 임의의 문제에 대한 의견을 표현하고, 그 의견을 다른 가능한 의견들과 대비시키고, 선택된 의견을 뒷받침해 주는 요인들을 논의하며, 다른 의견들을 반증하는 논의가 필요할 것이다(아마 그렇게 하는 자료들을 제공해 주어야 할 것이다). 응시생들의 수행은 아마 주의를 끄는 속성이나 유창성과 같은 전달 특징들과 결합하여, 이들 개념에 비춰서 평가될 수 있다. 제8장에서는 평가 기준이 논의될 것이다.

---

4) (역주) 이 책에서는 유럽 위원회(2001), 『유럽 공통 얼개 CEF』(Cambridge University Press)의 125쪽과 126쪽에 있는 정의를 따르고 있다. 거시기능은 언어 표현 범주인 묘사·서사 이야기·논평·설명 등을 가리킨다. 미시기능은 장면별 상호작용의 모습으로 사과하기·초대하기·고마움 표현 등을 가리킨다. 앞의 97쪽 이하를 참고하기 바란다.

상황에 근거한 과제 설계는 이미 제6장에서 논의하였듯이 검사 구성물을 정의하는 데에서 과제(문항) 중심 접근에 속한다. 이런 접근은 전형적으로 특정한 목적의 검사 실시에서 이용되고, 직업 교육 및 전문 교육에서 이용된다. 계획하는 일은 목표 상황에서 응시생들의 의사소통 필요성으로부터 시작한다. 과제(문항) 설계에 이용된 실제 개념들이 다양하게 달라질 수 있다. 때로는 그 과제에서 응시생들에게 자신의 역할을 이행하기 위해 관련된 언어를 이용하도록 만드는 것으로 충분하다. 또 다른 경우에는 검사관들이 응시생들에게 자신의 전문직 생활의 모든 측면을 모의하도록 하고 싶어 한다. 과제 유의사항들은 반드시 응시생들이 그 과제에 어떻게 접근해야 하는지를 분명히 만들어 주어야 한다.

과제(문항) 설계에서 이용된 개념들에 대한 결정은, 대체로 그 평가의 목적과 그 평가가 이용되는 맥락에 근거하여 만들어진다. 평가 이용자들에게 어떤 정보가 필요하며, 그 평가에서 그것을 제공해 준다. 그러나 때로 필요한 정보의 유형이 상세하게 명시되지 않는다. 이런 경우에, 평가 계발주체들은 (정보 유형을 말해 주면서) 평가 이용자들에게 영향을 줄 기회를 가지며, 심지어 교육할 기회까지 갖는다. 언어적으로 지향된 개념들은 가장 전통적이다. 평가 이용자들이 단순히 이런 이유 때문에 그 개념들을 잘 알고 있을 가능성이 있다. 의사소통 기능이나 상황에 관련된 평가 개념들은 평가 이용자들에게 더 새로울 수 있겠지만, 아마 덜 관련된 것은 전혀 아닐 듯하다. 사실상 많은 교사들이 가르치고 평가하기 위한 자신의 설계 원칙이, 서로 부합되는지 여부에 대하여 생각해 볼 필요가 있을 것이다. 의사소통 지향 개념이나 상황에 근거한 개념들은 언어교육에서 현행 사고 흐름에 더 밀접한 내용일 수 있다(191쪽의 역주 28 참고).

물론 교사와 검사관들이 자신의 작업에서 이들 세 가지 접근을 모두 결합해 놓을 수도 있다. 한 가지 평가나 과제의 목적이 아주 구체적인 정보의 제한된 도막을 제공해 주는 것일 수 있다. 가령 응시생들의 발음 정확성에 대한 정보이다. 일정 범위의 과제들과 더불어 또 다른 평가의 목적은 검사 실시 시점에서 응시생들의 기술 수준에 대한 전반적인 그림을 제공해 주는 것일 수 있다. 따라서 과제 설계를 위한 개념들의 선택은 그 평가의 목적과 범위에 달려 있는 것이다.

(2) 과제 명세내역 집필

과제(문항) 명세내역은 평가 계발주체(출제자)가 새로운 내용의 평가나 과제를 설계하는 경우에 이용하는 문서이다. 또한 명세내역을 그들이 계발해 놓은 과제가 원래 다루고자 하였던 기술들을 제대로 다루는지 여부를 점검하기 위하여 이용할 수도 있다. 과제 명세내역에서는 평가 유의사항·각 과제와 관련된 정의·그것들을 구현하기 위해 필요한 자료·평가 시행 계획에 대한 개요를 담고 있다. 유의사항과 시행 계획의 계발은 이미 제6장에서 논의되었다.

과제별 정의는 평가될 기술들과 그것들을 평가하는 데 필요한 과제 자료들을 명시해 준다. 또한 각 과제의 구조와 대략적인 길이를 성격 지워 주며, 종종 그 정의가 실제적으로 무엇을 의미하는지를 보여 주는 사례를 담고 있다.

과제(문항) 명세내역은 공장 생산품에 대한 청사진과 동등하다. 아마도 이런 이유 때문에 아주 드물게 출간된다. 저자는 스스로 평가 계발에 대한 작업 경험에 근거하여 아래에서 명세내역들을 추정해 놓았다. 그 과제는 284쪽에 있는 제7장 〈사례 7-2〉이다. 거기에서는 두 명의 응시생들이 서로에게 자신의 그림을 서술하도록 요구하였다.

〈사례 7-19〉 〈사례 7-2〉의 서술 과제를 위한 과제(문항) 명세내역

'과제 2: 그림 서술하기'

의사소통	두 명의 응시생 사이에서 짝 끼리 작업
예상된 지속 시간	2분
평가될 기술	경치와 대상에 대한 물리적 서술을 내어 주고, 그림에서 대상들의 위치를 명시해 주며, 질문을 던지고 대답하며, 유사점과 차이점을 찾아내기
적합한 주제	경치/경관, 도심 경관, 빌딩, 방. 그림들에는 그 안에 몇 명의 사람들이 들어 있음
과제 자료들	- 2장의 그림 - 검사관의 설명 개요(일반적인 내용) - 응시생들이 곧장 멈춰 버리는 경우에 서너 가지 도움 질문들. 응시생들은 대략 2분 동안 말해야 한다.

그 과제는 두 장의 그림에 바탕을 두고 있는데, 비슷하지만 똑같은 내용은 아니다. 그 그림은 초점으로 뭔가가 있고, 중간 부분에 서너 가지 대상이 있으며, 배경으로 뭔가를 담고 있다. 두 그림에서 모두 주요한 대상이나 부분이 모두 동일한 범주에 속해야 한다. 그러나 그것들에서 세부사항들은 차이가 난다. 아래 있는 예를 보기 바란다.

[〈사례 7-2〉로부터 가져온 두 장의 그림은 다음처럼 진행될 수 있다]
도움 유의사항: 배경을 서술하고, 도시를 서술하며, 그 그림의 어떤 부분이 …

검사관의 설명 개요

이 부분의 검사에서는 여러분에게 그림을 한 장씩 내어 줄 것입니다. 서로에게 그 그림을 보여 주어서는 안 됩니다.
[그림을 내어 준다]

먼저 여러분의 그림을 서로에게 서술해 주십시오. 그러고 나서 여러분이 그림에서 무엇이 비슷하고, 무엇이 다른지에 대하여 이야기 하십시오. A군, 먼저 시작하십시오.
[필요하다면 응시생들에게 추가 질문을 던진다]

비록 논리적으로 과제 명세내역이 먼저 나오고, 다음에 과제 집필이 이어지지만, 이것이 사실상 실제로 일어난 바는 아니다. 오히려

평가 계발주체들은 종종 과제에 무엇이 포함될 것인지에 대한 초기 착상과 더불어 시작하며, 명세내역들을 실제로 하나 또는 두 가지 과제의 내용들과 함께 초안을 잡게 된다. 때로 명세내역을 전혀 집필하지 않을 수도 있거나, 또는 사후에 집필할 수도 있다. 그렇지만 명세내역을 집필하는 것은 언제나 좋은 생각이다. 대부분의 말하기 평가에서는 불가피하게 동등한 내용을 지닌 과제들을 여러 번 이용한다. 왜냐하면 자주 그 평가들이 개인별로 또는 짝끼리 시행되기 때문이다. 검사관은 평가내용들에 대한 정보가 시험을 아직 안 치른 다른 응시생들에게 퍼지는 것을 바라지 않는다. 이럴 경우에, 그 과제의 핵심 특징들을 정의해 놓는 과제(문항) 명세내역의 도움을 받으면서, 동등한 내용의 과제를 집필하는 일이 훨씬 더 쉽다. 명세내역들은 또한 초안 과제들의 품질을 평가하기 위한 기준을 제공해 준다.

(3) 실제 과제 자료 및 과제 문항 집필

심지어 과제 명세내역의 도움을 받더라도, 과제 문항 집필은 예술적 기량craft이다. 계발주체(출제자)들은 적합한 주제와 각본들을 찾아내고, 실제 시험실시 상황 동안에 일어나는 의사소통을 상상하며, 그 과제가 실제로 이용되는 동안에 필요한 모든 자료들을 만들어내어야 한다. 좀 더 많은 과제들을 집필하고 예비 시행해 보는 과정에서, 계발주체들은 종종 명세내역들이 개선될 수 있음을 깨닫는다. 이것이 일어날 때마다, 당장 수정을 해 나가는 것이 좋은 생각이다. 계발주체가 과제를 놓고서 작업하는 경우에, 어떤 통찰력이 아무리 두드러져서 오래 남을 듯해도, 일단 다른 것을 놓고서 작업을 시작한다면 곧장 잊어버리기 쉽다. 경험에 근거하여 수정된 명세내역들은 장차 다른 과제 집필을 위해 큰 도움이 된다.

과제들에 대한 초안은 언제나 초안일 뿐이다. 어떤 과제를 위한 중심 생각이 계발 과정을 통해 내내 동일한 것으로 남아 있을 수 있겠지만, 전반적으로 그 과제는 보통 반성과 다시 읽기, 그리고 남들로부터의 논평과 수정을 통하여 개선될 수 있다. 동료들이 특히 논평 주체로서 도움이 될 수 있다. 왜냐하면 평가 실시 맥락을 잘 알고 있기 때문이다. 그렇지만 집필자의 것 말고도, 과제나 면접 원안protocol에 대하여 짝 지워진 두 번째 견해eyes(시각)는 없는 것보다 더 낫다. 달리 말하여, 과제 집필이 모둠 작업이며, 토론이 집필자로 하여금 초안으로부터 멀리 떨어져 객관적으로 볼 수 있게 도와줌으로써, 따라서 그 내용을 개선해 줄 수 있는 것이다.

새로운 묶음의 과제들을 심지어 실제 응시자와 비슷한 한 명 또는 소수의 언어 학습자들을 대상으로 하여 미리 예비 시행해 볼 수 있다면, 이는 과제 구현에 대하여 아주 유용한 되점검을 제공해 줄 것이다. 녹음에 근거한 평가의 경우에는, 시험 삼아 미리 예비 시행을 해 보는 일이 거의 필수적이다. 왜냐하면 지시사항과 대답 시간이 적합하게 만들어질 필요가 있을 것이기 때문이다. 녹음에 근거한 평가가 일반적으로 흔히 대형 집단의 응시생들을 놓고서 격식을 갖춘 검사 실시를 함의한다. 따라서 기술적인 구현이 그 점수가 가령 지나치게 길거나 짤막한 답변 시간을 처리하는 능력보다, 그 대신에 말하기 능력의 바람직한 측면들을 반영해 주도록 올바르게 보증해 주는 것이 중요하다. 상호작용 방식으로 주어진 과제들에서는, 소규모 예비 시행이 그 과제를 평가 상호작용 속으로 도입하는 경우에 필요하게 될 종류의 전략들을 보여 줄 것이다. 교사와 과제 집필자와 검사관이 한 사람의 동일인이라면, 예행연습이 검사관으로 하여금 실제 시험실시 상황을 준비하는 데 도움을 줄 것이다. 따라서 전혀 미리 연습해 보지 않고 하는 것보다는, 아마 첫 응시생의 실시 내용을 다른 응시생의 실시 내용들과 좀 더 비슷해지도록 만들어 줄 것이다. 격식을 잘 갖춘 면접에 근거한 평가에서는, 이런 숙지 내용이 대화 상대방에 대한 훈련의 일부를 형성한다. 과제들에 대한 예비 시행은 대화 상대방이 이용하게 될 평가 원안protocols들의 계발에서 좀 더 일찍 실시된다.

어떤 맥락에서는 언제나 새로운 구현을 위하여 쉽게 그 평가를 변경하는 일이 가능하다. 다른 맥락에서는 수정을 만들기 위해 기다릴 필요가 있다. 왜냐하면 표준화 및 서로 다른 검사 날짜들에 걸친 평가 비교 가능성이, 점수가 이용되는 방식에 대하여 중요하기 때문이다. 실천으로부터 배우는 일과 그 평가를 의도뿐만 아니라 가능성에서 비슷하게 만들어 놓는 원리는, 위의 두 맥락의 경우에서 모두 밑바닥에 깔린 중요한 논제theme이다. 말하기 과제들은 완벽하지 않은 실용적 도구이지만, 좋은 계획과 더불어 그리고 적어도 어떤 수정과 더불어, 말하기 과제들이 응시생들의 말하기 기술들에 대한 양호한 증거를 제공해 줄 수 있다.

(4) 과제들을 위한 그림을 선택하고 그려 놓기

말하기 과제의 설계는 때로 그림으로부터 시작하지만, 흔히 계발주체들이 먼저 기본 착상을 지니고 나서, 만일 그 착상이 그림을 담고 있다면 그림들을 찾아보거나 직접 그리기 시작한다. 만일 그 과제 착상이 아주 특정한 것이라면, 흔히 그림을 특정하게 그리는 것이 더 쉽다. 그 형식은 간단한 선 그림이 될 수도 있고, 사진이나 컴퓨터 그래픽이 될 수도 있다. 초점은 그림들이 과제의 목적에 기여할 필요가 있다는 점이다. 그림들이 묘사이든지 서사 이야기이든지 상호 타협된 해석이든지 여하간 무엇이든지 간에, 계발주체가 바라는 이야기의 유형을 생성해 내어야 한다. 이를 점검하는 한 가지 쉬운 방식은 실제로 그림들을 이용하기 전에 그림들을 미리 예비시행을 해 보는 것이다. 이것은 충분히 일찍 일어나야 한다. 따라서 그림들의 일부가 제대로 작동하지 않는다면 여전히 새로운 그림들을 찾아내거나 그려 낼 시간이 있게 된다.

그림들이 과제 자료로 이용되는 한 가지 이유는, 너무 강력하게 응시생들의 수행에 영향을 미칠 수 있을 것 같은 실제 낱말들을 이용하지 않고서도, 그림들이 의미와 생각을 불러일으켜 주기 때문이다. 그림들이 또한 흔히 글말 과제 자료들보다 이해가 더 신속하므로, 검사 실시 시간을 절약해 준다.

그렇지만 그림에는 어떤 애매함ambiguity이 들어 있다. 간단히 경험 규칙으로서 충분히 분명한 검사 그림들을 만들어 봄으로써, 시각적 복잡성 때문에 응시생들이 겁먹지 않게 하는 것이 좋은 생각이다. 일부러 애매하게 만들어 둔 그림들은, 그 의도가 흔히 응시생들로 하여금 의도된 전달내용에 대하여 가정을 만들도록 하므로, 특별한 경우가 된다. 이것들은 그림을 통해 가정해야 하는 언어를 평가하기 위하여 적합하다. 그렇지만 일부 응시생들에게 그 과제를 어렵게 만들어 놓는 요인이, 그림 해석이 아니라, 그 과제의 언어 요구사항들임을 확실히 해 두는 보조 해결책이 필요할 수 있다. 검사관인 대화 상대방과 상호작용하는 평가에서는, 응시생이 말해 놓을 착상을 찾지 못하고 헤매는 경우에 대비하여, 그 각본에서 아마 뒷받침 질문을 제공해 주어야 한다.

그림을 다루는 또 다른 위험은 인지상의 복잡성이다. 특히 지도나 도표의 경우에 그러하다. 그 의도는 흔히 응시생의 언어 능력을 검사하는 것이지, 도표나 지도를 판독하는 응시생들의 능력(=공간

상상능력)은 아니다. 이는 지도가 흔히 특별히 평가를 위하여 만들어 짐을 의미한다. 그렇지만 지도나 도표가 너무 단순하다면, 위험성은 그것이 이야기를 충분히 많이 산출하지 않을 수 있다는 점이다. 그림 과제의 인지적 요구사항에 대한 적합성을 점검하는 한 가지 방식은, 어떤 모의 응시생들에게 그것을 자신의 모국어로 수행해 보도록 요구하여, 필요한 경우에 수정하거나 조정해 놓는 것이다.

해학humor은 언제나 평가에서 환영받는다. 그러나 제3장에서 언급되었듯이, 해학적인 그림이나 만화와 같은 그림 연결체가 자동적으로 양호한 평가 자료를 만들어 주는 것은 아니다. 그것들이 너무 이야기를 적게 산출할 수도 있고, 시각적인 해학 내용이 낱말로 표현하기 어려울 수도 있는 것이다. 다시, 실제로 그 평가를 이용하기 전에 미리 예비시행을 해 보는 일이 분명히 잠재적인 문제점들을 드러내어 줄 것이다.

(5) 녹음으로 매개된 과제 및 얼굴을 마주 보는 과제

제7장에서는 녹음에 근거한 말하기 과제와 직접 말해 주는 생생한 말하기 과제에 대한 사례들을 모두 담고 있었다. 이것들 사이에 있는 과제 계발(문항 출제)의 차이점은, 한 가지 의미만을 제외한다면 꼭 크다고 말할 수 없다. 즉, 녹음에 근거한 평가에 있는 입력물이 훨씬 더 표준화되어 있고, 반드시 미리 설계되고 녹음되어야 하는 것이다. 얼굴을 마주 보며 말하는 평가에서는, 동일한 정도의 표준화가 말해야 하는 줄lines(발화내용)이 응시생들에게 정확히 주어지고, 꼭 그것들을 이용하도록 요구할 경우에라야만 가능하다. 이것이 일부 경우에서는 실행되지만, 자주 응시생들이 듣는 이야기는 다소 예측이 불가능하다. 두루 응시생들에 걸쳐서 평가 비교 가능성의

관점에서 보면, 이는 좋은 일이 아니다. 그렇지만 자연스런 의사소통의 관점에서 보면, 화자가 흔히 그 담화에 있는 이전 발언내용에 따라 자신의 이야기를 조절한다는 의미에서 좋은 일이다. 녹음에 근거한 평가 실시에서, 상호 교환의 결여는 응시생들에게 인위적인 듯이 느껴질 수 있다. 만일 시험 계발주체들이 녹음에 의해 이뤄지는 평가를 찬동한다면, 인위적 맥락을 탐구하는 일을 선택하고서, 상이한 의사소통 과제들로 가득 채워진 평가를 꾸릴 수 있다. 또한 305쪽에서 살펴본 〈사례 7-11〉에서와 같이 그 매체에서 허용하는 한 상호작용 의사소통을 모의하도록 선택할 수도 있다.

실용적인 관점에서 보면, 녹음으로 매개된 평가를 만드는 일은, 그 검사가 가능한 한 순조롭게 진행될 수 있음을 확실히 해 두기 위하여, 녹음내용을 놓고서 녹음·수정 편집·미리 예비시행해 보는 과정을 요구한다. 얼굴을 마주 보는 평가에서는, 상응하는 작업으로서 대화 상대방의 훈련 및 검사관들의 각본이 작동함을 확실히 해 두는 일을 포함한다. 평가 계발주체는 이들 두 가지 과정이 모두 시간이 소요될 것임을 깨닫는 것이 중요하다.

(6) 과제의 유의사항에 쓰이는 언어

제7장에 있는 사례들이 보여 주었듯이, 말하기 과제는 때로 길고 자세한 유의사항 및 언어로 된 촉진물(도움자료)을 담고 있다. 이것들의 언어는 신중한 선택 결정을 요구한다. 만일 그 자료가 응시생들의 모국어로 주어진다면, 단순히 과제 설계로 말미암아 그 자료를 모국어에서 목표언어로 직접 번역하여, 기묘하거나 딱딱한 언어사용으로 이끌어 갈 위험이 있다. 만일 그 자료가 목표언어로 주어진다면, 응시생들이 촉진물로부터 낱말과 표현들을 선

택하여, 스스로 대답을 생성할 필요성을 느끼지 않은 채 수용 가능한 응답을 형성하기 위하여 그것들을 함께 나열할 수 있다. 이 문제는 구조화된 과제에서 특히 중요하다. 거기에서는 응답들이 혼히 짤막하고 분명히 안내된다. 이런 자료들과 더불어, 목표언어로 된 촉진물들이 혼히 더 작동이 잘 된다. 왜냐하면 언어들 사이에서 지속적이고 인위적인 뒤바꿈을 최소화해 주기 때문이다. 더 확장된 과제에서는 이 문제가 좀 더 개방적이며, 어느 언어가 더 작동이 잘 되는지를 여러 시도들에서 명백히 보여 줄 수 있다. 때로 응시생들이 모국어로 너무 많이 표현하므로 선택의 여지가 전혀 없어지기도 한다. 이런 경우에 유의사항 및 촉진물을 응시생들의 기대된 수행내용보다 더 단순히 해 놓는 것이 중요하다. 뒷받침 자료들이 그 과제를 더 어렵게 만드는 것이 아니라, 그보다 오히려 그 자료들이 응시생들에게 실질적으로 뒷받침을 해 주어야 하기 때문이다.

7.3. 요약

제7장에서는 말하기 과제들에 대한 사례를 제시해 주었고, 과제 계발작업과 과제 명세내역 집필에서 중심이 되는 논제들을 몇 가지 논의하였다. 과제들의 설계에서 주된 초점은 검사 이용자들에게 필요한 정보이다. 이는 포함되어야 할 과제 유형들의 선택 및 과제를 서술하기 위해 이용된 낱말들에 대한 선택을 이끌어 간다. 이들 개념은 또한 이용될 채점 기준들의 토대에도 깔려 있다. 이것들이 제8장에서 논의될 것이다.

제8장 신뢰도와 타당도가 보장된 말하기 평가

　평가를 실시하는 관점에서 보면, 말하기는 상호작용의 본질 때문에 특별하다. 흔히 그것은 직접 말해 주는 생생한 상호작용으로 평가된다. 평가될 담화는, 마치 어느 두 대화 내용도 심지어 동일한 주제에 대한 것이고 화자들이 동일한 역할과 목적을 지니는 경우라 해도 정확히 전혀 동일하지 않듯이, 전적으로 예측될 수 있는 것이 아니다. 또한 채점 과정에서 어떤 다양성도 있는데, 사람들이 채점을 하기 때문이다. 이는 점수들에 대하여 신뢰도와 타당도를 보장하기 위하여 특별한 절차가 필요함을 뜻한다. 제8장에서는 이들 절차들에 대한 개관을 제공해 줄 것이다. 이런 주제는 말하기 평가의 주기cycle를 마무리 짓는다. 논의 과정에서 저자는 이 책자의 몇 가지 주요 논제를 다시 다룰 것이다. 저자는 제8장을 말하기 평가에서 미래의 발전 방향을 전망하면서 끝을 맺을 것이다.

8.1. 말하기 평가 주기에서 채점의 중요성

말하기 평가의 계발과 이용은 순환 과정이다. 그것은 말하기 점수에 대한 필요성으로부터 시작하여, 이런 목적을 위한 그 점수의 이용으로 끝나게 된다. 두 극점 사이에 평가 계발 과정이 있고, 두 단계로 된 평가 실시 과정이 있다. 거기에서 평가가 먼저 시행되고 나서 채점이 이뤄진다. 시행은 그 과제들을 완성하기 위하여 응시생들과 검사관인 대화 상대방 또는 다른 응시생들 사이에 있는 상호작용이다. 이는 평가될 담화를 만들어 낸다. 채점 실시는 채점자와 그 채점 기준과 점수를 산출하기 위하여 그 담화에 포함된 수행내용들 사이에 있는 상호작용이다.

말하기 평가를 설계하는 데에서 초점은 흔히 과제(문항)들에 모아진다. 과제들은 그 평가에 대한 응시생들의 경험이 과제들에 근거하기 때문에 중요하다. 그러나 점수의 타당성은 크게 똑같이 채점 기준에 달려 있고, 또한 그 기준 및 과제들 사이의 관련성에 달려 있다. 만일 종종 그러듯이 과제들이 마지막 손질을 본 뒤에 한참 있다가 고립된 채로 그 기준이 계발된다면, 서로 부합되지 않을 위험성이 있다. 이는 수행내용의 품질에 대한 정보의 결여로 이끌어 간다(Grove and Brown, 2001). 채점 기준들의 계발은 제4장에서 논의되었다. 그렇지만 그 기준들을 실천하기 위하여, 채점 과정들이 또한 점수의 유의미성을 보증해 주기 위하여 신중히 계획될 필요가 있다.

8.2. 채점 과정 설계하기

채점 과정은 정확히 기준들이 수행내용들에 대하여 어떻게 적용될 것인지를 결정해 준다. 채점자들이 과제별로 하나씩 수행내용들을 채점하는가? 채점자들이 모든 과제에 대하여 통일되게 모든 기준들에 주의를 기울여야 하는가? 아니면 일부 과제들에 대하여 어떤 기준들을 이용해야 하고, 다른 과제들에 대하여 다른 기준들을 이용해야 하는가? 만일 두 경우에 모두 모든 영역을 아우르는 총괄적 기준과 영역별로 나눈 분석 기준들이 이용된다면, 어느 채점 내용이 먼저 주어져야 하는가? 이들 실천적인 결정 사항은 채점 기준의 의미를 분명하게 만들어 주고, 채점 과정 설계가 계발 주체들로 하여금 그 기준들에 대하여 어떤 추가적인 수정 내용을 만들어 나가도록 이끌어 갈 수 있다.

채점 과정에 대한 결정은 평가의 구조와 평가 구성물의 정의에 의해서 안내된다. 녹음에 근거한 검사와 아주 구조화된, 직접 말해 주는 생생한 평가는 흔히 짤막한 답변들을 담고 있다. 일반적으로 이 답변들이 하나씩 하나씩 점수가 매겨진다. 점수들이 과제 또는 부문별 점수와 총점들에 더해진다. 가령 13/20 또는 35/40과 같다 (20, 40은 각각 만점을 뜻함). 이 점수는 응시생들에게 알려 주기 위하여 등급 점수band scores로[1] 변환될 수 있다. 이런 종류의 점수를 공정하게 만들어 주기 위하여, 평가 계발주체들은 각 점수를 얻는 데 소요된 노력이 대략 동등하고, 과제들 사이에 가중치가 공정하

---

1) (역주) 등급 표시 점수를 가리킨다. 180쪽의 역주 20)에 있는 '국제적 영어 검사 체제 (IELTS)'에서는 영어 구사 능력을 9등급(band scores)으로 나눴다(http://www.ielts.org). 가령, 최고 9등급은 전문 사용자(Expert User)로 불리고, 최하 1등급은 구사 능력 전무(Non User), 0등급은 답안을 안 씀(Did not attempt the test) 등으로 구분해 놓았다. 229쪽에서는 '등급 눈금(bandscales)'란 용어가 쓰였다. 337쪽에서는 대립 개념으로

　　score point : band levels (개별 숫자 점수 : 등급 수준)

를 쓰고 있다. 교육학에선 '급간 점수(등급 사이 점수)'라는 말을 쓰는 듯하는데, '사이 간'은 불필요한 군더더기 말이다. 여기서는 '등급 점수'로 번역해 둔다.

며, 점수를 얻는 데 필요한 기술들이 그 검사에서 평가하려고 의도된 구성물과 관련됨을 확실히 해 둘 필요가 있다.

  분명히 여러 과제들로 나뉜 직접 말해 주는 생생한 평가에서도 또한 종종 과제별로 하나씩 채점이 이뤄지지만, 수행내용의 길이는 보통 개별 숫자 점수score points보다는 등급별 눈금scales의 사용을 보장해 준다. 눈금들은 종종 과제에 특정적이거나, 일반적인 묶음의 눈금들에 대한 상이한 결합이 서로 다른 과제에 대하여 이용될 수도 있다. 따라서 혼잣말로 된 서술 과제는

    이해 가능성·담화 전개 조직·정확성·유창성

에 대해 점수가 주어질 수 있다. 반면에 그것을 뒤따르는 토론 과제는

    상호작용 기술·적합성·어휘 사용범위

에 대해서 점수가 주어질 수 있다. 그 목적은 각 과제에 대하여 가장 두드러진 수행 특징들을 평가하는 것이다. 만일 전반적 등급overall grade이 있다면, 흔히 과제 점수들을 평균 내어 주며, 위와 아래로 반올림을 해 줄지 여부를 결정하는 판단을 함으로써 도출된다. 그러나 가끔은 어떤 기준이나 과제가 명시적으로 다른 과제들보다 더 무겁게 가중치가 부여될 수도 있다. 이는 그 기준 또는 과제가 특히 검사의 목적을 위하여 중요한 경우에 적합할 것이다.

  채점자들에게도 또한 전체 수행내용에 귀를 기울이고 나서, 마지막으로 자신의 채점 점수를 주도록 요구된다. 그러나 특히 단 한 번의 총괄적 채점holistic rating만이[2] 있다면, 그런 과정이 채점자

가 수행내용에서 관찰한 바에 대하여, 그리고 어떻게 그가 그 점수에 이르게 되었는지에 대하여, 아주 소수의 채점 근거만 남겨 놓게 된다. 이것이 비록 전반적인 점수만이 보고되는 경우에라도, 채점자들에게 흔히 상세한 채점을 해 주도록(≒채점 근거들을 자세히 제시해 주도록) 요구하는 이유가 된다. 자세한 채점 정보의 일부 또는 전부는 또한 응시자들에게 되점검 사항으로 통보될 수 있다.

자세한 채점 정보를 모으기 위하여, 평가 계발주체들은 그 평가를 위한 채점 형태를 설계할 필요가 있다. 이는 채점자들이 자신의 채점을 기록하기 위해 이용하는 구체적인 서식form이다. 그 서식에서는 채점자에게 채점을 하고 있는 수행내용에 초점을 모으고, 그 수행을 다른 응시자들의 수행내용을 비교 기준으로 이용하는 것이 아니라,3) 절대적인 기준들을 근거로 하여 비교하는 데 도움이 되도록, 흔히 한 번에 한 명의 응시생에 관심을 둔다. 그 서식의 상단에 응시자와 채점자의 이름이 채워지며, 그 뒤에 채점이 반드시 이뤄져야 하는 순서대로 그 서식에서는 기준들을 목록화한다. 만일 수행내용들이 과제별로 하나씩 채점된다면, 가령 그 서식은 다음 제목을 지니고

'과제 1: 서술하기'

그것을 채점하기 위해 이용된 기준들이 들어갈 수 있다. 곧 뒤이어

'과제 2: 토론하기'

---

2) (역주) 146쪽의 있는 역주 3)과 본문 155쪽 이하를 보기 바란다.
3) (역주) 이런 방식이라면 상대 평가가 된다.

와 반드시 그 과제와 함께 이용되어야 하는 기준들이 뒤따른다. 만일 채점 눈금이 이용된다면, 그 서식 위에 각 수준에 상응하는 숫자나 문자들이 미리 인쇄됨으로써, 채점자들은 오직 관련 항목만을 동그라미로 표시해 놓을 것이다.

눈금들이 또한 서식 위에 완전히 인쇄될 수 있지만, 더 일반적으로는 검사지와 분리되어 따로 별지로 제공된다. 왜냐하면 서식상 너무 공간을 많이 차지하여 그 서식을 어지럽힐 소지가 있기 때문이다. 서식에서는 또한 채점자들이 수행내용에 대해서나 자신이 특정한 점수를 주는 근거에 대하여 특정한 촌평을 적어 넣을 수 있는 공간도 포함될 수 있다. 이는 가령 만일 두 사람의 채점자가 채점에 대하여 일치하지 않는 것으로 판정되고 조정될 필요가 있다면, 흔히 촌평이 유용하기 때문에 좋은 생각이다. 때로 비망 메모는 응시생들에게 그들의 수행에 대하여 개인별 되점검을 주기 위한 근거로도 이용된다.

채점 서식은 채점 과정의 설계에 대한 구체적인 결과이다. 그 서식들이 그 과정을 구조화하고, 속도를 높여 주며, 채점을 일관되게 만들어 주는 데 도움을 준다. 눈금 해설의 표현들과 더불어, 채점 서식에서는 채점을 하는 동안에 무엇에 채점자들이 주목해야 하는지를 정의해 준다. 잘 설계된 서식은 이야기에 대한 의도된 특징들이 평가되도록 보장해 주며, 보고하기 위한 채점 정보를 실용적 방식으로 제공해 준다.

8.3. 점수 보고 및 되점검 제공

말하기 점수는 흔히 숫자나 문자로 된 전반적 등급 점수overall

grades로 보고된다. 이 점수는 취업이나 입학을 위하여 응시생들의 자격을 따지는 일이나, 등급을 제시하거나 학생들을 수준별 강좌에 배치하는 일과 같이 결정을 내리는 데 이용된다. 만일 그것이 유일한 그 검사의 목적이라면, 전반적인 등급은 보고되는 유일한 점수 정보가 될 것이다. 학습 지향 환경에서는 전반적인 등급 점수가 좀 더 자세한 되점검에 대한 도입으로 기여한다. 이는 가령

발음 명료성·가락·억양·문법 정확성·어휘 사용범위·언어사용 적합성

과 같이 영역별 분석적 특징으로 본 별개의 채점 점수로도 주어질 수 있다. 만일 채점 점검목록이 이용되었다면, 되점검이 응시생의 수행내용들에 대한 강점과 약점을 언어로 좀 더 자세히 서술해 줄 수도 있다.

말하기 검사가 흔히 등급 점수band scales로 채점된 확장된 응답들을 담고 있으므로, 전반적인 등급overall grades에 도달하는 일은 아주 복잡한 과정이 아니다. 심지어 만일 채점이 과제별로 하나씩 하나씩 또는 분석적으로 특징마다 하나씩 하나씩 매겨진다고 하더라도, 그 과정 동안 내내 동일한 눈금 수준을 이용하면 그 점수들을 결합하기 위한 개념적 토대를 제공해 준다.

그렇지만 녹음에 근거한 평가와 다른 아주 구조화된 평가에서 그 실제 경우가 되는 것처럼, 만일 개별 숫자 점수score points로부터 등급 수준band levels으로 전환이 이뤄질 필요가 있다면, 전반적인 점수를 도출하는 문제는 좀 더 복잡해질 듯하다. 여태 최고 등급을 달성하기 위하여, (그 간격을 가늠키 위해) 화자가 빠뜨린 항목들은 얼마나 많을 수 있을까? 다음 조금 낮은 등급을 달성하기 위해서는 어떤가? 만일 그 이하에서는 수행이 실패로 간주되는 눈금 등

급을 보고하는 데 어떤 점수가 있다면, 응시생이 그 낙제점을 통과하기 위하여 얼마나 많은 점수를 더 얻어야 하는 것일까? 이런 문제는 낙제점 설정setting cut scores으로 알려져 있다.[4] 왜냐하면 그 점수가 원점수 눈금을 잘라서 등급 점수와 일치하는 범위 속으로 집어넣는 일을 포함하기 때문이다.

통과 등급을 위하여 낙제점을 설정하는 한 가지 방법은, (평가 수행과는 독립적인 정보를 통하여) 그 평가에서 통과 기준을 충족시키는 것으로 알려진 한 집단의 응시생들을 찾아내어서, 그들에게 그 시험을 치르도록 요구하고, 그들이 얼마나 잘 실행하는지 살펴보는 것이다. 만일 그들의 수행이 그 평가에 대한 통과 기준 이하라고 독립적으로 알려진 또 다른 집단의 수행에 맞서서 비교된다면, 후자의 낙제점 집단의 수행은 분명히 더 나쁠 것이다. 또한 그 두 집단의 점수들 사이에서 어딘가에 낙제점이 분명히 위치하도록 어떤 원리 잡힌 결정이 내려질 수 있다. 그 눈금의 모든 등급들에 대한 낙제점을 설정하기 위해 이런 원리들이 뒤이어질 수 있다. 그렇지만 독립적으로 어떤 수준에 있는 것으로 알려진 응시생들의 집단을 찾아내는 일은 아주 어려울 수 있다.

대안이 되는 접근법은 전문적인 판정관들한테 그 항목들을 살펴보고서 그것들 상으로 서로 다른 수준에 있는 응시생들이 얼마나 잘 실행해야 하는지를 결정하도록 하는 것이다. 전문가들은 반드시 관련된 업무 경험을 지니고서 훈련을 받은 전문 직업인들이어야 하며, 그 눈금과 의도된 응시생들을 아주 잘 알고 있어야 한다. 정답/오답으로 채점된 항목들과 함께, 그들에게 어떤 수준에

---

4) (역주) 이순묵·이봉건 뒤침(1995), 『설문·시험·검사의 제작 및 사용을 위한 표준』(학지사)에서는 우리말로 cut score를 '가름 점수'라고 멋지게 번역하였다. 흔히 현장에서는 과락 점수나 낙제 점수라는 용어가 쓰인다.

있는 한 응시생이 각각의 항목을 올바르게 맞출 것인지에 대한 개연성을 추정하도록 요구할 수 있다. 그러나 말하기 항목이 종종

0/1/2 또는 0/1/2/3

으로 점수가 매겨지므로, 백분율의 이용은 아주 어렵다. 그 대신에, 전문가들에게 과제나 검사 부문 속에 있는 항목들을 살펴보고 나서, 서로 다른 점수 수준에 있는 응시생들이 그 묶음의 항목들을 놓고서 얼마나 잘 실행할 것 같은지를 추정하도록 요구할 수 있다. 이런 과정은 심히 정확성과 전문가의 전문지식에 달려 있으며, 작업 강도가 아주 높기 때문에, 실제로 오직 대형 시험을 주관하는 위원회에서만 실행될 수 있다. 그렇지만 낙제점을 설정하는 경우에, 외적인 기준을 적용해 보려고 하는 원리는, 더 작은 규모의 환경에 대해서도 또한 타당하다. 50% 또는 60%와 같이 자의적인 백분율이 어떤 독립적 의미도 지니지 않는다. 오직 응시생들의 기술과 관련된 그 항목의 내용들에 대한 고려만이(=절대평가의 기준만이), 점수 경계에 대한 유의미한 결정으로 이끌어 가게 되는 것이다.

절대 기준 검사 문헌에서는, 낙제점 설정을 위해 이용된 용어가 '표준 마련standard setting(기준 지정)'이다. 그런 문헌에서 논의된 방법들은 말하기 평가보다 지필 검사 항목들에 대하여 더 적합하다. 그러나 만일 특정한 환경에서 위에 있는 방법들이 아무것도 실용적이지 않다면, 일부 그 방법들이 말하기를 위하여 개작될 수 있다. 표준 마련(기준 지정) 방법에 대한 추가적인 사례들을 보려면, 포펌(Popham, 1990)이나 브롸운·허드슨(Brown and Hudson, 2002)를 참고하기 바란다.

전반적인 점수overall scores 말고도, 평가 계발주체(출제자)는 응시생

들에게 좀 더 상세한 되점검을 알려 주고 싶어 할 수 있다. 위긴즈 (Wiggins, 1998)에 따르면, 학습을 뒷받침하는 되점검에서는 구체적인 용어로 그 수행내용을 서술해 주며, 되점검을 과제 유의사항 및 양호하거나 수용될 수 있는 과제 수행에 대한 기대치의 서술내용들과 관련짓는다. 효과적인 되점검은 강점보다는 약점에 더 집중할 가능성이 있지만, 더 나은 수행에 대한 구체적인 서술내용과 결합되는 경우에 도움이 될 수 있다. 양호한 학습자들에게는 교사가 다른 좀 더 고급 단계의 과제들에 대한 사례나 수행내용의 서술을 제공해 줄 필요가 있다. 그렇게 함으로써 그들도 또한 스스로 새로운 학습 목표를 정할 수 있는 것이다. 이런 유형의 서술적인 되점검은 응시생들에게 채점 과정을 좀 더 이해 가능하도록 만들어 준다. 시간이 경과됨과 더불어 그들 자신의 수행을 평가하는 데에 이용하는 개념과 전략들을 수준에 맞춰 변경시켜 줄 수 있는 것이다.

되점검은 또한 학습 목표들에 대한 상세한 명세내역들에 토대를 둘 수 있다(Brown and Hudson, 2002). 그렇지만 목표들이 가령 다음과 같이 반드시 구체적으로 명시되어야 한다.

'세 명의 주인공을 지닌 이야기를 놓고서 적합하게 무대를 설정하고, 사건들의 연결체를 서술하며, 그 주인공들에 대하여 일관되게 지시를 해 주면서 청자가 따라 가기 쉬운 방식으로 말해 준다.'

만일 그런 말하기 목표에 대한 목록이 명시될 수 있다면, 각각의 학습자가 다양한 단계에 있는 목표를 얼마나 잘 충족시키는지에 비춰서, 내내 그 수업을 통해서 또는 한 해 동안에 걸쳐 되점검이 주어질 수 있다. 임의 수업의 중간이나 끝머리에서 학생들이 얻는 되점검 형태는, 또한 좀 더 앞 단계로부터 나온 평가들도 포함할 수 있으며, 따라서 학습자 자신의 향상을 살펴볼 수 있다. 만일 교사들이 각각의 평가 점수로 된 각각의 목표에 대한 학생 점수를 평균화하여 보여 준다면, 교사들은 전체 학급 학생들에 대한 수행을 평가하기 위하여 동일한 되점검 형식을 이용할 수 있다. 그런 뒤 교사들은 그 집단에 의해 적합하게 학습된 영역과 더 많이 주의를 쏟을 필요가 있을 다른 학습자들을 찾아낼 수 있다.

상세한 되점검을 내어 주는 일은 시간이 소요되며, 교육에서 이는 종종 충분히 공급되지 않는다. 그렇지만 만일 교사가 학습 목표를 정의하고 말하기 평가를 준비하는 데 많은 시간을 들였다면, 그리고 만일 채점 과정에서 상세한 되점검을 위한 자료를 제공한다면, 그것을 이용하지 않는 것은 아마 노력을 낭비하는 것이 될 듯하다. 학생들도 흔히 교사나 채점자가 그들의 수행에 대하여 생각한(평가한) 바를 학습하는 데에 관심이 있다. 제대로 구조화된 채점 형태는 되점검 부문의 효율성을 늘여 놓을 수 있다. 추가 학습을 위하여 되점검을 조언과 결합해 놓는 일은 되점검을 내어 주는 데 소요된 시간을 교사와 학생들에게 모두 좀 더 유용해지도록 만들어 준다.

되점검은 평가 주체로부터 시작하여 평가 받는 사람에게 도달하는 일방향의 절차가 되어서는 안 된다. 학생과 교사와 평가 실시 주체, 그리고 평가 결과에 대하여 되점검을 전달 빋는 그밖에 누구든지 간에 점수 해석과 그 점수로부터 함의를 끌어내는 일에 포함될 수 있다. 학생들은 과제와 기준과 평가 실시절차에 대하여 또는 그들의 개인적 향상을 위한 일부 학습 목표들의 중요성에 대하여 통찰력을 지닐 수 있다. 그 되점검이 그들의 마음속에서 여전히 참신하게 남아 있는 경우에 그 통찰력에 대하여 질문을 받을 수 있다. 교사들도 비슷하게 평가절차나 그들이 가르친 일에 대하여 평가를 할 수 있으며, 학생 그리고/또는 학교 행정 주체에 대해서 향상을 이루는 제안을 해 볼 수도 있다. 이런 방식으로 평가는 가르치는 일과 배우는 일과 그것을 둘러싼 다른 활동 일부가 되는 것이다.

8.4. 유용한 말하기 점수를 얻기 위한 노력

모든 평가 점수들처럼 말하기 점수도 의도된 목적을 위하여 반드시 방어될 수 있고, 공정하며 무엇보다도 유용해야 한다. 이런 맥락에서 평가 전문가들이 이용하는 주요한 기술적 성격이 신뢰도reliability와 타당도validity이다. 신뢰도는 점수의 일관성과 관련되고, 타당도는 의도된 사용을 위한 유의미성과 관련된다. 게다가 검사는 그것을 준비하는 데 필요한 자원에 비춰 실용적이어야 한다. 만일 자원 요구사항이 너무 높다면, 그 평가가 단순히 계발되지도 않거나, 심지어 계발되었다고 하더라도 준비되지도 않을 것이다. 언어 평가에 대한 필요 속성들이 중요한 '유용성'의 개념에 비추어 논의될 수 있다(Bachman and Palmer, 1996). 이런 유형의 중요 개념을 이용하는 것과 관련된 핵심 논점은, 그 속성들이 독립적으로 분석되고 평가될 수 없으며, 오히려 반드시 그것들이 모두 함께 고려되어야 한다는 것이다. 예를 들면, 대학 입학을 위한 영어 검사에서 집단 토론 과제를 포함하는 일이, 평가 과제와 목표언어 사용 상황 사이에 있는 일치성의 관점에서 보면 아주 관련된 것일 수 있지만, 실용적인 이유로 말미암아 이런 방식으로 평가를 준비하는 일이 아주 어려울 수 있다. 따라서 비용을 줄이고 시행 과정을 표준화해 주지만, 여전히 원래 과제의 내용 초점의 일부를 유지해 주면서,

좀 더 이상적인 과제가 대화 상대방(≒검사관이나 응시생)과 개인별 응시생 사이에 있는 토론 과제에 의해서나 또는 녹음에 근거한 평가상으로 모의된 집단 토의에 의해서 대체될 수도 있다.

제8장의 나머지 부분에서는 신뢰도와 타당도의 기술적 성격을 놓고서 집중적으로 논의를 할 것이다. 저자는 각각의 논제를 그 나름의 독립된 것으로 취급할 것이지만, 다음 논의에서 보여 주듯이 그것들이 긴밀히 상호 관련되며, 분명히 평가가 준비되는 구체적인 상황으로부터 생겨난다. 신뢰도와 타당도를 위하여 통계적 절차들에 대한 좀 더 상세한 논의는 바크먼(Bachman, 2004)에서 찾아볼 수 있다.

8.5. 말하기 평가를 위한 신뢰도 정의

신뢰도는 흔히 점수 일관성score consistency으로 정의된다(AERA, 1999; Brown and Hudson, 2002; Henning, 1987). 만일 오늘 주어진 어떤 검사로부터 나온 점수들이 믿을 만하다면,5) 그 검사가 내일 다시 동일한

---

5) (역주) 교육학이나 평가와 관련된 글에서 흔히 '*신뢰롭다'는 잘못된 말을 만들어 쓰는 경우가 있다. '믿음직스럽다'는 우리말을 토대로 하여 한자말을 만든다면 이는 응당 '신뢰스럽다'라고 말해야 옳다. 우리말에서 '*믿음직롭다, *믿음롭다, *믿롭다'라는 말은 없다. 신뢰나 믿음은 정도의 문제인 것이지, 유무(있거나 없음)의 문제는 아니다. 번역자의 직관에, 우리말 어근에 붙은 '외롭다, 새롭다, 슬기롭다'와 한자어 어근에 붙은 '이(利)롭다, 정의(正義)롭다, 풍요(豊饒)롭다, 자유(自由)롭다, 가소(可笑)롭다'의 접미사 '-롭다'는 '어떤 속성이 있거나 없음'을 가리키는 것으로 보인다. 즉, 유무(有無)에 관한 일이다(일본 번역 용어로는 '슬무율'임). 그렇지만 접미사 '-스럽다'는 번역자의 직관에 '정도의 높고 낮거나, 많고 적음'을 가리키는 듯하다. 우리말 어근에 붙은 사례로, '자랑스럽다, 걱정스럽다, 사랑스럽다, 남사스럽다, 밉살스럽다, 갑작스럽다, 맛깔스럽다, 우스꽝스럽다, 뻔뻔스럽다, 호들갑스럽다'가 있다. 한자어 어근에 붙은 사례로는 '탐(貪)스럽다, 복성(福性)스럽다, 가증(可憎)스럽다, 괴팍(乖愎)스럽다, 변덕(變德)스럽다'가 있다.

사람들에게 주어지더라도 대체로 동일하게 남아 있을 것이다. 신뢰도는 점수들이 '믿을 만함'을 의미하기 때문에 중요하다. 따라서 결정을 내리는 데에 그 점수들에 의존할 수 있는 것이다. 반면에 믿을 수 없는 점수는 가령 잘못된 배치나 불공평한 승진이나, 아니면 보고 서식 상으로 부당하게 낮은 등급으로 이끌어간다. 왜냐하면 결정을 내리기 위해 이용된 특정한 점수들이 응시생들의 능력보다는 오히려 검사 실시 상황에 의해 영향을 받았으며, 또 다른 경우에는 점수가 전혀 다르게 나왔을 것이기 때문이다.

(1) 신뢰도 보장 절차

말하기 점수들에 대한 신뢰도는 높은 품질의 배점 유의사항과 절차들 위에 수립된다. 신뢰도를 보증하는 방법은 시험 위원회에 의해서 주어진 격식을 갖춘 검사들(공인된 공식 평가)에 대하여 그리고 교실수업 검사와 평가에 대하여 다소 차이가 난다. 따라서 이것들을 따로 논의할 것이다.

(2) 격식 갖춘 대규모 시험의 신뢰도 보장

시험 위원회에서 배점의 신뢰도를 보장하기 위해 이용하는 가장 일반적인 절차는 '채점자 훈련'이다.[6] 훈련기간은 전형적으로

---

6) (역주) 이는 올해 2013년부터 바뀌는 교원 임용시험에서도 매우 중요한 과정이다. 서술식 답안을 채점하려면 먼저 반드시 구성물 정의에 따라 명세내역에 입각한 채점 방식이 채점자에게 주어져야 한다. 그러면 훈련을 받은 채점자들 사이에서 임의의 표본 답안지를 하나 놓고 채점한 뒤에, 서로 간에 얼마만큼 배점 차이가 생겨나는지 확인해야 한다. 핵심은 얼마만큼의 점수 간격을 동일한 점수대(consensus 또는 agreement)로 볼 것인지를 채점자들 사이에 합의를 해야 한다는 점이다. 이 동일 점수대 간격만 결정된다면 채점자 두 사람씩 하나의 답안지를 채점하고, 평균치를 내어 점수를 정하게 된다. 만일 두

며칠 동안 지속되고, 종종 두 번이나 그 이상 주말에 걸쳐 훈련을 받는다. 왜냐하면 채점자들이 흔히 교육이나 학교 업무의 일반 직무에서 얽매이지 않는 경우에만 훈련에 참여할 수 있기 때문이다. 유망한 채점자들이 자신의 관심과 아마 평가 실시에 대한 경험에 근거하여 훈련받기 위하여 선발된다. 그 채점 특강의 끝머리에 흔히 그들은 '자격 인증' 절차를 거쳐 나가야 한다(비록 글말이더라도 교원 임용시험의 채점 과정에 대한 공정성 시비가 제기되었을 때 대응할 수 있는 합리적 방안으로 판단된다: 뒤친이). 이는 일부 녹음된 수행내용을 놓고서 독립적인 채점을 통하여, 그들의 채점 결과가 그 체제 속에서 다른 자격 갖춘 채점자들의 점수와 일치됨을 보여 주는 일을 포함한다.

채점자 훈련기간은 흔히 평가 및 기준에 대한 소개와 더불어 시작된다. 그리고 나서 눈금에 대한 서로 다른 수준들이 예시된다. 이는 흔히 훈련에 앞서서 경험 많은 채점자들에 의해서 채점이 이뤄진 녹음된 수행내용을 통해서 이뤄진다. 이것 다음에, 참여자들은 녹음된 수행내용들을 더 많이 개관하면서 채점을 연습하게 된다. 그들은 자신의 점수를 큰 소리 내어 보고하고, 합의 점수consensus score 및 일부 다른 수행내용들에 매겨졌을 임의의 다른 점수들에 대하여 그 근거들을 의논한다. 이는 그 체계의 관례에 따라서 기준들을 적용하는 일을 배우는 데 도움을 준다. 만일 두 번째 훈련기간이 있다면, 참여자들이 두 기간 사이에서 채점 숙제들을 받을 수도 있다. 다음 훈련기간 동안에, 그 점수들은 다시 그 채점에 대한

사람의 점수가 동일 점수대 간격을 넘는다면 제3자가 그 답지를 채점하되, 가장 가까운 두 점수를 평균 내어 점수를 확정하게 된다. 이것이 서술식 채점의 일반적 절차이며, 채점에 시간이 무척 많이 소요된다. 그렇지만 엄격히 이 과정을 거쳐야 '공정성' 시비를 최소화할 수 있다. 이것이 현재 알려진 최상의 채점 방식이다. 올해의 교원 임용시험 채점 과정이 공정성을 문제로 시비가 일어나지 않도록 철저히 준비되기를 희망한다.

'합의'(consensus, 동일한 점수대 간격에 대한 합의: 뒤친이)가 달성될 때까지 의논된다. 마지막으로 자격 부여 검사가 그 훈련기간의 말미에나 또는 숙제로 마련된다.

채점자 훈련은 초보 채점자들이 수행내용들을 그 채점 제도의 용어로 평가하도록 가르쳐진다는 점에서 세뇌 형식이라고 비판을 받아 왔다. 누가 점수를 매기든지 무관하게, 수행내용들에 부여된 점수의 동일성으로 이해된 신뢰도를 보장하면서, 훈련이 세계에 대한 개인별 지각 판단을 바꿔 버리는 경우가 만들어질 수 있겠지만, 채점 기준이 실제로 타당하다는 입증을 전혀 제공해 주지 않는다(Fulcher, 1997).

한편 이런 관찰이 사실이지만, 이는 다만 계발주체들이 그 기준들에 대한 타당도에 대하여, 가령 그것들이 구성물 정의와 과제 문항과 화자가 평가상황 밖의 실생활에서 필요한 기술의 종류들과 어떻게 관련되는지를 보여 주는 것에 의해서, 어떤 증거를 제공해 줄 필요가 있음을 의미할 뿐이다. 그렇지만 채점 훈련의 이용은 또한 계발주체들이 훈련이 없이는 비교 가능한 채점을 제시하는 일이 불가능함을 인식하고 있으며, 그들이 훈련이 중요하다고 여기기 때문에 비교 가능성을 보증하는 단계들을 택함을 의미한다.

눈금의 수준들을 소개하기 위하여 채점 훈련 동안에 이용된 녹음은 '표준척도 녹음내용benchmark tape'으로 알려져 있다. 그 목적은 구체적인 용어로 수준들을 예시해 주려는 것이다. 수행내용은 다수의 노련한 채점자들이 어떤 특정한 수준에 대한 분명한 사례라고 합의한 경우에 흔히 그 수준을 나타내기 위하여 표준척도로 선택된다. 각 수준은 흔히 두세 가지 수행내용에 의해서 예시된다. 왜냐하면 이것이 계발주체로 하여금 임의 수준 속에 존재할 수 있는 몇 가지 다양성을 보여 주기 때문이다. 눈금을 새로운 채점자들에게 소개해 주는 일과는 별도로, 표준척도 녹음내용이 또한 훈련된 채점자들이 자신의 채점 작업을 시작하기 전에 그들에게 눈금을 상기시켜 주도록 이용된다. 학교 졸업시험에서 종종 그러하듯이, 만일 각각의 새로운 평가 실시 횟수마다 임의의 시험이 새로운 과제들을 이용한다면, 시험 준비 위원회에서는 각각의 새로운 평가 실시 횟수마다 새로운 표준척도 녹음내용을 모아 놓을 수 있다. 이는 그 위원회에서 믿을 만한 한 무리의 숙련된 고참 채점자들을 함께 모아 놓고, 일정 범위의 수행내용들을 채점하도록 요구하며, 그 구성원들이 거의 그들의 채점에 대하여 '합의한' 수행내용의 점수들을 선택하는 일을 요구한다.

시험 위원회에서 자주 이용하는 또 다른 신뢰도 증강 절차는, 표준 마련standard setting(기준 지정) 또는 평가의 외적 기준들의 도움을 받아 낙제점이나 다른 성공의 표준들을 정해 놓는 일이다. 녹음에 근거한 평가 또는 아주 구조화되고 항목화된 직접 말해 주는 말하기 평가를 위하여 낙제점을 정하는 방법은 제8장의 앞쪽에서 논의되었다. 이는 그 등급과 그 아래 등급 사이에서 낙제점을 정의해 주기 위하여, 시험 응시자들의 특정한 점수 등급을 놓고서 잘 알려진 대가masters들과 알려져 있지만 그렇지 않은 사람들을 모으는 일을 포함하거나, 아니면 전문가들로 하여금 어떤 특정한 점수 수준(가령 1수준과 2수준과 3수준)에 있는 응시생들이 평가 과제 문항들 상으로 얼마나 실행을 잘 할 것인지 서술하도록 하는 일을 포함한다. 대안으로, 여전히 응시생들이 어떤 특정 수준에 있는 것으로 간주하는 동안에, 채점자들에게 응시생이 저지를 수 있는 약점이나 오답들을 서술해 주도록 요청할 수 있다.

이들 절차가 평가 계발주체들이 그 평가 점수가 검사 상황 밖의 실생활에 있는 말하기 기술들과 어떻게 관련되는지를 설명해 주는 데 도움이 된다. 그 방법들이 작업 강도가 높고 고되지만, 그 결과들은 그 점수들의 의미에 대하여 현실 속에 닻을 내려 고정시키도록 해 준다(결과적으로 현실의 실생활 과제와 일치됨: 뒤친이). 이는 평가 계발주체들에게 그 평가의 서로 다른 내용을 통하여 동일한 표준을 유지하도록 도와준다. 이는 특히 격식 갖춘 시험에 대해서 아주 중요할 수 있다.

채점의 신뢰도는 또한 채점 절차들의 일관성을 보장해 줌으로써 뒷받침된다. 이를 실행하는 가장 일반적인 방법은 채점 서식을 이용하는 것이다. 만일 채점자들 사이에 있는 또는 채점자 자신의 내부 신뢰도 수치가 어떤 채점자에게서 잠재적인 문제를 드러낸다면, 이런 채점자에 의해 제출된 서식들이 비일관성을 설명해 줄 무엇인가가 거기 있는지 여부를 살펴보기 위하여 분석이 이뤄질 수 있다. 그런 채점자는 또한 '재훈련'을 받도록 하기 위해서 표시될 수 있다.

(3) 교실수업 평가의 신뢰도 보장

비록 신뢰도가 모든 평가를 위한 기본적인 요구사항이지만, 비격식적 평가에서는 격식 갖춘 평가에서보다 신뢰도가 훨씬 덜 격식적인 고려사항이 된다. 응시생들의 집단이 흔히 소규모이다. 이는 고급 수준의 통계 기법의 이용을[7] 보장해 주지 않는다. 그렇지만

---

7) (역주) 대략 소규모 표본이지만 정규분포를 이루는 것으로 간주되려면, 무작위 표본을 추출할 적에 적어도 대상의 숫자가 30개 이상이 되어야 한다. 고쎗(Gosset, 1876~1937)이 처음 밝혀 낸 이 조건의 검사를 흔히 '소표본 검사'라고 부른다. 고쎗은 자신이 다니고 있던 기네스 맥주 회사에 서약한 내용에 따라, 자신의 이름으로 논문을 발표할 수 없었기 때문에, 연구생이란 뜻의 student를 대신 자신의 이름으로 썼다. 그래서 흔히 t-test(t-검정)라고 부르지만, 무작위 추출의 '소표본'을 대상으로 정규분포를 만들 수 있는 검사를 뜻하므로, '소표본 검사'로 부르는 것이 바람직하다. 그런데

채점들의 일관성이 여전히 관심거리가 되며, 아래에서 다뤄질 내용처럼 채점자의 '내적 일관성'이 심지어 아주 작은 집단에 대해서도 분석이 이뤄질 수 있다. 채점 신뢰도는 일관된 채점 절차를 이용함으로써 유지될 수 있다. 이는 채점 서식들에 의해서 뒷받침된다.

교실수업 평가에서 종종 제기되는 한 가지 걱정은 주관성이다. 주관성을 줄이기 위한 일반적인 제안은 한 번에 하나의 과제마다 평가 수행을 채점하는 것이며, 수행내용들을 응시생 이름을 가리고 채점하도록 시도하는 일을 포함한다(Brown and Hudson, 2002). 그렇지만 이들 방법은 말하기 평가와 더불어 이용하기란 아주 어렵다. 과제마다 하나씩 채점하는 일이 심지어 채점자들이 녹음내용으로부터 작업을 한다고 하더라도 비현실적이다. 익명성도 사실상 불가능하다. 왜냐하면 심지어 녹음 테이프로부터 나오더라도 각각의 화자마다 교사가 깨달을 것 같은 인식 가능한 목소리 지문(성문)을 지니기 때문이다.

실제적으로 유일한 대안은 채점자들이 자신의 채점 작업을 반성해 보면서 의식적으로 공정해지려고 하고, 그 기준들을 일관적으로 이용하려고 시도하는 일이다. 임의의 수행내용에 대한 구체적인 특징들에 초점을 모으고, 강점과 약점을 찾아내며, 채점 기준 속에 언급된 특징들에 기대어 수행내용들을 비교하는 일이 도움이 될 수 있다. 또한 임의의 집단에서 마지막 수행내용에 대한 채점을 끝마친 뒤에, 가장 먼저 채점된 수행내용을 다시 살펴보는 것도 도움이 될 수 있다. 일관성에 대한 이런 간단한 자기 점검이 그 채점자의 내적 기준들이 과제 및 수행내용들에 좀 더 익숙해진

선진국에서는 한 교실이 대략 15명에서 18명 사이이다. 그러므로 본문에서 소표본을 만드는 기준을 만족시킬 수 없다고 말한 것이다.

결과로 채점 작업을 하는 과정 동안에 뒤바뀌었는지 여부를 분명히 보여 줄 것이다.

(4) 신뢰도 분석

신뢰도의 세 가지 유형이 특히 말하기 평가에 관련된다. 첫 번째 유형은 채점자 내적 신뢰도 또는 채점자 내부의 일관성이다. 이는 한 채점자가 채점한 점수들에 대하여 며칠이 지난 뒤에 다시 채점을 하더라도 스스로 합치하는 점수를 얻음을 의미한다. 말하기 평가가 인간이 채점하는 일에 근거하므로, 이는 자동적으로 당연시할 수 있는 것이 아니다. 두 번째 유형은 채점자들 사이의 신뢰도이다. 이는 서로 다른 채점자가 수행내용들을 비슷하게 채점함을 의미한다. 두 명 또는 그 이상의 채점자들이 수행내용의 상이한 특징들에 대하여 두드러짐 정도를 약간 다르게 볼 가능성이 있으므로, 그들이 반드시 완벽히 합치해야 하는 것은 아니다. 그렇지만 채점자들이 동일한 기준을 이용한다면, 그들의 채점 점수가 유다르게 차이가 나서는 안 된다. 원칙적으로 그들이 공동 채점에 대하여 '합의(동일한 점수대 결정)'에 이르는 일이 가능해져야 한다. 제대로 잘 정의된 기준이 채점자들이 합의하도록 도움을 준다. 잦은 불일치는 일부 채점자가 그 기준을 일관되게 적용할 수 없음을 의미하거나, 또는 그 기준이 더욱 제대로 정의될 필요가 있음을 나타낼 수 있다.

말하기 평가에 중요한 세 번째 유형의 신뢰도는 동등한 등급의 평가 형식parallel form에 관한 신뢰도이다.8) 이는 서로 교환될 수 있

---

8) (역주) 또 다른 용어로는 concurrent(동시에 일어나는, 동시 시행하는)라고도 한다. 이를 일본인들이 어려운 한자어로 번역하여 공인(共因)이라고도 한다. 공통된 요인 또는 인자를 지녔다는 의미이다. 특히 타당도의 종류를 논의할 적에 이 말을 써서 난해

는 평가 형식(≒복수의 시험 형식)이 두 가지 이상 있는지 여부와 관련된다. 응시생들에게 두 가지 또는 그 이상의 상이한 평가 형식에 응시하도록 요구하며, 그러고 나서 일관성을 위해 그들의 점수가 분석된다. 만일 점수가 일관되지 않다면, 물론 채점자들이 내적으로 일관되게 채점을 하였다고 가정하는 한, 그 서식들이 동등한 것으로 간주될 수 없다. 그렇다면 그 형식들 속에 있는 일부 과제들이 수정될 필요가 있을 듯하다.

점수 신뢰도를 검사하는 손쉽고 서술적인 방법은 그 점수들을 교차 일람표 모습으로 만들어 주는 것이다. 이는 평가 계발주체들이 일치가 얼마나 있는지, 그리고 채점이 정확히 일치되지 않은 경우에, 점수들 사이에 서로 얼마나 떨어져 있는지를 살펴보는 데 도움이 된다. 우리가 1에서부터 6에 이르는 총괄적 눈금holistic scale 을9) 갖고 있고, 15명의 수행내용들이 각각 동일한 채점자에 의해서 내적 일관성을 위해 두 번 채점되었다고 가정하기로 한다. 가령, 두 번 시행으로부터 나온 점수들이 다음 〈표 8-1〉에 목록으로 올라 있다.

이들 점수를 교차 일람표로 만들기 위하여, 6행과 6열을 지닌 도표를 그리면서 시작한다. 그 점수 범주 각각에 대하여 하나의 칸이 배당된다. 우리는 열을 이용하여 첫 번째 채점 시행으로부터 나온 점수들을 집어넣을 것이며, 행을 이용하여 두 번째 채점 시행

하게 공인 타당도(concurrent validity, 동시 시행 타당도)라고 한다. 이는 둘 이상의 평가 또는 검사지가 서로 공통된(共) 요인(因)들을 지녔으므로, 동시에 다른 곳에서 서로 다른 응시생들을 대상으로 실시하더라도 거의 동일한 점수 결과를 얻는다는 뜻이다. 제대로 뜻을 새길 수 없는 난해한 번역 용어이나, 심리 측정이나 교육학에서 아무 비판없이 맹종하여 쓰는 경우가 많다. 이를 쉽게 번역하면 '동시 시행 타당도'라고 말할 수 있다. 본문에서는 이 말을 쓰지 않고, 대신 '동등한(등급의 평가) 형식'이라고 부르고 있다.

9) (역주) 146쪽의 역주 3)을 보기 바란다.

<표 8-1> 두 묶음의 총괄 점수

응시생	첫 번째 채점	두 번째 채점	점수 간 일치 여부
Allan	4점	4점	일치
Ben	5점	5점	일치
Beverly	2점	3점	불일치(1점차)
Cheryl	6점	6점	일치
Chris	2점	3점	불일치(1점차)
Emily	3점	4점	불일치(1점차)
Felicity	6점	6점	일치
George	4점	4점	일치
John	3점	2점	불일치(1점차)
Jonathan	2점	1점	불일치(1점차)
Matthew	1점	1점	일치
Sharon	4점	3점	불일치(1점차)
Susan	4점	5점	불일치(1점차)
Tom	5점	4점	불일치(1점차)
Wendy	6점	6점	일치

으로부터 나온 점수들을 집어넣을 것이다. 그 도표를 채우면, 응시생들에게 주어진 점수들에 따라서 행과 열의 교차점을 갖게 된다. 가령 앨런Allan의 수행은 첫 번째 채점 시행에서 4점을 받고, 두 번째 채점 시행에서도 4점을 받았다. 따라서 네 번째 열과 네 번째 행이 교차점에 있는 칸에 숫자 1명을 집어넣는다. 벤Ben의 수행은 첫 번째 채점 시행에서 5점을 받았고, 두 번째 채점 시행에서도 5점을 받았다. 따라서 다섯 번째 열과 다섯 번째 행이 교차되는 칸에 숫자 1명을 집어넣는다. 비뷜리Beverly의 수행은 첫 번째 채점 시행에서 2점을 받았지만, 두 번째 채점 시행에서 3점을 받았다. 따라서 두 번째 열과 세 번째 행의 교차점 칸을 찾고 거기에 숫자 1명을 집어넣는다. 마지막으로, 각 칸에 있는 숫자 1을 더해 놓는다.

1회째 2회째		첫 번째 채점 점수					
		1점	2점	3점	4점	5점	6점
두번째 채점 점수	1점	1명	▨				
	2점	▨		▨			
	3점		▨		▨		
	4점			▨	2명	▨	
	5점				▨	1명	▨
	6점					▨	3명

교차 일람표의 해석을 쉽게 하기 위하여, 대각선을 이룬 칸에는 음영 '▌'을 집어넣고, 바로 이웃한 칸에는 빗금이 교차된 격자 '▨'를 깔아 놓았다. 대각선 칸은 두 번의 채점 시행에서 정확한 일치를 나타낸다. 두 번 시행 점수에서 15명 가운데 오직 7명만이 서로 정확히 일치한다. 그렇지만 나머지 8명의 경우는 대각선에 아주 가깝고, 격자 칸에 들어 있다. 대각선 칸 위에 있는 숫자들은 두 번째 채점 시행보다 첫 번째 채점 시행에서 1수준 더 높게 점수를 받은 수행내용을 나타낸다. 모두 4명이다. 반면에 대각선 칸 아래에 있는 숫자들은 두 번째 채점 시행에서보다 첫 번째 채점 시행에서 한 수준 더 낮게 점수를 받은 수행내용들을 가리킨다. 모두 4명이다.

일반적 경향으로, 정확한 합치의 숫자에 의해 표시되었듯이, 그 눈금의 더 낮은 끝 점수에서보다도 더 높은 끝 점수에서 합치가 더 많이 있는 듯하다. 이는 더 낮은 점수 수준에 대한 (채점에 적용되는) 수준별 설명내용이 좀 더 정확히 적용이 될 수 있도록 수정될 필요가 있음을 시사하는 것일 듯하다. 또 다른 관찰은 음영으로 채워진 대각선 칸으로부터 멀리 떨어져 있는 점수들이 전혀 없다는 점이다. 이는 두 번의 채점 횟수 사이에서 두 수준 또는 그 이상의 수준만큼 차이가 벌어진 경우가 전혀 없음을 의미한다. 만일 채점 점수들 사이에 현격한 차이가 벌어졌더라면, 그런 이질적 채점을 야기한 이유를 알아보기 위하여 수행내용들을 검토하는 것이 유용하였을 것이다. 그리고 아마 다시 그 눈금으로 되돌아가서 장래에 비슷한 사례들을 처리하는 데 도움이 되도록 수준별 설명 내용들이 수정될 수 있는지 여부를 살펴보아야 한다. 이런 방식으로 점수들의 교차 일람표는 '채점 합치의 수준'을 놓고서 점검을 하며, 잠재적인 문제점들의 진단을 시작하는 데 도움을 준다.

신뢰도를 표현하는 가장 일반적인 방법은 상관correlation을 통해서이다. 이는 변인들 사이에 관련성의 강도를 나타내 주는 통계적 지표이다. 우리의 경우에 이들 변인은 말하기 점수들이다. 이론상으로 상관 계수의 값은 '−1'과 '+1' 사이에서 변동할 수 있다. '0'에 가까운 값은 두 개의 변인들 사이에 관련성이 전혀 없음을 가리킨다. 반면에 '+1'에 가까운 값들은 강한 긍정적 관련성을 나타낸다. 따라서 '1'에 가까운 점수 상관 값은, 한 묶음의 채점에서 높게 채점된 수행내용이 또한 다른 묶음의 채점에서도 높은 점수를 받음을 의미한다. 이는 신뢰도 통계학에서 바람직스럽다.

한편 '−'로 표시된 부정적 값은 바람직하지 못하며, 또한 채점자들이 동일한 채점 눈금을 이용한다면 일어나지 않을 것 같다. 부정적 값은 비교되고 있는 변인들 사이에서 반대되는 관련성을 나타낸다. 따라서 한 묶음의 채점에서 나온 높은 점수가 다른 채점에서는 낮은 점수와 상응할 것이다.

채점에는 언제나 모종의 오류가 있으며, 따라서 완벽히 '1'은 실제적으로 이뤄내기 어렵다. 그러나 0.8이나 0.9 범위에 있는 값은 흔히 좋은 상관으로 간주된다. 반면에 0.5나 0.6 범위에 있는 값들은 잘못하여 약한 상관으로 간주된다. 더 자세한 설명을 보려면, 가령 버틀러(Butler, 1985)나 크론박(Cronbach, 1990)을 참고하기 바란다.

말하기 점수를 위하여 계산될 수 있는 가장 일반적인 상관계수

두 가지는 스피어먼 순위 상관Spearman rank order correlation과 피어슨 곱-적률 상관이다Pearson product-moment correlation이다. 전자는 흔히 희랍 문자 'ρ(로 rho)'로 표시되고, 후자는 보통 'r(알)'로 표시된다. 〈표 8-1〉에 있는 자료에 대한 스피어먼 상관계수 ρ(로)는 0.89이며, 피어슨 상관계수 r(알)은 0.87이다. 순위 상관은 소수의 응시생들이 있는 경우 그리고 점수 눈금이 동등 간격 눈금이 아닌 경우에 적합하다. 이는 1과 2 사이에 있는 거리가 반드시 3과 4 사이에 있는 거리와 동등할 필요가 없음을 의미한다. 그것들이 손으로 계산될 수 있으며, 이를 실행하는 단계들이 가령 올더슨 외(Alderson et al., 1994: 278~279)에, 그리고 바크먼(Bachman, 2004)에 설명되어 있다. 개인 컴퓨터에서 이용하는 많은 통계 프로그램들이 또한 순위 상관을 위한 기능들을 담고 있다. 피어슨 곱-적률 상관은 가장 일반적인 상관계수이며, 대부분의 컴퓨터 통계 프로그램에서 일상적으로 계산된다. 이는 손으로 계산해 내기가 스피어먼 상관계수 ρ(로)보다 약간 더 어렵지만, 그 절차가 가령 브라운·허드슨(Brown and Hudson, 2002: 152~162쪽)에, 그리고 바크먼(Bachman, 2004)에 설명되어 있다. 스피어먼 상관계수 ρ(로)와 피어슨 상관계수 r(알)이 모두 채점자 내부 신뢰도와 채점자들 간의 신뢰도와 동등한 형식의 신뢰도를 계산하는 데 이용될 수 있다.

교사들이 일부 자신의 교실수업 검사들에 대해서 점수의 품질을 점검하기 위하여 신뢰도 상관계수를 계산할 수도 있다. 격식 갖춘 검사를 실시하는 데에서는 신뢰도 분석이 필수적이다. 왜냐하면 시험 관리 위원회에서 점수 이용자들에게 그 검사 상으로 확인할 수 있는 확신의 정도를 추정하는 데 도움을 주기 위하여 신뢰도 분석 내용을 보고할 필요가 있기 때문이다.

이런 정보가 좀 더 해석 가능해지도록 하기 위하여, 검사 실시

위원회에서 추가적으로 단순한 분석을 실행할 수도 있다. 즉 측정에 대한 표준 오차standard error of measurement, SEM이다. 이 통계 값의 도움으로, 검사 계발주체는 응시생 점수들을 중심으로 하여 신뢰대역confidence band에 비추어 신뢰도를 보고할 수 있다. 가령 입말 영어 검사(Test of Spoken English, ETS, 2002: 9)에 대한 점수 이용자10) 안내 책자에서는 입말 영어 시험TSE의 '측정에 대한 표준 오차'가 대략 보고용 눈금 상으로 ±4점이라고 한다. 따라서 어떤 사람이 특정한 입말 영어 시험TSE에서 55점을 얻었다면, 그 사람의 참 점수 또는 무한하게 거듭거듭 그 검사를 치를 경우에 얻을 것 같은 평균 점수는, 대부분의 경우에 51점과 59점 사이에 있을 것이다. 평가의 신뢰도가 더 높으면 높을수록, 그리고 응시생 집단이 더 크면 클수록, 측정에 대한 표준 오차SEM는 더 작아지게 된다. 측정에 대한 표준 오차SEM의 계산은 가령 브롸운·허드슨(Brown and Hudson, 202)에 또는 크론박(Cronbach, 1990)에 설명되어 있고, 다른 많은 교육학 측정 교재들에도 설명이 있다.

측정에 대한 표준 오차SEM는 보고된 점수를 얼마만큼 액면 그대로 받아들일 만한지를 보여 준다. 이는 특히 개인들이 그들 점수에 근거하여 비교된다면 중요할 수 있다. 만일 어느 사람이 28점을 받고, 다른 사람이 31점을 받았다면, 측정에 대한 표준 오차SEM는 그들 사이의 차이가 겉으로 그래 보이듯이 아주 분명한지 아닌지 여부를 가리켜 줄 수 있다. 이는 또한 가령 1에서부터 6까지의 범위를 지닌 등급 점수에도 적용된다. 만일 그 배점이 믿음직스럽다면, 측정에 대한 표준 오차SEM가 등급 눈금에 대한 분수가 될 수

---

10) (역주) 회사나 대학에서 사람들을 선발하기 위하여 해당 언어 기술들에 대한 점수를 이용하는 경우를 말한다. 가령, 우리나라 회사들에서 응시생들에게 토익 점수 800점 이상을 요구하는 따위가 그것이다.

있는데, 가령 '0.34'이다. 만일 한 점수 등급(≒1.0) 이상이라면, 응시생들의 참 점수가 그들이 받은 어떤 점수의 위로 또는 아래로 두 수준이라고 말하는 것만 가능해질 뿐이므로, 그 배점에 대한 신뢰도가 반드시 개선될 필요가 있다. 6수준의 눈금 상에서는 이런 변이의 양은 너무나 큰 것이다.

말하기 평가에 대하여 보고된 측정에 대한 표준 오차SEM를 살펴보는 일은 비교적 드물다. 한 가지 설명은 아마 그것을 보고하는 일이 사람들이 검사 점수에 대하여 갖는 정확성에 대한 환상을 깨부순다는 점일 듯하다. 그렇지만 동시에 측정에 대한 표준 오차SEM는, 평가 계발주체들로 하여금 그들이 알지 못하였다고 말할 수 없으므로, 점수 변이에 대한 책임을 점수 이용자들과 공유하도록 도와준다. 그것은 또한 평가 계발주체들 스스로를 위하여 유용한 품질 점검이 된다. 만일 그 점수를 중심으로 신뢰 대역confidence band 이 너무 광범위하다면, 그것은 어떤 조치가 실행되어야 한다는 경고 깃발로 기여한다.

말하기 검사에 대한 평가가 종종 절대평가이므로, 신뢰도 계수와 측정에 대한 표준 오차SEM는 오직 그것들에 대하여 부분적으로만 적합하다(Brown and Hudson, 2002). 한 가지 극단적 사례로, 만일 학기말에 실시하는 말하기 검사가 5수준을 지닌 절대평가 눈금상으로 채점이 이뤄졌다. 그 수업에서 가르치는 일과 배우는 일이 성공적이었다면, 대부분의 학생들이 높은 점수를 받았을 것이다. 이는 낮은 전통적 신뢰도 추정치로 귀결될 것이다. 왜냐하면 이들 통계 계산은 응시생들이 눈금을 따라서 광범위하게 골고루 분포되어야 한다는 기대로부터 출발하기 때문이다. 만일 성공적인 학습으로 말미암아 학생 점수들의 범위가 아주 좁다면(작다면), 평가 계발주체들은 신뢰도를 추정하기 위하여 다른 수단을 이용해야 한다. 가령 교차 일람표에서는 높은 정도의 정확한 일치를 드러낼 것 같다. 이는 그 배점이 믿음직스러움을 나타내는 것이다.

또한 점수 신뢰도를 추정하는 더 복잡한 통계 절차들도 있다. 가령 일정 범위의 통계값들이 교차 일람표에서 합치의 정도를 표현하기 위하여 계산될 수 있다(가령 Brown and Hudson, 2002를 보기 바람). 더욱이 일반화 가능성 이론(Shavelson and Webb, 1981; Bachman, 2004)이 그 점수들에 있는 오차 변이(error variation, 오차 변동)의 원인들을 분석하기 위하여 이용될 수 있다. 가령 오차 원인이 과제인지, 채점자인지, 이들 사이에 있는 어떤 상호작용인지 등이다.

다국면 문항 반응 이론(Muti-faceted item response theory, Linacre, 1989; McNamara, 1996)이 눈금·채점자·과제 문항·응시생들을 동일한 측정 눈금 속에 집어넣고 그것들의 품질을 조사하기 위하여 이용될 수 있다(183쪽의 역주 22 참고). 그렇지만, 이들 분석은 대량의 자료와 상당량의 통계 전문지식을 요구하는 경향이 있다. 이런 이유로 말미암아, 그것들은 흔히 참여자들의 숫자가 그런 분석을 가능하게 해 주는 격식 갖춘 말하기 검사에서만 이용될 뿐이다. 점수 이용자 안내 책자에서는 이들 좀 더 고급스런 방법들이 전달해 주는 신뢰도 지표가 흔히 앞에서 논의된 신뢰도에 대한 전통적인 개념을 참고하면서 설명된다. 추가 연구를 위한 방법과 참고 문헌에 대한 개관은 대부분의 교육학 측정 교재에서 찾을 수 있다.

8.6. 말하기 평가를 위한 타당도 정의

타당도(타당성 정도)는 평가 계발에서 가장 중요한 고려 사항이다. 간단히 말하여, 타당도는 점수의 유의미성을 가리키는데, 이는 광범위한 관심사항들을 정의해 준다. 과제 및 기준과 관련하여, 주요 관심사항의 한 가지는 검사 목적의 정의와 관련된 내용 포함 범위 및 이해 가능성이다. 또 다른 중요한 영역은 평가와 점수가 반영해 주는 것으로 기대된 비-검사 상황의 실생활 활동들 사이에 있는 일치이다. 타당성은 또한 응시생들과 점수 이용자들에 대한 그 평가(검사)의 영향력도 포함한다.

한편 특히 말하기 평가와 관련된 신뢰도의 측면들을 명시해 주는 것이 가능하였지만, 반면에 타당도는 다른 것이 아니라 말하기와 더 관련될 듯한 타당도의 특정 측면을 강조하는 것이 불가능한 그런 근본적인 성격이다. 그렇지만 이는 타당도가 추상적으로 이론적 관심사항임을 의미하는 것은 아니다. 오히려 타당도는 모든 평가 계발작업의 일부가 되는 실용적 성격이다. 이 책에서 논의된 평가 계발의 모든 절차들이 그 점수들에 대한 타당도 논의를 위하여 증거를 제공해 준다.

• 말하기 점수의 타당도 보장

말하기 점수의 타당도는, 가령 새롭게 국가 공식 언어로 환자들에게 봉사하는 건전한 전문직 능력을 인증하는 일(자격인증), 또는 학습을 더 잘 하도록 도와주기 위하여 학습자들에게 그들의 말하기 기술에 대하여 되점검을 내주는 일처럼, 점수들이 기여하고자 의도된 목적에 근거를 둔다. 처음 계발이 시작된 경우에, 그 평가(검사)의 목적을 명시해 주는 일에 일정 시간을 들이는 것은, 평가 계발주체(출제자)들에게 타당도 작업을 위한 무대를 마련하는 데 도움을 준다. 다음으로, 계발주체들은 가능한 한 긴밀하게 그 검사에서 어떤 종류의 말하기를 평가하고자 의도하는지를 정의하려고 해야 한다.

이 책자에서는 저자가 평가를 위하여 말하기 구성물을 정의해 주는 세 가지 접근법에 대하여 언급하였다. ① 언어적 접근법에서는 언어 형태들에 초점을 모은다. 과제 요구사항과 수행 품질들이 화자들에게 그 언어로 실행하도록 요구한 것이 무엇인지에 무관하게, 오직 어휘·문법·발음·유창성에 비춰서만 살펴진다. ② 의사소통 접근법에서는 응시생들에게 실행하도록 요구한 활동들에 초점을 모으며, 수행내용들이 활동에서 요구하는 기술과 전략들을 응시생들이 얼마나 잘 이용할 수 있는지에 따라서 평가된다. 또한 언어적 기준에 비춰 평가될 수도 있겠지만, 과제들에서 드러내도록 설계된 정보를 의사소통 기준들이 더 잘 이용하게 된다. ③ 과제 중심 접근법에서는 여러 상황과 그 평가에서 모의한 여러 역할에 비춰 검사된 기술들을 정의해 주며, 포함된 과제들을 처리하는 응시생들의 능력에 비춰 점수를 나타내게 된다. 이런 접근법은 특정한 목적의 검사 실시를 위해 전형적이지만, 또한 과제가 충분히 분명히 확정될 수 있는 경우라면 언제든지 일반적인 목적의 말하기 검사들에도 적용될 수 있다. 과제 중심 평가에 적합한 과제들은 상황·화자 역할·그 사건의 목적들을 단순히 그것들의 이름으로써 불러낸다. 병원 의사의 상담이 가능한 과제 중심 평가 과제이다. 서술 과제는 그렇지 않다. 즉, 서술내용들은 상이한 많은 발화 사건들의 일부를 형성하며, 만일 평가 실시를 위해 서술내용이 중요하다면 평가 계발주체들은 의사소통 활동으로서의 서술에 비춰 과제와 기준들을 정의해 주는 것이 훨씬 더 나은 것이다.

평가의 목적이 분명히 확정되었고 검사 구성물이 정의된 뒤에, 타당도 작업에서 다음 단계는 과제와 기준뿐만 아니라 시행과 채점 절차가 실제적으로 구성물을 구현해 주는 검사 계발 과정으로부터 나온 증거를 보여 주는 것이다. 이는 그 과제들의 성격을 부여해 주기 위하여 과제 명세내역을 이용하는 일로부터 시작된다. 다음으로 평가 계발주체는 그 목적에 대한 과제들의 관련성을 설명해 주고, 이런 목적이 포함할 것 같은 가능한 과제들이 표상해 주는 정도를 설명해 주어야 한다. 또한 그 과제와 과제 자료들이 참된 실생활을 반영함을 보여 주거나, 또는 그 평가에서 관련을 짓고자 의도된 비-검사 상황의 실생활과 비슷한 방식으로 응시생들을 입말 상호작용에 참여시킴을 보여 주어야 한다. 더욱이 평가 계발주체는 목표언어 사용 상황과 관련되지 않은 평가상황의 특징들이 어떤 것도 최소한도이며, 어떤 유의미한 정도로도 점수에 영향을 주지 않음을 보여 줄 수 있다.

다음 단계는 채점 기준에 대한 평가이다. 무엇보다도, 이것들은 반드시 평가의 목적·구성물 정의·과제들과 일관되게 연결되어야 하는데, 평가 계발주체가 정의들을 비교해 줌으로써 이를 보여 줄 수 있다. 두 번째로 이것들을 사용하기 쉽게 만들기 위하여 반드시 구체적으로 정의되어야 한다. 이는 만일 예비 시행과 채점자 논평의 결과로, 기준과 녹취기록(전사)된 수행내용들 사이에 있는 비교의 결과로, 그리고 그 눈금들에 대한 채점자 평가의 결과로, 수정이 다 이뤄졌다면, 가령 그 기준들에 대한 서로 다른 초안들로써 보여 줄 수도 있다.

평가 시행과 채점 과정은 그것들의 일관성, 그리고 구성물 정의와의 연결성에 비춰 검사될 수 있다. 이것을 위한 자료로, 시행 계획과 채점 계획 또는 안내 책자, 시행 주체와 채점자의 보고서, 대화 상대와 채점자 훈련 자료, 그리고 평가 계발주체가 갖고 있는 모든 신뢰도 점검 자료를 포함할 수 있다. 이것이 신뢰도와 타당도가 가장 명백하게 상호 관련된 대목이다.

마지막으로, 타당도 증거로서 그 평가 계발주체들이 점수 이용과 관련하여 실행하는 모든 계획 및 점검을 포함할 수 있다. 시행 기록 이외에도, 계발주체들은 그 평가에 대한 응시생 태도와 경험을 조사할 수 있다. 즉, 역파급 효과washback effect 또는 가르치는 일과 교사에 대한 평가의 효과나, 학습과 평가에 대한 학습자 태도, 그리고 점수 이용의 다른 실제 결과들이다. 타당도 입증 과정에 대한 접근법의 자세한 논의를 보려면 바크먼(Bachman, 2004)를 참고하기 바란다.

8.7. 말하기 평가의 장래 방향

학교 운영 책무성에 대한 늘어난 중압감에 반응하여, 최근 들어서 격식 갖춘 그리고 격식 갖추지 않은 말하기 평가가 더 빈번해지게 되었다. 이는 평가 계발주체들이 선택할 수 있는 상이한 말하기 평가절차들에 대한 범위를 늘여 놓았지만, 또한 늘어나는 숫자의 평가 계발주체와 이용자들이 말하기 평가에 대하여 더 많이 알아야 할 필요성도 강조해 준다. 이곳에서는 어떤 유망한 발전 영역들을 찾아내기 위하여 말하기 평가의 미래를 살펴보고, 언급될 필요가 있을 논제들을 다루게 될 것이다. 유망한 발전 영역들로부터 시작하여, 이어서 해결되지 않은 문제들을 다루기로 한다.

(1) 의사소통 지향 과제 및 기준

의사소통 지향 과제들에서는 정보를 효과적으로 구조화하고 사회적으로 수용 가능한 방식으로 순조롭게 의사소통을 하는 응시생들의 기술에 초점을 맞춘다. 이것들이 오랫동안 말하기 평가에서 이용되어 왔지만, 의사소통 지향 기준들은 아주 새롭다. 그것들을 만들어 내기 위하여 평가 계발주체들은 과제 문항들을 놓고서 학습자 수행내용들을 관찰하고, 그 과제 목표들에 도달하는 관점으로부터 대체적으로 그들을 성공적으로 만들어 주는 것이 무엇인지를 명시해 줄 필요가 있다. 서사 이야기나 설명과 같이 정보 관련 이야기에서는, 성공 여부가 부분적으로 내용과 응시생의 이야기 연결 모습에 달려 있다. 또 다른 부분은 응시생들이 그 정보를 어떻게 전달하는지와 관련된다. 즉, 그것들이 얼마나 유창하고 정확하며, 상호작용을 진행시켜 나가면서 자신의 전달내용을 이해시키기 위하여 어떤 전략들을 이용하고, 청자를 얼마나 잘 고려(배려)하는지에 대한 것이다. 이들 기술을 평가하기 위한 눈금이 계발되고 예비 시행될 필요가 있다. 그것들의 유용성에 대한 평가는 말하기 평가의 계발뿐만 아니라, 또한 가르치는 교과과정과 자료들에도 도움을 줄 것이다.

(2) 짝끼리 과제와 모둠 과제

말하기 평가는 시행하고 채점하는 데에 많은 시간이 소요된다. 때로 그 시행이 녹음에 근거한 평가를 이용함으로써 속도를 낼 수 있겠지만, 채점에는 채점자가 수행내용들을 매초매초 들어야 하기 때문에 여전히 많은 시간이 들어간다. 직접 말해 주는 생생한 평가에서 평가 실시 및 채점 시간을 효율적으로 이용하는 한 가지 방법은, 둘 또는 그 이상의 응시생들이 서로 간에 상호작용을 하도록 만드는 것이다. 이는 응시생들을 서로서로의 관계 속에서 동등한 지위에다 놓는다. 이는 그들 이야기의 서로 다른 많은 측면들에 영향을 준다. 여러 가지 의미에서, 급우 상호작용은 대화 상대방과 응시생 사이에서 가능한 종류의 상호작용보다도 그 평가에서 의사소통을 더 현실적으로 만들어 주지만, 또한 단점도 갖고 있다. 가장 명백한 것으로, 계발주체들이 그 검사 담화에 대한 일부 통제력을 응시생들에게 넘겨줄 필요가 있다. 이는 그들 자신 및 급우의 언어 기술들을 보여 주는 책임이 그들 손에 달려 있음을 의미한다.

짝끼리 과제와 모둠 과제에서 장래를 위한 발전적 도전은, 짝끼리 그리고 작은 모둠 평가를 위하여 가장 적합한 유형의 과제들을 찾아내는 것이다. 더욱이 평가될 담화를 뒷받침해 주는 방식으로 그 담화를 인위적으로 만들지 않으면서 과제 유의사항을 내어주고, 과제 자료들을 제시하는 가장 효율적인 방식을 찾아내기 위하여 실험이 시행될 필요가 있다. 서로 다른 그림에 근거한 자료 또는 덩잇글에 근거한 자료들의 장점과 단점이 또한 조사될 필요가 있다. 비슷하게 다양한 나이와 여러 능력 수준들에 걸쳐 있는 응시생들을 위한 정보 간격 과제들에 대한 적합성도 자세히 연구될 필요가 있다.

짝끼리 과제와 모둠 과제들은 이미 많은 환경에서 이용되고 있다. 따라서 그것들과 관련된 주요한 발전내용은, 그것들을 집필하기 위한 기본 규칙들을 배우는 일에 관한 것이 아니라, 오히려 그것들을 좀 더 효과적으로 만들어 주는 방법에 대한 것이다. 핵심 사항은 학습자 수행내용들을 관찰하고 특정한 평가 맥락들에서 서로 다른 과제 특징에 대한 강점과 약점을 분석하는 일이다. 모둠 과제들을 위한 채점 절차의 추가적인 발전도 또한 필요하다. 채점이 공정해져야 하므로, 가령 한 사람의 채점자가 한 번의 상호작용에서 얼마나 많은 응시생들을 관찰할 수 있는지를 알아낼 필요가 있다. 그 연구들은 관찰·자기 반성·점수 분석의 결합에 토대를 둘 수 있다.

(3) 채점 점검표

채점 점검표에 대한 융통성은 특히 학습 관련 환경에서 말하기를 평가하기 위한 유망한 도구로 만들어 준다. 점검표는 채점자들에게 상이한 수행내용의 독특한 특성들에 대하여 신속히 촌평을 적을 수 있게 해 준다. 기준들은 흔히 채점자들에게 개념상의 의미를 만들어 주는 방식으로 묶인다. 동일한 묶음 내용이 응시생들에게 되점검을 내어주는 경우에도 이용될 수 있다. 채점 점검표가 비교적 말하기 평가에서 새로운 도구이므로, 그것들에 대한 질문도 기본적이다. 가령 유용한 설명내용을 만들어 내는 가장 유망한 전략들을 찾아내는 일 및 초안 점검표의 포괄성을 평가하는 일 등이다.

궁극적으로 채점 점검표는 그것이 제공해 주는 정보가 실제로 응시생들에게 관심거리이거나, 유용하다면 좀 더 빈번히 사용되어 나갈 것이다. 점검표를 예비 시행해 본다면, 이는 평가하기에 중요한 초점이 된다.

(4) 급우평가

말하기 평가에서 또 다른 유망한 영역이 급우평가이다. 교육환경에서 급우평가를 위한 동기는, 비록 그것이 장점이 한 가지이지만 학생들에게 스스로 의사소통을 하고 있지 않은 경우에 교실수업에서 현재 진행되고 있는 바에 주의력을 쏟도록 만드는 것 이상이다. 이는 학습자들에게 자신의 학습 목표를 더 잘 깨닫게 해 주며, 평가를 통하여 배우게 하고, 서로 간에 상대방으로부터 배울 수 있도록 도와줄 수 있다. 그렇지만 급우평가가 만능 해결책은 아니다. 그것이 교사 중심 평가에 보완책이 될 수 있겠지만, 그것을 대체할 수는 없는 것이다. 교사들은 학생 수행내용들에 대하여 상이한 관점을 제공해 준다. 왜냐하면 그들이 언어 학습에 전문가 이며, 교육과정의 목표들을 잘 알고 있기 때문이다. 그럼에도 불구 하고, 급우평가는 유용하다. 왜냐하면 교사들에게 지운 일부 채점 책임을 자신의 학생들과 공유할 수 있도록 해 주기 때문이다. 특히 급우평가는 말하기 평가에서 유용하다. 만일 오직 한 사람에 의해 서만 채점된다면 평가에 시간이 많이 걸리는 것이다.

그렇지만 급우평가에도 몇 가지 도전이 있다. 주요한 도전으로, 기준들을 정의해 주어야 한다.[11] 그래야 학습자들이 그 기준들을 이용할 수 있다. 언어적 기준들은 아마 적합하지 않다. 왜냐하면 학생들이 교사나 채점자들만큼 언어 분석에 숙련되어 있지 않기 때문이다. 반면에 과제 관련 기준들은 좀 더 효과적이라고 입증될 수 있다. 학습자들과 더불어 함께 급우평가를 위한 기준들을 계발 하는 것은 좋은 생각이다. 특정한 과제들을 놓고서 양호한 수행내 용들의 특징들에 대한 토론이, 교사와 학생 모두를 위하여 학습 목표들을 명백하게 만들어 줄 수 있다.

(5) 되짚어 보기

말하기 기술에 대하여 격식 갖추지 않은 되점검은 가르치는 맥 락에서 아주 일반적이지만, 되점검을 학습자들에게 보고하기 위

---

11) (역주) 현행 중학교 '생활 국어' 교과서들에서 가장 큰 단점으로 지적될 수 있는 대목 이다. 과제 중심 언어교육(TBLT)에서는 각 과제마다 반드시 스스로 평가·급우 평가· 모둠 내부 평가·학급 전체 평가가 자발적으로 이뤄질 수 있도록 반드시 평가표와 과 제를 함께 제시하도록 권고한다. 그래야 학습자들이 과제를 어떻게 풀어야 할지 목표 를 세우고, 스스로 향상에 몰입할 수 있다. 평가표가 마련되려면 반드시 구성물과 명 세내역에 대한 결정 작업이 선행돼야 한다.

하여 좀 더 잘 짜인 전략들이 또한 계발될 필요가 있다. 유용한 되점검은 구체적이며 서술적이고, 응시생들의 수행내용을 목표들 또는 양호한 수행의 서술과 관련짓는다. '잘 하였음good job'과 같은 평가 촌평은 되점검으로써 불충분하다.12) 왜냐하면 학습자들이 무엇을 잘하였는지에 대하여 또는 무엇을 더 잘 할 수 있을지에 대하여 아무런 것도 말해 주지 않기 때문이다. 이런 도움을 실행할 수 있는 되점검은 평가 및 가르치는 일 사이에 긴밀한 연결을 수립해 준다.

말하기 평가에 대하여 좀 더 구조화된 되점검 기제를 계발하기 위한 한 가지 가능성은 채점 점검표를 이용하는 것이다. 그렇지만 학습자들을 위하여 이런 유형의 되점검에 대한 유용성은 경험적으로 평가될 필요가 있다. 교실수업의 학습 목표들에 비춰 보아 되점검 보고서를 조직하는 일도 또한 한 가지 가능성이지만, 이는 교사가 수업에서의 말하기 목표들을 이를 허용할 만큼 충분히 구체적으로 정의할 수 있어야 할 것이다. 더욱이 수업의 서로 다른 단계에서 목표들에 대한 학생들의 성취 수준이 어떤 종류의 일반적인 눈금이나 또는 목표 관련 눈금에 비춰서 서술될 필요가 있을 것 같다. 실용적인 용어로 이런 형태의 되점검에 대한 '유용성'을 평가하기 위하여, 이것이 계발되고 예비 시행될 필요가 있다.

---

12) (역주) 과제 또는 문항마다 구성물과 명세내역이 미리 갖춰져 있다면, 해당 구역의 명세내역에서 서술하고 있는 항목들로 자세히 평가 촌평을 써 주어야 한다. '잘 하였음'이란 평가 촌평은, 출제자 또는 교사가 전혀 준비 없이 무성의하게 해당 과제나 문항을 학생들에게 내주었음을 의미할 뿐이다. 한 가지 명세내역의 자세한 사례는 151쪽 이하의 미국 외국어교육 협회 '말하기 유창성' 지침을 읽어 보기 바란다.

(6) 아직 대답되지 않은 질문

말하기를 평가하는 데 있어서 현재의 조사연구가 대부분 격식 갖춘 능통성 검사를 다루고 있다. 과거 몇 십 년 동안에는 주요한 논제들로 검사 실시 기법으로서 개인별 면접의 본질, 검사와 과제 유형에 있는 차이점, 과제 난이도, 대화 상대방의 행위, 채점 과정을 다뤄왔다. 응시생 발화의 특징으로 특히 능통성(유창성)도 또한 연구되었다. 학습과 관련되며 격식을 갖추지 않은 평가의 증가와 더불어, 그 맥락에 관련된 과제와 평가 실시 과정들에 대하여 더 많은 연구가 실행될 필요가 있을 것이다. 이것들이 말하기 평가에 대한 기존의 연구로부터 사뭇 다르게 보일 수 있다. 왜냐하면 질문들이 학습 맥락으로부터 생겨날 것이기 때문이다. 일부 연구에서는 자기 평가, 급우평가, 혹은 다른 기술과 말하기 평가의 통합과 같이 평가 서식에 초점을 모을 수 있다. 한편 다른 연구에서는

- 예기치 않은 내용이나 주제의 효과 대(vs.) 연습된 기능과 주제의 효과
- 서로 다른 종류의 그림의 이용 대(vs.) 입말 과제 자료의 이용
- 과제 자료에서 언어 선택의 효과
- 서로 다른 종류의 학습 관련 말하기 평가에서 필요한 유의사항의 양 및 과제 구조화하기

등을 다룰 수 있다.

짝끼리 과제나 모둠 과제에서, 또는 심지어 응시생이 대화 상대방과 상호작용을 하는 경우에, 한 명의 화자에 대한 수행이 다른 사람의 수행에 영향을 줄 것 같다. 담화 분석에서는 이것이 '의미

의 공동 구성co-construction'이란 표제 아래 논의된다. 더 잘 이해할 필요가 있는 것은, 정확히 한 사람의 수행이 어떻게 다른 사람의 수행에 영향을 주는지이다. 또한 공정한 방식으로 평가를 하기 위하여, 응시생의 이야기와 가치를 인정해 주어야 하는 대화 상대방에 대한 그 화자의 적합한 조정내용에 대해서도, 그것이 무엇인지를 잘 알 필요가 있다. 평가(검사)는 때로 이를 평가하기 위하여 '담화 기술'과 같은 기준을 이용하지만, 눈금 해설들이 흔히 사뭇 애매하며, 대화의 흐름에 대한 채점자의 지각 내용에만 집중하게 된다. 이는 응시생들이 실제로 말하고 실행하는 바에 대한 서술에 의해서 보충되거나 대치될 필요가 있다.

차이를 만들어 내는 유형들은 이미 앞서 말해진 발언들로부터 가져온 구절과 구조들의 재순환을 포함하며, 화자들 사이에서 얘깃거리와 주제들의 명시적·암묵적 발전을 포함할 것 같다. 그렇지만 담화 능력에13) 대한 채점과 결합된 평가 수행내용들을 놓고서, 구체적인 분석들만이 이것에 대하여 정확하고 상세한 서술을 제공해 줄 수 있다. 그 분석 작업은 일부 짝끼리 또는 모둠 상호작용에 대한 녹음을 귀 기울여 듣는 일 및 응시생들의 이야기를 원안 기준에서 이용된 구절들과 비교하는 일로부터 시작될 수 있다. 만일 수행내용과 기준들 사이에 있는 관련성이 간단하지 않다면, 좀 더 초점을 모아 듣기에 근거한 분석이 계발의 다음 단계를 뒷받침

---

13) (역주) 거시언어학으로서 담화는 말해지거나 씌어진 덩어리뿐만 아니라, 그 속에 깔려 있는 심층의 이념이나 가치 체계까지도 다루게 된다. 그런 만큼 언어학이나 언어교육뿐만 아니라 일찍부터 미시사회학(상호작용 사회학), 일상언어 철학, 심리학, 인지과학, 전산언어학 등에서도 담화를 다뤄왔다. 영국에서는 모국어 교육을 '담화 교육'이라고 부르기도 한다. 뒤친이는 도서출판 경진에서 '거시언어학 총서'로 클락(Clark), 머카씨(McCarthy), 페어클럽(Fairclough) 교수들의 책을 낸 바 있고, 쿡(Cook, 1989; 김지홍 뒤침, 2003)『담화: 옥스포드 언어교육 지침서』(법문서)도 출간하였다. 이 분야의 추천 도서는 70~71쪽의 역주 30)과 역주 31)을 보기 바란다.

해 줄 수 있다. 그러고 나서 만일 계발주체들이 그것에 대해서 시간과 관심을 갖고 있다면, 아마 전사된 수행내용들에 근거한 좀 더 확대된 분석이 뒤이어질 수 있다.

우리가 더 잘 이해해야 할 또 다른 영역은 과제에 특정한 눈금의 유용성이다. 우리는 언제 그것들을 사용하는 것이 유용한지, 그것들을 어떻게 하면 가장 잘 계발할 수 있을지, 그것들의 일반화 가능성을 어떻게 평가할지를 배워야 한다. 과제에 특정한 눈금은 특히 특정 목적의 평가에서 이용된다. 거기에서 점수들이 실용적인 흔히 직무 관련 결정을 내리는 데에 도움을 주지만, 그것들이 또한 때로 일반 목적의 평가에서도 이용된다. 특히 이들 맥락에서는 언제 그것들을 이용할지 배울 필요가 있다. 이는 소수의 과제를 놓고서 단일한 한 묶음의 녹음된 수행내용들을 평가하기 위하여 두 가지 상이한 유형의 눈금을 이용함으로써 연구될 수 있다.

8.8. 앞으로 나갈 길

말하기 평가에서 앞으로 나갈 길은 행동·반성·보고를 통해 이뤄진다. 우리는 평가(검사)들을 계발하고 시행하며 이용하는 동안에 그것들을 준비하고 우리가 실행하는 바를 분석함으로써 말하기 평가에 대하여 좀 더 많이 배울 수 있다. 말하기 평가는 시간이 많이 들어가며, 상당한 양의 작업을 요구한다. 점수들이 필요한 시작 상황을 분석함으로써, 그리고 우리가 실행하고 있는 바를 평가함으로써, 우리는 거기에 쏟은 노력으로부터 최선의 것을 얻어낼 수 있다. 비록 우리가 실행하는 바를 보고하는 일이 여전히 많은 시간을 쏟아 넣어야 함을 의미하지만, 또한 그것이 도움이 크다. 왜냐하면 그것이 활동들에 대하여 좀 더 신중하게 생각하도록 해 주기 때문이다. 역으로, 다른 말하기 검사관들의 경험에 대하여 배우는 일이 우리들에게 더 많은 것을 배우도록 도움을 줄 수 있다. 지식에 대한 이런 확장 주기가 좀 더 나은 말하기 평가를 계발하도록 도움을 주고, 말하기 평가의 영역을 더 미래로 움직여 나가도록 도움을 준다.

참고문헌

ACTFL (1999). *The ACTFL Proficiency Guidelines: Speaking (revised 1999)*. Yonkers, NY: ACTFL.

AERA, APA and NCME (1999). *Standards for Educational and Psychological Testing*. American Educational Research Association, American Psychological Association, National Council on Measurement in Education. Washington DC: American Educational Research Association.

Alderson, J. C. (1991). Bands and scores. In J. C. Alderson and B. North (eds), *Language Testing in the 1990s*. London: Macmillan, pp. 71~86.

Alderson, J. C., Clapham, C. and Wall, D. (1995). *Language Test Construction and Evaluation*. Cambridge: CUP.

Austin, J. L. (1962). *How To Do Things With Words*. Oxford: OUP.

Bachman, L.F. (1988). Problems in examining the validity of the ACTFL oral proficiency interview. *Studies in Second Language Acquisition* 10 (2), 149~164.

Bachman, L. F. (1990). *Fundamental Considerations in Language Testing*. Oxford: OUP.

Bachman, L. F. (2002). Some reflections on task-based language performance assessment. *Language Testing* 19 (4), 453~476.

Bachman, L. F. (forthcoming). *Statistical Analyses in Language Assessment*.

Cambridge: CUP.

Bachman, L. F. and Palmer, A. (1996). *Language Testing in Practice*. Oxford: OUP.

Bachman, L. F. and Savignon, S. J. (1986). The evaluation of communicative language proficiency: a critique of the ACTFL oral interview. *The Modern Language Journal* 70 (4), 380~390.

Bardovi-Harlig, K. (1999). Exploring the interlanguage of interlanguage pragmatics: a research agenda for acquisitional pragmatics. *Language Learning* 49, 677~713.

Berry, V. (1997). Gender and personality as factors of interlocutor variability in oral performance tests. Paper presented at the Language Testing Research Colloquium in Orlando, FL.

Bialystok, E. (1991). Achieving proficiency in a second language: a processing description. In R. Phillipson, E. Kellerman, L. Selinker, M. Sharwood Smith and M. Swain (eds), *Foreign/Second Language Pedagogy Research*. Clevedon: Multilingual Matters, pp. 63~78.

Brindley, G. (1998). Describing language development? Rating scales and SLA. In L. F. Bachman and A. D. Cohen (eds), *Interfaces between Second Language Acquisition and Language Testing Research*. Cambridge: CUP, pp. 112~140.

Brown, A. (1993). The role of test-taker feedback in the development of an occupational language proficiency test. *Language Testing* 10 (3), 277~303.

Brown, A. (2000). An investigation of the rating process in the IELTS Speaking Module. In R. Tulloh (ed.), *IELTS Research Reports 1999, Vol. 3*. Sydney: ELICOS, pp. 49~85.

Brown, A. (2003). Interviewer variation and the co-construction of speaking proficiency. *Language Testing* 20, 1~25.

Brown, A. and Hill, K. (1998). Interviewer style and candidate performance in the IELTS Oral Interview. In S. Woods (ed.), *IELTS Research Reports 1997*, Volume 1. Sydney: ELICOS, pp. 173~191.

Brown, A. and Lumley, T. (1997). Interviewer variability in specific-purpose language performance tests. In V. Kohonen, A. Huhta, L. Kurki-Suonio and S. Luoma (eds), *Current Developments and Alternatives in Language Assessment: proceedings of LTRC 1996.* Jyväskylä: University of Jyväskylä and University of Tampere, pp. 137~150.

Brown, A., McNamara, T., Iwashita, N. and O'Hagan, S. (2001). *Investigating Raters' Orientations in Specific-purpose Task-based Oral Assessment.* TOEFL 2000 Research and Development project report. Submitted June 2001.

Brown, G. (1989). Making sense: the interaction of linguistic expression and contextual information. *Applied Linguistics* 10 (1), 97~109.

Brown, G. (1996). Language learning, competence and performance. In G. Brown, K. Malmkjaer and J. Williams (eds), *Performance and Competence in Second Language Acquisition*, pp. 187~203. Cambridge: CUP.

Brown, G., Anderson, A., Shillcock, R. and Yule, G. (1984). *Teaching Talk: Strategies for production and assessment.* Cambridge: CUP.

Brown, G. and Yule, G. (1983). *Teaching the Spoken Language: an approach based on the analysis of conversational English.* Cambridge: CUP.

Brown, J. D. and Hudson, T. (2002). *Criterion-referenced Language Testing.* Cambridge: CUP.

Brown, P. and Levinson, S. C. (1987). *Politeness: Some universals in language usage*. Cambridge: CUP.

Butler, B. (1985). *Statistics in Linguistics*. New York: Blackwell.

Bygate, M. (1987). *Speaking*. Oxford: OUP.

CAEL (2000). *Test takers' Preparation Guide*. Ottawa: Carleton University. Document available online at www.carleton.ca/slals/cael.htm.

CAEL (2002). *Canadian Academic English Language Assessment*. Website available on the Internet at www.carleton.ca/slals/cael.htm.

Canale, M. and Swain, M. (1980). Theoretical bases of communicative approaches to second language teaching and testing. *Applied Linguistics* 1, 1~47.

Carter, R. and McCarthy, M. (1995). Grammar and the spoken language. *Applied Linguistics*, 16, 141~158.

Carter, R. and McCarthy, M. (1997). *Exploring Spoken English*. Cambridge: CUP.

Chafe, W. (1985). Linguistic differences produced by differences between speech and writing. In D. R. Olsen, N. Torrance and A. Hilyard (eds), *Literacy and Language Learning: the nature and consequences of reading and writing*. Cambridge: CUP.

Chalhoub-Deville, M. (1995). A contextualised approach to describing oral proficiency. *Language Learning* 45, 251~281.

Channell, J. (1994). *Vague Language*. Cambridge: CUP.

Chapelle, C., Grabe, W. and Berns, M. (1997). *Communicative Language Proficiency: Definition and implications for TOEFL 2000*. TOEFL Monograph Series 10. Princeton, NJ: Educational Testing Service.

Clark, J. L. D. and Clifford, R. T. (1988). The FSI/ILR/ACTFL proficiency scales and testing techniques: development, current status and needed research. *Studies in Second Language Acquisition* 10, 129~147.

Council of Europe (2001). *Common European Framework of Reference for Languages: Learning, teaching, assessment.* Cambridge: CUP.

Cronbach, L. J. (1990). *Essentials of Psychological Testing.* Fifth edition. New York: Harper and Row.

Douglas, D. (1998). Testing methods in context-based second language research. In L. F. Bachman and A. D. Cohen (eds), *Interfaces between Second Language Acquisition and Language Testing Research.* Cambridge: CUP, pp. 141~155.

Douglas, D. (2000). *Assessing Language for Specific Purposes: Theory and practice.* Cambridge: CUP.

Douglas, D. and Smith, J. (1997). *Theoretical Underpinnings of the Test of Spoken English Revision Project.* TOEFL Monograph Series 9. Princeton, NJ: Educational Testing Service.

Educational Testing Service (2002). *Test of Spoken English.* Website available on the Internet at http://www. toefl.org/tse/tseindx.html.

Ek, J. A. van (1975). *The Threshold Level in a European Unit/Credit System for Modern Language Learning by Adults.* Strasbourg: Council of Europe. (Republished in 1977 as *The Threshold Level for Modern Language Learning.* London: Longman.)

Elder, C., Iwashita, N. and McNamara, T. (2002). Estimating the difficulty of oral proficiency tasks: what does the test-taker have to offer? *Language Testing* 19(4), 337~346.

Ellis, N. (2002). Frequency effects in language processing: a review with implications for theories of implicit and explicit language acquisition. *Studies in Second Language Acquisition* 24, 143~188.

Ellis, R. (1989). Are classroom and naturalistic acquisition the same? A study of the classroom acquisition of German word order rules. *Studies in Second Language Acquisition* 11, 305~328.

Esser, U. (1995). *Oral Language Testing: the concept of fluency revisited.* MA dissertation, Lancaster University, Lancaster, UK.

ETS (2001a). *Information Bulletin for the Test of Spoken English.* TSE 2001-02. Princeton, NJ: Educational Testing Service. Online version of a current bulletin available from http://www.toefl.org/tse/tseindx.html.

ETS (2001b). TSE and SPEAK score user guide. 2001~2992 edition. Princeton, NJ: Educational Testing Service. Online version of a current score user guide available from http://www.toefl.org/tse/tseindx.html.

ETS (2002). *TSE Practice Questions.* Downloaded from http://www.toefl.org/tse/tseindx.html under the Practice questions link, 15 May 2002.

Faerch, C. and Kasper, G. (1983). *Strategies in Interlanguage Communication.* London: Longman.

Foster, P. and Skehan, P. (1996). The influence of planning and task type on second language performance. *Studies in Second Language Acquisition* 18, 299~323.

Fox, J. (2001). *It' all about Meaning: L2 test validation in and through the landscape of an evolving construct.* PhD thesis, McGill University, Montreal, CA.

Fox, J., Pychyl, T. and Zumbo, B. (1993). Psychometric properties of the CAEL Assessment, I: an overview of development, format, and scoring procedures. In Fox (ed.), *Carleton Papers in Applied Language Studies*, Volume X. Ottawa: Centre for Applied Language Studies, Carleton University.

Freed, B. (1995). What makes us think that students who study abroad become fluent? In B. Freed (ed.), *Second Language Acquisition in a Study Abroad Context.* Amsterdam: John Benjamins.

Fulcher, G. (1993). *The Construction and Validation of Rating Scales for Oral Tests in English as a Foreign Language.* Unpublished PhD thesis, Lancaster University, Lancaster, UK.

Fulcher, G. (1996). Does thick description lead to smart tests? A data-based approach to rating scale construction. *Language Testing* 13 (2), 208~238.

Fulcher, G. (1997). The testing of speaking in a second language. In C. Clapham and D. Corson (eds), *Language Testing and Assessment, Vol. 7 of the Encyclopedia of Language Education.* Dordrecht: Kluwer Academic Publishers, pp. 75~85.

Grice, H. P. (1975). Logic in conversation. In P. Cole and J. L. Morgan (eds), *Syntax and Semantics*, Vol. 3: Speech Acts. New York: Academic Press, pp. 41~58.

Grove, E. and Brown, A. (2001). Tasks and criteria in a test of oral communication skills for first-year health science students. *Melbourne Papers in Language Testing* 10 (1), pp. 37~47.

Halliday, M. A. K. (1976). The form of a functional grammar. In G. Kress (ed.), *Halliday: System and function in language.* Oxford: OUP.

Hasselgren, A. (1998). *Smallwords and Valid Testing.* PhD thesis. Department of English, University of Bergen, Bergen, Norway.

Heaton, J. B. (1991). *Writing English Language Tests.* Fourth impression. London: Longman.

Henning, G. (1987). *A Guide to Language Testing.* Cambridge, Mass: Newbury House.

House, J. (1996). Developing pragmatic fluency in English as a foreign language:

Routines and metapragmatic awareness. *Studies in Second Language Acquisition* 18, 225~252.

Hymes, D. (1971). Competence and performance in linguistic theory. In R. Huxley and E. Ingram (eds), *Language Acquisition: Models and methods.* London: Academic Press, pp. 3~24.

Hymes, D. (1972). On communicative competence. In J. B. Pride and J. Holmes (eds), *Sociolinguistics.* Harmondsworth: Penguin, pp. 269~293.

Iwashita, N. (1999). The validity of the paired interview format in oral performance assessment. *Melbourne Papers in Language Testing* 8 (1), 51~66.

Jamieson, J., Jones, S., Kirsch, I., Mosenthal, P. and Taylor, C. (2000). *TOEFL 2000 Framework: a working paper.* TOEFL Monograph Series 16. Princeton, NJ: Educational Testing Service.

Jones, R. (2001). A consciousness-raising approach to the teaching of conversational storytelling skills. *ELT Journal* 55, 155~63.

Kärkkäinen, E. (1992). Modality as a strategy in interaction: epistemic modality in the language of native and non-native speakers of English. In L. Bouton and Y. Kachru (eds), *Pragmatics and Language Learning*, Vol. 3, Division of English as an international language. University of Illinois at Urbana-Champaign, pp. 197~216.

Kasper, G. (1996). Introduction: interlanguage pragmatics in SLA. *Studies in Second Language Acquisition* 18, 145~148.

Kasper, G. (2001). Four perspectives on L2 pragmatic development. *Applied Linguistics* 22 (4), 502~530.

Koponen, M. (1995). Let your language and thoughts flow! Is there a case for 'fluency' in ELT and applied linguistics? Paper presented at the Language Testing Forum, Newcastle, UK, November 1995.

Kramsch, C. (1986). From language proficiency to interactional competence. *The Modern Language Journal* 70 (4), 366~372.

Lantolf, J. P. (2000). Introducing sociocultural theory. In J. P. Lantolf (ed.), *Sociocultural Theory and Second Language Learning.* Oxford: OUP, pp. 1~26.

Lantolf, J. P. and Frawley, W. (1985). Oral proficiency testing: a critical analysis. *The Modern Language Journal* 69, 337~345.

Lantolf, J. and Pavlenko, A. (1998). (S)econd (L)anguage (A)ctivity theory: understanding second language learners as people. In M. Breen (ed.), *Learner Contributions to Language Learning: New directions in research.* Harlow, Essex: Pearson Education Limited, pp. 141~158.

Larsen-Freeman, D. and Long, M. (1991). *An Introduction to Second Language Acquisition Research.* London: Longman.

Lazaraton, A. (1992). The structural organization of a language interview: a conversation analytic perspective, *System* 20, 373~386.

Leather, J. and James, A. (1996). Second language speech. In William C. Ritchie and Tej K. Bhatia (eds), *Handbook of Second Language Acquisition.* San Diego, CA: Academic Press, pp. 269~316.

Lennon, P. (1990). Investigating fluency in EFL: a quantitative approach. *Language Learning* 40 (3), 387~417.

Lier, L. van (1989). Reeling, writhing, drawling, stretching and fainting in coils: oral proficiency interviews as conversation. *TESOL Quarterly* 23, 489~503.

Linacre, M. (1989). *Many-faceted Rasch measurement.* Chicago, IL: MESA Press.

Linn, R. and Gronlund, N. (1995). *Measurement and Assessment in Teaching* (seventh edition). Englewood Cliffs. NJ.: Merrill.

Lynch, B. and Davidson, F. (1994). Criterion-referenced language test development: linking curricula, teachers, and tests. *TESOL Quarterly* 28 (4), 727~743.

Lynch, T. (2001) Seeing what they meant: transcribing as a route to noticing. *ELT Journal* 55 (2), 124~132.

McCarthy, M. and Carter, R. (1995). Spoken grammar: what is it and how can we teach it? *ELT Journal* 49, 207~218.

McCarthy, M., and Carter, R. (1997). *Language as discourse: Perspectives for language teaching.* London: Longman.

McDowell, C. (1995). Assessing the language proficiency of overseas-qualified teachers: the English language skills assessment (ELSA). In G. Brindley (ed.) *Language Assessment in Action.* Sydney: NCELTR, Macquarie University, pp. 11~29.

McKay, P. (1995). Developing ESL proficiency descriptions for the school context: the NLLIA bandscales. In G. Brindley (ed.) *Language Assessment in Action.* Sydney: NCELTR, Macquarie University, pp. 31~63.

McNamara, T. (1996). *Measuring Second Language Performance.* London: Longman.

McNamara, T. (1997). 'Interaction'in second language performance assessment: whose performance? *Applied Linguistics* 18, 446~466.

Milanovic, M., Saville, N., Pollitt, A. and Cook, A. (1996). Developing rating scales for CASE: theoretical concerns and analyses. In A. Cumming and R. Berwick (eds), *Validation in Language Testing.* Clevedon, Avon: Multimedia Matters, pp. 15~38.

Morley, J. (1991). The pronunciation component in teaching English to speakers of other languages. *TESOL Quarterly* 25, 481~520.

Nasjonalt læremiddelsenter (Norway) (1996). Kartleggning av kommunikativ kompetanse i engelsk. Speaking test. 8th class. Oslo: Nasjonalt læremiddelsenter.

National Board of Education (2002). *The Framework of the Finnish National Certificates*. Helsinki: National Board of Education.

National Certificates (2003). *Testiesite. Englannin kieli, ylin taso. Jyväskylä.* Centre for Applied Language Studies, University of Jyväskylä. Manuscript of a test brochure.

Nattinger, J. and DeCarrico, J. (1992). *Lexical Phrases and Language Teaching*. Oxford: OUP.

Nikula, T. (1996). *Pragmatic Force Modifiers: a study in interlanguage pragmatics.* PhD thesis, Department of English, University of Jyväskylä, Jyväskylä FI.

Norris, J. M. (2002). Interpretations, intended uses and designs in task-based language assessment. Editorial in *Language Testing* 19, 337~346.

Norris, J. M., Brown, J. D., Hudson, T. D. and Bonk, W. (2000). Assessing performance on complex L2 tasks: investigating raters, examinees, and tasks. Paper presented at the 22nd Language Testing Research Colloquium, Vancouver, British Columbia, Canada.

Norris, J. M., Brown, J. D., Hudson, T. D. and Bonk, W. (2002). Examinee abilities and task difficulty in task-based second language performance assessment. *Language Testing* 19, 395~418.

North, B. (1996/2000). *The Development of a Common Framework Scale of Language Proficiency*. PhD thesis, Thames Valley University, London, UK. Published in 2000 as *The Development of a Common Framework Scale of Language Proficiency.* New York: Peter Lang.

Nunan, D. (1989). *Designing Tasks for the Communicative Classroom*. Cambridge:

CUP.

Nunan, D. (1993). Task-based syllabus design: selecting, grading and sequencing tasks. In G. Crookes and S. Gass (eds), *Tasks in a Pedagogical Context: Integrating theory and practice*. Clevedon: Multilingual Matters, pp. 55~68.

O'Loughlin, K. (2001). The equivalence of direct and semi-direct speaking tests. *Studies in Language Testing* 13. Cambridge: CUP.

O'Lullivan, B. (2002). Learner acquaintanceship and OPT pair-task performance. *Language Testing* 19, 277~295.

Ochs, E. (1979). Transcription as theory. In E. Ochs and B. Schiefferlin (eds), *Developmental Pragmatics*. New York: Academic Press, pp. 43~72.

Ordinate (2002). PhonePass sample test. Available from http://www.ordinate.com under the 'Try PhonePass'link.

Pawley, A. and Syder, F. H. (1983). Two puzzles for linguistic theory: nativelike selection and nativelike fluency. In J. C. Richards and R. W. Schmidt (eds), *Language and Communication*. London: Longman.

Pennington, M. C. and Richards, J. C. (1986). Pronunciation revisited. *TESOL Quarterly* 20, 207~225.

Pienemann, M. (1998). *Language Processing and Second Language Development: Processability theory*. Amsterdam: Benjamins.

Pollitt, A. and Murray, N. (1996). What raters really pay attention to. In M. Milanovic and N. Saville (eds), *Performance Testing, Cognition and Assessment. Selected papers from the 15th Language Testing Research Colloquium, Cambridge and Arnhem*. Cambridge: CUP, pp. 74~91.

Popham, W. J. (1990). *Modern Educational Measurement* (second edition). Englewood Cliffs, NJ: Prentice-Hall.

Proficiency Standards Division (1999). *OPI 2000 Tester Certification Workshop.* Monterey: Defense Language Institute Foreign Language Center.

Purpura, J. (forthcoming). *Assessing Grammar.* Cambridge: CUP.

Quirk, R. and Greenbaum, S. (1976). *A University Grammar of English.* Fifth impression. London: Longman.

Read, J. (2000). *Assessing Vocabulary.* Cambridge: CUP.

Reves, T. (1991). From testing research to educational policy: a comprehensive test of oral proficiency. In J. C. Alderson and B. North (eds), *Language Testing in the 1990s.* London: Modern English Publications and the British Council, pp. 178~188.

Rintell, E. M. (1990). That' incredible: stories of emotions told by second language learners and native speakers. In R. C. Scarcella, E. S. Anderson, and S. D. Krashen (eds), *Developing Communicative Competence in a Second Language.* New York: Newbury House.

Robinson, P. (1995). Task complexity and second language narrative discourse. *Language Learning* 45, 99~140.

Robinson, P. (2001). Task complexity, task difficulty and task production: exploring interactions in a componential framework. *Applied Linguistics* 22, 27~57.

Salsbury, T. and Bardovi-Harlig, K. (2000). Oppositional talk and the acquisition of modality in L2 English. In B. Swiertzbin, F. Morris, M. Anderson, C. A. Klee and E. Tarone (eds), *Social and Cognitive Factors in Second Language Acquisition.* Sommerville, MA: Cascadilla Press, pp. 56~76.

Savignon, S. (1985). Evaluation of communicative competence: the ACTFL provisional proficiency guidelines. *The Modern Language Journal* 69, 129~134.

Schiffrin, D. (1994). *Approaches to Discourse*. Oxford: Blackwell.

Shavelson, R. J. and Webb, N. M. (1981). *Generalizability Theory: a primer*. Newbury Park, CA: Sage Publications.

Shohamy, E. (1994). The validity of direct versus semi-direct oral tests. *Language Testing* 11, 99~123.

Shohamy, E., Reves, T. and Bejarano, Y. (1986). Introducing a new comprehensive test of oral proficiency. *English Language Teaching Journal* 40, 212~220.

Skehan, P. and Foster, P. (1997). The influence of planning and post-task activities on accuracy and complexity in task-based learning. *Language Teaching Research* 1, 185~212.

Skehan, P. and Foster, P. (2001). Cognition and tasks. In P. Robinson (ed.), *Cognition and Second Language Instruction*. Cambridge: CUP.

Stansfield, C. W. and Kenyon, D. M. (1991). *Development of the Texas Oral Proficiency Test (TOPT): Final Report*.

Swain, M. (2001). Examining dialogue: another approach to content specification and to validating inferences drawn from test scores. *Language Testing* 18 (3), 275~302.

Tannen, D. (1982). Oral and literate strategies in spoken and written discourse. *Language* 58, 1~20.

Thomas, J. (1995). *Meaning in Interaction. An introduction to pragmatics*. London: Longman.

Towell, R., Hawkins, R. and Bazergui, N. (1996). The development of fluency in advanced learners of French. *Applied Linguistics* 17, 84~119.

UCLES (2001a). *First Certificate Handbook*. Available online from http://www. cambridgeesol.org/support/dloads/

UCLES (2001b). Certificate in Advanced English Handbook. Available online

from http://www.cambridgeesol. org/support/dloads/cae/cae_hb_samp
_p5_faq.pdf.

UCLES (2001c). *Business English Certificate Handbook*. Available online from
http://www.cambridgeesol.org/support/dloads/

Weir, C. (1993). *Understanding and Developing Language Tests.*New York:
Prentice Hall.

Wiggins, G. (1998). *Educative Assessment*. San Francisco: Jossey-Bass.

Wigglesworth, G. (1997). An investigation of planning time and proficiency
level on oral test discourse. *Language Testing* 14 (1), 85~106.

Wigglesworth, G. and O'Loughlin, K. (1993). An investigation into the comparability
of direct and semi-direct versions of an oral interaction test in English.
Melbourne Papers in Language Testing 2 (1), 56~67.

Wilkins, D. A. (1976). *Notional Syllabuses*. Oxford: OUP.

찾아보기

지은이와 뒤친이 소개

지은이 ▪ 싸뤼 루오마(Sari Luoma)

2000년 핀란드 유봐스뀰라(Jyvää) 대학교에서 응용언어학 박사를 받았다. 언어 평가·언어 교육·E-learning·ESL 교사 훈련 전문가이며, 현재 VP of Assessment Materials Ballard & Tighe, Publishers Defense Language Institute의 평가 전문가이다. 학위논문으로 "What does your test measure? Construct definition in language test development and validation"이 있다.

뒤친이 ▪ 김지홍(Kim, Jee-Hong)

제주대학교 국어교육과를 졸업하고, 1988년 이래 경상대학교 국어교육과 교수로 있다. 저서로서 도서출판 경진에서 『언어의 심층과 언어교육』(2010, 문화체육관광부 우수학술도서), 『국어 통사·의미론의 몇 측면』(2010, 대한민국학술원 우수학술도서)이 있다. 영어 번역서로서 한국연구재단의 명저번역으로 르펠트(Levelt, 1989; 김지홍, 2008)의 『말하기: 그 의도에서 조음까지』(1~2권, 나남)와 킨취(Kintsch, 1998; 김지홍·문선모, 2011)의 『이해: 인지 패러다임』(1~2권, 나남)이 있다. 또한 도서출판 경진에서 허어벗 클락(Clark, 1996; 김지홍, 2009)의 『언어사용 밑바닥에 깔린 원리』(대한민국학술원 우수학술도서), 마이클 머카씨(MaCarthy, 1988; 김지홍, 2010)의 『입말, 그리고 담화 중심의 언어교육』(문화체육관광부 우수학술도서), 노먼 페어클럽(Norman Fairclough, 2001; 김지홍, 2011)의 『언어와 권력』(문화체육관광부 우수학술도서), 노먼 페어클럽(Norman Fairclough, 2003; 김지홍, 2012)의 『담화 분석 방법』을 출간하였다. (주)나라말에서 마이클 J. 월리스(Wallace, 1998; 김지홍, 2009)의 『언어교육 현장 조사연구』를 출간하였다.

한문 번역서로서, 지만지(지식을 만드는 지식)에서 유희의 『언문지』(2008), 장한철의 『표해록』(2009), 『최부 표해록』(2009) 등을 펴냈다.

말하기 평가
Assessing Speaking

© 글로벌콘텐츠, 2013

1판 1쇄 인쇄__2013년 10월 05일
1판 1쇄 발행__2013년 10월 15일

지은이__싸뤼 루오마(Sari Luoma)
뒤친이__김지홍
펴낸이__홍정표

펴낸곳__글로벌콘텐츠
　　　등　록__제25100-2008-24호

공급처__(주)글로벌콘텐츠출판그룹
　　　대　　표__홍정표
　　　기획·마케팅__이용기
　　　편　　집__배소정 노경민 최민지 김현열
　　　디자인__김미미
　　　경영지원__안선영
　　　주　　소__서울특별시 강동구 천중로 196 정일빌딩 401호
　　　전　　화__02-488-3280
　　　팩　　스__02-488-3281
　　　홈페이지__http://www.gcbook.co.kr
　　　이메일__edit@gcbook.co.kr

값 22,000원
ISBN 978-89-93908-90-9 93370